Robert Steindl

Typo 3

Robert Steindl

Studien ausgabe

Typo 3

Das Praxisbuch für Entwickler

Mit 150 Abbildungen

FRANZIS

Bibliografische Information der Deutschen Bibliothek

Die Deutsche Bibliothek verzeichnet diese Publikation in der Deutschen Nationalbibliografie; detaillierte Daten sind im Internet über http://dnb.ddb.de abrufbar.

© 2009 Franzis Verlag GmbH, 85586 Poing

Lektorat: Franz Graser
Satz: DTP-Satz A. Kugge, München
art & design: www.ideehoch2.de
Druck: Bercker, 47623 Kevelaer
Printed in Germany

ISBN 978-3-7723-6758-8

Inhaltsverzeichnis

1   Grundlagen

1.1   Einleitung

Rund um die Welt von Typo3 gibt es eine Vielzahl von Dokumentationen, von Online-Tutorials bis hin zu gedruckten Werken. Doch häufig habe ich festgestellt, dass diese Dokumentationen entweder nur den Einstieg ermöglichen und aufhören, wenn die ersten echten Probleme bei einer Typo3-Implementierung auftauchen, oder dass sie zu spezialisiert sind und die alltäglichen Probleme ausklammern.

Dieses Buch soll daher eine Brücke schlagen vom ersten Kontakt mit Typo3 bis hin zum professionellen Einsatz. Die allereinfachsten Dinge werden hier zwar ausgeklammert, doch wird bei Bedarf soweit darauf eingegangen, dass jemand, der bereits eine einfache Typo3-Installation erfolgreich hinter sich hat, nicht mehr zusätzlich in den Einsteiger-Texten nachschlagen muss.

Die Ausrichtung ist dabei technisch, Zielgruppe sind daher Administratoren und PHP-Entwickler, die mehr aus ihrem Typo3-System herausholen wollen als nur eine einfache Website.

Als Basis für dieses Buch dient Typo3 in der Version 4.2. Diese Version hat gegenüber dem Vorgänger 4.1 vor allem die Bedienung im Backend verbessert, beispielsweise durch einen Typo3-Editor. Die grundlegenden Konzepte haben sich aber nicht geändert. Sollte sich eine Funktion so erheblich von den 4.1- oder älteren Versionen unterscheiden, dass sie nicht auf Anhieb identifizierbar ist, wird im Text darauf hingewiesen.

1.2   Entstehung von Typo3

Kasper Skårhøj begann 1997 mit der Entwicklung eines Systems, das die einfache Erstellung von Websites ohne Programmierkenntnisse erlauben sollte. Nach den ersten Prototypen wurde das System durch die Webagentur superfish.com bis zum Jahr 1999 kommerziell weitergeführt. Doch als Kasper Skårhøj erkannte, dass superfish.com eine andere Richtung weg vom CMS einschlug, verließ er die Firma und nahm die Rechte an Typo3 mit.

Ein weiteres Jahr arbeitete er allein an dem System, bis er es schließlich im August 2000 als Beta-Version unter der *GPL* (General Public License) einer breiteren Öffentlichkeit vorstellte.

Die schnell wachsende Community brachte viele Ideen in das Projekt ein, und im Mai 2002 kam schließlich Typo3 3.0 auf den Markt, die erste Variante, die nicht den Status einer Betaversion hatte.

Noch im gleichen Jahr erschien die Version 3.5 und mit ihr der *Extension Manager*, der seitdem die zentrale Schaltstelle für die Erweiterbarkeit des Systems darstellt.

Typo3 ist, abgesehen von seiner enormen Nützlichkeit, ein Musterbeispiel einer Art der Programmentwicklung, wie sie im kommerziellen Bereich kaum möglich wäre: Ideen und Qualitätssicherung kommen sowohl aus einem Kernteam als auch aus einer breiten Community, und Qualität hat Vorrang vor Geschwindigkeit.

Auch die kommende Version 5.0 von Typo3 bleibt diesen Grundsätzen treu. Bereits seit Ende 2006 ist das Projekt in Arbeit, das Typo3 technisch von Grund auf neu erfinden soll. Die Roadmap[1] enthält nicht, wie bei kommerziellen Projekten üblich, Zeitangaben, sondern eine Feature List. Erst wenn die Funktionalität der Planung entspricht, wird ein Release erfolgen.

1.3   Architektur

Die *Systemarchitektur* von Typo3 ist durchgehend auf einfache Erweiterbarkeit ausgelegt. Die Basis des Systems bildet der Typo3-Core, ein Framework, das die grundlegenden Funktionen zur Verfügung stellt.

---

[1] http://typo3.org/development/roadmap/

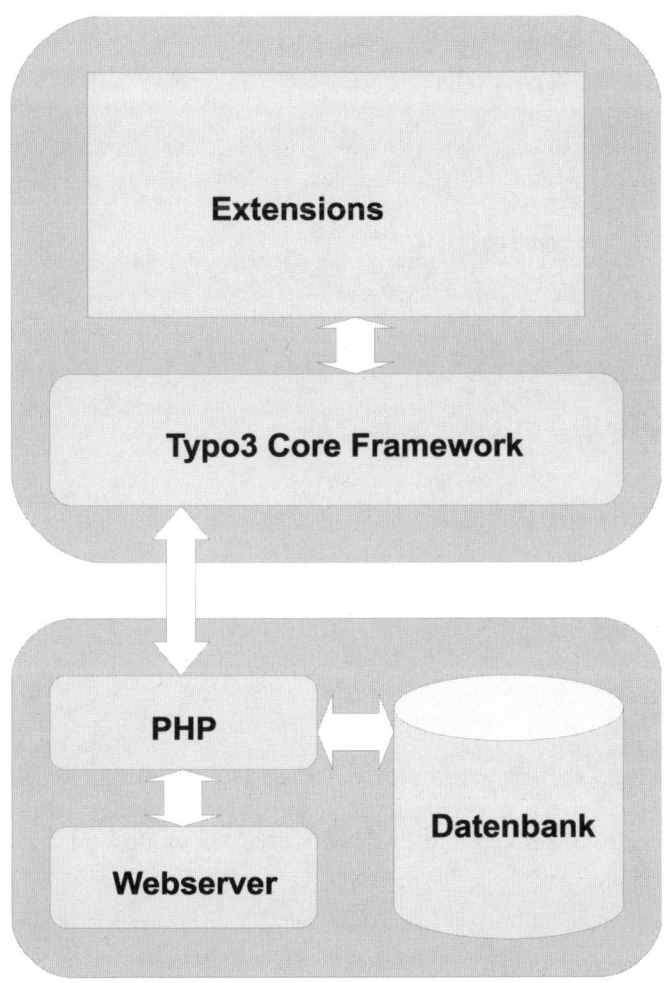

Bild 1.1: Die grundlegende Architektur von Typo3

Nahezu die gesamte CMS-Funktionalität von Typo3 steckt allerdings nicht im Kern, sondern in den Erweiterungen, die in drei Stufen vorhanden sind – als da wären: Systemerweiterungen, globale und lokale Extensions.

Lokale Extensions sind im Verzeichnis der Applikation abgelegt, globale und Systemerweiterungen dagegen im Verzeichnis des Frameworks.

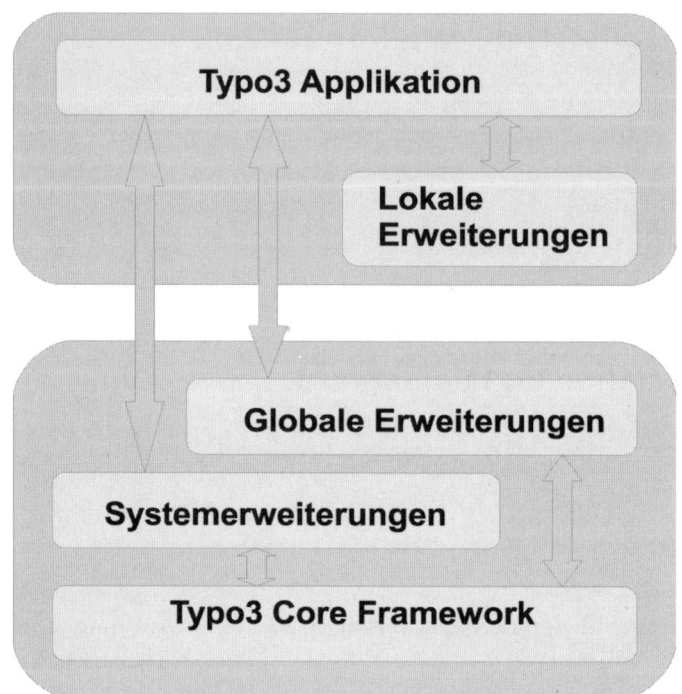

Bild 1.2: Die Extension-
Architektur von Typo3

Wie in späteren Kapiteln genauer erläutert wird, spielt es für die Funktion keine Rolle, wo eine Extension angesiedelt ist. Die Unterschiede liegen vielmehr in der Verfügbarkeit der Erweiterung bei parallelen Installationen und in den Rechten, die nötig sind, um eine Erweiterung oder ein Update zu installieren.

Als allgemeine Richtlinie für die Installation von Extensions sei hier nur gesagt: Je spezifischer eine Erweiterung an eine Typo3-Applikation angepasst ist, desto lokaler sollte sie installiert werden.

Die Core-Funktionen liegen größtenteils im Verzeichnis t3lib der Installation, Erweiterungen je nach Art der Installation entweder unterhalb von typo3 oder in typo3conf. Auf die Dateistruktur werden wir in den jeweiligen Kapiteln noch genauer eingehen.

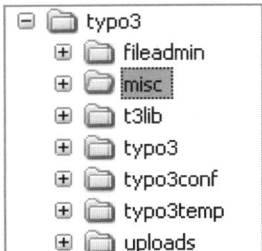

Bild 1.3: Verzeichnisbaum von Typo3

1.4 TYPO3 Association und Community

Die *TYPO3 Association*[2] mit Sitz in der Schweiz lenkt seit 2004 die Geschicke von Typo3, indem sie die Entwicklung von Typo3 koordiniert und fördert, Veranstaltungen organisiert oder PR-Aktivitäten übernimmt. Als Non-Profit-Organisation ist sie dabei auf Mitgliedsbeiträge und Spenden angewiesen.

Trotzdem war und ist Typo3 wie die meisten Open-Source-Projekte letztendlich ein Produkt seiner Community[3]. Interessanterweise ist derzeit die Aktivität der Community in Deutschland am höchsten, obwohl Typo3 seinen Ursprung in Dänemark hat.

Die hauptsächliche Kommunikation innerhalb der Community erfolgt über eine Vielzahl von Mailinglisten. Doch auch andere Kanäle wie IRC-Chats oder Podcasts zu Typo3 werden natürlich genutzt.

Wer mehr Wert auf persönliche Kontakte legt, kann sich einer der vielen lokalen Usergroups anschließen oder eine Typo3-Veranstaltung besuchen. Besonders erwähnt seien hier die *Typo3 Snowboard Tour* (T3BOARD, mit hohem Spaßfaktor), die *Typo3 Developer Days* (T3DD, mit Ausrichtung auf Programmierung) und die *T3CON*, die größte Typo3-Veranstaltung, die Entwickler und Anwender von Typo3 zusammenbringt.

---

[2]   http://association.typo3.org

[3]   http://typo3.org/community

1.5   Ressourcen

Erste Anlaufstelle für alle Typo3-Fragen sind natürlich die beiden Websites `http://typo3.com` und `http://typo3.org`, wobei erstere das Projekt vorstellt, während letztere sich mehr an die Entwickler richtet.

Darüber hinaus gibt es eine Reihe von Websites, die nützliche Informationen bieten:

Adresse	Angebot
`http://typo3.org/community`	Alle Informationen zur Typo3-Community
`http://www.typo3.net`	Deutschsprachige Site zu Typo3 mit Übersetzungen der Dokumentation, Forum etc.
`http://lists.netfielders.de`	Zentrale Seite zum Abonnieren von Mailinglisten rund um Typo3
`http://www.traumprojekt.com/forum/112-typo3/`	Foren-Seite mit vielen Infos und Tipps rund um Typo3
`http://www.typo3forum.net/`	Deutschsprachiges Forum

Tabelle 1.1: Info-Ressourcen zu Typo3 im Web

2 Typo3 installieren

2.1 Systemvoraussetzungen

Angesichts des Leistungsumfangs von Typo3 nehmen sich die Systemvoraussetzungen schon fast bescheiden aus, zumindest nach heutigen Verhältnissen. Die absolute Mindestanforderung, nämlich ein Webserver mit PHP-Unterstützung und MySQL als Datenbank, erfüllen heute bereits einfache Hosting-Pakete für ein paar Euro im Monat. Allerdings sind die Leistungsgrenzen hier schnell erreicht, und oft sind auch die Konfigurationsmöglichkeiten zu gering, sodass ein eigener Server – zumindest ein virtueller – die Basis sein sollte.

2.1.1 Grundvoraussetzungen

Die Typo3-Website nennt aktuell folgende Voraussetzungen für den Einsatz:

*   Betriebssystem: Unix (bzw. Linux), Windows oder Mac OS

*   Webserver: Apache, Microsoft IIS

*   Middleware: PHP4 oder PHP5

*   Datenbank, Kernsystem: MySQL

*   Datenbank, Erweiterungen: Oracle-Unterstützung, MS-SQL, ODBC, LDAP – praktisch jede externe Datenquelle. Angesteuert durch PHP.

> **Tipp:** Wichtig ist vor allem, dass die PHP-Version auf dem Server zur verwendeten Typo3-Version passt. Alle Typo3-Varianten vor 4.2 laufen noch mit PHP4, Typo3 4.2 setzt dagegen bereits mindestens PHP 5.2.0 voraus. Viele Hoster bieten aber derzeit noch 5.1.x an, sodass in diesem Fall Typo3 4.1 die höchste installierbare Version ist.

Als Mindestanforderung für den Webserver finden Sie auf der Typo3-Seite etwas knapp bemessene Werte, so etwa 256 MB für den Arbeitsspeicher. Fortgeschrittene Funktionen wie Grafikverarbeitung oder indizierte Suche verlangen aber bei umfangreichen Seiten schnell nach mehr.

2.1.2   Optionale Voraussetzungen

Um Typo3 voll auszureizen, sollten neben den Grundvoraussetzungen noch einige weitere Anforderungen erfüllt sein.

- *ImageMagick* oder *GraphicsMagick* zur automatischen Bildbearbeitung

- GDlib/Freetype (kompiliert mit PHP)

- zlib (kompiliert mit PHP)

- Apache mit `mod_gzip`/`mod_rewrite`

- Ein PHP-Cache (z. B. PHP-accelerator / Zend Accelerator, nur für UNIX)

Die GD-Bibliothek stellt dabei kein Problem dar; sie steht praktisch immer zur Verfügung, und auch `mod_rewrite` bieten einige Hoster bereits bei kleinen Paketen an. Die Installation von ImageMagick oder GraphicsMagick erfordert allerdings zwingend mehr Rechte, als mit einem gewöhnlichen Hosting-Paket verfügbar sind.

2.2   Typo3 unter Linux und Windows

Grundsätzlich gibt es beim Einsatz von Typo3 nur wenige Unterschiede zwischen den Betriebssystemen. Schließlich ist Typo3 kein kompiliertes Programm, sondern eine in PHP geschriebene Anwendung. PHP liegt als Mittelschicht zwischen Typo3 und dem Betriebssystem und gleicht so die meisten Unterschiede aus. Im laufenden Betrieb spielt daher das verwendete Betriebssystem bis auf wenige Ausnahmen nur eine geringe Rolle. Anders sieht es bei der Installation aus.

2.2.1   Linux-spezifische Eigenheiten

Vorbemerkung: Die hier angesprochenen Eigenheiten gelten ähnlich für andere Unix-Systeme sowie für Mac OS X, das ebenfalls auf einem Unix-Kern aufsetzt.

Symbolische Links

Das Linux-Paket von Typo3 nutzt standardmäßig *symbolische Links*. Dies ermöglicht es, das Basis-Paket von der eigentlichen Website zu trennen und so die Basis für mehrere Websites zu verwenden oder durch eine neue Version zu ersetzen, ohne die Website selbst anzutasten (inklusive der relativ einfachen Rückkehr zur alten Version, falls etwas nicht funktioniert).

Systemrechte

Linux besitzt eine umfangreiche Rechteverwaltung, von der man meist nur einen Teil sieht, nämlich die Rechte Lesen/Schreiben/Ausführen für den Besitzer einer Datei, die Gruppe, der er angehört, und den Rest der Welt. Darüber hinaus unterstützt Linux sogenannte *ACLs* (Access Control Lists), in denen für jeden User und jede Gruppe weitere Rechte festgelegt werden können.

Allerdings werden ACLs in den meisten Installationen nicht benutzt, und auch die Installationsanleitung von Typo3 geht nur auf die normalen Dateirechte ein – was im Normalfall auch völlig ausreicht.

Problematisch ist unter Linux lediglich, dass typischerweise der FTP-User, der Dateien hochlädt, andere Rechte hat als der Webserver. Um diese auszugleichen, empfiehlt es sich, den Apache-User und den FTP-User in dieselbe Gruppe aufzunehmen und die Zugriffsrechte auf Gruppenebene korrekt zu setzen. Unbedingt nötig ist dies normalerweise nur im `fileadmin`-Verzeichnis, da hier auch später des öfteren Dateien per FTP eingestellt werden. Wird aber auch Typo3 selbst via FTP auf den Server geladen anstatt vor Ort ausgepackt, so sind auch hier die Rechte nach der Installation zu prüfen und gegebenenfalls zu korrigieren.

```
server:/var/www/vhosts/domain/httpdocs# ls -al
insgesamt 68
drwxr-x---   8 webuser   psaserv   4096 2008-11-05 12:32 .
drwxr-xr-x  13 root      root      4096 2008-08-23 12:42 ..
-rw-r--r--   1 webuser   psaserv     16 2008-06-11 10:14 clear.gif
drwxrwx---   7 webuser   www-data  4096 2008-07-26 09:59 fileadmin
-rw-r--r--   1 webuser   psaserv   5051 2008-06-11 10:14 .htaccess
lrwxrwxrwx   1 webuser   psaserv     19 2008-07-26 09:07 index.php -> typo3_src/index.php
-rw-r--r--   1 webuser   psacln      19 2008-07-26 09:24 info.php
-rw-r--r--   1 webuser   psaserv   7087 2008-06-11 10:15 INSTALL.txt
drwxr-xr-x   2 webuser   psaserv   4096 2008-07-22 00:06 plesk-stat
-rw-r--r--   1 webuser   psaserv   7695 2008-06-11 10:15 README.txt
-rw-r--r--   1 webuser   psaserv    425 2008-06-11 10:15 RELEASE_NOTES.txt
lrwxrwxrwx   1 webuser   psaserv     15 2008-07-26 09:07 t3lib -> typo3_src/t3lib
lrwxrwxrwx   1 webuser   psaserv     15 2008-07-26 09:07 typo3 -> typo3_src/typo3
drwxrwx---   4 webuser   www-data  4096 2008-11-05 13:11 typo3conf
lrwxrwxrwx   1 root      root        17 2008-07-26 09:31 typo3_src -> ./typo3_src-4.2.1
drwxr-xr-x   5 webuser   psaserv   4096 2008-07-26 09:34 typo3_src-4.2.1
drwxrwx---   9 webuser   www-data  4096 2008-10-26 22:03 typo3temp
drwxrwx---   6 webuser   www-data  4096 2008-07-26 09:56 uploads
```

Bild 2.1: Damit Typo3 an Dateien herankommt, die per FTP übertragen werden, sind die Rechte passend zu setzen

2.2.2   Windows-spezifische Eigenheiten

Symbolische Links

Der wichtigste Unterschied zur Linux-Installation ist das Fehlen von symbolischen Links. Um Typo3 auf Windows zu installieren, kommt daher meist ein Zip-Archiv zum Einsatz, das statt der symbolischen Links Kopien der entsprechenden Dateien enthält. Das spielt bei einer einzelnen Seite keine große Rolle, erschwert aber das Upgrade auf eine neuere Version sowie das Betreiben mehrerer Instanzen von Typo3 mit einer gemeinsamen Basis.

Allerdings lassen sich symbolische Links durchaus auch unter Windows realisieren. Sogenannte *Hard Links* (für Dateien) und *Junctions* (für Verzeichnisse) gibt es bereits seit Windows 2000, ein NTFS-formatiertes System vorausgesetzt.

Zu empfehlen ist dies aber nur erfahrenen Anwendern, denn diese Mechanismen unterscheiden sich in der Handhabung doch deutlich von symbolischen Links unter Linux. Beispiel: Wird eine Junction auf der Kommandozeile gelöscht, wird auch nur diese entfernt, das Originalverzeichnis bleibt unverändert. Im Windows Explorer dagegen gehen auch die Verzeichnisinhalte verloren. Erst mit Vista (bzw. Windows Server 2008) kann der Explorer richtig damit umgehen. Für Windows 2000 und XP gibt es aber Tools, die den Umgang mit Hardlinks erleichtern.[4]

Systemrechte

Die Rechteverwaltung unter Windows ist ähnlich mächtig wie unter Linux, doch der Zugang ist anders. In der grafischen Oberfläche finden Sie über die Eigenschaften einer Datei eine bequeme Dialogbox, in der Sie für jede Gruppe und jeden einzelnen User des Rechners die Rechte vergeben können.

Wenn Sie nun Apache unter Windows installieren, besteht die Gefahr, dass Ihr Webserver zu viele Rechte bekommt, denn die Standardinstallation richtet Apache als Dienst ein, der mit den Rechten des System-Kontos läuft. Das würde bedeuten, dass der Webserver (und damit auch PHP) weitestgehend Zugriff auf Ihren Rechner bekommt. Besser ist es, den Apache-Dienst unter einem eigenen Konto laufen zu lassen, dem dann gezielt die passenden Rechte erteilt werden.

Der Internet Information Server von Microsoft geht diesen Weg: Bei der Installation wird ein User IUSR_RECHNERNAME angelegt, den der Server dann benutzt. Allerdings finden wir hier das andere Extrem: Dieses Konto hat zum Teil zu wenig Rechte, um Typo3 in vollem Umfang nutzen zu können.

---

[4]   NTFSLink: http://elsdoerfer.name/=ntfslink

Zum einen sollte der User Schreibrechte im Verzeichnis `Windows/Temp` bekommen, sonst kann es sein, dass die Session-Verwaltung von PHP nicht funktioniert – und damit auch keine Anmeldung an Typo3 möglich ist. Alternativ können Sie in der Datei php.ini das Verzeichnis für die Sessions anpassen, doch auch dann müssen die Rechte stimmen.

Zum Zweiten bekommt Typo3 Probleme mit dem Aufruf externer Tools. Wenn der Test der Grafikfunktionen in Typo3 mit einer Fehlermeldung der Art »`Warning: system()` `[function.system]: Unable to fork`« misslingt, liegt dies daran, dass der IIS – und damit PHP – keine Rechte hat, den Command Line Interpreter zu starten. Um dies zu beheben, gehen Sie in das Verzeichnis `C:\Windows\System32`, rufen die Eigenschaften von `cmd.exe` auf und setzen für das Internet-Konto das Recht zum Lesen und Ausführen.

mod_rewrite – oder auch nicht

Wer unter Windows auf den Internet Information Server angewiesen ist, stolpert noch über ein weiteres Problem: Suchmaschinenfreundliche URLs sind kaum realisierbar, weil der IIS keine Rewrite-Funktion nach Art des Apache-Servers unterstützt, insbesondere nicht über die bekannten `.htaccess`-Dateien, die sich ohne Zugriff auf die Server-Konfiguration und ohne Neustart bequem einsetzen lassen.

Doch es gibt Abhilfe – wenn auch nicht kostenlos: Einige Anbieter[5] haben diese Lücke geschlossen und bieten ISAPI-Filter für den IIS an, die die Funktionalität von `mod_rewrite` auf dem IIS implementieren. In den aktuellen Versionen sind diese Tools sogar in der Lage, `.htaccess`-Dateien auszuwerten, sodass die Konfiguration für den Anwender mit der unter Apache identisch wird.

2.3   Basisinstallation

2.3.1   Schnellinstallation im 1-2-3-Modus

Sind die technischen Voraussetzungen erfüllt und Typo3 auf dem Server entpackt, beginnt die eigentliche Installation. Dazu ist es lediglich nötig, die Startseite aufzurufen. Typo3 erkennt selbst, dass noch keine Installationsdaten vorhanden sind, und schaltet in den *1-2-3-Modus.*

---

[5] IIS Mod-Rewrite: http://www.micronovae.com/ModRewrite/ModRewrite.html
ISAPI_Rewrite 3: http://www.helicontech.com/isapi_rewrite/

In den meisten Fällen sehen Sie vor der Installationsseite eine Fehlermeldung. Seit Typo3 4.1 lautet sie, dass das Install-Tool nicht ausgeführt werden kann, weil im Verzeichnis typo3conf eine Datei namens ENABLE_INSTALL_TOOL fehlt. Ältere Versionen verlangen an dieser Stelle einen Eingriff in den Quellcode des PHP-Skripts.

Die Datei ENABLE_INSTALL_TOOL (ohne Dateiendung) muss keinerlei Inhalt haben. Unter Windows kann es aber etwas problematisch sein, die Datei anzulegen. Denn in der Standardeinstellung des Systems werden keine Dateiendungen angezeigt und können folglich auch nicht entfernt werden. Stellen Sie Windows in den Ordneroptionen daher so ein, dass Endungen immer angezeigt werden (was aus Sicherheitsgründen generell anzuraten ist).

Bei einer lokalen Installation gibt es übrigens keine Nachfrage. Das Installationsskript verzichtet auf die Prüfung, wenn es von localhost aus gestartet wird.

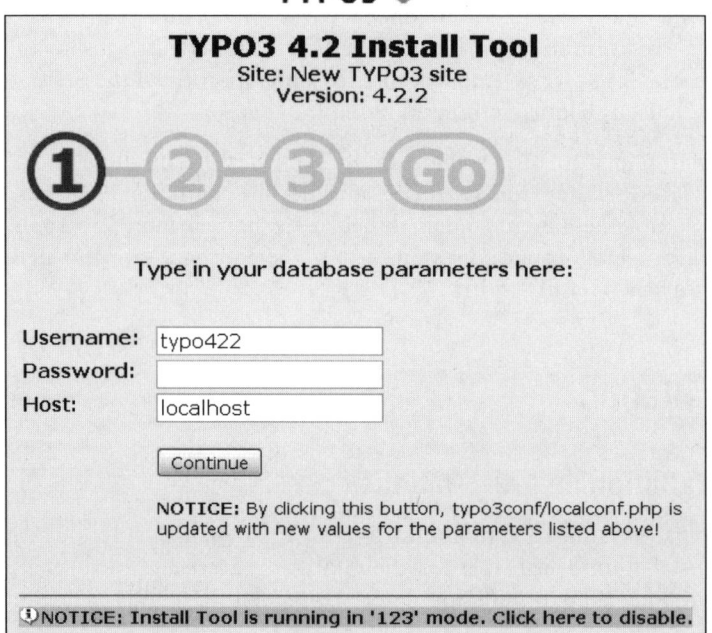

Bild 2.2: Der 1-2-3-Modus von Typo3 führt in wenigen Minuten zum lauffähigen System

Der 1-2-3 Modus ist hilfreich, um schnell ein lauffähiges System zu bekommen, das anschließend das nötige Feintuning bekommt. Es werden lediglich die Zugangsdaten für die Datenbank eingegeben, die Grundtabellen importiert und ein Standard-Admin-User angelegt.

Tipp: In Schritt 2 der 1-2-3-Installation empfiehlt Typo3, eine neue Datenbank anzulegen. Das funktioniert aber nur, wenn der Datenbank-User, der zuvor gewählt wurde, die Rechte dazu hat. Unter der Prämisse, dass User-Konten so wenig Rechte wie möglich haben sollten, ist es aber besser, Datenbank und User vorher anzulegen, dem User nur Rechte an der für Typo3 vorgesehenen Datenbank zu geben und bei der Typo3-Installation für User und Datenbank diese Vorgaben zu verwenden.

2.3.2 Erweiterte Konfiguration

Ist die 1-2-3-Installation abgeschlossen, sollten Sie auf jeden Fall dem Rat von Typo3 folgen und mit der erweiterten Konfiguration fortsetzen. 10 Abschnitte sind hier vorgesehen, von denen aber bei einer Neuinstallation nur einige gebraucht werden.

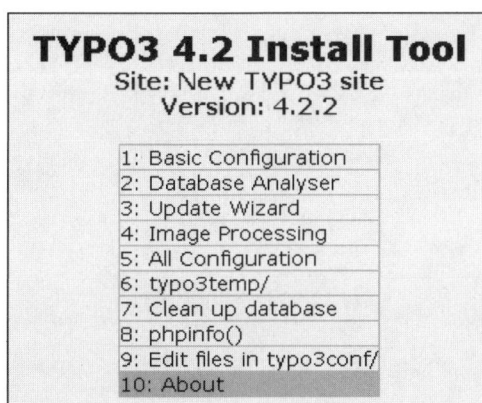

Bild 2.3: Nach der Grobarbeit geht's ans Fein-Tuning

Typo3 beginnt die Konfiguration mit dem letzten Punkt, und das aus gutem Grund. Hier legen Sie das Passwort für den Admin-User fest, und das sollte natürlich auf jeden Fall geändert werden. Wenn Sie an dieser Stelle darauf verzichten, erfolgt bei jedem Einloggen ins Backend eine Warnung, dass das Passwort geändert werden sollte.

Basic Configuration

Danach ist die Basic Configuration dran. Hier prüft Typo3, ob es in allen benötigten Verzeichnissen ausreichende (Schreib-)Rechte hat, prüft Speicherlimits, die Mailkonfiguration sowie einige PHP-Einstellungen. Außerdem erfolgt hier der Test, ob die GD-Bibliothek vorhanden ist. Ein Beispielfenster mit gerendertem Text darin zeigt schließlich, ob die Einstellung der Auflösung für die Freetype-Bibliothek korrekt ist. Das ist sie bei auch nur einigermaßen aktuellen PHP-Installationen nie. Denn obwohl die Freetype-Bibliothek den Sprung auf Version 2 schon einige Jahre hinter sich hat, steht in Typo3 standardmäßig der Wert 72, der für die alte Version 1 stimmt. Am Ende der Konfigurationsseite lässt sich der korrekte Wert 96 eintragen.

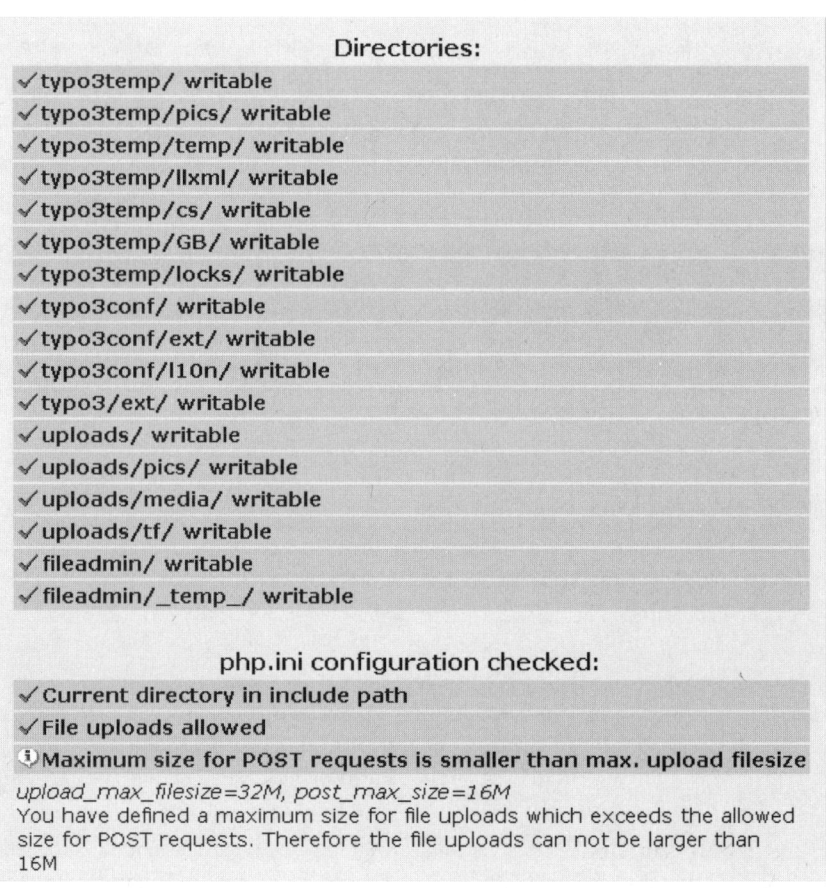

Bild 2.4: Die Basic Configuration dient mehr der Prüfung als der Konfiguration

Als weiterer Punkt bietet Typo3 in der Basic Configuration die Suche nach einem Grafikpaket an. Stimmen die Suchpfade im System, können Sie einfach auf den entsprechenden Button klicken und Typo3 suchen lassen. Sollte die Suche ergebnislos verlaufen, weil das Programm nicht im Suchpfad ist oder an ungewöhnlicher Stelle installiert wurde, geben Sie den Pfad von Hand ein und klicken erneut auf »Send«.

Bei erfolgreicher Suche erkennt Typo3 die installierte Version und setzt daraufhin die entsprechenden Parameter für die Grafikbearbeitung passend. Das erspart in der weiteren Konfiguration die manuelle Bearbeitung von mehr als einem Dutzend Optionen.

Am Ende der Basic Configuration finden sich noch Einträge für den Site-Namen und den Encryption-Key. Dieser muss unbedingt gesetzt werden, da er an verschiedenen Stellen im System verwendet wird. Sollte es nötig sein, diesen Key nachträglich zu ändern, müssen Sie anschließend auf jeden Fall das Verzeichnis typo3temp sowie die cache_pages-Tabelle der Datenbank leeren.

Database Analyzer

Der Abschnitt Database Analyzer ist bei einer Neuinstallation nicht unbedingt nötig. Hier finden Sie einige Tools, um die Datenbank zu testen, bei einem Upgrade anzupassen oder zur Not auch zu leeren.

Wichtiger bei einer Neuinstallation ist die Funktion »Create admin user«. Sollte im 1-2-3-Modus das Anlegen des Admin-Users nicht funktioniert haben, können Sie hier erneut versuchen, einen User mit Admin-Rechten anzulegen.

> **Tipp:** Ein Grund, dass das Anlegen des Admin-Users nicht funktioniert, kann die Einstellung des MySQL-Datenbankservers sein. Läuft dieser im Strict-Modus, bekommt Typo3 Probleme. Wenn keine anderen Gründe dagegen sprechen, setzen Sie einfach in der Initialisierungsdatei von MySQL (my.ini unter Windows, my.cnf unter Linux) den Modus auf MYSQL40:
>
> ```
> # Set the SQL mode to strict
> sql-mode=MYSQL40
> ```

Image Processing

Da wir an dieser Stelle kein Update machen, ist der Update Wizard nicht von Bedeutung, daher kommt als nächster Punkt das Image Processing. Auch hier handelt es sich eigentlich nicht um ein Konfigurationsmenü. Der Abschnitt dient der Kontrolle, ob die

Grafikfunktionen korrekt eingerichtet wurden. Dazu bietet Typo3 eine Reihe von Tests zum Lesen, Schreiben und Bearbeiten von Bildern.

Es ist hierbei völlig unproblematisch, wenn die Bildgrößen auf Ihrem System von denen der Vorgaben abweichen. Das kann daran liegen, dass Sie einen anderen Wert für die JPEG-Qualität verwenden, aber auch einfach an einer anderen Version des Grafikprogramms. Misstrauisch sollten Sie nur dann werden, wenn die Unterschiede zu groß sind.

All Configuration

Der Punkt All Configuration ist der größte Posten in einer Typo3-Installation. Hier finden sich alle Einstellungen, die im Konfigurationsarray $TYPO3_CONF_VARS landen, getrennt nach folgenden Abschnitten:

GFX	Grafikfunktionen
SYS	Systemeinstellungen
EXT	Einstellungen für die Behandlung von Erweiterungen
BE	Einstellungen des Backends
FE	Einstellungen des Frontends

Tabelle 2.1: Abschnitt in All Configuration

Jede Einstellung ist mit einer relativ ausführlichen Erklärung versehen, daher werden wir hier nur auf einige weniger selbsterklärende Funktionen eingehen.

[GFX]

Im Abschnitt GFX sind nur noch wenige Einstellungen zu prüfen, wenn die Basic Configuration und die Tests in Image Processing erfolgreich waren.

[gdlib_2] steht auch nach erfolgreichen Tests noch auf 0. Da aber alle aktuellen PHP-Versionen die Grafikbibliothek in einer neueren Version als 2.0.1 mitbringen, tragen Sie hier eine 1 ein. Andernfalls kann es im Zusammenspiel mit ImageMagick zu Problemen kommen.

Die Einstellungen für ImageMagick/GraphicsMagick ([im_...]) wurden bereits vorbelegt. Sollten Sie hier von Hand Änderungen vornehmen, lesen Sie die Beschreibungen genau. Denn ImageMagick hat über die verschiedenen Versionen hinweg viele Änderungen erfahren, was die korrekte Einstellung in Typo3 zu einem Geduldsspiel macht. Viele Typo3-Anwender setzen daher immer noch die alte Version 4 ein, obwohl

ImageMagick 6 aktuell ist. Auch GraphicsMagick bietet sich als weniger »zickige« Alternative an.

[jpg_quality] legt die Qualität der erzeugten JPEG-Dateien fest. Standard ist hier 70, wenn Sie aber mit der Qualität der Grafiken nicht zufrieden sind, können Sie hier höher gehen, zu Lasten der Dateigröße. Eine Anhebung auf 85 vergrößert die Datei um etwa 40%, während 100 die fünffache Dateigröße zur Folge hat.

Ein weiterer Parameter, der Einfluss auf die Darstellungsqualität hat, ist [png_truecolor]. Ist dieser Schalter gesetzt, werden PNG-Dateien mit 16 Mio. Farben generiert, anstatt mit einer kleineren Palette. Wie bei den JPEG-Dateien geht dies stark zu Lasten der Dateigröße.

Die Bildbearbeitung in Typo3 erzeugt eine Menge temporärer Dateien. Mit [enable_typo3temp_db_tracking] schalten Sie ein Log dieser Dateien ein. Das hilft bei der Problemsuche und kann verhindern, dass zwei Prozesse in Typo3 gleichzeitig versuchen, dieselbe Datei zu bearbeiten, was unnötige Serverlast erzeugt.

[SYS]

Auch im [SYS]-Abschnitt sind bereits einige Werte aus der Grundkonfiguration gesetzt, etwa [sitename] oder [encryptionKey].

[cookieDomain] legt fest, wie Typo3 seine Cookies setzen soll. Standardmäßig gilt der Session-Cookie, über den etwa der Login gesteuert wird, nur für die Domain, in der die Anmeldung erfolgt ist. Wenn Sie also etwa neben einem Server unter www.beispiel.de einen weiteren unter intranet.beispiel.de betreiben, müssen sich Besucher an beiden getrennt anmelden. Ein Eintrag .beispiel.de in [cookieDomain] sorgt dafür, dass nur ein Login nötig ist, da der Cookie für beide Subdomains gültig ist. Das Feld unterstützt reguläre Ausdrücke. So sorgt der Eintrag

```
/\.beispiel\.(de|com)$/
```

dafür, dass die Session-Verwaltung in Typo3 Logins aus der .de-Domain und aus der .com-Domain gleich behandelt.

[devIPmask], [sqlDebug] und [enable_DLOG] steuern das Logging für Entwicklungszwecke. Darauf werden wir in späteren Kapiteln genauer eingehen.

Weitere Parameter, die das normale Log steuern, also Fehler und Infos aus dem Backend, sind [systemLog] und [systemLogLevel]. Dabei kann Typo3 das normale Log des Betriebssystems nutzen, aber auch in eigene Dateien schreiben oder die Meldungen per Mail verschicken.

Die [curl…]-Gruppe der Optionen hilft weiter, wenn Typo3 Probleme mit der Funktion fopen meldet. Standardmäßig wird die PHP-Funktion fopen() benutzt, um auf bestimmte Ressourcen zuzugreifen. Doch fopen kann aus mehreren Gründen fehlschlagen:

Zum einen kann fopen in den PHP-Einstellungen für den Zugriff via http deaktiviert sein (Einstellung allow_url_fopen), zum zweiten kann die Safe-Mode-Einstellung von PHP hinderlich sein. Und schließlich kann fopen fehlschlagen, wenn es darum geht, Dateien auf einem anderen Server zu öffnen, und wenn der eigene Server hinter einem Proxy liegt.

> **Tipp:** Die Unterstützung für Curl ist in PHP seit Version 4.0.2 vorhanden. Allerdings muss die zugehörige Erweiterungsbibliothek in der php.ini aktiviert werden, bevor sie genutzt werden kann.

[multiplyDBfieldSize] dient dazu, die Größe der Datenbankfelder an die verwendete Kodierung anzupassen. Dies ist nötig für Multibyte-Zeichensätze wie UTF-8. Wenn Typo3 die Datenbank-Tabellen anlegt, wird die Größe von Text-Feldern (char, varchar und tinytext) mit diesem Wert multipliziert. Aus einem Feld vom Typ varchar(30) wird bei multiplyDBfieldSize = 2 also ein Feld vom Typ varchar(60). Reicht die bei varchar mögliche Größe (255) nicht mehr aus, wird daraus ein text-Feld.

Dies ist nötig, weil sonst die Eingabefelder im Backend ncht mehr stimmen. In unserem Beispiel würde dem varchar(30)-Feld ein Eingabefeld für 30 Zeichen entsprechen. Bei UTF-8-Kodierung und Sonderzeichen im String ist der tatsächlich in der Datenbank zu speichernde String aber länger. Der tatsächliche Mehrbedarf hängt dabei von der Sprache ab. Für europäische Zeichensätze wird ein Wert von 2 empfohlen, bei asiatischen Sprachen 3.

Einige Extensions machen allerdings Probleme, wenn hier andere Werte als 1 stehen. Denn das führt dazu, dass die resultierenden Feldlängen nicht mit den erwarteten übereinstimmen. Hier hilft es manchmal, vor der Installation der Erweiterung den Parameter auf 1 zu setzen und anschließend wieder zu ändern.

> **Tipp:** Bei einer neuen Installation von Typo3 ist es besser, die Datenbank selbst komplett auf UTF-8 umzustellen, als diesen Wert anzupassen

[setDBinit] dient dazu, bei der Initialisierung der Datenbankverbindung zusätzliche Befehle an die Datenbank zu schicken. Wenn beispielsweise bei UTF-8-basierten Seiten die Umlaute nicht passen, kann es sinnvoll sein, hier

```
SET NAMES 'utf8'
SET CHARACTER SET utf8
```

einzutragen, um die Verbindungseinstellungen zur Datenbank auf jeden Fall auf UTF-8 einzustellen.

[EXT]

In diesem Abschnitt verbergen sich keine wirklichen Stolperfallen, daher sei an dieser Stelle nur darauf hingewiesen, dass die Grundeinstellungen darauf ausgerichtet sind, die Wartbarkeit des Typo3-Codes zu optimieren. Darum sind die Installation von Systemerweiterungen ([allowSystemInstall]) und die globale Installation ([allowGlobalInstall]) standardmäßig ausgeschaltet. Aktivieren Sie diese nur, wenn wirklich ein Update einer System-Extension wie cms nötig ist.

[BE]

Hilfreich bei Problemen mit Dateirechten ist [createGroup]. Standardmäßig läuft Typo3 mit den Rechten des Webservers. Dieser User wird auch Eigentümer von neuen Dateien, die Typo3 erzeugt. Das kann dazu führen, dass der FTP-User darauf keinen Zugriff hat (siehe auch den Abschnitt 2.2.1 über Linux-spezifische Eigenheiten).

> **Tipp:** Erzeugen Sie eine neue Gruppe, in die sowohl der Webserver-User als auch der FTP-User aufgenommen werden. Diese Gruppe tragen Sie in [createGroup] ein. Nun können Sie [fileCreateMask] auf 640 und [folderCreateMask] auf 770 setzen und sicher sein, dass für die beteiligten Systeme der Zugriff problemlos möglich ist.

[enabledBeUserIPLock] dient dazu, die Sicherheit des Backends zu erhöhen. Wechselt während einer Session im Backend die IP-Adresse des Users, wird die Session abgebrochen. Allerdings gibt es manche Proxies, die mehr oder weniger regelmäßig einen solchen Wechsel verursachen. Ist dies der Fall, lässt sich hier der Check abschalten. Zusätzlich lässt sich via [lockIP] festlegen, wie genau die Prüfung erfolgen soll. Im Backend ist hier 4 eingetragen, d. h. die gesamte IP-Adresse wird geprüft.

[newPagesVersioningType] und [elementVersioningOnly] steuern die Versionierungsverwaltung. Der erste Parameter erlaubt die Versionierung auf Element-, Seiten- oder Zweigebene. Der zweite Parameter reduziert die Funktion auf Elementebene. Diese Variante ist für Neuinstallationen seit der Version 4.2 empfohlen, weil nun das Verschieben von Elementen unterstützt wird. Damit sind die anderen Varianten nicht mehr nötig, und man muss sich nicht mit deren Nachteilen wie dem Verlust von IDs herumschlagen.

[FE]

[addAllowedPaths] ermöglicht das Ablegen von Ressourcen wie Bildern unter anderen Verzeichnissen als fileadmin. Das Verzeichnis muss aber im Typo3-Ordner liegen, also parallel zu fileadmin. Mehrere Einträge werden durch Komma getrennt. Normalerweise sollte ein Eintrag mit einem "/" enden. Tut er das nicht, wird er wie ein Joker interpretiert. Es werden dann alle Verzeichnisse, die mit dem entsprechenden String beginnen, freigegeben. Ein Eintrag "bilder" gilt also stellvertretend für "bilder1", "bilder_neu" usw.

> **Tipp:** Wenn statische Dokumente simuliert werden oder RealUrl aktiv ist, muss die .htaccess-Datei so angepasst werden, dass die in [addAllowedPaths] festgelegten Ordner nicht vom Rewrite-Modul erfasst werden.

[lockIP] dient ähnlich wie im Backend der Absicherung. Wechselt die IP-Adresse des Users während der Session, wird diese abgebrochen. Allerdings ist hier normalerweise die Prüfung milder, der Wert steht auf 2. Das heißt, dass meist die Session weitergeführt werden kann, wenn der User (etwa wegen einer Neuanmeldung des DSL-Modems) eine neue IP-Adresse bekommt. Denn die neue Adresse kommt normalerweise aus dem gleichen Pool und unterscheidet sich nur im letzten oder vorletzten Byte.

[strictFormmail] und [secureFormmail] dienen der Abwehr des Missbrauchs von Formularen. [strictFormmail] sollte gesetzt werden, wenn der Empfänger des Formulars in einem Formularfeld steht (recipient bzw. recipient_copy). Da Typo3 E-Mail-Adressen standardmäßig verschlüsselt im HTML-Code unterbringt, kann es auch prüfen, ob der Wert, der beim Absenden des Formulars übergeben wird, ursprünglich so entstanden ist. Falls nicht, wird der Versand abgelehnt.

[secureFormmail] dagegen sorgt dafür, dass der Versand ausschließlich an die Adressen erfolgt, die im Typo3-Record des Formulars festgelegt wurden, also typischerweise im Backend. In diesem Fall ist [strictFormmail] wirkungslos.

Edit files in typo3conf/

Die Punkte 6 (typo3temp) und 7 (Clean up database) im Installationsmenü dienen eher der Wartung und spielen daher bei einer Neuinstallation keine Rolle.

Auch Punkt 8 (phpinfo) dient rein der Information.

Bleibt noch Punkt 9. Hier haben Sie direkten Zugriff auf die Dateien im Verzeichnis typo3conf, unter anderem localconf.php, also die Datei, die in der bisherigen Konfiguration bearbeitet wurde.

```
Save file    Close
File: C:/_WebRoot/typo3/typo3conf/localconf.php
MD5-sum: b80ab6262d65ae3bd97bcf802f70dbb4

<?php
$TYPO3_CONF_VARS['SYS']['sitename'] = 'New TYPO3 site';

    // Default password is "joh316" :
$TYPO3_CONF_VARS['BE']['installToolPassword'] = 'bacb98acf97e0b6112b1d1b650b84971';

$TYPO3_CONF_VARS['EXT']['extList'] = 'tsconfig_help,context_help,extra_page_cm_options,impe

$typo_db_extTableDef_script = 'extTables.php';

## INSTALL SCRIPT EDIT POINT TOKEN - all lines after this points may be changed by the instal

$typo_db_username = 'typo3';    // Modified or inserted by TYPO3 Install Tool.
$typo_db_password = 'typo3';    // Modified or inserted by TYPO3 Install Tool.
$typo_db_host = 'localhost';// Modified or inserted by TYPO3 Install Tool.
$TYPO3_CONF_VARS['SYS']['encryptionKey'] = '407f5e050364a54fe7bde8dcb6256691';    // M
$TYPO3_CONF_VARS['SYS']['compat_version'] = '4.2';    // Modified or inserted by TYPO3 Insta
$TYPO3_CONF_VARS['BE']['installToolPassword'] = 'dc117c9322deb502c3b16769a8a64e08';
$TYPO3_CONF_VARS['SYS']['sitename'] = 'Typo3'; // Modified or inserted by TYPO3 Install Tool
$TYPO3_CONF_VARS['GFX']['im_path'] = 'c:\\programme\\graphicsmagick/';    // Modified or in
$TYPO3_CONF_VARS['GFX']['im_version_5'] = 'gm';// Modified or inserted by TYPO3 Install Tool
$TYPO3_CONF_VARS['GFX']['im_path_lzw'] = '';    // Modified or inserted by TYPO3 Install Tool
$TYPO3_CONF_VARS['GFX']['TTFdpi'] = '96';    // Modified or inserted by TYPO3 Install Tool.
$TYPO3_CONF_VARS['GFX']['gdlib_2'] = '1';    // Modified or inserted by TYPO3 Install Tool.
$TYPO3_CONF_VARS['SYS']['ddmmyy'] = 'd-m-Y';    // Modified or inserted by TYPO3 Install Tool
$TYPO3_CONF_VARS['BE']['forceCharset'] = 'utf-8';    // Modified or inserted by TYPO3 Install Tool
$TYPO3_CONF_VARS['FE']['disableNoCacheParameter'] = '0';    // Modified or inserted by TYPO3
```

Bild 2.5: Ein Ausschnitt aus der Datei localconf.php

Ein Bearbeiten ist bei der Installation meist nicht nötig. Eine Eigenschaft der Datei kann aber im Notfall hilfreich sein. Im Bild sehen Sie, dass der Wert $TYPO3_CONF_VARS ['BE']['installToolPassword'] zweimal gesetzt wird. Die erste Zeile entspricht dem Standardwert "joh316", wie er vor der Installation gilt. Der zweite Wert ist der, den Sie während der Installation angegeben haben. Sollte aus irgendeinem Grund der Login ins Install-Tool nicht funktionieren (etwa weil Sie sich beim Eingeben des Passworts verschrieben haben), können Sie die zweite Zeile löschen und setzen damit das Passwort wieder auf "joh316" zurück.

Haben Sie im späteren Verlauf Erweiterungen installiert, finden Sie in dieser Datei auch die Konfiguration der Extensions, entweder im Klartext oder als serialisierter Array.

2.4 Extensions

Nach der Basisinstallation stehen die *Extensions* zur Einrichtung an. Genau genommen werden nun zusätzliche Erweiterungen installiert, denn wie in Kapitel 1 bereits angesprochen, ist das Content Management System in Typo3 selbst bereits eine Extension, die auf dem zugrunde liegenden Framework aufsetzt. Praktisch alle CMS-Funktionen sind daher in irgendeiner Form in einer Erweiterung enthalten.

Das Erweiterungssystem von Typo3 muss daher zwangsweise sehr stabil und augereift sein. Dies äußert sich beispielsweise darin, dass jede Extension – sofern sic sauber programmiert ist – dem System mitteilt, welche Typo3-Version sie voraussetzt und von welchen anderen Erweiterungen sie abhängt. Darüber hinaus kann eine Erweiterung auch Informationen enthalten, mit welchen anderen Extensions sie kollidiert.

2.4.1   Der Extension Manager

Schon seit Typo3 3.5 ist der Extension Manager fester Bestandteil des Systems. Er ist die zentrale Anlaufstelle für die Arbeit mit Erweiterungen, und im Idealfall brauchen Sie nichts anderes, um Ihre Extensions zu verwalten.

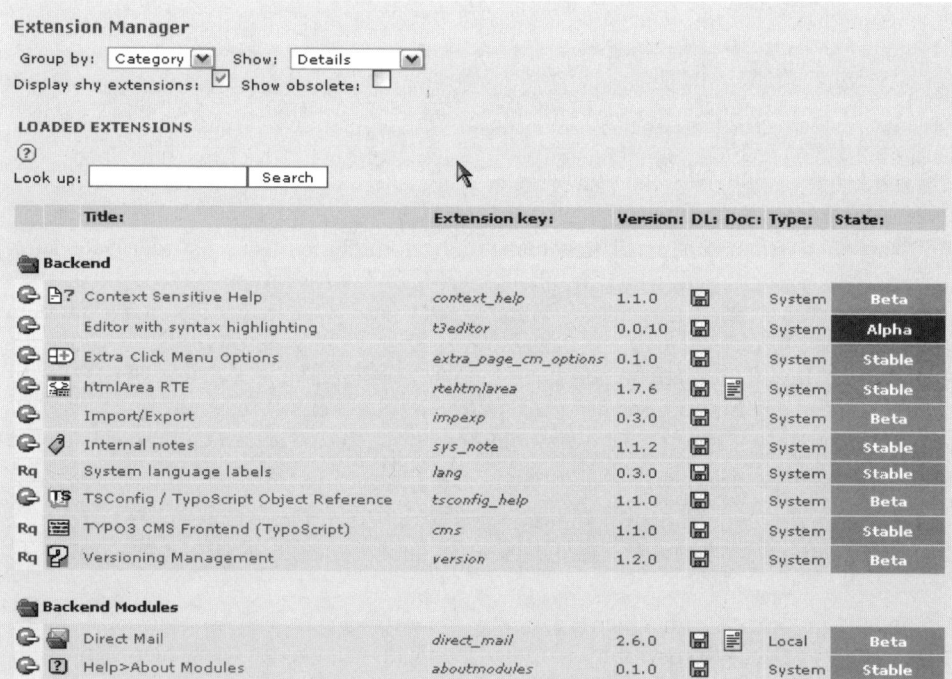

Bild 2.6: Der Extension Manager ist das Schweizer Messer für den Umgang mit Erweiterungen.

Loaded Extensions / Install Extensions

Die beiden ersten Menüpunkte des Extension Managers sind nahezu identisch. In beiden Menüs finden Sie eine Liste aller Erweiterungen, die derzeit im System vorhanden sind. Das Loaded-Menü zeigt dabei nur die an, die auch installiert, also aktiv sind.

Mit dem Schalter "Display shy extensions" lassen sich auch Erweiterungen auflisten, die normalerweise im Hintergrund bleiben und meist auch nicht konfigurierbar sind.

Außerdem stehen in der Liste die Versionsnummer und der Status der Erweiterung (Alpha, Beta, Stable, Experimental oder Obsolete). Über die Symbole in der Zeile lassen sich Erweiterungen installieren oder deinstallieren (nur im Menü Install Extensions) oder als T3X-Datei extern speichern. Hat die Erweiterung ein Manual, gibt es ein zusätzliches Symbol zum Öffnen der Datei (im OpenOffice-Format).

> **Tipp:** Ein Wort zum Status von Erweiterungen: Der Status wird vom Entwickler festgelegt und hängt daher von dessen Philosphie ab. Alpha oder Experimental ist zwar meist ein Hinweis, dass die Extension noch in einem frühen Stadium ist. Doch danach lässt die Aussagekraft nach. Es gibt Erweiterungen, die seit Jahren auf dem Markt sind, sich als sicher und stabil erwiesen haben und trotzdem Beta-Status haben. Auch Systemerweiterungen von Typo3 sind zum Teil im Beta-Stadium. Andererseits gibt der Status Stable keine Garantie, dass die Erweiterung wirklich stabil läuft. Dazu wären umfangreiche Tests in unterschiedlichen Konfigurationen nötig, die meist nicht finanzierbar sind.

Ein Klick auf den Namen der Erweiterung öffnet die zugehörigen Einstellungen. Die Seite Information ermöglicht die Konfiguration der Extension und zeigt allgemeine Daten dazu an.

In Edit files lassen sich die einzelnen Dateien der Erweiterung bearbeiten. Voraussetzung dafür ist, dass in der Konfiguration von Typo3 die Bearbeitung zugelassen ist ([EXT][noEdit] = 0). Der Editor ist allerdings auch in der aktuellen Version von Typo3 nicht mehr als ein simples Texteingabefeld, sodass dieser Weg nur für kleine Anpassungen sinnvoll ist.

Backup/Delete dient zum einen dazu, die Daten einer Erweiterung zu sichern. Im Gegensatz zum Diskettensymbol in der Übersichtsseite lassen sich hier neben der Extension selbst aber auch die Inhalte der zugehörigen Datenbanktabellen speichern. Zum zweiten können Sie hier Erweiterungen löschen, sofern sie nicht derzeit aktiviert sind. Und schließlich können Sie hier die Datei ext_emconf.php aktualisieren, die unter anderem Informationen über die zur Extension gehörigen Dateien enthält. Das ist für die Entwicklung von Extensions wichtig und wird daher später noch genauer behandelt.

Dump DB dient ebenfalls der Sicherung. Hier lässt sich die Datenbankstruktur speichern, die die Erweiterung benötigt. Dabei werden sowohl ganze Tabellen als auch zusätzliche Felder in bestehenden Tabellen berücksichtigt.

> **Tipp:** Die Ausgabe von Dump DB ist nicht zum direkten Import in die Datenbank geeignet. Felder, die eine Tabelle nur erweitern sollen, werden trotzdem mit einem CREATE-Befehl für eine neue Tabelle angelegt. Erst das Installationstool von Typo3 erkennt die Differenz und erzeugt korrekt nur die neuen Felder.

Über den letzten Punkt Upload to TER lässt sich eine selbstgeschriebene Erweiterung ins Repository hochladen. Voraussetzung dafür ist ein gültiger Account für die Typo3-Website. Vor dem Upload können Sie festlegen, ob es sich um einen Bugfix, ein kleines Update oder eine neue Version handelt.

Import Extensions

Das Import-Menü dient dem Einrichten neuer Extensions. Als Quellen stehen dabei das Online Repository sowie der Upload von T3X-Dateien zur Verfügung.

Wenn Sie eine Suche nach einer Extension starten, sucht Typo3 seit der Version 4.1 nicht direkt online, sondern in einer lokalen Kopie der Extension-Liste. Sollten Sie eine gewünschte Extension also nicht finden, lohnt es sich, diese Liste mittels Retrieve/update neu herunterzuladen und dann erneut zu suchen.

Standardmäßig zeigt Typo3 seit der Version 4 bei der Suche im Online Repository nur Extensions mit dem Status reviewed an. Das erhöht die Sicherheit des Systems, hat allerdings einen großen Nachteil: Das Reviewing hinkt der Zahl der Erweiterungen und Updates derzeit noch deutlich hinterher. Ein guter Teil von Erweiterungen ist daher mit dieser Einstellung nicht oder nur in einer älteren Version zugänglich. Daher ist es häufig nötig, diese Einstellung zu ändern (siehe unten).

Settings

Im Settings-Menü können Sie festlegen, dass alle Erweiterungen aus dem Repository angezeigt werden, ohne Rücksicht auf den Review-Status. Wenn Sie diese Einstellung aktivieren, sollten Sie aber Extensions vor dem Einsatz selbst genauer prüfen, beispielsweise in einem lokalen Referenzsystem.

Darüber hinaus lassen sich hier die Anmeldedaten für einen Typo3-Account eingeben, der aber nur für das Hochladen von Erweiterungen gebraucht wird.

Im dritten Abschnitt wählen Sie bei Bedarf gezielt den Server aus, von dem Erweiterungen geladen werden sollen. Im Normalfall ist das einer der Spiegelserver für das offizielle Repository. Hosting-Anbieter beispielsweise könnten aber auch einen eigenen Repository-Server betreiben und diesen eintragen.

Translation Handling

In älteren Versionen von Typo3 musste für jede Sprache eine eigene Erweiterung installiert werden (etwa `csh_de` für Deutsch). Seit Version 4 ist die Verwaltung der Sprachen im Extension Manager integriert. Sie wählen einfach die gewünschten Sprachen aus und speichern Ihre Wahl. Anschließend wird über die beiden Schaltflächen `Check status against repository` bzw. `Update from repository` geprüft, für welche der installierten Erweiterungen die passenden Übersetzungen vorhanden sind, und diese werden schließlich abgeholt.

TRANSLATION STATUS

| Check status against repository | Update from repository |

Checking translation status for extension "doc_tut_ftb1" ...

This table shows the status of the loaded extension's translations.

Extension key	German
cms	UPD
version	UPD
lang	UPD
sv	N/A
css_styled_content	UPD
tsconfig_help	UPD

Bild 2.7: Der Translation Handler kümmert sich um die richtigen Übersetzungen

Check for updates

Der letzte Menüpunkt ist eine Neuerung in Typo3 4.2. Für ältere Typo3-Versionen lässt sich die Funktion mithilfe der Erweiterung `ter_update_check` nachrüsten. Typo3 prüft die Versionsnummern der installierten Erweiterungen gegen das Online Repository. Ist online eine neuere Version vorhanden, so wird dies angezeigt. Im Feld `Upload-Comment` lässt sich nachlesen, was die neue Version an Verbesserungen verspricht. Um das Update zu installieren, müssen Sie nur noch auf den Namen der Erweiterung klicken und dann die Installation starten.

Tipp: Updates von Extensions sollten nicht blind erfolgen. Es gibt in einer Typo3-Installation (wie überall) drei gute Gründe für ein Update:

• Schließen von Sicherheitslücken

• Beheben von Fehlern, die im Betrieb stören

• Sinnvolle und einsetzbare neue Funktionen

Bringt also ein Update neue Funktionen, die Sie nicht brauchen, sollten Sie im Zweifel auf die neue Version verzichten. Auf jeden Fall empfiehlt es sich, die Updates zunächst in einer Referenzinstallation zu testen, bevor sie im Produktivsystem installiert werden.

2.4.2 Extensions installieren

Die Installation einer Extension erfolgt in zwei Schritten. Zunächst wird die Erweiterung im System gespeichert. Dabei werden lediglich die zugehörigen Dateien ins Extension-Verzeichnis ausgepackt. Erst in einem zweiten Schritt wird die Erweiterung installiert, d. h. in den Betrieb einer laufenden Typo3-Instanz eingebunden. Dazu ist es meist nötig, die Datenbank anzupassen und die Erweiterung zu konfigurieren. Dieses Zwei-Schritt-Verfahren erlaubt es, das Erweiterungssystem von Typo3 sehr flexibel zu gestalten.

Erweiterungen in Typo3 können an drei verschiedenen Stellen installiert werden: lokal, global oder als System-Extension. Eine korrekt programmierte Erweiterung läuft in jeder Variante, trotzdem sollte die Auswahl des Installationsortes gut überlegt sein, vor allem, wenn mehrere Instanzen von Typo3 in Gebrauch sind (siehe auch den Abschnitt 2.5, »Multiple Websites«).

System-Extensions

Diese Erweiterungen liegen im Ordner `typo3/sysext` und stellen die grundlegenden Funktionen des Systems zur Verfügung. Sie sind immer vorhanden und können von jeder Instanz installiert werden. Ein Update der System-Extensions erfolgt im Normalfall nur durch Installation einer neuen Typo3-Version.

Globale Extensions

Das Verzeichnis für globale Erweiterungen ist `typo3/ext`. Im Auslieferungszustand von aktuellen Typo3-Versionen ist der Ordner leer. Hier liegende Erweiterungen werden normalerweise vom Administrator bereitgestellt. Jede Instanz kann diese Erweiterungen dann bei Bedarf installieren.

Als globale Extension sollten also nur Erweiterungen installiert sein, die für mehrere Typo3-Instanzen Verwendung finden sollen. Außerdem sollte die globale Installation nicht von den einzelnen Instanzen aus möglich sein (`[EXT][allowGlobalInstall]` in der Typo3-Konfiguration). Denn sonst könnte eine Instanz bei einem unbedachten Update auch die Funktion der anderen Instanzen beeinflussen.

Lokale Extensions

Lokale Erweiterungen werden in `typo3conf/ext` abgelegt. Sie stehen nur einer einzelnen Typo3-Instanz zur Verfügung. Diese Art der Installation sollte der Normalfall sein, denn so ist sichergestellt, dass die einzelnen Instanzen sich möglichst wenig gegenseitig beeinflussen.

Reihenfolge

Ist eine Erweiterung sowohl lokal als auch global installiert, gibt Typo3 der lokalen Installation den Vorrang. Die globale Extension wiederum hat Vorrang vor den System-Erweiterungen. So kann eine Instanz eine aktuelle Version einer Erweiterung nutzen, auch wenn global eine ältere vorgehalten wird.

2.5   Multiple Websites mit Typo3

Wenn mehrere Websites auf einem Server unter Typo3 laufen sollen, gibt es unterschiedliche Ansätze. Die einfachste Variante ist natürlich, für jede Domain einen eigenen virtuellen Host einzurichten und darin eine komplette Typo3-Installation einzurichten. Dieses Verfahren sorgt für größtmögliche Unabhängigkeit der einzelnen Sites, verursacht aber auch den höchsten Pflegeaufwand.

2.5.1   Mehrere Instanzen von Typo3

Neben dieser trivialen Methode gibt es auch die Möglichkeit, mehrere *Instanzen* von Typo3 zu installieren, die sich die Code-Basis des Kernpaketes teilen.

Dazu installieren Sie das Src-Paket von Typo3 auf dem Server. Das Installationsverzeichnis muss dabei nicht vom Webserver aus erreichbar sein (aus Sicherheitsgründen ist es sogar besser, wenn es das nicht ist). Für jede Website, die Sie einrichten wollen, extrahieren Sie nun einmal das Dummy-Paket und benennen es passend um. Anschließend müssen Sie noch die Links im Dummy-Paket korrekt einrichten.

Unter Linux gehen Sie dazu in eines der Dummy-Verzeichnisse und zeigen sich den Inhalt mit ls -l an. Hier finden Sie vier symbolische Links, nämlich index.php, t3lib, typo3 und typo3_src. Da aber die ersten drei selbst wiederum den letzten Link benutzen, muss nur dieser korrekt angepasst werden.

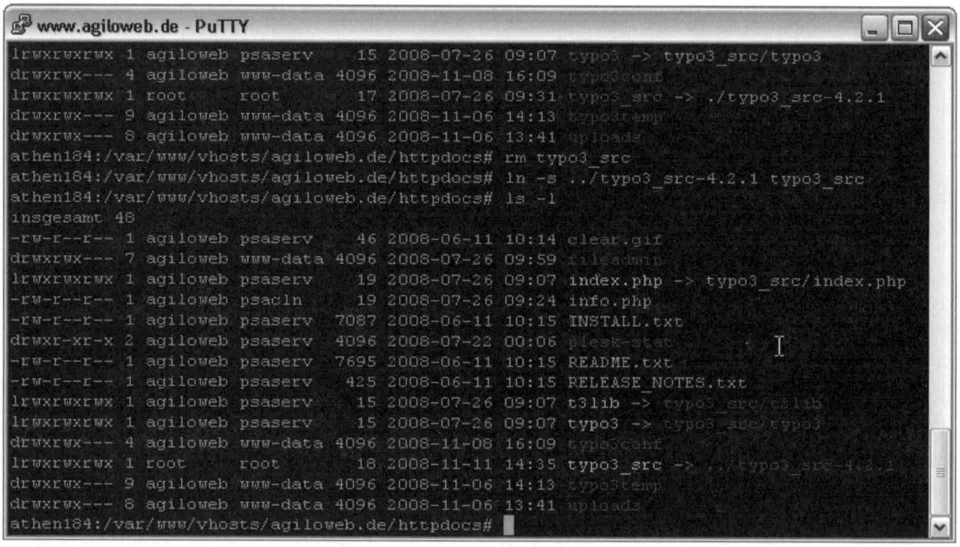

Bild 2.8: Symbolische Links unter Linux

Unter Windows dagegen enthält das Dummy-Archiv keine symbolischen Links. Um sie einzurichten, installieren Sie am besten ein passendes Tool wie ntfslink[6]. Benennen Sie nun die Datei index.php um und erzeugen Sie stattdessen einen gleichnamigen Hardlink auf die Datei im Typo3-Src-Verzeichnis.

Erzeugen Sie nun zwei Junction-Links auf die Verzeichnis typo3 und tslib im Src-Verzeichnis. Mit ntfslink geschieht dies am einfachsten per Drag & Drop.

---

[6] http://www.elsdoerfer.info/ntfslink

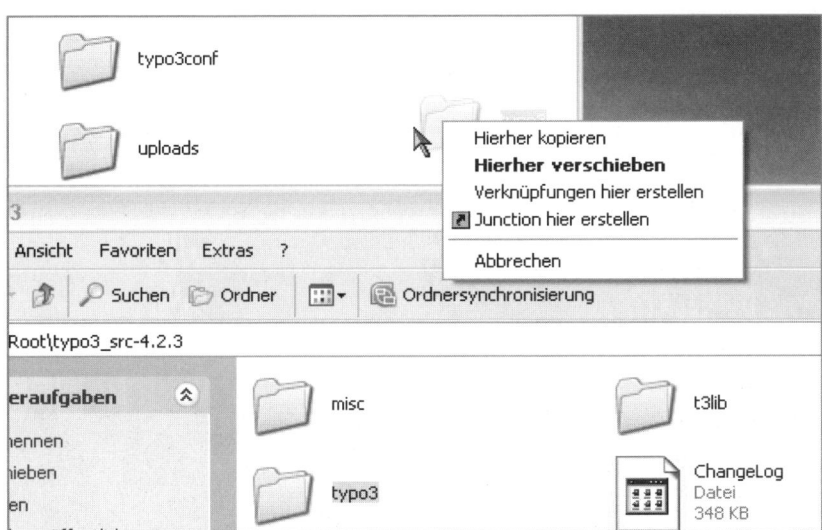

Bild 2.9: Junction-Links lassen sich mit ntfslink einfach anlegen

Sind alle Dummy-Verzeichnisse fertig, brauchen Sie natürlich noch die passenden virtuellen Hosts, die als `Document Root` die jeweiligen Verzeichnisse benutzen. Nun können Sie jede einzelne der neuen Sites einmal aufrufen und die Typo3-Installation durchführen.

Tipp: Websites, die auf diese Art erstellt werden, teilen sich den Typo3-Code, nicht aber die Datenbank oder Verzeichnisse. Sie sind also in diesem Punkt völlig unabhängig. Sollen sich mehrere Sites eine Datenbank teilen, benötigen Sie nur eine Instanz. Ein Beispiel für eine solche Installation werden wir im Kapitel über mehrsprachige Websites vorstellen.

3 Website Design mit Typo3

3.1 HTML ist aller Seiten Anfang

Wieviel Arbeit Sie auch in die Funktionalität Ihres Typo3-Systems stecken – der erste Eindruck Ihrer Besucher wird maßgeblich vom Layout der Seite bestimmt.

Nur in seltenen Fällen ist aber ein guter Programmierer auch ein guter Webdesigner, daher wird das Layout typischerweise von einem Spezialisten erstellt und dem Entwickler als HTML-Vorlage übergeben. Dabei steht zu hoffen, dass der Designer nicht nur Photoshop kennt, sondern auch mit Begriffen wie etwa dem barrierefreien Design etwas anfangen kann. Denn je besser die Qualität der Vorlage, desto weniger Arbeit fällt für die Umsetzung an.

Als Typo3-Entwickler erhalten Sie also eine HTML-Vorlage, die es in Typo3 zu integrieren gilt und die etwa so aussehen könnte:

Bild 3.1: Eine einfache HTML-Vorlage

Um daraus ein vollwertigesTypo3-Template zu machen, stehen mehrere Wege offen. Welcher der einfachste oder auf Dauer sinnvollste ist, hängt sehr von der Aufgabenverteilung im Unternehmen sowie dem Einsatzzweck des Webauftritts ab.

3.2 Die statische Variante

Der wohl kürzeste Weg von der HTML-Vorlage zum Typo3-Template ist reine Handarbeit. Der Entwickler nimmt sich dabei die HTML-Datei vor und versieht sie an den richtigen Stellen mit Typo3-spezifischen Platzhaltern.

3.2.1 Platzhalter: Subparts oder Marker?

Typo3 kennt zwei Arten von Platzhaltern im Template – Marker und Subparts. Ein *Marker* kennzeichnet eine Stelle, an der Typo3-Inhalte eingefügt werden sollen.

Ein Beispiel: Aus dem Quelltext

```
<div id="footerInhalt">Copyright 2008</div>
```

wird

```
<div id="footerInhalt">###COPYRIGHT###</div>
```

Bei der Ausgabe wird dieser Marker durch Inhalt aus dem Content Management-System ersetzt.

Ein *Subpart* kennzeichnet dagegen einen größeren Bereich im Quelltext, der ersetzt werden soll. Dazu werden eine Anfangs- und eine Endmarkierung gesetzt. Der gesamte Text zwischen den Markierungen sowie die Markierungen selbst werden bei der Ausgabe komplett gegen den Inhalt aus Typo3 ausgetauscht.

Beispiel:

```
<ul id="HauptmenueListe">
<li class="aktiv"><a href="#">Startseite</a></li>
<li><a href="#">Produkte</a></li>
<li class="last"><a href="#">Impressum</a></li>
</ul>
```

wird nach der Bearbeitung zu

```
<ul id="HauptmenueListe">
<!-- ###HAUPTMENUE### Beginn -->
<li class="aktiv"><a href="#">Startseite</a></li>
<li><a href="#">Produkte</a></li>
<li><a href="#">Impressum</a></li>
<!-- ###HAUPTMENUE### Ende -->
</ul>
```

Die Zusätze »Beginn« und »Ende« dürfen Sie weglassen (streng genommen auch die Kommentarzeichen), allerdings erhöht eine solche zusätzliche Markierung die Übersichtlichkeit.

Subparts sind einfachen Markern in einem wesentlichen Punkt überlegen: Zwischen ihrem Anfang und ihrem Ende darf normaler HTML-Text stehen, und die Markierung selbst ist in der hier verwendeten Schreibweise für HTML nur ein Kommentar. Das erleichtert das Arbeiten mit der HTML-Vorlage erheblich, weil die einzelnen Bereiche der Seite mit sinnvollen Inhalten dargestellt werden. Das so bearbeitete Template vermittelt daher immer noch einen realistischen Eindruck vom Aussehen der Website, wenn es in einem HTML-Editor oder im Browser betrachtet wird.

Wie oben erwähnt, ist diese Methode relativ schnell, und der Entwickler hat maximale Kontrolle über die Platzierung und Bezeichnung der Marker. Daher eignet sie sich sehr gut für die schnelle Umsetzung einfacher Layouts.

Muss allerdings die HTML-Vorlage nach dem Einbau der Marker erneut bearbeitet werden, kann sich die Unsichtbarkeit der Subpart-Markierungen negativ auswirken. Werden Elemente der Seite in einem modernen WYSIWYG-Editor wie Dreamweaver verschoben oder geändert, kann es schnell passieren, dass die Marker aus Versehen gelöscht werden oder nach den Änderungen falsch platziert sind. Nach jedem Bearbeiten der Vorlage muss der Typo3-Entwickler daher den Quellcode komplett neu prüfen und die Marker gegebenenfalls korrigieren.

Damit ist die Arbeit an der HTML-Vorlage fast erledigt – bis auf eine Kleinigkeit: Die Pfade zu den Bildern und zur CSS-Datei sind üblicherweise relativ angelegt. Um die Vorlage später in Typo3 zu nutzen, wird sie mitsamt ihren Ressourcen im Verzeichnisbaum von Typo3 abgelegt, normalerweise unterhalb von `fileadmin`, also etwa in `fileadmin/template`. Die ausgebende Seite, normalerweise die Datei `index.php` von Typo3, liegt aber meist im Root-Verzeichnis des Servers. Die Verweise müssen daher entsprechend umgebaut werden.

Das HTML-Template sieht nun folgendermaßen aus:

```
<!DOCTYPE html PUBLIC "-//W3C//DTD XHTML 1.0 Transitional//EN"
"http://www.w3.org/TR/xhtml1/DTD/xhtml1-transitional.dtd">
<html xmlns="http://www.w3.org/1999/xhtml">
<head>

<meta http-equiv="Content-Type" content="text/html; charset=utf-8" />
<title>Typo3 Testsite</title>
<!-- ###DOCUMENT_HEADER### Beginn -->
<link href="fileadmin/templates/simple/css/styles.css" rel="stylesheet"
type="text/css" />
<!-- ###DOCUMENT_HEADER### Ende -->
</head>

<body>
<!-- ###DOCUMENT_BODY### Beginn -->
<div id="Kopf">
<img src="fileadmin/templates/simple/img/logo.gif" alt="Logo" name="Logo"
```

```
width="200" height="80" id="Logo" />
<img src="fileadmin/templates/simple/img/header.jpg" alt="Schmuckgrafik"
name="Headergrafik" width="800" height="80" id="Headergrafik" />
</div>

<div id="Hauptmenue">
<ul id="HauptmenueListe">
<!-- ###HAUPTMENUE### Beginn -->
<li class="aktiv"><a href="#">Startseite</a></li>
<li><a href="#">Produkte</a></li>
<li><a href="#">Impressum</a></li>
<!-- ###HAUPTMENUE### Ende -->
</ul>
</div>

<div id="breadcrumb">
<div id="breadcrumbInhalt">
<!-- ###BREADCRUMB### Beginn -->
<a href="#">Startseite</a> --&gt; <a href="#">Punkt2</a> --&gt; <a
href="#">Unterpunkt 1</a>
<!-- ###BREADCRUMB### Ende -->
</div>
</div>

<div id="Inhalt">

<div id="LinkeSpalte">
<div id="LinkeSpalteInhalt">

<ul id="SubmenueListe">
<!-- ###SUBMENUE### Beginn -->
<li><a href="#">Punkt 1</a></li>
<li class="aktiv"><a href="#">Punkt 2</a>
<ul id="Submenue2Liste">
<li class="aktiv"><a href="#">Unterpunkt 1</a></li>
<li><a href="#">Unterpunkt 2</a></li>
<li><a href="#">Unterpunkt 3</a></li>
</ul>

</li>
<li><a href="#">Punkt 3</a></li>
<li><a href="#">Punkt 4</a></li>
```

```
<li><a href="#">Punkt 5</a></li>
<!-- ###SUBMENUE### Ende -->
</ul>


</div>
</div>


<div id="RechteSpalte">
<div id="RechteSpalteInhalt">
<!-- ###CONTENT### Beginn -->
<img id="Hauptbild" src="fileadmin/templates/simple/img/home.jpg" alt="Unser
Firmensitz" width="300" height="308" />
<h1>Willkommen</h1>
<p>Willkommen auf der Typo3-Website.</p>
<p> </p>
<p>Diese Seite dient uns als Beispiel, um eine HTML-Vorlage als Typo3-
Template zu verwenden.</p>
<!-- ###CONTENT### Ende -->
</div>
</div>


</div>

<div id="footer">
<div id="footerInhalt">###FOOTER###</div>
</div>
<!-- ###DOCUMENT_BODY### Ende -->
</body>
</html>
```

Tipp: Ein etwas umständlicher, aber möglicher Workaround, damit das Template trotz der unterschiedlichen Pfade auch nachträglich mit einem HTML-Editor erneut bearbeitet werden kann, ohne die Pfade anpassen zu müssen:

Legen Sie sich in Ihrem Arbeitsverzeichnis ebenfalls einen Ordner `fileadmin/templates/simple` an und speichern Sie darin eine Kopie der Bilder und CSS-Dateien. Wenn Sie unter Linux oder Mac-OS arbeiten, können Sie auch einen symbolischen Link zurück auf das Verzeichnis der HTML-Datei setzen. So können bereits beim Arbeiten im Editor die späteren Pfade benutzt werden.

```
vs160217:~/templates # ls -l
total 8
drwxr-xr-x   2 root     root        4096 Oct 17 17:08 .
drwx------   7 root     root        4096 Oct 17 17:07 ..
lrwxrwxrwx   1 root     root           2 Oct 17 17:08 simple -> ../..
```

3.2.2 Typoscript sorgt für Inhalte

Nachdem die Vorlage fertig ist, kommt endlich Typo3 ins Spiel, genauer: ein Typo3-Template, das dem System mittels Typoscript-Anweisungen mitteilt, welche Inhalte welchen Platzhalter ersetzen sollen. Typoscript wird in einem eigenen Kapitel ausführlich behandelt. In diesem Kapitel werden wir daher nur die Funktionen ansprechen, die nötig sind, um unsere Templates zu nutzen. Auch die Menü-Elemente werden etwas später in einem eigenen Abschnitt behandelt.

Zunächst wird für die Root-Seite ein *Template* angelegt. Am einfachsten geschiet dies, indem das Modul *Template* gewählt wird und der Button `Create template for new site` angeklickt wird.

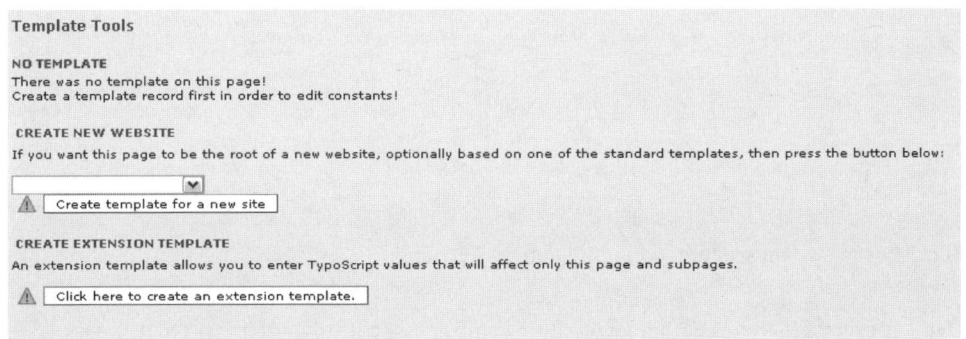

Bild 3.2: Über das Template-Modul geht das Anlegen eines Templates am schnellsten

Anschließend wird bei diesem Template noch das statische Template aus der Erweiterung `css_styled_content` eingebunden. Diese Erweiterung gehört bei den aktuellen Versionen zum Installationsumfang. Sie finden sie als System-Extension im Ordner `typo3/sysext`.

Diese Erweiterung ist derzeit sozusagen das Standard-Template für Typo3. Sie hat die alten, tabellen-basierten Templates abgelöst. Im Hinblick auf barrierefreie Seiten war `css_styled_content` gegenüber Tabellen-basierten Layouts ein großer Schritt nach vorne, wenn auch noch einige Lücken offen bleiben und die Erweiterung etwas zu übermäßig vielen CSS-Auszeichnungen neigt. Mehr zum Thema barrierefreie Webseiten mit Typo3 finden Sie im Abschnitt 3.7.

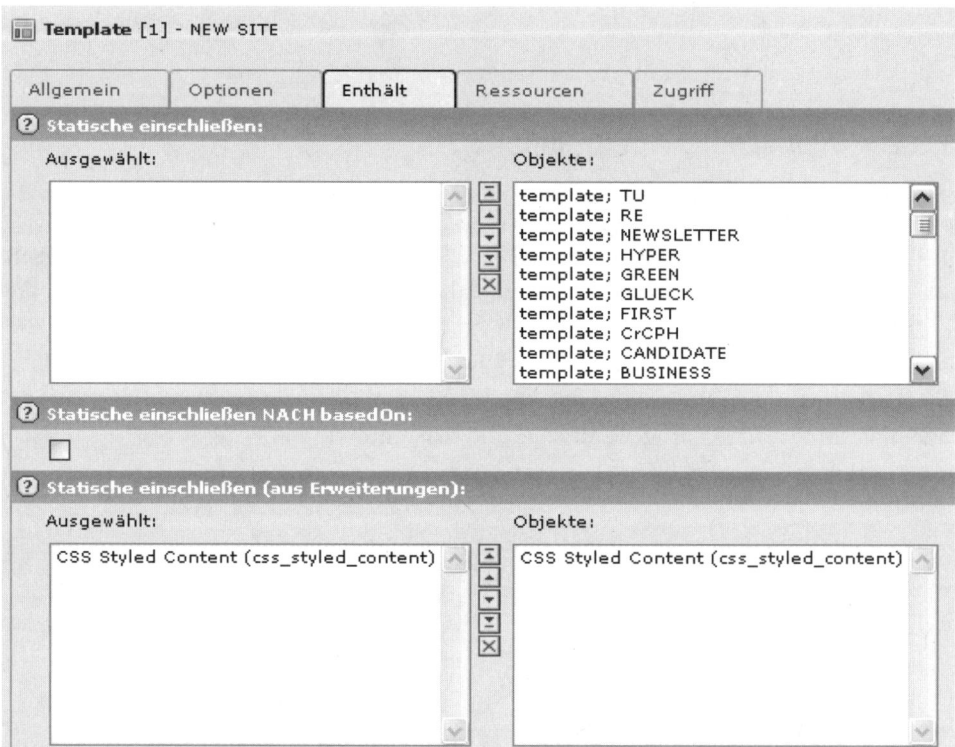

Bild 3.3: css_styled_content sorgt für saubere Ausgaben

Der Typoscript-Teil des gerade erzeugten Templates sieht folgendermaßen aus:

```
# Default PAGE object:
page = PAGE
page.10 = TEXT
page.10.value = HELLO WORLD!
```

Es werden zwei Objekte angelegt, zum einen das PAGE-Objekt mit dem Namen page (wobei der Name beliebig ist), zum zweiten darin ein TEXT-Objekt, das als Bezeichner lediglich eine Nummer bekommt. Diesem Objekt wird in der Eigenschaft value ein statischer Wert zugewiesen.

Um nun statt des statischen Textes »HELLO WORLD!« Inhalte auszugeben, wird anstelle des TEXT-Objekts das HTML-Template als Seitenobjekt eingebunden.

```
page.10 = TEMPLATE
page.10 {
  template = FILE
  template.file = fileadmin/templates/simple/index.html
  workOnSubpart = DOCUMENT_BODY
  subparts.CONTENTRIGHT < styles.content.get
}
```

Dieser Code weist zunächst dem Template-Objekt die HTML-Datei zu. Die Anweisung workOnSubpart sorgt dafür, dass aus dem Template nur der Bereich zwischen den ###DOCUMENT_BODY###-Markierungen benutzt wird.

Die letzte Anweisung bringt nun Inhalte aus dem CMS ins Spiel. Die Zeile

```
subparts.CONTENT < styles.content.get
```

holt die Inhalte der aktuellen Seite und ersetzt damit den Subpart CONTENTRIGHT.

styles.content.get ist ein vordefiniertes Objekt aus dem statischen Template css_styled_content. Ein Blick in die Typoscript-Dateien der Extension zeigt folgende Definition:

```
styles.content.get = CONTENT
styles.content.get {
   table = tt_content
   select.orderBy = sorting
   select.where = colPos=0
   select.languageField = sys_language_uid
}
```

Es handelt sich also um ein CONTENT-Objekt, das Inhalte der Tabelle tt_content holt. Die where-Bedingung colPos=0 sorgt dafür, dass nur Inhalte erfasst werden, die im CMS für die Spalte »Normal« eingetragen wurden.

Analog dazu stellt css_styled_content noch styles.content.getLeft, styles. content.getRight und styles.content.getBorder zur Verfügung, um Inhalte der anderen Spalten (Links, Rechts und Rand) zu holen.

Neben dem Inhalt wollen wir aber auch noch die CSS-Datei verwenden, die der Webdesigner geliefert hat. Hier gibt es zwei Möglichkeiten:

```
page.includeCSS {
    file1 = fileadmin/templates/simple/styles.css
    file1.media = all
}
```

fügt die CSS-Datei in die Typo3-Ausgabe mit ein.

Alternativ lässt sich auch hier die Template-Methode benutzen. Dazu wird im Header der HTML-Vorlage ein weiterer Subpart-Marker eingefügt und wie folgt eingebunden:

```
page.headerData.10 = TEMPLATE
page.headerData.10 {
  template = FILE
  template.file = fileadmin/templates/simple/index.html
  workOnSubpart = DOCUMENT_HEADER
}
```

Der Vorteil dieser Methode ist, dass sehr bequem nicht nur die CSS-Datei, sondern auch andere Header-Einträge, etwa Javascript-Dateien, ohne Nacharbeit so übernommen werden, wie es der Webdesigner vorgesehen hat. In unserem Beispiel haben wir allerdings den <title>-Tag ausgespart, weil dieser von Typo3 eingefügt werden soll. Auch <meta>-Tags sollten normalerweise nicht über das Template definiert werden.

3.2.3   Mehrere Templates verwalten

Mit dem HTML-basierten Ansatz ist ein Wechsel des Layouts relativ einfach. Um etwa einer Gruppe von Seiten ein anderes Template zuzuweisen als dem Rest der Seite, erzeugen Sie für die übergeordnete Seite ein Erweiterungstemplate, das die entsprechenden Objekte des Haupttemplates nach Wunsch abändert. Das kann etwa so aussehen:

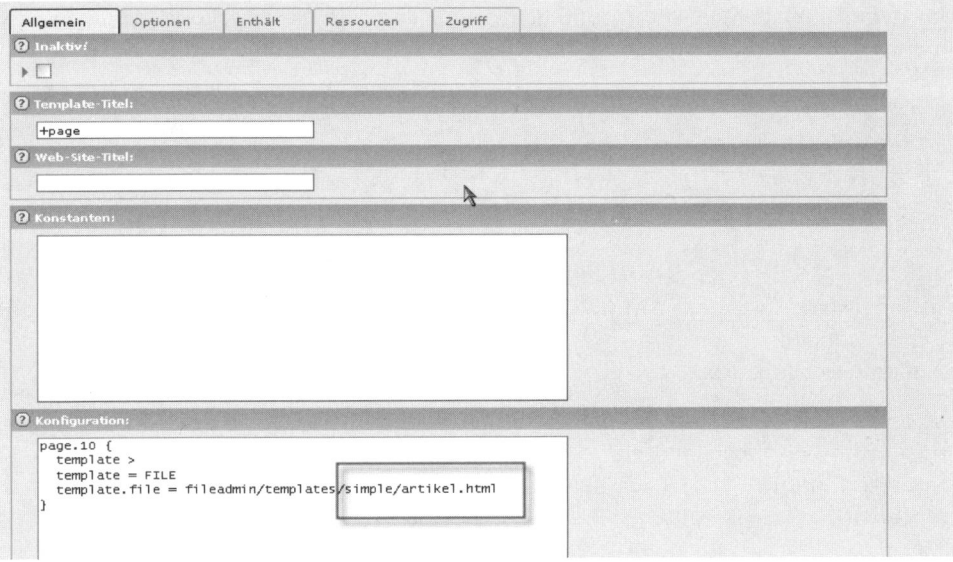

Bild 3.4: Das Layout von Einzelseiten lässt sich gezielt ändern

Dieser Weg hat allerdings den Nachteil, dass die jeweiligen Templates zwar vorbereitet, aber nur vom Administrator ausgewählt werden können, weil typischerweise ein Redakteur in einer Typo3-Site nicht das Recht haben sollte, das Typoscript-Setup der Seite zu ändern.

Hier hilft die Erweiterung *Template Selector* (`rlmp_tmplselector`) weiter, die von Kasper Skårhoj in seinem Tutorial *Modern Template Building* vorgestellt und von Robert Lemke weiterentwickelt wurde.

Diese Erweiterung erlaubt die Auswahl unterschiedlicher Templates durch den Redakteur, ohne in tiefere Strukturen eingreifen zu müssen.

Die Seiten-Templates unterscheiden sich nicht von den bisherigen. Es sind auch keine besonderen Vorkehrungen zu treffen. Jedes Template, das als HTML-Seite in einem vorher definierten Ordner liegt, wird vom Template Selector automatisch zur Auswahl angeboten.

Um den Template Selector einzubinden, installieren Sie die Erweiterung und passen anschließend das Typoscript-Setup Ihrer Website folgerndermaßen an:

```
plugin.tx_rlmptmplselector_pi1{
  templatePathMain = fileadmin/templates/main/
  defaultTemplateFileNameMain = standard.html
  inheritMainTemplates = 1
}
```

Mit der `templatePathMain`-Anweisung wird festgelegt, wo der Template Selector die Templates findet, die zur Auswahl angeboten werden. Die folgende Zeile legt die Standardeinstellung fest.

Die letzte Zeile bestimmt, ob eine Seite die Einstellungen der übergeordneten Ebene erben soll, wenn nichts anderes festgelegt ist. Für das Seitentemplate ergibt die Vererbung meist Sinn, so lassen sich beispielsweise in einem Webkatalog alle Produktseiten einheitlich darstellen.

Nun muss das Plugin noch in die Seite integriert werden. Dazu wird die Anweisung `template=FILE` ersetzt:

```
page.10 = TEMPLATE
page.10 {
  template =< plugin.tx_rlmp_templselector_pi1
  template.content.templateType = main
  workOnSubpart = DOCUMENT_BODY
  subparts.CONTENT < styles.content.get
}
```

Beim Bearbeiten einer Seite gibt es nun die Möglichkeit, das zu verwendende HTML-Template bequem im Backend zu selektieren:

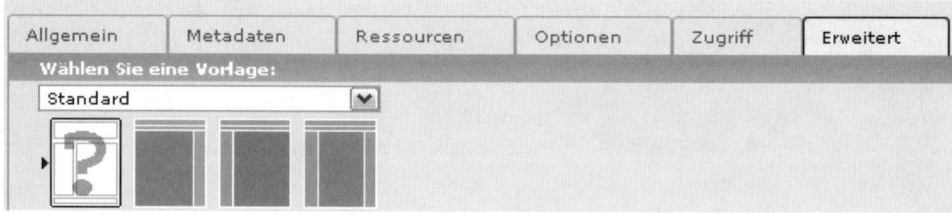

Bild 3.5: Der Template Selector erlaubt dem Redakteur die Wahl des Layouts

Wie im obigen Bild zu sehen, wird die Auswahl durch Icons erleichtert. Diese Icons sind ganz einfach zu erstellen. Im Verzeichnis, in dem die HTML-Templates liegen, wird für jedes Layout ein GIF-Bild gleichen Namens abgelegt. Der Template Selector verwendet diese Bilder dann automatisch im Backend.

Tipp: Bei älteren Typo3-Versionen erfolgt die Template-Auswahl, indem zunächst der Seitentyp von »Standard« auf »Erweitert« geändert wird. Die Felder zur Layout-Auswahl erscheinen dann unten auf der Backend-Seite. In der Typo3-Version 4.2 bleibt der Seitentyp auf »Standard«, stattdessen gibt es einen neuen Reiter »Erweitert«, in dem die Templates ausgewählt werden.

Subtemplates

Neben der Auswahl des Seitenlayouts bietet der Template Selector noch eine zusätzliche Ebene. Damit lässt sich beispielsweise die Darstellung des Inhalts variieren, während Menüs und Logo gleich bleiben. Um diese Funktion zu nutzen, wird das Typoscript-Setup erneut erweitert:

```
plugin.tx_rlmptmplselector_pi1{
  templatePathMain = fileadmin/templates/
  templatePathSub = fileadmin/templates/sub/

  defaultTemplateFileNameMain = standard.html
  defaultTemplateFileNameSub = standardsub.html

  inheritMainTemplates = 1
  inheritSubTemplates = 1
}

temp.contentTemplate = TEMPLATE
temp.contentTemplate {
  template =< plugin.tx_rlmp_templselector_pi1
  template.content.templateType = sub
  workOnSubpart = SUB_BODY

  subparts{
    CONTENTSUBLEFT < styles.content.getLeft
    CONTENTSUBMEDIUM < styles.content.get
    CONTENTSUBRIGHT < styles.content.getRight
```

```
    }
  }

page.10 = TEMPLATE
page.10 {
  template =< plugin.tx_rlmp_templselector_pi1
  template.content.templateType = main
  workOnSubpart = DOCUMENT_BODY
  subparts.CONTENT < temp.contentTemplate
}
```

Die Einstellungen für die Subtemplates sind mit denen der Seitentemplates weitgehend identisch. Der Inhalt im Haupttemplate (`subparts.CONTENT`) wird jetzt aber durch das neue Objekt `temp.contentTemplate` definiert.

Dieses Objekt ist selbst wieder ein Template. Durch die Zeile `template.content.templateType = sub` wird dem Plugin mitgeteilt, dass es jetzt um ein Subtemplate geht. Welches Template benutzt werden soll, lässt sich ebenfalls im Backend auswählen:

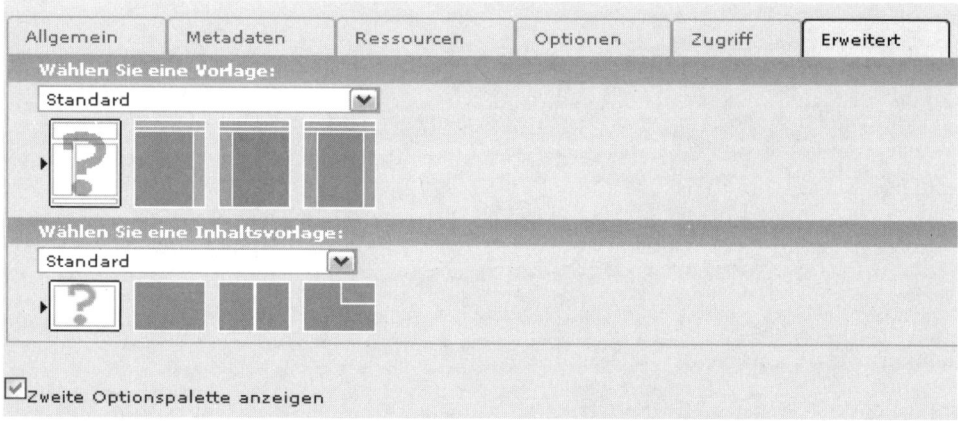

Bild 3.6: Der Template Selector mit Auswahl für Seitenlayout und Inhalt

Die Inhaltstemplates sind etwas einfacher strukturiert. Sie müssen im Body lediglich das `Content`-Element enthalten:

```
<!DOCTYPE html PUBLIC "-//W3C//DTD XHTML 1.0 Transitional//EN"
"http://www.w3.org/TR/xhtml1/DTD/xhtml1-transitional.dtd">
<html xmlns="http://www.w3.org/1999/xhtml">
<head>
```

```
<meta http-equiv="Content-Type" content="text/html; charset=utf-8" />
<title>2-spaltiges Layout für Artikel</title>
<!--###SUB_HEADER### begin -->
<link href="fileadmin/templates/css/sub2col.css" style="text/css" />
<!--###SUB_HEADER### end -->
</head>

<body>

<!--###SUB_BODY### begin -->
<div id="artikellinks" />
<!--###CONTENTSUBLEFT### begin -->
<h1>Linke Spalte</h1>
<p>Artikeltext linke Spalte</p>
<!--###CONTENTSUBLEFT### end -->
</div>
<div id="artikelrechts" />
<!--###CONTENTSUBRIGHT### begin -->
<h1>Rechte Spalte</h1>
<p>Artikeltext rechte Spalte</p>
<!--###CONTENTSUBRIGHT### end -->
</div>
<!--###SUB_BODY### end -->
</body>
</html>
```

Unser Typoscript-Code unterstützt drei der vier Spalten, die Typo3 anbietet, das obige Template wiederum verwendet nur zwei davon (Links und Rechts).

Zum Abschluss fehlt nur noch, das zusätzliche CSS einzubinden, das im Inhaltstemplate definiert wurde. Das passiert analog zum Standard-CSS:

```
page.headerData.20 = TEMPLATE
page.headerData.20 {
  template =< plugin.tx_rlmp_templselector_pi1

  template.content.templateType = sub
  workOnSubpart = SUB_HEADER
}
```

Damit steht der Nutzung unterschiedlicher Layouts nichts mehr im Wege.

3.3 Automatische Templates

Wie oben beschrieben, sorgt der Einbau der Marker in ein Template von Hand für diverse Probleme, wenn es darum geht, dass eine HTML-Vorlage nachträglich vom Webdesigner bearbeitet werden soll. Besser wäre es, wenn Typo3 selbst die Struktur der HTML-Datei erkennen könnte.

3.3.1 Die Erweiterung automaketemplate

Genau dies leistet der *Template Auto-Parser* von Kasper Skårhoj. Um die Erweiterung zu installieren, gehen Sie in den Extension Manager und suchen im Online-Repository nach der Erweiterung mit der Kennung `automaketemplate`.

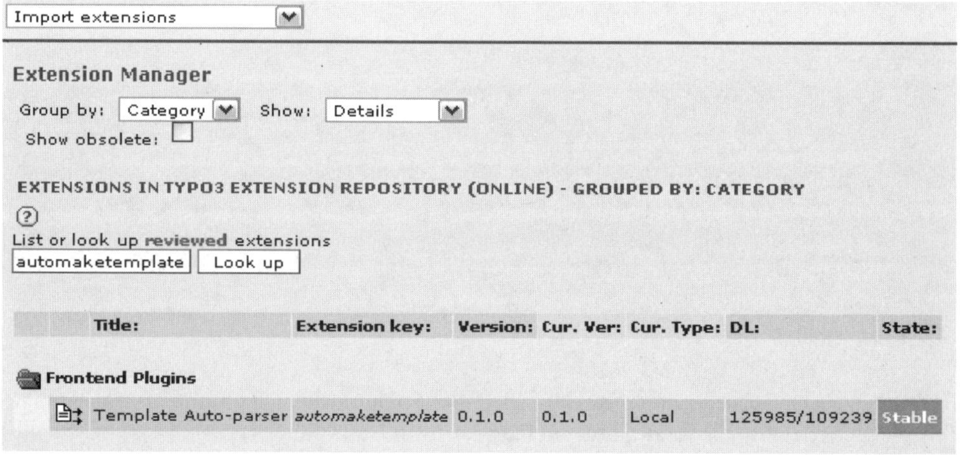

Bild 3.7: Der Template Auto-Parser

3.3.2 Einbinden der Erweiterung

Das wichtigste Argument für den Auto-Parser ist, dass Änderungen von Hand an der HTML-Vorlage nicht mehr notwendig sind. Stattdessen konfigurieren Sie den Auto-Parser so, dass vorhandene HTML-Elemente automatisch mit Subpart-Markierungen versehen werden. Dazu wird der Parser in das Typoscript-Template eingebunden:

```
plugin.tx_automaketemplate_pi1 {
  # Einlesen der HTML-Vorlage:
  content = FILE
```

```
content.file = fileadmin/template/auto/index.html

# Festlegung, welche Elemente mit Markern versehen werden:
elements {
  BODY.all = 1
  BODY.all.subpartMarker = DOCUMENT_BODY

  HEAD.all = 1
  HEAD.all.subpartMarker = DOCUMENT_HEADER
  HEAD.rmTagSections = title

  DIV.all = 1
  UL.all = 1
}

# Relative Pfade automatisch anpassen:
relPathPrefix = fileadmin/template/auto/
}
```

Der Beginn ist dem alten TEMPLATE-Objekt sehr ähnlich. Neu ist der elements-Block. Dieser legt fest, welche HTML-Tags ersetzt werden.

Die folgende Befehlsfolge

```
BODY.all = 1
BODY.all.subpartMarker = DOCUMENT_BODY
```

sorgt dafür, dass nach dem <body>-Tag der Marker ###DOCUMENT_BODY### eingefügt wird. Genau genommen würde diese Anweisung alle <body>-Tags ersetzen, doch da er nur einmal vorkommt, stellt dies kein Problem dar.

Analog dazu wird auch der Header der HTML-Datei mit einem Marker ###DOCUMENT_ HEADER### versehen. Das wird uns später erlauben, den Header der HTML-Datei für unsere Ausgabe mitzuverwenden.

Der Befehl

```
HEAD.rmTagSections = title
```

sorgt dafür, dass der <title>-Tag samt Inhalt entfernt wird. Schließlich soll dieser später dynamisch durch Typo3 erzeugt werden.

Die beiden Zeilen

```
DIV.all = 1
UL.all = 1
```

bewirken schließlich, dass alle `<div>`- und `<ul>`-Tags durchgehend ebenfalls mit Markern versehen werden. Auf diese Art lassen sich beliebige HTML-Tags mit Markern versehen.

Tipp: Achten Sie darauf, dass die Namen der HTML-Tags in der Parser-Konfiguration in Großbuchstaben geschrieben werden.

Allerdings werden in unserem Beispiel keine Marker direkt angegeben. Woher nimmt also der Auto-Parser die Bezeichner? Ganz einfach: Die Erweiterung bedient sich bei den `id`- und `class`-Attributen der entsprechenden Tags. Der Inhalt des Tags `<ul id="Hauptmenue">` wird also mit dem Subpart-Marker `<!-- ###Hauptmenue### -->` versehen. Fehlen beide Attribute, wird auch kein Marker gesetzt.

Das Beispiel-Layout verwendet keinerlei Tabellen, lediglich `<div>` sowie `<ul>` für Menüs. Daher müssen in diesem Fall keine weiteren Tags ersetzt werden.

Die letzte Zeile

```
relPathPrefix = fileadmin/template/auto/
```

erspart das manuelle Ersetzen aller Pfade zu Bildern, CSS-Dateien und ähnlichen Elementen. Solange die Ordner-Struktur, die der Webdesigner angelegt hat, unverändert in dem `fileadmin`-Ordner kopiert wird, reicht diese eine Zeile aus, um alle nötigen Änderungen vorzunehmen.

Werden etwa Bilder in einem anderen Verzeichnis abgelegt, so lässt sich der Befehl auch in der Form

```
relPathPrefix.IMG = fileadmin/images/auto/
```

gezielt auf Bilder in der Vorlage anwenden.

3.3.3 Das virtuelle Template

Das Ergebnis der ganzen Aktion ist ein virtuelles Template, das alle nötigen Subpart-Marker enthält:

```
<!DOCTYPE html PUBLIC "-//W3C//DTD XHTML 1.0 Transitional//EN"
"http://www.w3.org/TR/xhtml1/DTD/xhtml1-transitional.dtd">
<html xmlns="http://www.w3.org/1999/xhtml">
<head><!--###DOCUMENT_HEADER### begin -->
<meta http-equiv="Content-Type" content="text/html; charset=utf-8" />

<link href="fileadmin/templates/auto/styles.css" rel="stylesheet"
type="text/css" />
<!--###DOCUMENT_HEADER### end --></head>


<body><!--###DOCUMENT_BODY### begin -->
<div id="Kopf"><!--###Kopf### begin -->
<img src="fileadmin/templates/auto/img/logo.gif" alt="Logo" name="Logo"
width="200" height="80" id="Logo" />
<img src="fileadmin/templates/auto/img/header.jpg" alt="Schmuckgrafik"
name="Headergrafik" width="800" height="80" id="Headergrafik" />
<!--###Kopf### end --></div>


<div id="Hauptmenue"><!--###Hauptmenue### begin -->
<ul id="HauptmenueListe"><!--###HauptmenueListe### begin -->
<li class="aktiv"><a href="fileadmin/templates/auto/#">Startseite</a></li>
<li><a href="fileadmin/templates/auto/#">Produkte</a></li>
<li class="last"><a href="fileadmin/templates/auto/#">Impressum</a></li>
<!--###HauptmenueListe### end --></ul>
<!--###Hauptmenue### end --></div>


<div id="breadcrumb"><!--###breadcrumb### begin -->
<div id="breadcrumbInhalt"><!--###breadcrumbInhalt### begin -->
<a href="fileadmin/templates/auto/#">Startseite</a> --&gt; <a
href="fileadmin/templates/auto/#">Punkt2</a> --&gt; <a
href="fileadmin/templates/auto/#">Unterpunkt 1</a>
<!--###breadcrumbInhalt### end --></div>
<!--###breadcrumb### end --></div>


<div id="Inhalt"><!--###Inhalt### begin -->

<div id="LinkeSpalte"><!--###LinkeSpalte### begin -->
```

```
<div id="LinkeSpalteInhalt"><!--###LinkeSpalteInhalt### begin -->

<ul id="SubmenueListe"><!--###SubmenueListe### begin -->
<li><a href="fileadmin/templates/auto/#">Punkt 1</a></li>
<li class="aktiv"><a href="fileadmin/templates/auto/#">Punkt 2</a>
<ul id="Submenue2Liste"><!--###Submenue2Liste### begin -->
<li class="aktiv"><a href="fileadmin/templates/auto/#">Unterpunkt 1</a></li>
<li><a href="fileadmin/templates/auto/#">Unterpunkt 2</a></li>
<li class="last"><a href="fileadmin/templates/auto/#">Unterpunkt 3</a></li>
<!--###Submenue2Liste### end --></ul>

</li>
<li><a href="fileadmin/templates/auto/#">Punkt 3</a></li>
<li><a href="fileadmin/templates/auto/#">Punkt 4</a></li>
<li class="last"><a href="fileadmin/templates/auto/#">Punkt 5</a></li>
<!--###SubmenueListe### end --></ul>

<!--###LinkeSpalteInhalt### end --></div>
<!--###LinkeSpalte### end --></div>

<div id="RechteSpalte"><!--###RechteSpalte### begin -->
<div id="RechteSpalteInhalt"><!--###RechteSpalteInhalt### begin -->
<img id="Hauptbild" src="fileadmin/templates/auto/img/home.jpg" alt="Unser
Firmensitz" width="300" height="308" />
<h1>Willkommen</h1>
<p>Willkommen auf der Typo3-Website.</p>
<p> </p>
<p>Diese Seite dient uns als Beispiel, um eine HTML-Vorlage als Typo3-
Template zu verwenden.</p>
<!--###RechteSpalteInhalt### end --></div>
<!--###RechteSpalte### end --></div>

<!--###Inhalt### end --></div>

<div id="footer"><!--###footer### begin -->
<div id="footerInhalt"><!--###footerInhalt### begin -->Dies ist die
Fu&szlig;zeile<!--###footerInhalt### end --></div>
<!--###footer### end --></div>
<!--###DOCUMENT_BODY### end --></body>
</html>
```

Wie Sie sehen, sind einige Markierungen streng genommen überflüssig, da doppelte `div`-Strukturen wie

```
<div id="footer">
<div id="footerInhalt">
```

lediglich aus Gründen der Browser-Kompatibilität in der HTML-Vorlage vorhanden sind.

Da es sich bei den eingefügten Markern aber aus Sicht von HTML um Kommentare handelt, stören sie die Optik der Ausgabe nicht und können daher ignoriert werden.

Wollen Sie gezielt nur einzelne Elemente eines bestimmten Typs ersetzen, so passen Sie die Konfiguration des Parsers entsprechend an. Die Zeilenfolge

```
elements.DIV.id.RechteSpalteInhalt = 1
elements.DIV.id.RechteSpalteInhalt.subPartMarker = INHALT
```

versieht nur das Tag `<div id="RechteSpalteInhalt">` mit einem Marker. Die zweite Zeile legt den Namen des Markers fest. Analog funktioniert dies mit Klassen. Hat ein Tag sowohl ein `id`- als auch ein `class`-Attribut, dann behält die ID die Oberhand. Die Klasse wird ignoriert und der Marker anhand der ID gesetzt.

Existiert sowohl ein Befehl `elements.DIV.all` als auch ein `elements.DIV.id` oder `elements.DIV.class`, so gibt Typo3 dem genaueren Bezeichner den Vorrang.

> **Tipp:** Ein guter HTML-Designer wird das `id`-Attribut für die eindeutige Kennzeichnung von Elementen verwenden, das `class`-Attribut dagegen für die Auszeichnung mehrerer gleichartiger Elemente. Der Auto-Parser macht hier keinen Unterschied und zählt auch nicht mit. Kommt eine CSS-Klasse mehrmals in der Vorlage vor, wird auch mehrmals derselbe Marker verwendet. Dies führt zu Zweideutigkeiten, sodass das Ergebnis der Ausgabe nicht immer vorhersehbar ist.
>
> Prüfen Sie daher sorgfältig, dass Elemente, die dynamisch gefüllt werden sollen, stets mit einer eindeutigen ID versehen sind.

Mit `elements` lassen sich im Auto-Parser nur Tags ansprechen, die auch ein korrespondierendes Abschlusstag haben, was für die meisten HTML-Tags zutrifft. Nicht abgeschlossene Tags wie `img` werden über `single` konfiguriert. Die Parameter sind mit denen von `elements` identisch.

3.3.4   Feintuning für den Auto-Parser

Mit einigen bisher nicht benutzten Einstellungen lässt sich das Verhalten des Auto-Parsers noch genauer Ihren Wünschen anpassen:

```
elements.DIV.all.includeWrappingTag = 1
```

sorgt dafür, dass der Marker bei `<div>`-Tags nicht innerhalb des Tags gesetzt wird, sondern diesen mit einschließt.

```
elements.DIV.all.doubleWrap = 1
```

bewirkt, dass zwei Marker gesetzt werden, einmal innerhalb und einmal außerhalb des Tags. Der Marker außerhalb erhält den Vorsatz `_PRE`.

Und schließlich können Sie beispielsweise mit

```
elements.TABLE.str_replace.10 {
  value = border="1"
  replaceWith = class="bordered"
}
```

bei allen Tabellen mit einem `border`-Attribut dieses durch eine CSS-Klasse ersetzen

Für Einzeltags (`single`) gibt es diese zusätzlichen Optionen logischerweise nicht.

3.3.5   Abschlussarbeiten

Zum Abschluss muss natürlich noch der Rest unseres Templates so angepasst werden, dass er das automatisch generierte Template auch benutzt. Das Ergebnis sieht wie folgt aus:

```
plugin.tx_automaketemplate_pi1 {
  # Einlesen der HTML-Vorlage:
  content = FILE
  content.file = fileadmin/templates/auto/index.html

  # Festlegung, welche Elemente mit Markern versehen werden:
  elements {
    BODY.all = 1
    BODY.all.subpartMarker = DOCUMENT_BODY
```

```
    HEAD.all = 1
    HEAD.all.subpartMarker = DOCUMENT_HEADER
    HEAD.rmTagSections = title

    DIV.all = 1
    UL.all = 1
  }


  # Relative Pfade automatisch anpassen:
  relPathPrefix = fileadmin/templates/auto/
}


# Default PAGE object:
page = PAGE


page.headerData.10 = TEMPLATE
page.headerData.10 {
  template =< plugin.tx_automaketemplate_pi1
  workOnSubpart = DOCUMENT_HEADER
}


page.10 = TEMPLATE
page.10 {
  template =< plugin.tx_automaketemplate_pi1
  workOnSubpart = DOCUMENT_BODY
  subparts.RechteSpalteInhalt < styles.content.get
}
```

Im `page`-Abschnitt haben sich lediglich die Definitionen der Templates für Header und Body geändert. Statt des Hinweises auf die HTML-Datei wird das Template gefüllt mit dem Inhalt aus dem Plugin `automaketemplate`.

Damit ist die Einbindung abgeschlossen. Auf Typo3-Seite ist bei einer Neugestaltung ab sofort keine Änderung mehr notwendig, solange im HTML-Template die gleichen Elemente und IDs verwendet werden und sich nur Dinge wie Reihenfolge oder Anordnung ändern.

3.3.6   Auto-Parser und Template Selector

Der bei den statischen Templates beschriebene Template Selector funktioniert auch im Zusammenspiel mit `automaketemplate` einwandfrei. Sie müssen lediglich die Ausgabe des Selectors für das `content`-Objekt des Parsers verwenden. Die ersten Zeilen der Parser-Konfiguration sehen dann folgendermaßen aus:

```
plugin.tx_automaketemplate_pi1 {
  # Einlesen der HTML-Vorlage:
  content =< plugin.tx_rlmp_templselector_pi1
```

Alle anderen Einstellungen des Auto-Parsers bleiben unverändert, die Änderungen im Typoscript-Setup der Seite erfolgen analog zu den Beispielen für die statischen Templates.

3.4   TemplaVoila

Der Template Auto-Parser ist zusammen mit dem Template Selector bereits ein großer Schritt hin zu einer komfortablen Template-Verwaltung. Eine Einschränkung bleibt allerdings bestehen: Typo3 bietet genau vier Positionen für Seitenelemente (Links, Rechts, Normal und Rand). Diese Einschränkung zu umgehen und damit komplexere Seitenstrukturen zu ermöglichen, war die Haupttriebfeder für die Entwicklung von *TemplaVoila*.

> **Anmerkung:** Korrekt wird der Name der Erweiterung TemplaVoilà geschrieben. Da diese Schreibweise aber auch in der Implementierung nicht konsequent durchgehalten wird, bedienen wir uns hier durchgehend der einfacheren Schreibung ohne Akzent.

Als Ausgangsbasis dient dieselbe Vorlage wie für den Template Auto-Parser. Die HTML-Datei enthält also einen Header-Teil mit einem Link zu einer externen CSS-Datei, Abschnitte für ein Haupt- und ein Untermenü sowie einen Content-Teil, der mit symbolischem Text gefüllt ist.

Die Installation folgt dem üblichen Muster. Ist sie erfolgreich, sehen Sie in der Modulliste, dass sich das Icon für das Seitenmodul geändert hat. TemplaVoila bietet aber auch die Möglichkeit an, zusätzlich das Standard-Seitenmodul zu aktivieren. Zumindest zu Beginn sollten Sie diese Option aktivieren, um bei Bedarf darauf zurückgreifen zu können.

```
Extension: TV TemplaVoila! (templavoila)

ACTIVE STATUS:

The extension is installed (loaded and running)!
Click here to remove the extension: ⟲

CONFIGURATION:

(Notice: You may need to clear the cache after configuration of the extension.

Enable features
  Enable the classic page module [enable.oldPageModule]
  ☑
```

Bild 3.8: TemplaVoila richtet ein neues Seitenmodul ein, kann aber das alte behalten.

Um einen Speicherort für die zu erstellenden Templates zu haben, richten Sie im Seitenbaum einen neuen `SysFolder` ein. Anschließend editieren Sie die Root-Seite Ihres Projekts und geben im Abschnitt `Optionen` den gerade angelegten Ordner im Feld `Allgemeine Datensatzsammlung` ein.

Nun legen Sie ein neues Haupttemplate für Ihr Projekt an mit folgendem Inhalt:

```
page = PAGE
page.typeNum = 0
page.10 = USER
page.10.userFunc = tx_templavoila_pi1->main_page
```

Das reicht aus, um den Inhalt der Seite komplett durch TemplaVoila darzustellen. Lediglich zusätzliche Objekt wie Menüs müssen noch definiert werden.

Zur Darstellung nutzt auch TemplaVoila ein statisches Template, typischerweise `css_styled_content`. Wie bei den anderen Template-Verfahren muss also auch hier im Reiter `Enthält` die entsprechende Auswahl getroffen werden.

3.4.1 Ein TemplaVoila-Template anlegen

Damit TemplaVoila das HTML-Template mit Inhalten füllen kann, muss die nötige Kopplung zu den Inhalten von Typo3 erstellt werden.

In TemplaVoila geschieht dies auf zwei Ebenen:

Die *Datenstruktur (DS)* legt fest, welche Elemente verwendet werden (beispielsweise ein Menü, eine Textspalte, ein Bildelement usw.).

Das *Template-Objekt (TO)* bestimmt, wie die Elemente der Datenstruktur den HTML-Objekten der Template-Datei zugeordnet werden.

Die Datenstruktur

Um Datenstruktur und Template-Objekt anzulegen, gehen Sie im Datei-Modul zu dem Ordner, in dem das HTML-Template liegt, und öffnen durch Klick auf das Icon das Kontextmenü. Dort wählen Sie den Eintrag `TemplaVoila`.

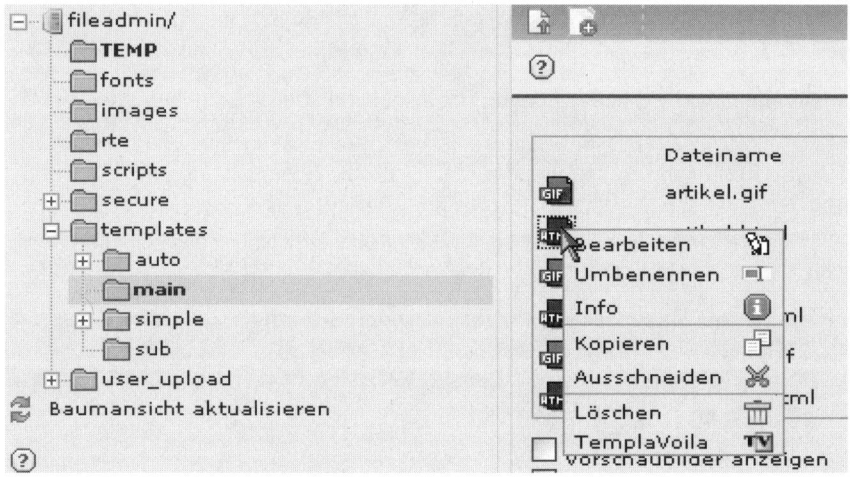

Bild 3.9: Ein Template-Objekt wird über das Kontextmenü in der Dateiliste erstellt.

Das öffnet das sogenannte *Mapping Tool*:

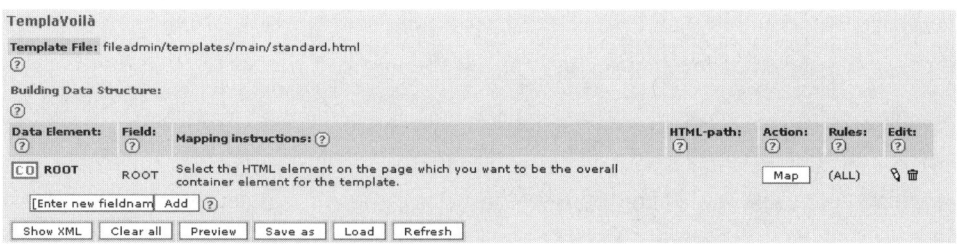

Bild 3.10: Das Mapping Tool ist der Kern der Template-Erstellung

Hier legen Sie zunächst die Datenstruktur fest. Dazu klicken Sie in das Eingabefeld unter ROOT und geben einen Namen ein, z. B. mainmenu (der Vorsatz field_ wird von TemplaVoila automatisch vergeben). Ein Klick auf Add öffnet die Einstellungen für das Mapping.

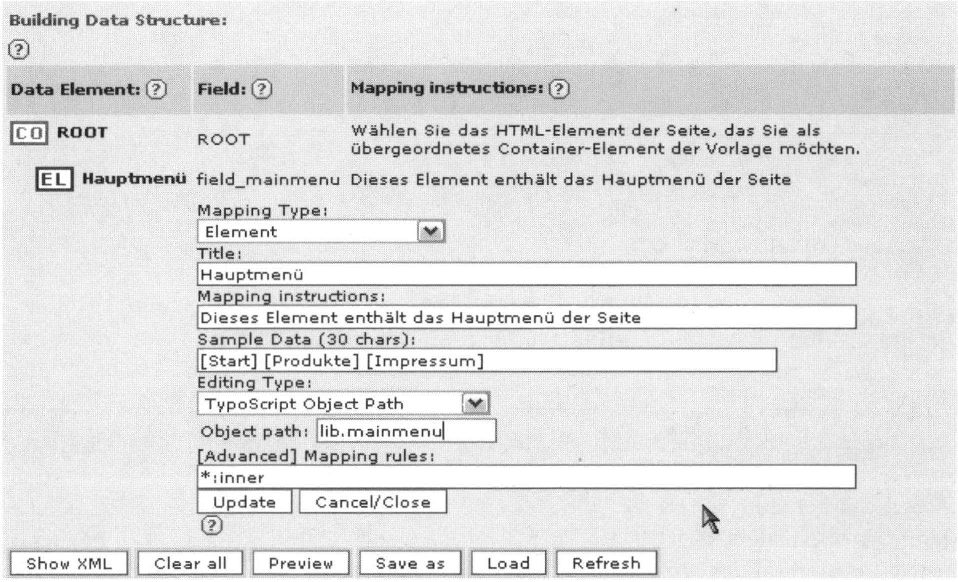

Bild 3.11: Ein neues Strukturelement lässt sich über ein Unterformular einfach anlegen.

Der Mapping Type bestimmt die Art des neuen Eintrags. Der Normalfall ist das Element, d. h. ein Typo3-Inhaltsobjekt wird einem HTML-Element des Templates zugeordnet. Alternativ kann ein Container angelegt werden, der selbst wieder eine Gruppe von Elementen aufnehmen kann. Das bereits vorhandene ROOT-Objekt ist ein solcher Container. Und schließlich lässt sich sogar einem Attribut eines HTML-Elements ein Wert zuordnen. Wir werden dies später benutzen, um beispielsweise Links zu definieren.

Title, Mapping Instructions und Sample Data werden in der Mapping-Liste bzw. der Vorschau angezeigt und helfen dabei, die Funktion eines Eintrags deutlich zu machen.

Der `Editing Type` legt fest, wie das Feld später gefüllt werden kann. Die Auswahl reicht dabei vom einfachen Eingabefeld über den Richtext-Editor bis hin zu Typoscript-Objekten. Text- oder Bildelemente erscheinen später beim Bearbeiten einer Seite als Formularfelder und lassen sich so bequem mit Inhalten füllen.

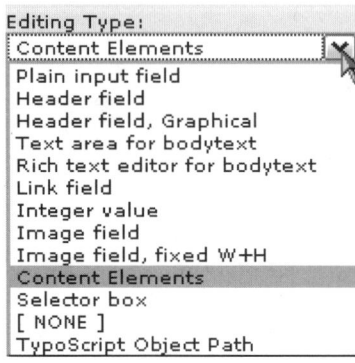

Bild 3.12: Die Editing Types von TemplaVoila bieten viele Variationsmöglichkeiten

Wird `Typoscript Object Path` als Editing Type angegeben, so erscheint nach einem Klick auf `Update` ein weiteres Eingabefeld. Dort lässt sich der Name des Objekts eingeben. Für die Nutzung in TemplaVoila sollte er mit `lib.` beginnen. Auf diese Art werden beispielsweise Menü-Objekte in die TemplaVoila-Struktur eingebunden. Wie solche Menü-Objekte erstellt werden, ist Thema eines eigenen Kapitels, daher soll an dieser Stelle nicht weiter darauf eingegangen werden.

Eine besondere Rolle spielt auch die Option `Content Elements`. Wird diese für ein Element ausgewählt, so besteht das zugehörige Formularfeld aus einer Standard-Verknüpfungsliste für Seiteninhalte. Die Seiteninhalte lassen sich wie bisher, etwa über die Listenansicht der Seite, eingeben und dann beim Bearbeiten der Seite selbst in die Verknüpfungsliste einhängen. Bequemer geht es allerdings mit dem neuen Seitenmodul, das TemplaVoila anstelle des alten Moduls anbietet.

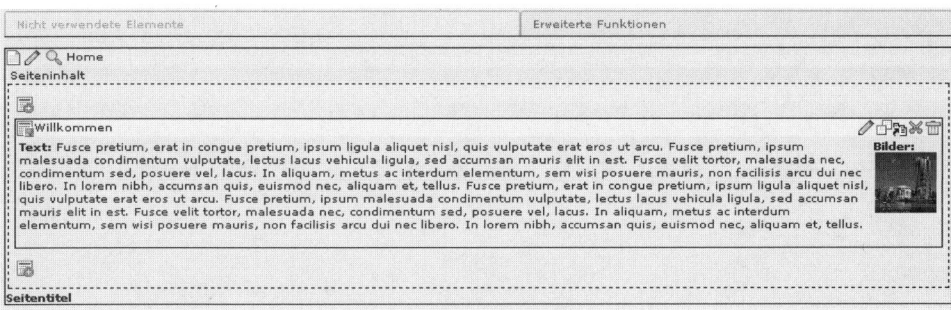

Bild 3.13: Das neue Seitenmodul von TemplaVoila

Diese `Content Elements` sind einer der wesentlichen Vorteile von TemplaVoila. Denn im Gegensatz zu den vier Spalten, die Typo3 für Inhaltselemente anbietet, dürfen Sie in TemplaVoila beliebig viele `Content Elements` anlegen und über das Template-Mapping Bereichen der Seite zuordnen. Das erlaubt einen nahezu beliebigen Seitenaufbau, beispielsweise zeitungsartige Layouts mit sechs Spalten und einem Leitartikel quer über mehrere Spalten.

Die `Mapping Rules` schließlich bestimmen, wie die Zuordnung von Inhalt zu Element erfolgen kann. Dabei werden ein HTML-Element und die Art des Mappings angegeben, getrennt durch einen Doppelpunkt. `ul:inner` beispielsweise heißt, dass dieser Inhalt nur einem `ul`-Tag im Template zugeordnet werden kann, der selbst aber nicht ersetzt wird. `h1` würde bedeuten, dass jeder `h1`-Tag in Frage kommt, aber keine Aussage über die Art des Mappings getroffen wird. Ohne Mapping Rule lässt sich die Art des Mappings später beim Erstellen des Template-Objekts bestimmen.

Haben Sie ein Element fertig, klicken Sie zunächst auf `Update`, dann auf `Cancel/Close`. Anschließend wiederholen Sie den Vorgang für jedes Element, das Sie der Seite zuordnen wollen.

Das Mapping

Ist die Datenstruktur fertig, beginnt das Mapping. Zunächst muss das `ROOT`-Element zugeordnet werden. Diese geschieht durch Klick auf den `Map`-Button.

TemplaVoila zeigt nun eine Vorschau der Seite, wobei die HTML-Tags sichtbar gemacht werden:

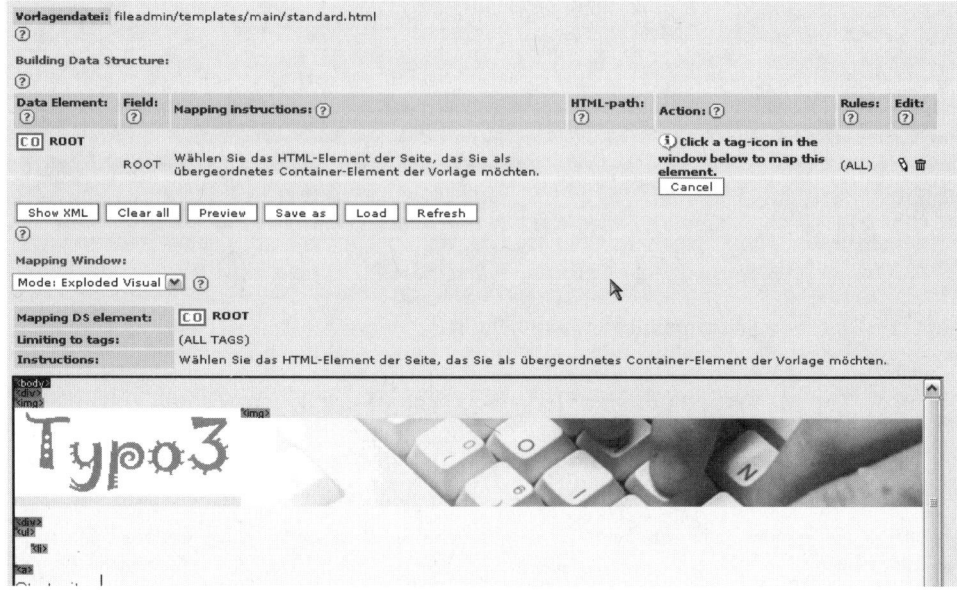

Bild 3.14: Die Template-Vorschau erleichtert das Mapping

Um nun ein Element einem Tag zuzuordnen, muss der gewünschte Tag nur angeklickt werden. Danach erfolgt die Auswahl, ob der Tag ebenfalls ersetzt wird (OUTER) oder nicht (INNER). Haben Sie beim Anlegen des Elements einen Mapping Type angegeben, ist hier eventuell keine Auswahl möglich. Der ROOT-Container wird normalweise dem body-Tag zugeordnet. Sobald diese Zuordnung erfolgt ist, lässt sich das Mapping mit den anderen Elementen fortsetzen.

Ist die Datenstruktur komplett und das Mapping abgeschlossen, lässt sich über Preview die fertige Seite mit den Sample-Daten anzeigen und schließlich durch Klick auf Save as speichern. Der Template-Typ sollte für dieses erste Template auf Page Template stehen. Im Feld Store in PID ist der zu Beginn angelegte SysFolder angegeben, der als Datensatzsammlung dient.

Header-Daten einbinden

Um das Template vollständig zu machen, fehlen noch die Daten aus dem Header der HTML-Vorlage. Dazu muss das gespeicherte Template-Objekt nochmal editiert werden, indem Sie im SysFolder der Datensatzsammlung auf das Icon des Template-Objekts klicken und aus dem Kontextmenü TemplaVoila auswählen.

Im Reiter `Kopfteile` sind alle Informationen aus dem `<head>`-Bereich der Vorlage aufgelistet. Per Checkbox lassen sich die Punkte auswählen, die auch in der Typo3-Site Verwendung finden sollen, also etwa die CSS-Datei, aber auch externe Javascript-Dateien o. ä.

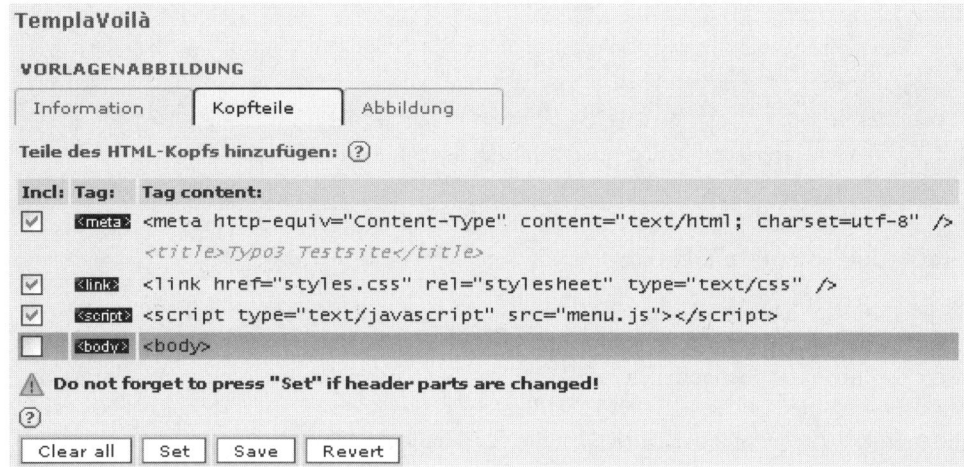

Bild 3.15: Per Mausklick lassen sich Elemente aus dem Kopfbereich der Vorlage übernehmen

Template einbinden

Das fertige Template muss nun noch einer Seite zugewiesen werden. Dazu editieren Sie die Seite (etwa Root) und gehen zum Abschnitt `Erweitert`. Dort finden sich die Einstellungen für TemplaVoila. Hier legen Sie fest, welche Datenstruktur und welches Template-Objekt benutzt werden soll. Wahlweise lässt sich diese Einstellung auch gleich für Unterseiten treffen, wenn das Layout der Startseite abweicht.

Seite [1] - Root

Allgemein	Verweis	Ressourcen	Optionen	Zugriff	Erweitert

❓ Seiten-Datenstruktur

Standard ▾

❓ Benutze Vorlagendesign

Standard [Template] ▾

❓ Unterseiten - Seiten-Datenstruktur

Standard ▾

❓ Unterseiten - Benutze Vorlagendesign

Standard [Template] ▾

❓ Inhalt

Bild 3.16: Im Erweiterungsmenü der Seite wird das Template ausgewählt

Alternative Template-Objekte

Bis jetzt wurden Datenstruktur und Template-Objekt in einem Zug erstellt. TemplaVoila erlaubt jedoch, mehrere TOs anzulegen, die auf dieselbe Datenstruktur zugreifen. Dazu legen Sie über die Listenansicht des Storage-Ordners ein neues Template-Objekt an. Wählen Sie die gewünschte HTML-Vorlage sowie im Feld `Datenstruktur` eine bestehende Struktur aus und speichern Sie das Template-Objekt.

Anschließend klicken Sie in der Listenansicht auf das Icon des neuen Objekts und wählen TemplaVoila. Im Reiter `Abbildung` finden Sie die vollständige Datenstruktur und können nun das Mapping vornehmen.

Anschließend wechseln Sie in den Reiter `Kopfteile` und wählen CSS und andere Elemente des `<head>`-Bereichs der HTML-Vorlage aus, die verwendet werden sollen.

Sobald das Template-Objekt gespeichert ist, steht es zur Auswahl zur Verfügung. Das Backend-Formular zeigt dabei jeweils nur die Template-Objekte an, die auf der gewählten Datenstruktur aufbauen.

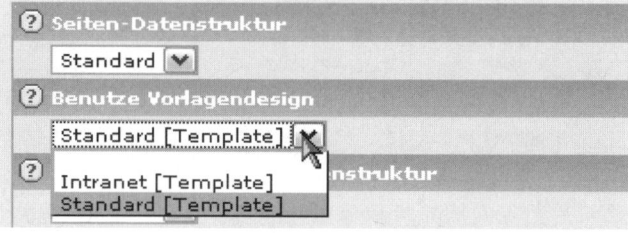

Bild 3.17:
Auswahl des passenden
Seitenlayouts im Backend

Druckansicht

Die Möglichkeit, alternative Template-Objekte zu verwenden, erlaubt auch sehr einfach, eine Druckversion einer Seite zur Verfügung zu stellen. Tatsächlich bietet TemplaVoila hier bereits eine spezielle Variante an:

Legen Sie ein neues Template-Objekt an und geben Sie an, dass es eine Untervorlage des Standard-Templates sein soll. Außerdem geben Sie bei der Art der Darstellung `druckerfreundlich` an.

Diese Einstellung sorgt dafür, dass das neue Template-Objekt nicht im Auswahlmenü einer Seite auftaucht. Stattdessen wird es benutzt, wenn die entsprechende Seite mit dem zusätzlichen Parameter `&print=1` aufgerufen wird.

Flexible Content-Elemente

Wie oben beschrieben, sind die Content Elements in TemplaVoila ein großer Vorteil für die Gestaltungsfreiheit der Website. Doch TemplaVoila geht noch einen Schritt weiter, indem es vom Template Selector die Idee der Subtemplates übernimmt und in Form der *Flexible Content Elements (FCE)* mit erheblich mehr Komfort und Variabilität anbietet.

Zunächst wird eine normale HTML-Vorlage erstellt. Im folgenden Beispiel ist dies ein Lebenslauf mit Foto und Mailadresse.

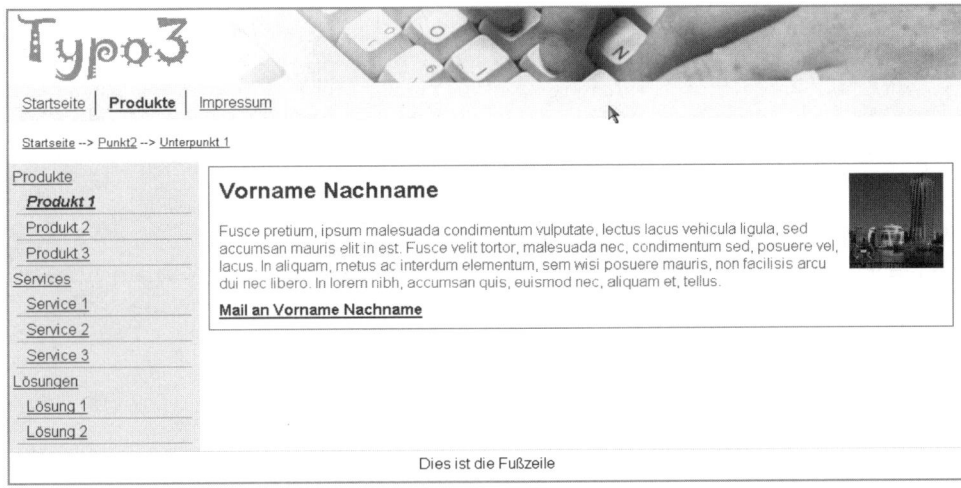

Bild 3.18: Layout für ein Flexible Content Element

Nun wird aus der HTML-Seite eine TemplaVoila-Datenstruktur angelegt, die lediglich die Bestandteile des Inhaltsbereichs umfasst, also in unserem Beispiel Vorname und Name als Überschrift, das Foto als Image-Element, den Lebenslauf selbst als Richtext-Element und die Mailadresse als Link.

Der entscheidende Unterschied zu einem Seiten-Template: Beim Mapping wird das ROOT-Element nicht dem body-Tag der Seite zugeordnet, sondern einem div-Tag, der unseren Inhalt umschließt.

Vorname Nachname

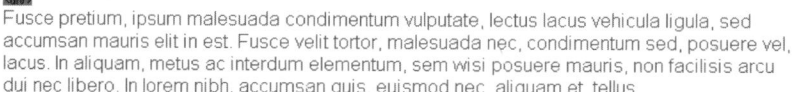

Fusce pretium, ipsum malesuada condimentum vulputate, lectus lacus vehicula ligula, sed accumsan mauris elit in est. Fusce velit tortor, malesuada nec, condimentum sed, posuere vel, lacus. In aliquam, metus ac interdum elementum, sem wisi posuere mauris, non facilisis arcu dui nec libero. In lorem nibh, accumsan quis, euismod nec, aliquam et, tellus.

Mail an Vorname Nachname

Bild 3.19: Das ROOT-Element eines FCE wird nicht auf den body-Tag gemappt.

Die HTML-Vorlage kann trotzdem das komplette Seitenlayout enthalten, um die Auswahl bei der Vorschau zu erleichtern.

> **Tipp:** Da das Mapping des ROOT-Elements nicht auf <body> erfolgt, ist es problemlos möglich, alle vorgesehenen Inhaltsvorlagen in einer Datei unterzubringen. Es muss nur jede Vorlage in einem eigenen div-Tag eingeschlossen sein, um sie gezielt auswählen zu können.

Das restliche Mapping erfolgt analog zu dem des Seitentemplates. Eine kleine Sonderbehandlung erfährt der Link: Hier gibt es zwei Elemente, nämlich einmal den sichtbaren Text, der als INNER-Mapping dem <a>-Tag zugeordnet wird, und den eigentlichen Link, dessen Editing Type als Link field angelegt und auf das Attribut href des Links abgebildet wird.

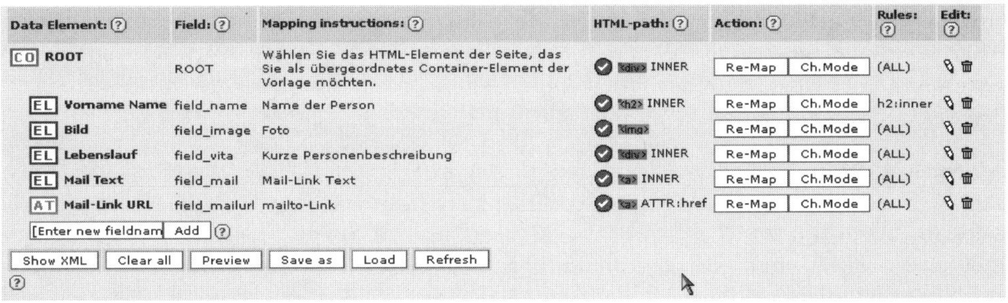

Data Element: (?)	Field: (?)	Mapping instructions: (?)	HTML-path: (?)	Action: (?)		Rules: (?)	Edit: (?)
CO ROOT	ROOT	Wählen Sie das HTML-Element der Seite, das Sie als übergeordnetes Container-Element der Vorlage möchten.	✔ ‹div› INNER	Re-Map Ch.Mode	(ALL)	✎ 🗑
EL **Vorname Name**	field_name	Name der Person	✔ ‹h2› INNER	Re-Map Ch.Mode	h2:inner	✎ 🗑
EL **Bild**	field_image	Foto	✔ ‹img›	Re-Map Ch.Mode	(ALL)	✎ 🗑
EL **Lebenslauf**	field_vita	Kurze Personenbeschreibung	✔ ‹div› INNER	Re-Map Ch.Mode	(ALL)	✎ 🗑
EL **Mail Text**	field_mail	Mail-Link Text	✔ ‹a› INNER	Re-Map Ch.Mode	(ALL)	✎ 🗑
AT **Mail-Link URL**	field_mailurl	mailto-Link	✔ ‹a› ATTR:href	Re-Map Ch.Mode	(ALL)	✎ 🗑
[Enter new fieldnam] Add (?)							

Show XML Clear all Preview Save as Load Refresh
(?)

Bild 3.20: Das vollständige Mapping

Anschließend wird das fertige Template gespeichert. Dabei wird als Template Type `Content Element` eingetragen.

Verwendung von FCEs

Um ein so erstelltes Content Element zu nutzen, legen Sie einen neuen Seiteninhalt an und geben als Typ `Flexibler Inhalt` an. Die Eingabemaske ändert sich dann entsprechend der Felder des FCEs.

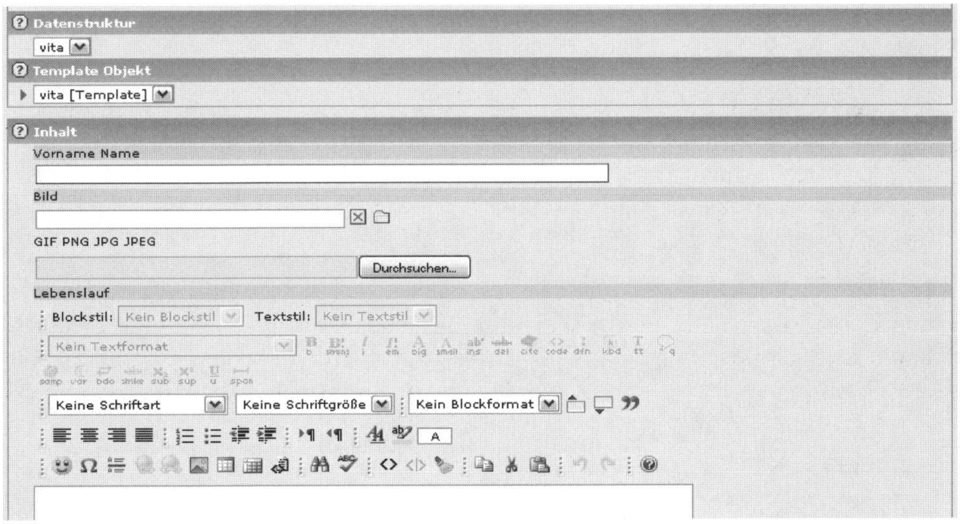

Bild 3.21: Eingabemaske für ein FCE

Flexible Content Elements stellen damit eine einfach zu handhabende Möglichkeit dar, strukturierte Inhalte zu verwalten, ohne gleich eine Extension dafür schreiben zu müssen.

Feintuning für FCEs

Dank der Vielzahl von möglichen Editing Types lässt sich im Normalfall für jeden Inhaltstyp das passende Element finden. Das Image-Element, das für das Foto benutzt wurde, besitzt sogar genügend Intelligenz, aus der HTML-Vorlage die Breite des verwendeten Dummy-Bildes herauszulesen und diese als Standardbreite zu definieren.

Bei der Dateneingabe wird aber deutlich, dass dafür andere – meist wichtigere – Bilddaten verloren gegangen sind. Das Image-Element lässt sich nur als OUTER-Mapping zuordnen, ersetzt also den gesamten Image-Tag – einschließlich der ID und der CSS-Formatierung. Hier muss von Hand nachgearbeitet werden, und das bedeutet, einen tieferen Blick in die innere Struktur der TemplaVoila-Templates zu werfen.

Die XML-Struktur von TemplaVoila

TemplaVoila speichert seine Datenstrukturen in der Tabelle pages in einigen neuen Feldern. Flexible Content Elements werden im Feld tx_templavoila_flex abgelegt, und zwar in Form einer XML-Datenstruktur. Eine etwas gekürzte Fassung des obigen Templates sehen Sie hier:

```xml
<?xml version="1.0" encoding="utf-8" standalone="yes" ?>
<T3DataStructure>
    <meta type="array">
        <langDisable>1</langDisable>
    </meta>
    <ROOT type="array">
        <tx_templavoila type="array">
            <title>ROOT</title>
            <description>Wählen Sie das HTML-Element der Seite, das Sie
als übergeordnetes Container-Element der Vorlage möchten.</description>
        </tx_templavoila>
        <type>array</type>
        <el type="array">
            <field_name type="array">
                <tx_templavoila type="array">
                    <title>Vorname Name</title>
                    <description>Name der Person</description>
```

```
                              <sample_data type="array">
                                      <numIndex index="0">Vorname
Name</numIndex>
                              </sample_data>
                              <eType>input</eType>
                              <tags>h2:inner</tags>
                              <proc type="array">
                                      <HSC type="integer">1</HSC>
                              </proc>
                      </tx_templavoila>
                      <TCEforms type="array">
                              <config type="array">
                                      <type>input</type>
                                      <size>48</size>
                                      <eval>trim</eval>
                              </config>
                              <label>Vorname Name</label>
                      </TCEforms>
              </field_name>
              <field_image type="array">
                      <tx_templavoila type="array">
                              <title>Bild</title>
                              <description>Foto</description>
                              <sample_data type="array">
                                      <numIndex index="0"></numIndex>
                              </sample_data>
                              <eType>image</eType>
                              <TypoScript>
10 = IMAGE
10.file.import = uploads/tx_templavoila/
10.file.import.current = 1
10.file.import.listNum = 0
10.file.maxW = 150

10.stdWrap.typolink.parameter.field = field_mailurl
                                                      </TypoScript>
                      </tx_templavoila>
                      <TCEforms type="array">
                              <config type="array">
                                      <type>group</type>
                                      <internal_type>file</internal_type>
                                      <allowed>gif,png,jpg,jpeg</allowed>
```

```
                                   <max_size>1000</max_size>

<uploadfolder>uploads/tx_templavoila</uploadfolder>
                                   <show_thumbs>1</show_thumbs>
                                   <size>1</size>
                                   <maxitems>1</maxitems>
                                   <minitems>0</minitems>
                             </config>
                             <label>Bild</label>
                       </TCEforms>
                 </field_image>
           </el>
     </ROOT>
</T3DataStructure>
```

Jedes Element, das beim Anlegen des Templates erzeugt wurde, ist mit einer eigenen Teilstruktur vertreten. Der Abschnitt `<TCEForms>` legt dabei fest, mit welchem Formularelement die Eingabe im Backend erfolgen soll. Für das `Image`-Element besteht das Eingabefeld aus einer Gruppe mit einem Feld für die Auswahl einer Datei, der Angabe der erlaubten Dateiendungen sowie einem Upload-Feld.

Außerdem ist für das Bild ein Typoscript-Element vorhanden, das einige Eigenschaften des Bildes festlegt. Beispielsweise ist hier mit `10.file.maxW = 150` die maximale Breite festgelegt. Außerdem wird deutlich, dass TemplaVoila automatisch auch das Bild mit der URL verlinkt, die für die E-Mail-Adresse vorgesehen ist. Soll dies nicht geschehen, entfernen Sie einfach die Zeile mit dem Link-Parameter.

Um das Bild korrekt darzustellen, muss es wieder ein `style`-Attribut oder besser eine Klasse bekommen. Im Interesse der Barrierefreiheit sollte außerdem ein `alt`-Tag nicht fehlen, der am besten automatisch aus dem Namen der Person, in diesem Beispiel also aus dem Feld `field_name`, gebildet wird. Um das zu erreichen, wird das Typoscript-Element um zwei Zeilen erweitert:

```
<TypoScript>
  10 = IMAGE
  10.file.import = uploads/tx_templavoila/
  10.file.import.current = 1
  10.file.import.listNum = 0
  10.file.maxW = 150
```

```
  10.alttext.field = field_name
  10.params = class="fotoVita"

  10.stdWrap.typolink.parameter.field = field_mailurl
</TypoScript>
```

Die Anpassung der XML-Struktur auf die beschriebene Weise erfolgt im DS-Objekt. Wenn Sie mehrere Template-Objekte benutzen, die auf dieser Struktur aufbauen, gelten die Änderungen damit für alle TOs.

Um nur ein Template-Objekt anzupassen, bearbeiten Sie dieses Objekt und geben im Feld `Lokale Verarbeitung (XML)` Ihre Änderungen ein. Dabei ist wichtig, dass auch in diesem Feld die XML-Struktur stimmen muss. Soll also das Typoscript des `Image`-Elements angepasst werden, müssen der Weg bis dahin nachgebildet und die Änderungen dort eingetragen werden. Um etwa die Verlinkung des Bildes zu löschen, sieht der Eintrag folgendermaßen aus:

```
<T3DataStructure>
   <ROOT type="array">
      <el type="array">
          <field_image type="array">
              <tx_templavoila type="array">
                  <TypoScript>
10.stdWrap.typolink.parameter.field >
                  </TypoScript>
              </tx_templavoila>
          </field_image>
      </el>
   </ROOT>
</T3DataStructure>
```

XML-Elemente, die nicht betroffen sind, dürfen weggelassen werden, etwa das `<meta>`-Element oder die anderen TO-Felder, aber auch die Teile des `<field_image>`-Tags, die erhalten bleiben.

> **Tipp:** Der Eingriff in die XML-Struktur eines TemplaVoila-Elements sollte erst erfolgen, wenn alle anderen Anpassungen erfolgreich durchgeführt sind. Denn wenn die Datenstruktur nach einer Anpassung von Hand geändert und neu gespeichert wird, gehen die Änderungen der XML-Daten verloren und müssen neu eingepflegt werden.

3.5   TypoScript

3.5.1   Einführung

Typoscript ist in Typo3 allgegenwärtig, und doch – oder gerade deswegen – führt es zu vielen Verständnisproblemen beim Umgang mit dem System. Denn Typoscript ist trotz des Namens keine Programmiersprache. Vielmehr handelt es sich dabei im Kern um nichts anderes als eine vereinfachte Möglichkeit, einen PHP-Array zu beschreiben.

Der Typoscript-Code

```
config.language = de
```

würde in PHP so lauten:

```
$TS['config.']['language'] = 'de';
```

Die vereinfachte Schreibweise von Typoscript erlaubt es, Strukturen und Abhängigkeiten besser sichtbar zu machen als in PHP, weil weniger code abhängige Zeichen vom Inhalt ablenken. Der Typoscript-Code

```
pageType = 0
config {
  language = de
  locale = de_DE
  page.data = 17
}
```

beschreibt den mehrstufigen Array

```
$TS = array(
  'pageType' => 0,
  'config.' => array(
    'language' => 'de',
    'locale' => 'de_DE'
    'page.' => array(
      'data' => 17
    )
  )
);
```

Abgesehen von der geringeren Gefahr für Tippfehler ermöglicht uns Typoscript, in logischen Objekten statt in abstrakten Array-Strukturen zu denken. Aus dem Array

```
$TS['temp.'] = array(
  'menu' => 'HMENU',
  'menu.' => array(
    'entryLevel' => 1,
    '1' => 'TMENU',
    '1.' => array(
      'wrap' = '<ul>|</ul>',
      'NO' => array(
        'wrap' => '<li>|</li>'
      )
    )
  )
)
```

wird so das Typoscript-Objekt `temp.menu` vom Typ `HMENU`, das selbst wiederum ein Objekt vom Typ `TMENU` enthält.

```
temp.menu = HMENU
temp.menu {
  entryLevel = 1
  1 = TMENU
  1 {
    wrap = <ul>|</ul>
    NO {
      wrap = <li>|</li>
    }
  }
}
```

3.5.2 Typoscript-Bereiche

Ein Punkt, warum die Typoscript-Konfiguration Probleme macht, ist, dass die Sprache nicht nur für die Frontend-Ausgabe verwendet wird, sondern auch für Einstellungen, die den Backend-User oder die Seite betreffen.

Die Einstellungen für den Backend-User, kurz als *UserTS* bezeichnet, finden sich im Reiter `Optionen` der Benutzerverwaltung, diejenigen für die Seite, kurz *PageTS*, in den Eigenschaften einer Seite, ebenfalls unter `Optionen`. Beide werden genauer im Kapitel über Backend-Programmierung behandelt.

In diesem Kapitel befassen wir uns mit Typoscript für das Frontend, auch als *Typoscript-Template* bezeichnet. Hier werden die Objekte für das Frontend eingebunden, von Menüs bis hin zu kompletten Plugin-Konfigurationen. Im Gegensatz zu UserTS und PageTS teilt sich ein Typoscript-Template in einen Bereich für Konstanten (Constants) und einen Einstellungsbereich (Setup). In letzterem werden die Objekte definiert, allen voran das *PAGE*-Objekt als zentraler Kern der Seitenausgabe.

Tipp: Verwechslungen zwischen PageTS und dem PAGE-Objekt sind eine der Hauptfehlerquellen beim Umgang mit Typoscript. Die Aufteilung zwischen den beiden ist wie folgt: PageTS ist für das Backend zuständig, also etwa, wie sich der Richtext-Editor auf einer Seite verhält. Das PAGE-Objekt steuert dagegen die Ausgabe im Frontend.

3.5.3   Der Typoscript Object Browser

Die Strukturen, die mit Typoscript erzeugt werden, sind für eine vollständige Website ziemlich komplex. Eine gute Hilfe, um den Überblick im Typoscript-Template zu behalten, ist der *Typoscript Object Browser*.

Das Tool zeigt die komplette Objektstruktur, die sich aus dem Template (einschließlich aller eingebundenen Subtemplates) ergibt. Lediglich `temp`- und `styles`-Objekte fehlen, weil sie nach dem Rendern bereits gelöscht sind.

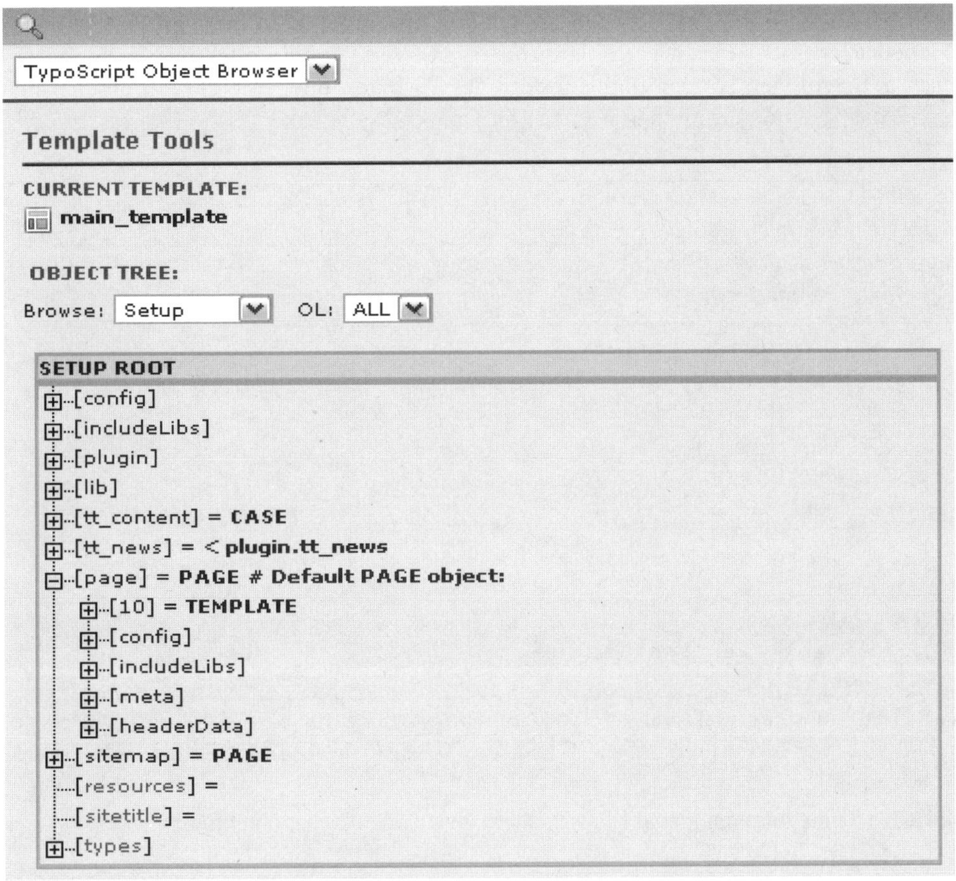

```
TypoScript Object Browser  ☑

Template Tools
─────────────────────────────────

CURRENT TEMPLATE:
🔲 main_template

OBJECT TREE:
Browse: Setup  ☑   OL: ALL ☑

┌────────────────────────────────────────────┐
│ SETUP ROOT                                   │
│ ⊞···[config]                                 │
│ ⊞···[includeLibs]                            │
│ ⊞···[plugin]                                 │
│ ⊞···[lib]                                    │
│ ⊞···[tt_content] = CASE                      │
│ ⊞···[tt_news] = < plugin.tt_news             │
│ ⊟···[page] = PAGE # Default PAGE object:     │
│      ⊞···[10] = TEMPLATE                     │
│      ⊞···[config]                            │
│      ⊞···[includeLibs]                       │
│      ⊞···[meta]                              │
│      ⊞···[headerData]                        │
│ ⊞···[sitemap] = PAGE                         │
│ ····[resources] =                            │
│ ····[sitetitle] =                            │
│ ⊞···[types]                                  │
└────────────────────────────────────────────┘
```

Bild 3.22: Der Typoscript Object Browser

Alle Bedingungen, die im Code verwendet werden, sind in einem Feld unter dem Objektbaum aufgelistet und lassen sich einzeln aktivieren. So können Sie prüfen, welche Auswirkungen die jeweiligen Bedingungen auf den Objektbaum haben.

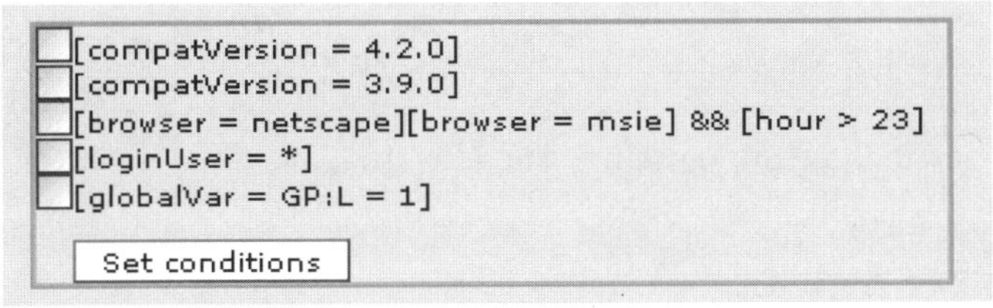

```
☐ [compatVersion = 4.2.0]
☐ [compatVersion = 3.9.0]
☐ [browser = netscape][browser = msie] && [hour > 23]
☐ [loginUser = *]
☐ [globalVar = GP:L = 1]

  Set conditions
```

Bild 3.23: Der Object Browser kann Bedingungen simulieren

Über den Object Browser lassen sich Werte nicht nur auslesen, sondern auch setzen. Per Doppelklick öffnet sich ein Formular, in dem Sie Werte ändern oder auch neue Eigenschaften hinzufügen können. Ein Klick auf das TS-Icon öffnet eine Objektreferenz, aus der Sie die passende Eigenschaft wählen können.

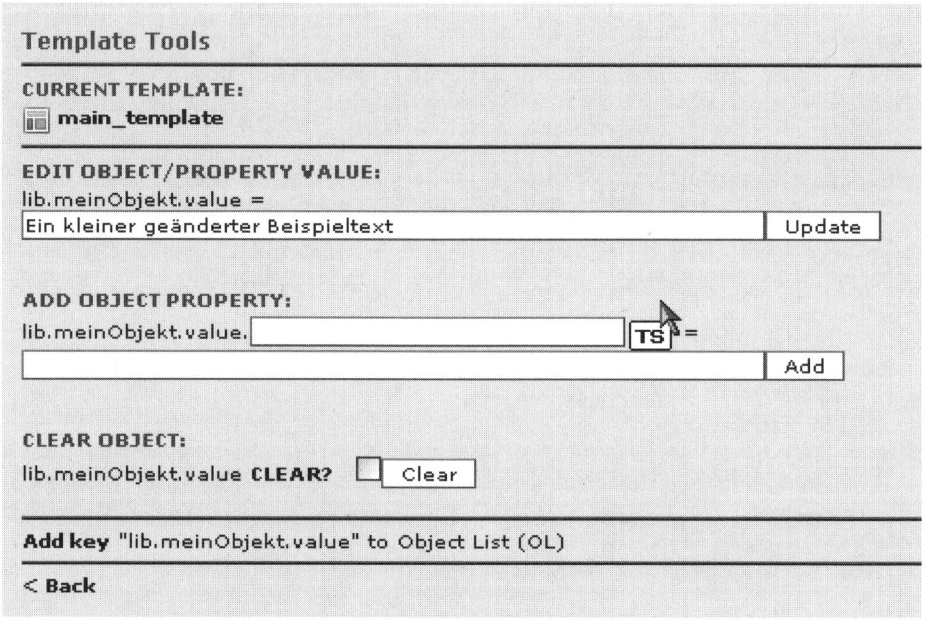

Template Tools

CURRENT TEMPLATE:
main_template

EDIT OBJECT/PROPERTY VALUE:
lib.meinObjekt.value =
| Ein kleiner geänderter Beispieltext | Update |

ADD OBJECT PROPERTY:
lib.meinObjekt.value. [ ] TS =
[ ] Add

CLEAR OBJECT:
lib.meinObjekt.value CLEAR? ☐ Clear

Add key "lib.meinObjekt.value" to Object List (OL)

< Back

Bild 3.24: Kleine Änderungen lassen sich direkt im Object Browser durchführen

Tipp: Die Editierfunktion des Object Browsers sollte nur im Notfall verwendet werden. Die Änderungen werden nämlich nicht direkt an der Stelle des ursprünglichen Codes vorgenommen, sondern einfach ans Ende des Templates angefügt. Das sorgt für zerrissene Strukturen, die das Template schnell unleserlich machen.

3.5.4 Syntax

Auch wenn Typoscript keine richtige Programmiersprache ist, gibt es doch einige Syntax-Regeln, die es einzuhalten gilt.

Da Typoscript letztlich nur Zuweisungen von Daten an Array-Elemente vornimmt, ist die Grundstruktur einfach:

```
objektname operator wert
```

Der Objektname darf aus Buchstaben, Ziffern sowie den Sonderzeichen – und _ bestehen. Groß- und Kleinschreibung werden unterschieden. Bezeichnet der Objektname einen ganzen Pfad, so werden die Einzelteile durch den Punkt (.) getrennt, beispielsweise `temp.hauptmenue`.

Operatoren

Typoscript kennt nur wenige *Operatoren*, nämlich =, <, > und :=. Dazu kommen noch zwei Arten von Klammern, nämlich ( ) und { }.

Operator	Bedeutung
=	Zuweisung `objekt = wert`
>	Löschen eines Objekts oder Werts `objekt >`
<	Kopieren des Inhalts eines anderen Objekts `objekt2 < objekt1` Das zweite Objekt muss mit komplettem Pfad angegeben werden oder mit `.name`, wenn es sich in der gleichen Ebene befindet (siehe unten)
:=	Der erweiterte Zuweisungsoperator setzt keine neuen Werte, sondern bearbeitet vorhandene (siehe unten)

( )	Runde Klammern ermöglichen Wertangaben, die über mehrere Zeilen gehen, z. B.
	`htmlObjekt.value = (`
	`<div>`
	`<h1>Überschrift</h1>`
	`<p>Text</p>`
	`</div>`
	`)`

Operator	Bedeutung

{}	Geschweifte Klammern erlauben das Zusammenfassen von Objekten im gleichen Pfad. Beispiel:
	
	`htmlObjekt.headline = Überschrift`
	`htmlObjekt.text = Haupttext`
	
	wird zu
	
	`htmlObjekt {`
	`    headline = Überschrift`
	`    text = Haupttext`
	`}`

Tabelle 3.1: Typoscript-Operatoren

Der Operator :=

In manchen Fällen soll ein Wert in Typoscript nicht neu gesetzt, sondern abgewandelt werden. Beispielsweise kann es sein, dass in einem Teil eines Templates `linkVars = L` steht, in einem anderen Teil aber die Option um den Parameter `type` erweitert werden soll. Um nun nicht alle Bestandteile des Templates nach Zeilen absuchen zu müssen, in denen `linkVars` verwendet wird, lässt sich mit

```
linkVars := addToList (type)
```

der neue Wert zur Liste hinzufügen.

Weitere Möglichkeiten sind

Funktion	Beschreibung
prependString	Setzt einen String vor den vorhandenen Wert
appendString	Setzt einen String nach dem vorhandenen Wert hinzu
removeString	entfernt einen String aus dem vorhandenen Wert
replaceString	ersetzt einen String durch einen anderen (Trennung durch |)
addToList	fügt einer kommaseparierten Liste weitere Werte hinzu
removeFromList	entfernt Werte aus einer kommaseparierten Liste

Tabelle 3.2: Funktionen für den Operator :=

Referenzieren von Objekten

Wie oben erklärt, kopiert der Operator < den Inhalt eines Objekts in ein anderes. Daneben gibt es noch eine ähnliche Konstruktion, die anstatt einer Kopie eine Referenz auf das originale Objekt setzt.

Die Syntax lautet wie folgt:

```
lib.meinObjekt = TEXT
lib.meinObjekt.value = Ein kleiner Beispieltext
lib.meinZweitesObjekt =< lib.meinObjekt
```

Obwohl es so aussieht, ist =< kein Typoscript-Operator. Tatsächlich wird dadurch lediglich das Objekt lib.meinZweitesObjekt mit dem Inhalt < lib.meinObjekt erzeugt. Erst die Template Engine von Typoscript wertet dies aus und bindet das referenzierte Objekt ein. Der Object Browser macht den Unterschied deutlich:

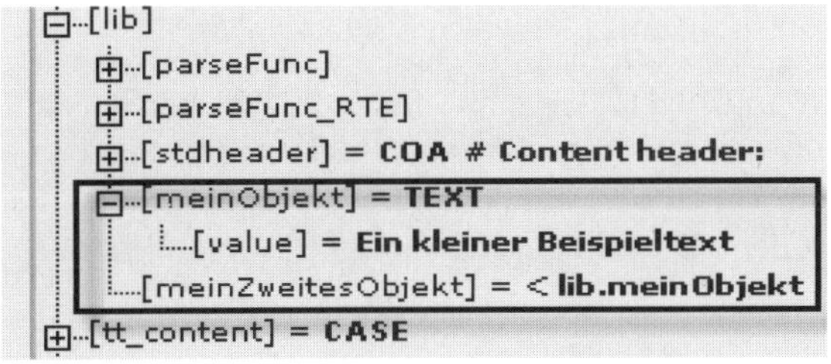

Bild 3.25: Referenzen werden erst von der Template Engine aufgelöst

Werte

Werte werden in Typoscript nicht in Anführungszeichen geschrieben. Sie sind begrenzt durch den Operator und den folgenden Zeilenumbruch.

Kommentare

Schließlich kennt Typoscript auch noch Kommentare. Zeilenweise Kommentare werden durch / oder # eingeleitet. Eine Verdoppelung (//) ist nicht nötig, wird aber oft wegen der Analogie zu PHP verwendet.

Mehrzeilige Kommentare werden durch /* .. */ eingeschlossen. Im Gegensatz zu PHP müssen /* bzw. */ am Zeilenanfang stehen (von Leerzeichen abgesehen), um erkannt zu werden. Die Zeile, die mit */ beginnt, gehört außerdem ebenfalls noch zum Kommentar.

3.5.5   Datentypen

Typoscript kennt deutlich mehr *Datentypen* als PHP selbst, weil das System die Eingaben deutlich aufwendiger interpretiert. Die meisten Datentypen sind selbsterklärend, so beschreibt etwa der Datentyp `HTML-Code` die direkte Eingabe von HTML-Befehlen. Andere ergeben sich direkt aus dem Zusammenhang, beispielsweise die Angabe eines Winkels in Grad.

An dieser Stelle werden wir daher nicht auf alle Datentypen eingehen. Eine komplette Liste finden Sie in der Typoscript-Referenz[7].

In einigen Fällen muss man aber genau darauf achten, welcher Datentyp zu verwenden ist. So gibt es zwei Möglichkeiten, Farbwerte anzugeben, `HTML-color` und `GraphicColor`.

`HTML-color` bezeichnet Angaben nach HTML-Standard, also die hexadezimale Angabe `#FF0000` oder die Farbbezeichnung `red`.

`GraphicColor` wertet zusätzlich (!) RGB-Angaben und berechnete Daten aus. Beispielsweise lässt sich ein dunkleres Blau durch die Angabe `blue : *0.5` erzeugen.

Ein ähnliches Doppel bilden `date-conf` und `strftime-conf`. Beide dienen der Formatierung einer Datumsausgabe, doch wird ein `date-conf`-Wert über die PHP-Funktion `date()` ausgegeben, die zweite Variante stützt sich auf `strftime()`. Daher lautet die Syntax für die Formatierung deutlich anders. Die Uhrzeit im üblichen Format `HH:MM:SS` würde als `date-conf`-Wert `H:i:s` lauten, als `strftime-conf` dagegen `%H:%M:%S`.

getText

Eine gewisse Ausnahmestellung bei den Datentypen stellt `getText` dar. Es erlaubt den Zugriff auf alle möglichen Werte aus dem Typo3-System, von Daten der aktuellen Seite bis hin zu Umgebungsvariablen. Die Syntax für `getText` ist von der Form `typ : zeiger`.

Die Angabe

```
page.10.value = field : title
```

fügt den Titel der aktuellen Seite ein. Allgemeiner holt der Typ `field` Daten aus dem `data`-Array des aktuellen Objekts. Das ist standardmäßig die aktuelle Seite (`$GLOBALS["TSFE"]->page`).

---

[7]   http://typo3.org/documentation/document-library/references/

Innerhalb eines `TMENU`-Objekts zeigt der Datenarray dagegen auf die Seite des aktuellen Menüeintrags, in einem `CONTENT`-Objekt auf den entsprechenden Eintrag und in einem `GIFBUILDER`-Objekt auf die Daten, die dem Objekt mitgegeben wurden.

Besonders erwähnt seien hier noch die Möglichkeiten, mit einem Eintrag der Form

```
page.10.value = DB : tt_content:24:header
```

direkt auf ein Feld einer Datenbanktabelle zuzugreifen sowie mit

```
page.10.value = LLL:EXT:css_styled_content/pi1/locallang.xml:login.logout
```

auf Label, die in einer Sprachdatei definiert sind.

`getText` ist in der Lage, mehrere Angaben auszuwerten, falls eine Option einen leeren Wert liefert. Dazu dient der Parameter `//`. Die Angabe

```
ATagTitle.field = abstract // description
```

in einem `TMENU`-Eintrag sorgt dafür, dass das Attribut `title` des Links mit dem Inhalt des Felds `abstract` gefüllt wird. Nur wenn dieses Feld leer ist, wird stattdessen das Feld `description` verwendet.

stdWrap

In der TS-Referenz finden Sie häufig Angaben der Form `type/stdWrap`. Das bedeutet, dass der Wert vom Typ `type` ist, aber vor der Ausgabe noch durch die Funktion `stdWrap` geleitet wird. Das ermöglicht eine »Nachbehandlung«, etwa eine Prüfung auf Integer-werte oder die Umwandlung in Großbuchstaben. Die Funktion `stdWrap` wird etwas weiter unten behandelt.

optionSplit

Eine sehr mächtige Funktion bei der Angabe von Werten ist der *optionSplit*. Er ermöglicht die unterschiedliche Behandlung von mehreren Werten in einer Liste. Er wird hauptsächlich bei Menüs verwendet, aber auch die Funktion `stdWrap.split` (siehe unten) kann darauf zurückgreifen.

Die Syntax des `optionSplits` ist sehr komplex:

`|*|` trennt die Werte-Angabe in drei Teile (`Anfang`, `Mitte`, `Ende`).

`||` trennt jeden der drei Teile weiter in Untergruppen auf.

Ein konkretes Beispiel in einem Menü könnte so aussehen:

```
temp.menu.1.NO {
  backColor = blue |*| yellow |*| red
}
```

Dies färbt den ersten Menüeintrag blau, den letzten rot, alle dazwischen gelb.

Hat das Menü weniger als drei Einträge, wird zunächst der Mittelwert ausgelassen, dann der Anfangswert. Die Priorität der Angaben ist also Ende, Anfang, Mitte. Das bedeutet, dass ein Menü mit nur einem Eintrag immer mit dem Endwert formatiert wird.

Deutlich komplexer wird das Verhalten, wenn in den einzelnen Abteilungen Untergruppen existieren, also die Form so aussieht:

```
temp.menu.1.NO {
  backColor = blue || green |*| yellow || white |*| black || red
}
```

Gibt es mehr Einträge, als insgesamt Werte vorhanden sind, so werden die Werte des Mittelblocks (yellow und white) wiederholt, und zwar rotierend. Im Beispiel würden also ab dem dritten Element bis zum drittletzten Element die Farben gelb und weiß abwechselnd verwendet.

Gibt es keine Angaben für Mittelwerte (aber genügend Menüeinträge), so wird der letzte Wert der Anfangsgruppe (green) so oft wie nötig wiederholt.

Gibt es weder Mittel- noch Anfangswerte, wird der erste Wert der Endgruppe (black) wiederholt.

Tipp: Werden Werte ausgelassen, also etwa |*||*|blue, dürfen zwischen den Separatoren keine Leerzeichen stehen.

3.5.6 Bedingungen (Conditions)

Auch wenn Typoscript keine Programmiersprache ist, kennt es doch *Conditions*, also Wenn-Dann-Konstruktionen. Sie werden in folgender Form geschrieben:

```
[bedingung]
  Anweisung1
  Anweisung2
  …
```

Um den Anweisungsblock nach der Bedingung zu beenden, wird eine spezielle Bedingung [END] oder [GLOBAL] gesetzt. Außerdem gibt es eine [ELSE]-Bedingung, die den Wert der vorigen Bedingung umkehrt. Eine komplexere Struktur sieht also so aus:

```
[bedingung]
  Anweisung1
  Anweisung2
[else]
  Anweisung3
  Anweisung4
[end]
```

Typoscript kennt keine Negation der Bedingung. Um eine Bedingung umzukehren, muss der Anweisungsblock im [else]-Teil stehen.

Tipp: Conditions in Typoscript sind nicht überall verfügbar. Zum einen lassen sie sich nicht in PageTS und UserTS verwenden, zum zweiten sind sie beschränkt auf die oberste Ebene von Typoscript. Die Konstruktion

```
temp.menu.1.NO {
  [browser = msie]
    wrap = <li class="msie">|</li>
  [GLOBAL]
}
```

ist also nicht zulässig. Allerdings würde in diesem Fall die [GLOBAL]-Anweisung ausgewertet, was zum Beenden des {}-Blocks führt und somit weitere Fehler nach sich zieht.

Mehrere Bedingungen lassen sich mit AND (&&) oder OR (||) verknüpfen. AND hat immer Priorität vor OR, Klammern lassen sich hier nicht verwenden.

Eine weitere Form der Oder-Verknüpfung ist die Angabe mehrerer Werte, durch Kommas getrennt, also beispielsweise

```
[browser = netscape,opera]
```

Bedingungen

Folgende Bedingungen kann Typo3 auswerten:

Bedingung	Beschreibung
browser	wird mit der Variable $browsername in Typo3 verglichen. Diese wird anhand des Useragent-Eintrags im Request des Browsers auf definierte Werte gesetzt. Die Funktion dazu finden Sie in der Datei class.t3lib_matchcondition.php. Dies hat zur Folge, dass der korrekte Browsertest für Mozilla (Firefox bzw. Seamonkey) lauten muss: `[browser = netscape]`
version	vergleicht die Versionsnummer des Browsers. Ein einfacher Vergleich der Form `[version = 4]` testet dabei, ob die Versionsnummer mit 4 beginnt. Soll eine exakte Version abgefragt werden, muss die Condition `[version = =5.0]` lauten.
system	ermöglicht die Reaktion auf das verwendete Betriebssystem. `[system = win,mac]` wird ausgeführt, wenn das Betriebssystem Windows oder Mac OS ist.
device	Die device-Condition versucht, spezielle Ausgabegeräte zu erkennen, etwa PDAs, WAP-Handys oder Suchmaschinen-Robots.

useragent	Useragent ist ein Eintrag im Request-Header, der weitgehende Informationen über den Browser enthält. Der Useragent-String von Firefox sieht beispielsweise so aus:
	 `Mozilla/5.0 (Windows; U; Windows NT 5.1; de; rv:1.9.0.5) Gecko/2008120122 Firefox/3.0.5`
	 Die useragent-Condition erlaubt die Suche in diesem String mit Abfragen der Form
	 `[useragent = *Firefox*]`

Bedingung	Beschreibung
language	testet den Wert gegen den Request-Header `Accept-Language`. Damit kann Typoscript auf die Sprache reagieren, die der Browser akzeptiert.
IP	reagiert auf IP-Adressen. Dabei sind Wildcards erlaubt. `[IP = 192.168.*.*]` würde also nur Adressen aus dem Intranet-Bereich erfassen.

hostname	vergleicht den Hostnamen. Wildcards sind erlaubt, müssen aber für einen vollständigen Teil der Domain stehen, d. h.
	`hostname = *.domain.com`
	ist erlaubt,
	`hostname = www.*domain.com`
	ist verboten.

hour, minute, dayofweek, dayofmonth, month	Zeitangaben können auf Gleichheit getestet werden oder auf grö-ßer/kleiner. Letzteres geschieht in der Form `[hour = <12]`
usergroup	testet, ob der angemeldete User einer bestimmten Gruppe ange-hört. Die Gruppen werden als kommaseparierte Liste angegeben. Um alle Gruppen zu erfassen, ist * als Wildcard erlaubt. `[usergroup = *]`
loginUser	testet, ob ein bestimmter User angemeldet ist. Wie bei den Grup-pen ist ein Vergleich mit * möglich. Der Vergleich `[loginUser = *]` erfasst, ob jemand angemeldet ist. Im Gegensatz zum Vergleich der Gruppe funktioniert dies auch dann, wenn der User keiner Gruppe angehört.
treeLevel	prüft, ob die dargestellte Seite in einer bestimmten Ebene des Seitenbaums liegt.
PIDinRootline, PIDupinRootline	prüft, ob eine der angegebenen Seiten-IDs in der Rootline vor-kommt. `PIDupinRootline` nimmt dabei die aktuelle Seite von der Prüfung aus. Dieser Test ermöglicht beispielsweise Änderun-gen der Darstellung in bestimmten Zweigen des Seitenbaums.

Bedingung	Beschreibung
compatVersion	prüft den angegebenen Wert gegen denjenigen, der bei der Typo3-Installation gesetzt wurde. Damit lassen sich Templates konstruieren, die neue Funktionen verwenden, wenn die Typo3-Version aktuell genug ist, die aber trotzdem rückwärtskompatibel sind.
globalVar, globalString	Diese beiden Conditions erlauben den Zugriff auf globale Variablen. globalVar testet auf <,> oder =, während globalString String-Vergleiche mit Wildcards oder regulären Ausdrücken ermöglicht.
	Um auf globale Variablen zuzugreifen, wird folgende Syntax empfohlen:
	IENV/ENV
	wertet Variablen des Environments aus, beispielsweise
	`[globalString = IENV:HTTP_HOST = www.domain.de]`
	GP liefert Werte aus GET bzw. POST. `[globalVar = GP:type = 0]`
	TSFE erlaubt den Zugriff auf Werte des TSFE-Arrays. `[globalVar = TSFE:id = 10]`
	prüft, ob die aktuelle Seiten-ID 10 ist. Der Zugriff auf mehrstufige Arrays erfolgt mithilfe des Trennzeichens l.
	`[globalString = TSFE:fe_user|user|username = test]`
	prüft, ob der Username des angemeldeten Users test lautet.
	LIT
	wertet die Angabe nach dem Doppelpunkt (:) buchstäblich und ohne Änderung aus. Damit lassen sich beispielsweise Konstanten auf Werte überprüfen:
	`[globalVar = LIT:de = {$currentLanguage}]`

Bedingung	Beschreibung
userFunc	ermöglicht, eigene Funktionen für Vergleiche zu schreiben. `[userFunc = user_servercheck(Apache)]` würde eine Funktion `user_servercheck` mit dem Parameter `Apache` aufrufen. Die Funktion kann in der `localconf.php` definiert werden und muss `true` oder `false` zurückliefern.

Tabelle 3.3: Typoscript-Bedingungen

3.5.7 Funktionen

In der TS-Referenz finden Sie eine Vielzahl von Funktionen, die der Ausgabe von Elementen dienen. Allerdings ist die Bezeichnung Funktion irreführend, da auch hier wiederum Konfigurationsanweisungen für das ausgebende PHP-Skript stehen. Folgende Möglichkeiten stehen zur Verfügung:

Funktion	Beschreibung
stdWrap	siehe unten
imgResource	Eigenschaften, die für ein Bild gesetzt werden können
imageLinkWrap	setzt um ein Bild einen Link zu `showpic.php` für die Ausgabe in einem Popup-Fenster
numRows	liefert die Anzahl der Werte, die eine select-Anweisung zurückgibt
select	erzeugt ein SQL-Statement zur direkten Abfrage einer Datenbank-Tabelle
split	siehe unten
if	siehe unten
typolink	erzeugt aus den übergebenen Parametern einen Link
textStyle	formatiert Text
encapsLines	sorgt für korrekte Formatierung von Absätzen, leeren Zeilen etc.
tableStyle	formatiert eine Tabelle
addParams	fügt einem Tag zusätzliche Attribute hinzu
filelink	erzeugt aus einer Dateiangabe einen Link

Funktion	Beschreibung
parseFunc	durchsucht Inhalt nach speziellen Typo3-Tags wie \<LINK> und verarbeitet diese
makelinks	erzeugt automatisch aus http://www.domain.com oder mailto:name@domain.com funktionierende Links
tags	ermöglicht die Definition eigener spezifischer Tags
HTMLparser, HTMLparser_tags	beeinflussen die Art und Weise, wie der HTML-Code verarbeitet wird. Beispielsweise lasen sich hier bestimmte Tags ausschließen.

Tabelle 3.4: Typoscript-Funktionen

Drei der oben genannten Funktionen sollen hier etwas näher betrachtet werden:

stdWrap

stdWrap ist in Typoscript nahezu allgegenwärtig. Praktisch jeder Text kann mit den Parametern von stdWrap beeinflusst werden.

Die Optionen von stdWrap könnten fast selbst ein Buch füllen, so zahlreich sind die Konfigurationsmöglichkeiten. Sie lassen sich einteilen in drei Gruppen, nämlich zum einen Parameter zum Setzen bzw. Holen von Daten, zum zweiten Bedingungen (siehe if) und zum Dritten die Verarbeitung (Parsing) der Daten.

Der folgende Code setzt den Inhalt auf das Feld title (siehe getText), entfernt alle HTML-Tags, wandelt den Text in Großbuchstaben, wendet die Funktion htmlSpecialChars an und setzt einen \<h1>-Tag um den Text.

```
page.10 = TEXT
page.10.value {
  field = title
  case = upper
  htmlSpecialChars = 1
  wrap = <h1>|</h1>
}
```

split

Die split-Funktion teilt einen Text an bestimmten Zeichen (Token) und bearbeitet dann jedes Element einzeln – mit allen Möglichkeiten von stdWrap.

Das folgende Beispiel erzeugt aus allen PDF-Dateien eines Verzeichnisses eine Linkliste:

```
page.10 = HTML
# Verzeichnisliste erstellen
page.10.value.filelist = fileadmin/dateien/|pdf|name| |1
# kommaseparierte Liste mit split bearbeiten
page.10.value.split {
  token = ,
  cObjNum = 1
  1 {
    10 = TEXT
    10 {
      stdWrap.typolink.parameter.current = 1
      wrap = <div style="padding:10px;">|</div>
    }
  }
}
```

Die `split`-Funktion ist neben Menüs der zweite Einsatzbereich von `optionSplit`.

Mit nachstehendem Code wird die Dateiliste entsprechend den Regeln des `optionSplit` eingefärbt.

```
page.10 = HTML
# Verzeichnisliste erstellen
page.10.value.filelist = fileadmin/dateien/|pdf|name| |1
# kommaseparierte Liste mit split bearbeiten
page.10.value.split {
  token = ,
  cObjNum = 1 |*| 2 || 3 |*| 4
  1 {
    10 = TEXT
    10 {
      stdWrap.typolink.parameter.current = 1
      wrap = <div style="background-color:red;">|</div>
    }
  }
  2 {
    10 = TEXT
    10 {
      stdWrap.typolink.parameter.current = 1
      wrap = <div style=" background-color:green;">|</div>
```

```
    }
  }
  3 {
    10 = TEXT
    10 {
      stdWrap.typolink.parameter.current = 1
      wrap = <div style=" background-color:yellow;">|</div>
    }
  }
  4 {
    10 = TEXT
    10 {
      stdWrap.typolink.parameter.current = 1
      wrap = <div style=" background-color:blue;">|</div>
    }
  }
}
```

if

Die Funktionen von Typo3 bieten auch eine weitere Form der Bedingung – die if-Funktion. Allerdings ist die Struktur alles andere als intuitiv. if wird wie eine Eigenschaft eines Objekts angegeben. Die Bedingungen werden wiederum als Eigenschaften von if gesetzt und mit AND verknüpft. Das sieht beispielsweise so aus:

```
page.10 = TEXT
page.10 {
  value = field: abstract
  wrap = <div class="abstract"> | </div>
  if {
    isTrue.field = abstract
  }
}
```

Das gesamte Element page.10 wird nur ausgegeben, wenn das Feld abstract der Seite gesetzt ist. Ohne die if-Bedingung würde auf jeden Fall ein leeres <div> ausgegeben.

3.5.8   Konstanten

Ein Typoscript-Template hat zwei getrennte Bereiche, Constants und Setup. Der Constants-Bereich dient dazu, konstante Werte vorzudefinieren, die dann im Setup-Bereich mehrfach Verwendung finden können.

Konstanten werden mit der üblichen Typoscript-Syntax definiert, und auch Bedindungen lassen sich verwenden.

```
file.logo = fileadmin/company.gif
file.background = fileadmin/bg_int.gif
[globalString = IENV:HTTP_HOST=www.domain.com]
file.background = fileadmin/bg_de.gif
[global]
```

Dieser Code setzt das Firmenlogo auf einen festen Wert, das Hintergrundbild abhängig vom Domain-Namen auf eine internationale bzw. deutsche Variante.

Im Setup-Bereich des Templates wird mit {$konstante} auf den Inhalt einer so definierten Konstante zugegriffen.

```
page.10 = HTML
page.10 {
  value = <img src="{$file.logo}">
}
```

Tipp: Konstantennamen werden nach Groß- und Kleinschreibung unterschieden, und eine Ersetzung erfolgt nur, wenn die Konstante auch existiert. Eine Angabe {$File.Logo} im obigen Beispiel würde genau diesen Text ausgeben!

3.5.9   Der Setup-Bereich

Der Setup-Bereich des Typoscript-Templates ist der Teil, in dem alle bisher besprochenen Elemente zum Einsatz kommen. Der Bereich ist gegliedert in sogenannte *Top Level Objects* (TLOs), in denen wiederum *Content Objects* (cObjects) angelegt werden. Im folgenden Code ist page ein TLO vom Typ PAGE, page.10 ein cObject vom Typ HTML:

```
page = PAGE
page.10 = HTML
page.10.value = <h1>Dies ist ein Content Object</h1>
```

Typo3 kennt folgende TLOs:

types, resources, sitetitle

Diese TLOs sind Nur-Lese-Objekte, die die im Template definierten Seitentypen, Ressourcen bzw. den Website-Namen enthalten.

config

Das config-TLO enthält die generellen Konfigurationsdaten einer Website, z. B. Dokumenttyp, Sprache etc.

Die Konfiguration einer Seite könnte beispielsweise so aussehen:

```
config {
  admPanel = 0
  doctype = xhtml_strict
  xhtml_cleaning = all
  inlineStyle2TempFile = 1
  simulateStaticDocuments = 0
  tx_realurl_enable = 1
  baseURL = http://localhost/typo3/
  linkVars = L
  sys_language_uid = 0
  language = de
  locale_all = de_DE
  htmlTag_langKey = de
}

[globalVar = GP:L = 1]
config{
  sys_language_uid = 1
  language = en
  locale_all = en_EN
  htmlTag_langKey = en
}
[global]
```

constants

Das `constants`-Objekt ist neben dem Constants-Bereich des Templates die zweite Möglichkeit, Konstanten zu definieren. Um diese Konstanten zu benutzen, ist folgender Code nötig:

```
constants {
  EMAIL = mail@domain.de
}
page = PAGE
page.stdWrap.parseFunc.constants = 1
```

Damit wird jedes Vorkommen von ###EMAIL### in der Ausgabe durch die E-Mail-Adresse ersetzt.

FEData

Das FEData-Objekt dient dazu, für Inhaltstabellen die Art zu bestimmen, in der Felder geändert werden dürfen. Diese Methode ist allerdings veraltet und kommt nur noch bei einigen alten Erweiterungen zum Einsatz.

FRAMESET

Framesets werden in Typoscript mit mehreren `PAGE`-Objekten und dem `type`-Parameter definiert. Ein Beispiel für ein Setup mit einem Top-Frame für die Navigation und einem unteren Frame für den Inhalt sieht so aus:

```
frameset = PAGE
frameset.typeNum = 0
page = PAGE
page.typeNum = 1
top = PAGE
top.typeNum = 3
frameset.frameSet.rows = 150,*
frameset.frameSet.params = border="0" framespacing="0"
                           frameborder="NO"
frameset.frameSet {
  1 = FRAME
  1.obj = top
  1.params = scrolling="NO" noresize frameborder="NO"
             marginwidth="0" marginheight="0"
```

```
2 = FRAME
2.obj = page
2.params = scrolling="AUTO" noresize frameborder="NO"
}
```

includeLibs

Dieses TLO bindet externe PHP-Dateien ein und stellt deren Funktionen zur Verfügung. Beispiel:

```
includeLibs.user_menu = fileadmin/scripts/user_menu.php
```

> **Tipp:** includeLibs existiert auch als Eigenschaft des PAGE-Objekts. Beide Varianten funktionieren identisch, allerdings hat die PAGE-Eigenschaft Vorrang, wenn zweimal der gleiche Objektname verwendet wird.

plugin

In diesem TLO werden Eigenschaften gesetzt, die spezifisch für eine bestimmte Erweiterung sind. Der folgende Code definiert die Eigenschaften für die Erweiterung rlmp_templateselector:

```
plugin.tx_rlmptmplselector_pi1{
  templatePathMain = fileadmin/templates/main/
  templatePathSub = fileadmin/templates/sub/
  defaultTemplateFileNameMain = standard.html
  defaultTemplateFileNameSub = 1col.html
  inheritMainTemplates = 1
  inheritSubTemplates = 1
}
```

Um beispielsweise für alle verwendeten Plugins die Standard-CSS-Definitionen abzuschalten, dient folgende Einstellung:

```
plugin {
  tx_cssstyledcontent._CSS_DEFAULT_STYLE >
  tt_news._CSS_DEFAULT_STYLE >
  tx_cssfilelist._CSS_DEFAULT_STYLE >
```

```
tx_felogin_pi1._CSS_DEFAULT_STYLE >
tx_thmailformplus_pi1._CSS_DEFAULT_STYLE >
tx_srlanguagemenu_pi1._CSS_DEFAULT_STYLE >
}
```

temp, styles, lib

Die TLOs `temp`, `styles` und `lib` werden verwendet, um Code-Abschnitte zu definieren, die später Verwendung finden. `temp` und `styles` werden nicht mit dem Template im Cache abgelegt, sondern nach dem Parsen sofort gelöscht. Im Typoscript-Objektbaum tauchen diese Objekte nicht auf. `lib`-Objekte dagegen landen im Cache und können daher nicht nur kopiert, sondern von anderen Objekten auch in späteren Stadien der Bearbeitung referenziert werden. Daher ist beispielsweise die Erweiterung `TemplaVoila` darauf angewiesen, dass die Typoscript-Objekte im `lib`-Pfad definiert werden.

Beispiele für temporäre Objekte finden Sie im Kapitel über Menüs.

tt_*

Objekte, deren Namen mit `tt_` beginnen, dienen dem Rendering von Tabelleninhalten, beispielsweise `tt_content` für die Tabelle mit den Seinteninhalten.

> **Tipp:** Theoretisch lassen sich anstatt dieser TLO-Namen beliebige TLOs definieren. Es empfiehlt sich aber, sich an die Konvention zu halten, um das Verhalten von Typo3 einfacher vorhersehbar zu machen.

Das PAGE-Objekt

Die oben genannten Top-Level-Objekte bilden sozusagen den Vorspann des Templates.

Das `PAGE`-Objekt schließlich definiert die einzelnen Elemente, die auf einer Webseite angezeigt werden sollen.

Dies beginnt mit generellen Angaben wie Header-Daten, Meta-Tags oder der Formatierung des `body`-Tags.

Anschließend folgen Content Objects (cObjects), die die eigentlichen Inhalte ausgeben.

Content Object	Bedeutung
HTML, TEXT	Direkte Ausgabe von Text. Die beiden Objekte unterscheiden sich lediglich dadurch dass stdWrap bei HTML auf value angewandt wird, bei TEXT auf das Objekt selbst.
COBJ_ARRAY (COA, COA_INT)	Ein Array von cObjects
FILE	Zeigt das Objekt auf ein Bild, so wird dieses per \<img\>-Tag eingefügt. Alle anderen Dateien werden gelesen und direkt in den HTML-Code eingefügt.
IMAGE	definiert ein Bild-Objekt
IMG_RESOURCE	definiert den Namen eines Bildes zur weiteren Verwendung
CLEARGIF	fügt ein transparentes Bild in der angegebenen Größe ein
CONTENT	holt Inhalte per SQL aus einer Datenbanktabelle und gibt sie per stdWrap aus. Als Quellen können neben der Tabelle pages alle Tabellen dienen, die mit tt_, tx_, ttx_, fe_ oder user_ beginnen.
RECORDS	holt den Inhalt eines definierten Inhaltselements
HMENU	definiert ein Menü-Objekt (siehe Kapitel 3.6)
CTABLE, OTABLE, COLUMNS	Objekte zum Definieren von Tabellen
HRULER	fügt eine horizontale Linie ein. Von der Verwendung wird abgeraten, weil das Objekt die Linie erzeugt, indem es eine Tabelle ohne Inhalt einfügt, anstatt einen per CSS formatierten \<hr\>-Tag zu verwenden.
IMGTEXT	dient der Ausrichtung von Text und Bild. Auch hier wird eine Tabelle zur Ausgabe verwendet.

Content Object	Bedeutung

CASE	bildet die Funktion eines `switch`-Konstrukts nach. Anhand des Wertes der Eigenschaft `key` wird das Rendering beeinflusst.
	
	`page.10 = CASE`
	
	`page.10 {`
	
	`    key.field = layout`
	
	`    default = TEXT`
	`    default.stdWrap.field = title`
	`    default.wrap = <p>|</p>`
	
	`    1 < .default`
	`    1.wrap = <h1>|</h1>`
	`    2 < .default`
	`    2.wrap = <h2>|</h2>`
	`}`

LOAD_REGISTER	ermöglicht das Ablegen von Werten in einem globalen Array. Alle Elemente des Objekts werden im Array gespeichert.
	
	`page.10 = LOAD_REGISTER`
	
	`page.10 {`
	
	`    counter = 1`
	
	`    firstVisit = 1`
	
	`}`
	
	legt die beiden Werte `counter` und `firstVisit` **im Array ab.** Später kann mit der Anweisung
	
	`page.20 = TEXT`
	
	`page.20.override.data = register:counter`
	
	auf die gespeicherten Werte zugegriffen werden.

RESTORE_REGISTER	macht die letzten Änderungen im Register-Array rückgängig.

Content Object	Bedeutung
FORM	definiert ein Formular
SEARCHRESULT	gibt die Ergebnisse einer Suche in Typo3-Tabellen aus.
USER, USER_INT	ruft eine Funktion auf, die in einer externen Datei gespeichert ist. Die Datei muss zuvor mit includeLibs eingebunden werden. Die _INT-Variante ist vorzuziehen, wenn die Funktion Inhalte liefert, die nicht gecacht werden können, das Caching für den Rest der Seite aber erhalten bleiben soll.
PHP_SCRIPT, PHP_SCRIPT_INT, PHP_SCRIPT_EXT	direkte Einbindung externer PHP-Dateien mittels include(). PHP_SCRIPT_INT ermöglicht das teilweise Caching, PHP_SCRIPT_EXT läuft dagegen nicht im Typo3-Umfeld, sondern direkt in der index_ts.php. Die Ausgabe kann hier direkt mit echo-Befehlen erfolgen, dafür sind kaum Zugriffe auf Typo3-Funktionen möglich.
TEMPLATE	bindet eine HTML-Vorlage ein (oder TemplaVoila)
MULTIMEDIA	bindet Multimedia-Inhalte wie Flash, Quicktime oder Java-Applets ein
EDITPANEL	aktiviert das Editpanel, wenn ein Backend-User eingeloggt ist. Damit lassen sich Inhalte direkt im Frontend bearbeiten.

Tabelle 3.5: Content Objects in Typo3

Ein Typoscript-Template darf mehrere PAGE-Objekte enthalten, die sich aber im Seitentyp unterscheiden müssen. So kann neben dem normalen PAGE-Objekt ein zweites definiert werden, das beispielsweise für die Druckausgabe (was besser via CSS funktioniert) oder für die Ausgabe der Sitemap verwendet werden kann. Der folgende Code definiert das Objekt sitemap mit der typeNum 200. Dies führt dazu, dass ein Aufruf der Startseite mit dem Parameter &type=200 nicht die normale Seite zeigt, sondern die Sitemap als XML-Datei (erzeugt von einem Plugin).

```
sitemap = PAGE
sitemap {
  typeNum =200
  10 < plugin.tx_weeaargooglesitemap_pi1
  10.pid_list = 1
```

```
10.recursive = 0
10.allowedDoktypes = 2,1,4
10.domain = http://www.domain.de

config {
  disableAllHeaderCode = 1
  additionalHeaders = Content-type:text/xml
  no_cache = 1
  xhtml_cleaning = 0
}
}
```

3.5.10 Fehlersuche

Die Angaben in Typoscript sind also nicht mehr als die Definition von Einstellungen, die das Verhalten von PHP-Skripten beeinflussen, allen voran `index.php`, das Hauptskript von Typo3 für das Rendern der Seiten.

Das hat wiederum direkte Auswirkungen auf die Fehlersuche in Typoscript. Schreibfehler führen technisch gesehen nur zu Array-Einträgen, die entweder gar nicht benutzt werden oder unsinnige Werte enthalten.

Die Anweisung

```
config.documentType = html6
```

ist syntaktisch korrekt, doch gibt es in Typo3 kein Element `documentType`, und ebenso keinen Dokument-Typ `html6`. Da aber beides korrekt sein könnte, beispielsweise in einer Extension, geht dieser Fehler unbeachtet durch.

Trotzdem steht man Fehlern in Typoscript nicht völlig hilflos gegenüber.

Typoscript Object Browser

Das folgende Beispiel enhält einen Syntax-Fehler, weil die `allWrap`-Funktion im `CUR`-Objekt auf zwei Zeilen verteilt ist:

```
temp.submenue = HMENU
temp.submenue {
  1 = TMENU
  1 {
    showAccessRestrictedPages = {$tPage}
    showAccessRestrictedPages.addParams = &redirect_url=index.php%3Fid%3D###PAGE_ID###

    IProcFunc = user_IProc_dfn
    wrap = <ul>|</ul>
    NO {
      ATagTitle.field = abstract // description
      allWrap = |<span class="unsichtbar">. </span>
      wrapItemAndSub = <li class="menu-no">|</li>
      stdWrap.htmlSpecialChars = 1
    }

    CUR < .NO
    CUR = 1
    CUR {
      doNotLinkIt = 1
      allWrap = <span class="unsichtbar">Standort: </span>
               ||<span class="unsichtbar">. </span>
    }
  }
  2 < .1
  3 < .2
}
```

Bild 3.26: Typoscript-Beispiel mit Syntax-Fehler

Der Typoscript Object Browser erkennt diesen Fehler und meldet, dass der Objektname ungültig ist. Denn die Typoscript-Syntax erwartet in jeder Zeile eine Zuweisung oder ein Kontrollelement.

Template Tools

CURRENT TEMPLATE:
+**subfrei** +subfrei ▾

OBJECT TREE:
Browse: Setup ▾ OL: ALL ▾

ERRORS AND WARNINGS
2: Line 4080: Object Name String, "|" contains invalid character "|". Must be alphanumeric or one of: "_-."
1: Line 4237: Object copied in this line "CUR < .NO" would leave either the value or properties untouched in TypoScript Version 1. Please check that this is not a problem for you.
2: Line 4242: Object Name String, "|" contains invalid character "|". Must be alphanumeric or one of: "_-."

SETUP ROOT
⊞-[config]
⊞-[includeLibs]
⊞-[plugin]
⊞-[lib]
⊞-[tt_content] = CASE

Bild 3.27: Syntax-Fehler kann der Object Browser erkennen

Die Zeilennummer ist allerdings auf den ersten Blick wenig hilfreich. Denn weder hat das Skript, das den Fehler enthält, über 4000 Zeilen, noch sind irgendwo Zeilennummern zu sehen.

Template Analyzer

Die Angabe des Object Browsers bezieht sich aber auf den gesamten Objektbaum. Um nun darin die angegebene Zeilennummer zu finden, hilft der Template Analyzer. Um ihn aufzurufen, klicken Sie im Modulbaum auf Template und wählen im rechten Frame aus dem Pulldown-Menü den `Template Analyzer`. Er zeigt alle aktiven Einstellungen aus den geladenen Plugins und Templates.

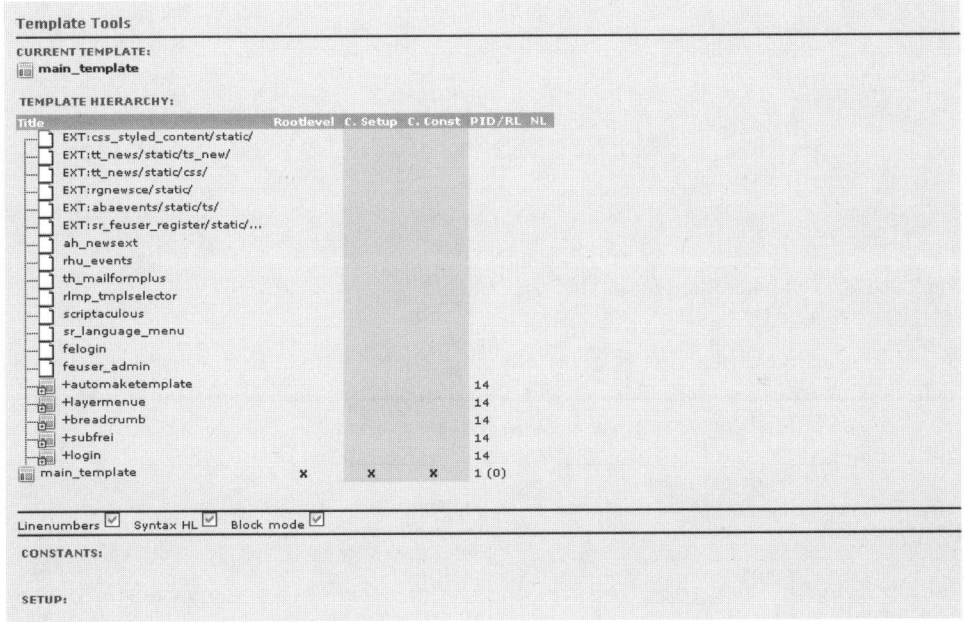

Bild 3.28: Der Template Analyzer

Ein Klick auf ein Element zeigt im unteren Bereich den Inhalt – komplett mit Syntax Highlighting und Zeilennummern.

```
Linenumbers ☑   Syntax HL ☑   Block mode ☑
CONSTANTS:
+subfrei
  670: [GLOBAL]
  671: [browser = netscape][browser = msie] && [hour > 23]
  672: tPage = 22
  673: [ELSE]
  674: tPage = 10
  675: [global]

SETUP:
+subfrei
 4058: [GLOBAL]
 4059: temp.submenue = HMENU
 4060: temp.submenue {
 4061:   1 = TMENU
 4062:   1 {
 4063:     showAccessRestrictedPages = {$tPage}
 4064:     showAccessRestrictedPages.addParams = &redirect_url=index.php%3Fid%3D###PAGE_ID###
 4065:
 4066:     IProcFunc = user_IProc_dfn
 4067:     wrap = <ul>|</ul>
 4068:     NO {
 4069:       ATagTitle.field = abstract // description
 4070:       allWrap = |<span class="unsichtbar">. </span>
 4071:       wrapItemAndSub = <li class="menu-no">|</li>
 4072:       stdWrap.htmlSpecialChars = 1
 4073:     }
 4074:
 4075:     CUR < .NO
 4076:     CUR = 1
 4077:     CUR {
 4078:       doNotLinkIt = 1
 4079:       allWrap = <span class="unsichtbar">Standort: </span>
 4080:       |<span class="unsichtbar">. </span>  - ERROR: Line 4080: Object Name String, "|" contains invalid
 4081:     }
 4082:   }
 4083:   2 < .1
 4084:   3 < .2
 4085: }
```

Bild 3.29: Der Template Analyzer hilt bei der Fehlersuche

Hier ist der Fehler durch eine gelbe Markierung nochmal deutlich hervorgehoben, und auch die Fehlermeldung erscheint erneut. Allerdings lassen sich keine Änderungen vornehmen. Es bleibt also nichts übrig, als von hier nochmal zu wechseln, dieses Mal in den Editiermodus (Info/Modify), dort die Zeile zu suchen und zu korrigieren.

Admin Panel

Sind die Templates fehlerfrei, wird die Seite aber trotzdem nicht wie gewünscht dargestellt, bleibt noch das *Admin Panel*, um der Sache auf den Grund zu gehen.

Um es zu aktivieren, ergänzen Sie das Template Ihrer Seite um den Eintrag

```
config.admPanel = 1
```

Der Eintrag muss im Root-Bereich stehen, also nicht innerhalb eines Content Objects.

Außerdem wird für den User, der das Debugging übernimmt, im UserTS eingetragen:

```
admPanel{
  enable.all = 1
}
```

Dazu editieren Sie im Modul Verwaltung den gewünschten User und tragen den Code unter Optionen ein.

Nach dem Löschen aller Caches und dem Neuladen der Seite sehen Sie am Ende der Seite das Admin Panel. Im Abschnitt Typoscript lassen sich Anzeigen aktivieren, die beim Debuggen helfen. Die Anzeige ist auf den ersten Blick etwas unübersichtlich, aber logisch strukturiert. Im nachstehenden Beispiel fehlt eine Datei zu einer Extension:

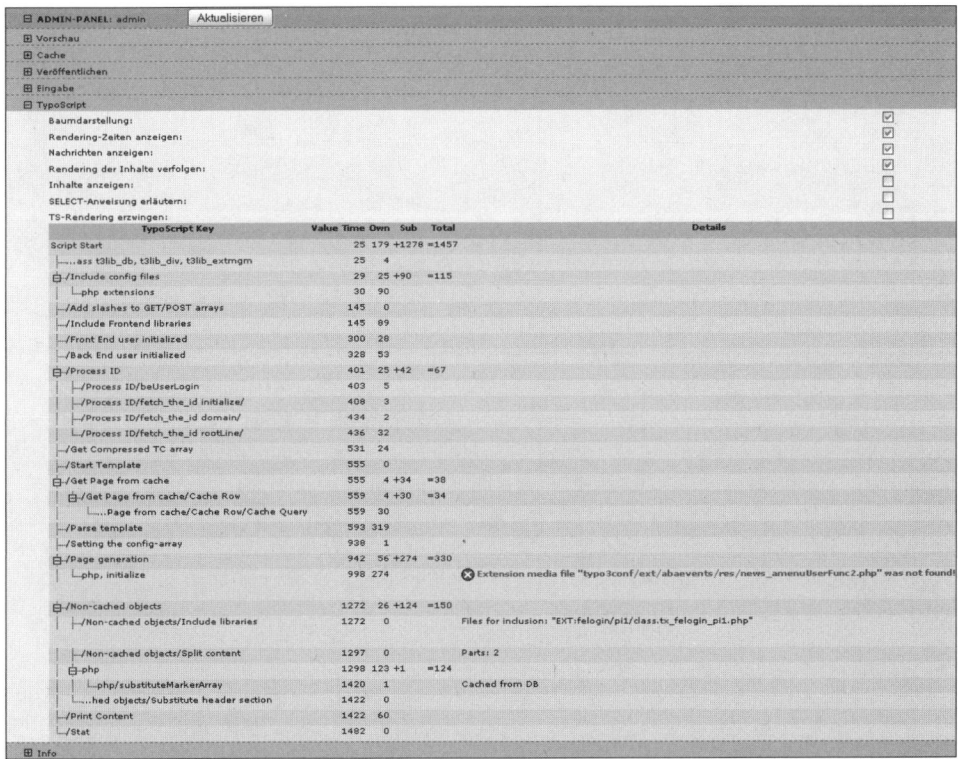

Bild 3.30: Das Admin Panel ist ein wertvoller Helfer

3.5.11 Editoren für Typoscript

Ein Problem beim Umgang mit Typoscript ist sicher auch, dass es in relativ kleinen Textfeldern eines HTML-Formulars eingegeben wird. Das behindert die Übersicht, und das mangelnde Syntax Highlighting sorgt dafür, dass Fehler leicht unbemerkt bleiben.

Die Erweiterung t3editor

Typo3 4.2 schafft hier Besserung, indem es einen Typoscript-Editor mitbringt, der allerdings standardmäßig deaktiviert ist. Wenn Sie den TS-Editor über den Erweiterungsmanager aktivieren, lassen sich Typoscript-Templates mit Zeilennummern und Syntax Highlighting bereits deutlich komfortabler handhaben.

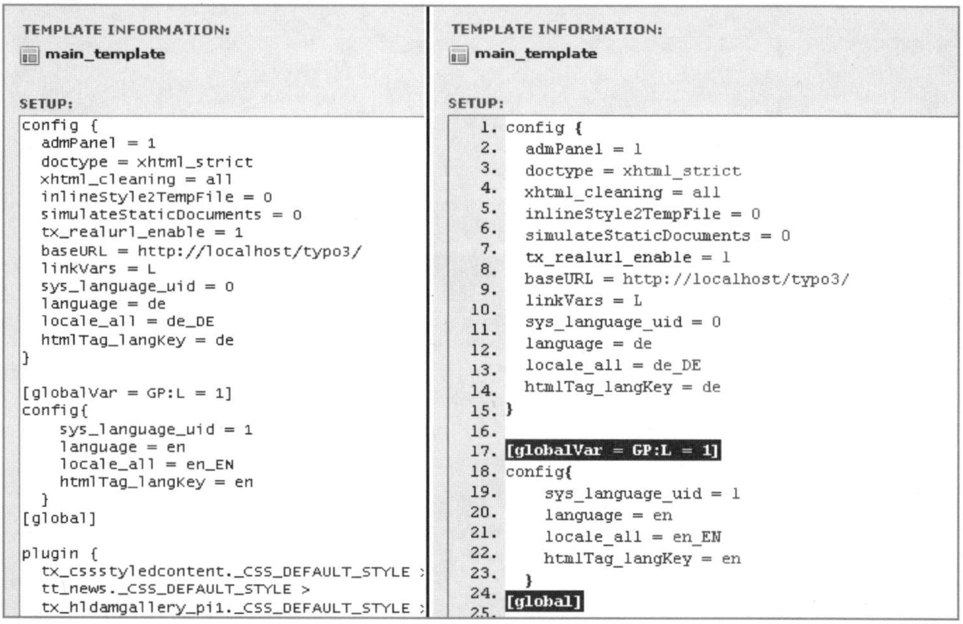

Bild 3.31: Der Typoscript-Editor von Typo3

In der Praxis zeigt der Editor allerdings durchaus noch Mängel. So erzeugt er zwar automatisch eine schließende Klammer und eine Einrückung, wenn Sie eine öffnende Klammer eingeben und `Return` drücken. Allerdings passiert dies auch, wenn die schließende Klammer bereits korrekt vorhanden ist. Ein Syntax-Check erfolgt hier also nicht.

Außerdem ist der Editor nur für Templates nutzbar. Die User- und Seitenkonfiguration (UserTS und PageTS) sind damit nicht editierbar. Hier bleibt es beim einfachen Textfeld.

Externe Editoren

Mehr Komfort bieten externe Editoren, allerdings müssen diese erst um die Sprachdefinition von Typoscript erweitert werden.

Für einige Editoren gibt es die Typoscript-Konfiguration fix und fertig, beispielsweise für den kommerziellen UltraEdit[8]. Für den kostenlosen Notepad++[9] existieren sowohl eine Sprachdatei[10] als auch eine Steuerdatei für automatische Vervollständigung[11]. Gut geeignet dafür ist das Gespann PSPad[12] und SweeTS[13]. PSPad ist ein universell einsetzbarer Editor für Windows, SweeTS eine Erweiterung dazu. Letztere bringt neben dem Syntax Highlighting auch einen Code Explorer sowie Typo3-Tutorials als Hilfedateien mit.

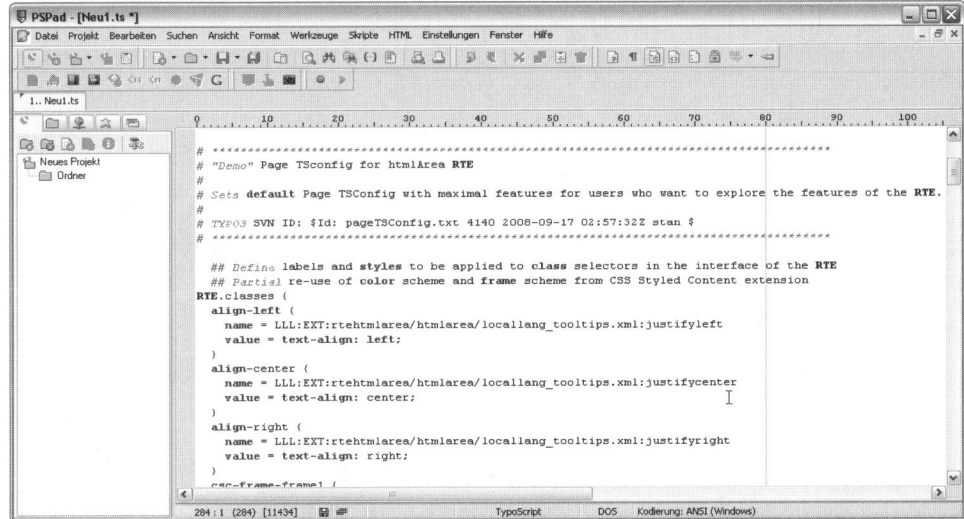

Bild 3.32: PSPad bietet viel Komfort beim Bearbeiten von Typoscript

---

[8] http://www.ultraedit.com/downloads/extras.html#wordfiles

[9] http://notepad-plus.sourceforge.net

[10] http://support.eggerath.net/typo3/npp/userDefineLang.xml

[11] http://support.eggerath.net/typo3/npp/typoscript.api

[12] http://www.pspad.com

[13] http://typo3.area42.de

Unter MacOS X gibt es für den kommerziellen Editor Coda[14] ein Plugin namens ts4c[15], das ebenfalls die Bearbeitung von Typoscript-Dateien erlaubt.

Damit der externe Editor zum Einsatz kommen kann, müssen allerdings zuerst die Typoscript-Daten in Dateien ausgelagert werden. Dazu ist folgendes Vorgehen sinnvoll:

1. Speichern Sie den Code in externen Dateien (beispielsweise mit der Endung .ts) in einem Unterordner von `fileadmin`.

2. Im Typoscript-Template ersetzen Sie den Code durch eine INCLUDE-Anweisung für die externe Datei:

```
<INCLUDE_TYPOSCRIPT: source="FILE: fileadmin/typoscript/datei.ts">
```

3. Um bei Bedarf auch in Typo3 auf den Dateiinhalt zugreifen zu können, ergänzen Sie in der Typo3-Installation den Wert `[SYS][textfiles_ext]` um die Endung `.ts`:

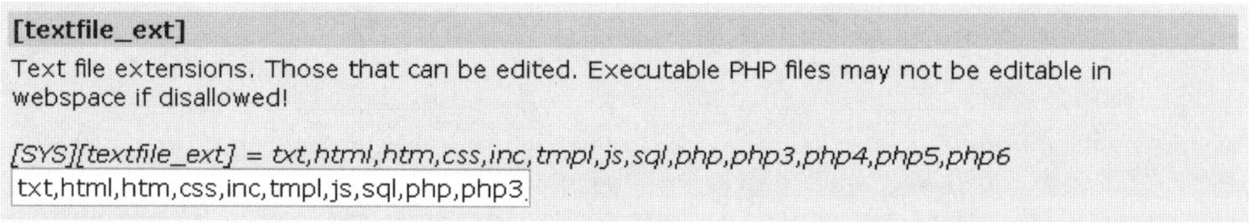

[textfile_ext]

Text file extensions. Those that can be edited. Executable PHP files may not be editable in webspace if disallowed!

[SYS][textfile_ext] = *txt,html,htm,css,inc,tmpl,js,sql,php,php3,php4,php5,php6*

txt,html,htm,css,inc,tmpl,js,sql,php,php3

Bild 3.33: Typoscript-Dateien editierbar machen

4. Schützen Sie die Typoscript-Dateien mit einer `.htaccess`-Datei vor externem Zugriff:

```
<FilesMatch "\.ts$">
deny from all
</FilesMatch>
```

Wenn Sie `.ts`-Dateien einer Live-Installation per Editor bearbeiten wollen, nutzen Sie am einfachsten die FTP-Funktionen des Editors.

---

[14] http://www.panic.com/coda

[15] http://t3dev.graustich.com

3.5.12 Ein Beispiel-Template

Das folgende Skript enthält als Beispiel ein Seitentemplate, das vollständig in Typoscript realisiert ist. Es nutzt keine HTML-Vorlage.

```
########################################
##      general configuration     ##
########################################


config{
    doctype = xhtml_trans
    xhtml_cleaning = all
    htmlTag_langKey = de
    stat = 1
    extTarget = _blank
    target = _self
    spamProtectEmailAddresses = 3
    spamProtectEmailAddresses_atSubst = @
    tx_loginusertrack_enable = 1
    removeDefaultJS = 0
    prefixLocalAnchors = all
    simulateStaticDocuments = 0
    baseURL = http://www.domain.de/
    tx_realurl_enable = 1
    language = de
    locale_all = de_DE
}


########################################
##              menus              ##
########################################


temp.rightMenu = HMENU
temp.rightMenu.1 = TMENU
temp.rightMenu.entryLevel = 0

temp.rightMenu.1.expAll=0
temp.rightMenu.1.wrap = <div id="navigation">|</div>
temp.rightMenu.1.NO = 1
temp.rightMenu.1.NO.linkWrap = <div class="navitem"><div
class="link">|</div></div>
temp.rightMenu.1.ACT = 1
```

```
temp.rightMenu.1.ACT.linkWrap = <div class="navitem"><div class="link
active">|</div></div>

temp.leftMenu = HMENU
temp.leftMenu.1 = TMENU
temp.leftMenu.entryLevel = 1

temp.leftMenu.1.expAll=0
temp.leftMenu.1.wrap = <ul class="nav">|</ul>
temp.leftMenu.1.NO = 1
temp.leftMenu.1.NO.linkWrap = <li class="navleftitem">|</li>
temp.leftMenu.1.ACT = 1
temp.leftMenu.1.ACT.linkWrap = <li class="navleftitemactive">|</li>


######################################
##      Footer Trademark         ##
######################################

temp.footertext= TEXT
temp.footertext.wrap(
<br>{$trademark}
)
######################################
##    various settings           ##
######################################

tt_content.mailform.20.target = _self
lib.parseFunc.tags.link.typolink.target = _self
lib.parseFunc_RTE.tags.link.typolink.target = _self


## Clean source code ###
plugin.tx_thmailformplus_pi1._CSS_DEFAULT_STYLE >
tt_content.stdWrap.prefixComment =
tt_content.text.20.prefixComment =
tt_content.header.20.prefixComment =
lib.stdheader.stdWrap.prefixComment =


######################################
##               page             ##
######################################
```

```
page=PAGE
page {
  config {
   simulateStaticDocuments_noTypeIfNoTitle = 1
   index_enable = 1
   index_externals = 1
   linkVars = L
  }
  typeNum=0
  shortcutIcon = fileadmin/images/favicon.ico
  includeCSS {
    file1 = fileadmin/css/styles.css
    file1.media = all
  }


####### header #######

  10 = TEXT
  10.wrap(
      <div id="container">
      <div id="logo"><img id="logoimage" src="fileadmin/images/logo-a.gif"
alt="Logo" /></div>
   <div id="image"><div id="line"><div class="innerline"></div></div></div>
  )


  20 < temp.rightMenu

  30 = TEXT
  30.wrap (
    <div id="foto"><img id="photo" src="fileadmin/images/photo.jpg"
alt="Foto" />
  )

  31 = CONTENT
  31.table = tt_content
  31.select {
    pidInList = {$pid_right_content}
    orderBy = sorting
    where=colPos=2
```

```
      languageField=sys_language_uid
  }
  31.wrap(
     <div id="kontakt">|</div>
  )


  32 = TEXT
  32.wrap(
  </div>
  )

####### left menu ###############

  40 = COA
  40.1 < temp.leftMenu
  40.wrap (
     <div id="navleft">|</div>
  )

####### main content div #######

  50 = CONTENT
  50.table = tt_content
  50.select {
     pidInList = this
     orderBy = sorting

     where=colPos=0
     languageField=sys_language_uid
  }
  50.wrap=<div id="content"><div class="inner">|</div></div>



####### footer  #######

  60 = COA

  60.wrap (
     </div><div id="footer"><div class="innerline"><img
src="fileadmin/images/trenner.png" alt="trennstrich" id="footertrenner"
```

```
/></div></div>
  )


}

sitemap = PAGE
sitemap {
  typeNum =200
  10 < plugin.tx_weeaargooglesitemap_pi1
  10.pid_list. = 1
  10.recursive = 0
  10.allowedDoktypes = 2,1,4
  10.domain = http://www.domain.de

  config {
    disableAllHeaderCode = 1
    additionalHeaders = Content-type:text/xml
    no_cache = 1
    xhtml_cleaning = 0
  }
}
```

3.6   Menüs in Typo3

In einem Content Management-System sind dynamisch erzeugte Menüs logischerweise ein unverzichtbares Element. Daher ist es wichtig, dass das System hier ein hohes Maß an Flexibilität bietet.

Das ist in Typo3 der Fall, doch hohe Flexibilität geht praktisch immer einher mit hoher Komplexität, und so ist es kaum verwunderlich, dass das Erstellen korrekter Menüs nicht ganz einfach ist. Hauptgrund ist dabei wohl weniger der Aufbau des Menüs an sich, sondern die Verteilung der Parameter auf verschiedene Objektebenen in Typo3 sowie deren Zusammenwirken.

Tipp: Erzeugen Sie Ihre Menüs mit so wenig Typoscript-Code wie möglich. Alles, was Sie via CSS erledigen können, sollten Sie auch dort tun. Das führt nicht nur zu leichter wartbarem Typoscript-Code, sondern erleichtert auch den Template-Wechsel erheblich.

3.6.1 Das HMENU-Objekt

In Typo3 basieren alle Menüs auf dem Objekt HMENU. Der Buchstabe H steht für hierarchisch, was deutlich macht, dass es eine baumartige Menüstruktur verwendet. HMENU alleine gibt allerdings noch kein fertiges Menü aus. Für jede Ebene, die im Menü dargestellt werden soll, muss ein eigenes Unterobjekt, etwa TMENU für ein textbasiertes Menü oder GMENU für ein grafisches Menü, definiert werden. Im HMENU-Objekt selbst werden die Grundeinstellungen vorgenommen. Außerdem wird hier festgelegt, ob es sich um ein normales Menü handelt oder eines aus einer Reihe spezieller Menüs, etwa für die Sprachauswahl oder Breadcrumb-Menüs.

Grundeinstellungen

Die Grundeinstellungen im HMENU-Objekt sind relativ einfach. Daher seien sie hier nur der Vollständigkeit halber als Übersicht wiedergegeben:

Option	Typ	Beschreibung
entryLevel	int	Legt fest, auf welcher Ebene des Typo3-Seitenbaums das Menü beginnt. Die Ebene 0 bezeichnet die Lage der ersten Seiten.
minItems	int	Legt fest, wie viele Einträge ein Menü mindestens haben muss. Reichen die vorhandenen, Einträge nicht aus, wird mit leeren Einträgen aufgefüllt, die mit dem Text »...« versehen sind und auf die aktuelle Seite verlinken.
maxItems	int	Legt fest, wie viele Einträge ein Menü maximal haben darf. Sind mehr Einträge vorhanden, als angezeigt werden dürfen, werden die überzähligen ignoriert.
begin	int	Legt fest, mit welchem Eintrag das Menü beginnt. Beispiel: begin = 3 sorgt dafür, dass die ersten beiden Einträge im Menü nicht angezeigt werden.
excludeUidList	int-Liste	Schließt einzelne Seiten von der Anzeige im Menü aus. Mit current kann die aktuelle Seite aus dem Menü entfernt werden.

Option	Typ	Beschreibung
excludeDoktypes	int-Liste	Schließt Dokument-Typen von der Anzeige im Menü aus. Standardmäßig werden die Dokument-Typen 5 (Seiten mit der Markierung »Not in menu«) und 6 (Seiten, die nur für den Backend-Zugriff freigegeben sind) im Menü nicht angezeigt. (siehe auch die nachstehende Liste von Doktypes in Typo3)
includeNotInMenu	boolean	Falls dieser Wert wahr ist (includeNotInMenu = 1), werden auch Seiten im Menü angezeigt, die im Backend auf »Im Menü verbergen« gesetzt sind (Doktype = 5)
alwaysActivePIDList	int-Liste	Eine Liste von Seiten, die immer als aktiv angesehen werden. Diese Menüs werden automatisch expandiert, unabhängig davon, ob die Seite tatsächlich die aktuelle ist.

Tabelle 3.6: Grundeinstellungen für HMENU

```
Doktypes in Typo3

#1 = Standard
#2 = Erweitert
#3 = Externe URL
#4 = Shortcut
#5 = Nicht im Menü
#6 = Backend Benutzer Bereich
#7 = Mount Seite
#199 = Abstand
#254 = Sysordner
#255 = Recycler
#--div-- = Trennlinie
```

Ein weiterer Parameter, der speziell für mehrsprachige Seiten wichtig ist, ist protectLvar. Mit ihm lässt sich steuern, wie sich Menüeinträge bei mehrsprachigen Websites verhalten sollen, wenn der gewählte Inhalt nicht in der gewünschten Sprache vorhanden ist. Auf diesen Parameter wird daher im Kapitel »Mehrsprachige Websites« genauer eingegangen.

Die drei Parameter minItems, maxItems und begin existieren sowohl im HMENU-Objekt als auch in den Menü-Objekten selbst. Sie sollten im HMENU-Objekt mit Vorsicht verwendet werden, denn sie beeinflussen alle Unterebenen. Soll eine dieser Eigenschaften nur für eine Ebene gelten, sollte sie nicht in HMENU gesetzt werden, sondern im Menü-Objekt der jeweiligen Ebene.

3.6.2 Menü-Ebenen

Sind die Grundeinstellungen im HMENU-Objekt gesetzt, wird für jede Ebene, die dargestellt werden soll, ein Unterobjekt angelegt. Diese Objekte sind nummeriert, wobei immer ab 1 gezählt wird. Die Zählung ist also nicht identisch mit den Leveln der Seiten im Typo3-Baum.

Da jede Ebene ein eigenes Objekt darstellt, haben Sie auch jedes Mal die Wahl, ob die jeweilige Ebene als Text- oder grafisches Menü dargestellt wird.

Ein Menü könnte daher so aussehen:

```
lib.menu = HMENU
lib.menu {
  1 = GMENU
  1 {

    ...

  }
  2 = TMENU
  2 {

    ...

  }
  3 = JSMENU
  3 {

    ...

  }
}
```

Die erste Ebene bildet hier ein grafisches Menü, die zweite wird durch ein Textmenü dargestellt, und der dritte Level erscheint schließlich als Pulldown-Menü mit Javascript-Sprungfunktion.

Eine Reihe von Einstellungen ist allerdings den meisten Menü-Objekten gemeinsam (nicht immer allen, denn vor allem bei JSMENU, einem Pulldown-Menü, haben viele Einstellungen keinen Sinn).

Drei davon, nämlich minItems, maxItems und begin, haben wir bei HMENU bereits kennengelernt. Sind diese Parameter in einem Menü-Objekt vorhanden, so werden die in HMENU festgelegten Werte überschrieben.

Einige weitere Einstellungen werden nun vorgestellt:

`alternativeSortingField` bestimmt, nach welchem Feld die Inhalte des Menüs sortiert werden. Standard ist die Sortierung wie im Baum von Typo3.

Eine alphabetische Sortierung lässt sich beispielsweise mit

```
alternateSortingField = title
```

erreichen. Wollen Sie die Reihenfolge umkehren, setzen Sie noch `desc` dazu. Dies entspricht den Regeln des Parameters `ORDER BY` im SQL-Statement, das die Datenbank-Abfrage durchführt.

Der Parameter funktioniert nicht mit allen Menüs. So ist beispielsweise beim `list`-Menü (siehe unten) die Reihenfolge fest vorgegeben.

`JSWindow` gibt an, ob beim Klick auf einen Menüeintrag der Inhalt in einem Popup-Fenster angezeigt wird. Wie der Name des Parameters vermuten lässt, wird dafür Javascript verwendet. Einige Subparameter bestimmen das Verhalten genauer.

```
1 = TMENU
1 {
  JSWindow = 1
  JSWindow {
    newWindow = 1
    params = width=200,height=300,status=0,menubar=0
  }
}
```

Dieses Beispiel legt fest, dass jeder Klick ein eigenes Fenster öffnet. Die Eigenschaften bei `params` entsprechen den Optionen des Javascript-Befehls `window.open`.

> **Tipp:** Aus mehreren Gründen sollte diese Option mit äußerster Vorsicht verwendet werden. Zum einen sind Popups meist mehr ärgerlich als nützlich, zum anderen leidet die Barrierefreiheit erheblich, wenn sich Inhalte auf mehrere Browser-Fenster verteilen. Und schließlich soll eine gute Site auch dann noch funktionieren, wenn Javascript im Browser deaktiviert ist.

`debugItemConf` zeigt bei Ausgabe der Seite die Konfiguration jedes Menüeintrags an. Das nachstehende Bild zeigt, dass der erste Eintrag mit `<li class="aktiv">` eingeschlossen wurde, die drei weiteren mit einfachen `<li>`-Tags.

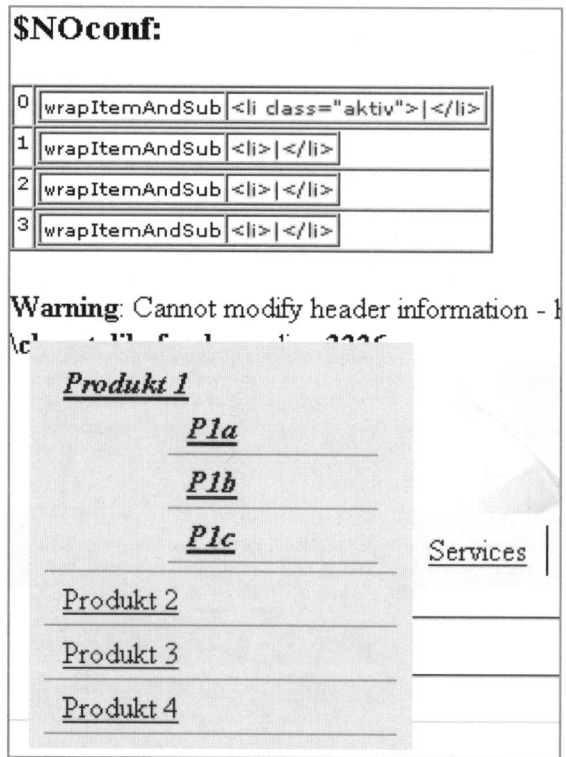

Bild 3.34: Mit debugItemConf kontrollieren Sie einfach die Auswirkungen von Zuständen und optionSplit

Dieser Parameter ist vor allem dann sinnvoll, wenn Sie viele unterschiedliche Zustände verwenden (siehe unten) oder mit `optionSplit` arbeiten.

`overrideId` ersetzt das Ziel der Menü-Links durch eine Seiten-ID nach Wahl. Dies gilt für alle Einträge der aktuellen Ebene.

Damit das Sinn hat, muss die angesteuerte Seite selbst je nach angeklicktem Eintrag reagieren können. Welcher Eintrag gewählt wurde, erfährt die Zielseite über den Parameter `&real_uid=[uid]`, den Typo3 an die Menü-Links anhängt.

`addParams` erlaubt dem Typoscript-Programmierer, weitere Parameter an die Menü-Links zu hängen. So würde die Zeile

```
addParams = &rubrik=Produkte
```

jeden Menü-Link entsprechend erweitern. Allerdings hat dieser Parameter einen Nachteil: Da es sich um einen einfachen String handelt, können Sie nur statische Werte angeben oder Konstanten, die im entsprechenden Abschnitt des Templates definiert wurden.

Soll der Link dynamische Werte wie etwa die `Uid` (Unique ID) der aufrufenden Seite enthalten, so können Sie dafür auf `additionalParams` zurückgreifen, das für jeden Menü-Zustand definiert werden kann.

`showAccessRestrictedPages` steuert die Anzeige von Seiten, die dem Besucher aufgrund seines Anmeldestatus eigentlich nicht zugänglich sind. Standardmäßig erscheinen sie nicht im Menü. Mit

```
showAccessRestrictedPages = 17
showAccessRestrictedPages.addParams =
&return_url=###RETURN_URL###&redirect_url=index.php%3Fid%3D###PAGE_ID###
```

zeigt Typo3 die gesperrten Seiten an, sie sind aber nicht direkt anwählbar. Ein Klick darauf führt stattdessen zur Seite mit der ID 17, auf der beispielsweise ein Login-Formular platziert werden könnte.

Wird statt einer ID das Schlüsselwort `NONE` eingetragen, bleibt der Link unverändert. Da die Seite aber nicht angezeigt werden kann, wird der Fehler »Seite nicht gefunden« ausgelöst und die dazugehörige Fehlerbehandlung gestartet (die wiederum einen Login als eine Option anbieten könnte).

Die zusätzliche Eigenschaft `addParams` liefert der Zielseite die zusätzliche Information, wohin der Link im Erfolgsfall geführt hätte (`###PAGE_ID ###`) und auf welcher Seite der Aufruf stattfand (`###RETURN_URL###`). Die Extension `felogin`, die seit Typo3 4.2 als System-Erweiterung vorhanden ist und als Nachfolger von `newloginbox` gedacht ist, kann diese Parameter auswerten und so nach dem Login zur richtigen Seite weiterleiten. Mehr dazu finden Sie im Kapitel 3.9 »Frontend-Benutzer«.

`submenuObjSuffixes` ist eine Variante des `OptionSplit`. Der Parameter erlaubt, für untergeordnete Menü-Ebenen abhängig von der Position des Elternelements getrennte Definitionen vorzunehmen.

```
page.10 = HMENU
page.10 {
  1 = TMENU
  1 {
    wrap = <ul class="menu">|</ul>
    expAll = 1
    submenuObjSuffixes = first |*| |*| last
    NO.wrapItemAndSub = <li>|</li>
```

```
   }

   2 = TMENU
   2 {
     wrap = <ul>|</ul>
     NO.allWrap = <li>|</li>
   }

   2first = TMENU
   2first {
     wrap = <ul class="subfirst">|</ul>
     NO.allWrap = <li>|</li>
   }

   2last = TMENU
   2last {
     wrap = <ul class="sublast">|</ul>
     NO.allWrap = <li>|</li>
   }

}
```

Das vorstehende Beispiel erzeugt ein einfaches Textmenü mit geschachtelten Listen. Die zweite Ebene besteht allerdings jetzt aus drei Definitionen, nämlich 2, 2first und 2last. Die Zeile

```
submenuObjSuffixes = first |*| |*| last
```

steuert nun, welche Definition wo zum Einsatz kommt. In diesem Beispiel wird das erste Untermenü durch 2first definiert, also mit der Klasse subfirst versehen, das letzte durch 2last, was zu einer Liste der Klasse sublast führt. Für alle Menüs dazwischen ist keine Option definiert, es gilt daher die Definition 2 ohne Zusatz.

Das führt zu folgendem HTML-Code:

```
<ul id="SubmenueListe">
  <li><a href="#">Produkte</a>
     <ul class="first">
            <li><a href="#">Produkt 1</a></li>
            <li><a href="#">Produkt 2</a></li>
            <li><a href="#">Produkt 3</a></li>
     </ul>
```

```
</li>
<li><a href="#">Services</a>
    <ul>
            <li><a href="#">Service 1</a></li>
            <li><a href="#">Service 2</a></li>
            <li><a href="#">Service 3</a></li>
    </ul>
</li>
<li><a href="#">L&ouml;sungen</a>
    <ul class="last">
            <li><a href="#">L&ouml;sung 1</a></li>
            <li><a href="#">L&ouml;sung 2</a></li>
    </ul>
</li>
</ul>
```

3.6.3 Menü-Zustände

In den bisherigen Beispielen wurde im TMENU-Objekt neben den Standard-Einstellungen ein Zustand NO definiert. Das ist der Normalzustand des Menüeintrags. Daneben gibt es noch eine ganze Reihe anderer Zustände, für die jeweils getrennt die Darstellung des Eintrags festgelegt werden kann.

ACT (Aktiv)

Ist ein Eintrag Bestandteil der Rootline, so gilt er als aktiv. Befindet sich der Besucher beispielsweise in Produkte -> Produkt 1 -> Spezifikation, so ist nicht nur Spezifikation aktiv, sondern auch Produkt 1 und Produkte.

CUR (Current)

Den Status Current hat immer nur eine Seite, nämlich die gerade dargestellte. In obigem Beispiel ist das die Seite Spezifikation.

USR (User)

Der Zustand USR gilt für Seiten, die zugriffsgeschützt sind, für die der aktuelle Besucher aber die nötige Berechtigung hat.

USERDEF1/2

USERDEF1 bzw. USERDEF2 sind zwei frei definierbare Zustände. Sie sind nur in Verbindung mit einer selbstdefinierten Funktion nutzbar. Auch das Special-Menü zur Sprachauswahl macht von diesen Zuständen Gebrauch (siehe das Kapitel 3.8 zum Thema Sprachauswahl).

SPC

Der Zustand SPC dient der Formatierung von Einträgen, hinter denen sich keine Seiten verbergen. Sie dienen lediglich der Trennung der Einträge, um etwa optisch zwei Gruppen von Einträgen zu erzeugen.

Rollover und Submenüs

Mit dem Normalzustand (NO) existieren also 7 Zustände, die getrennt definiert werden können. Doch damit nicht genug: Bis auf SPC gibt es zu jedem Zustand auch einen eigenen Status für Rollover, bezeichnet durch RO. Die Zustände NO, ACT und CUR kennen außerdem eine zusätzliche Variante, wenn Unterseiten vorhanden sind. Damit steigt die Gesamtzahl von Zuständen auf 19. Hier die komplette Liste:

```
NO, RO, IFSUB, IFSUBRO
ACT, ACTRO, ACTIFSUB, ACTIFSUBRO
CUR, CURRO, CURIFSUB, CURIFSUBRO
USR, USRRO
SPC
USERDEF1, USERDEF1RO
USERDEF2, USERDEF2RO
```

Jeder Zustand, für den eine Definition erfolgen soll, muss eigens eingeschaltet werden, mit Ausnahme des Normalzustands. Dies geschieht durch eine Zeile wie

```
ACT = 1
```

Da die Definition eines Zustands sehr umfangreich sein kann, die einzelnen Varianten sich aber oft kaum unterscheiden, kann man eine bereits definierte Einstellung wiederverwenden. Dies geschieht etwa mit dem Befehl

```
ACT < .NO
```

Wird dieses Verfahren verwendet, so muss der neue Zustand nach dem Import aktiviert werden. Die korrekte Reihenfolge ist also

```
ACT <.NO
ACT = 1
```

Tipp: Das TMENU-Objekt kennt keinen vollständigen RO-Zustand. Es gibt nur eine einfache Variante, die lediglich die Hintergrundfarbe ändern kann.

3.6.4 TMENU

Das TMENU-Objekt ist ein textbasiertes Menü, das wohl in der großen Mehrzahl aller Menüs verwendet wird.

Die meisten Einstellungen für das TMENU als Ganzes sind einfach und selbsterklärend, daher an dieser Stelle nur eine kurze tabellarische Übersicht:

Option	Typ	Beschreibung
expAll	boolean	Öffnet alle Untermenüs der nächsten Ebene. Standardmäßig wird nur das angeklickte Untermenü geöffnet.
collapse	boolean	Wenn der Wert auf 1 steht, schließt ein Klick auf das Elternelement eines geöffneten Untermenüs die Unterebene wieder.
accessKey	boolean	Schaltet Access Keys im Menü ein (zu Access Keys siehe das Kapitel zur Barrierefreiheit)
noBlur	boolean	Blurring ist eine Funktion, um im Internet Explorer den gepunkteten Rahmen um den Link zu entfernen, der gerade den Fokus hat. Diese Funktion lässt sich hier ausschalten.
target	target	Ziel der Menülinks
forceTypeValue	int	Setzt den Parameter &type= auf einen festen Wert.

Option	Typ	Beschreibung
stdWrap	->stdWrap	umgibt den gesamten Eintrag mittels stdWrap
wrap	wrap	Ein Wrapping, das nur gemacht wird, wenn Elemente im Menü sind
IProcFunc	function-name	Dieser Parameter gibt eine Funktion an, die für das Menü ausgeführt wird. Dieser Funktion wird ein Array »I« übergeben. Die Funktion muss diesen auch wieder (mit Änderungen) zurückliefern. Ein Menüeintrag entsteht durch Zusammensetzen der Array-Elemente mittels der PHP-Funktion implode(). Ein Beispiel dazu finden Sie im Kapitel zur Barrierefreiheit.

Tabelle 3.7: Grundeinstellungen für TMENU

Sind die Einstellung für das TMENU definiert, wird für jeden gewünschten Zustand ein TMENUITEM angelegt. Im folgenden Beispiel werden der Normalzustand (NO) und der Zustand für aktive Elemente (ACT) definiert.

```
lib.hauptmenue = HMENU
lib.hauptmenue {
  1 = TMENU
  1 {
    stdWrap = <ul id="menu">|</ul>

    NO {
      ATagParams = class="menu_link"
      allWrap = <li class="menu_normal">|</li
    }

    ACT < .NO
    ACT = 1
    ACT {
      allWrap = <li class="menu_aktiv">|</li>
    }
  }
}
```

Das gesamte Menü wird in einen `<ul>`-Tag eingeschlossen. Anschließend wird der Normalzustand so definiert, dass der `<li>`-Tag die Klasse `menu_normal` zugewiesen bekommt. Der Link selbst erhält zusätzlich die Klasse `menu_link`.

Für ein aktives Element, also ein Menüelement, das Bestandteil der Rootline ist, wird nun der `ACT`-Zustand definiert. Zunächst werden mit `ACT < .NO` die Einstellungen des Normalzustandes kopiert, anschließend mit `ACT = 1` der Zustand aktiviert. Diese Reihenfolge ist unbedingt einzuhalten.

Schließlich wird die Klasse des `<li>`-Tags für aktive Elemente neu definiert. Die Klasse für den Link bleibt durch das Kopieren von `NO` unverändert erhalten.

Die vollständige Liste von Einstellungen, die für ein `TMENUITEM` möglich sind, sieht folgendermaßen aus:

Option	Typ	Beschreibung
allWrap	wrap /stdWrap	Ausgabe des gesamten Elements
wrapItemAndSub	wrap	Ausgabe des Elements und eventueller Unterelemente (also Menüelemente der nächsten Ebene)
subst_elementUid	boolean	Ist der Parameter gesetzt, werden vor der Ausgabe des HTML-Codes alle Vorkommen des Strings '{elementUid}' mit der UID des Menü-Elements ersetzt. Dadruch lassen sich beispielsweise eindeutige id-Attribute erzeugen, die für die Manipulation mittels Javascript benutzt werden können.
before beforeImg beforeImgTagParams beforeImgLink beforeROImg beforeWrap		Die before-Gruppe von Parametern ermöglicht, vor dem eigentlichen Link Bilder oder beliebigen HTML-Code einzufügen. Wird beispielsweise für before ein cObject benutzt (näheres dazu im Kapitel zu Typoscript), so lassen sich auch Inhalte von Datenbankfeldern wie der Seitentitel einbinden.
after …		Die Gruppe after… bietet die gleichen Optionen wie before, nur werden diese Daten nach dem Link eingefügt.

Option	Typ	Beschreibung
linkWrap	wrap	Ausgabeformat für den gesamten Link
stdWrap	->stdWrap	Ausgabeformat für den Link-Text
ATagBeforeWrap	boolean	Wenn der Wert auf 1 steht, wird der linkWrap innerhalb des <a>-Tags durchgeführt.
ATagParams	<A>-params /stdWrap	zusätzliche Parameter für den Link-Tag, beispielsweise eine Klasse.
ATagTitle	string /stdWrap	fügt ein title-Attribut in den Link-Tag ein. Format: `ATagTitle.field = abstract // description` Das Beispiel erzeugt ein title-Attribut mit dem Inhalt des Abstracts (Inhaltsangabe) der Seite. Falls dieses Feld leer ist, wird stattdessen die Beschreibung verwendet.
additionalParams	string /stdWrap	Parameter, die am Ende des Links hinzugefügt werden, etwa &print=1
doNotLinkIt	boolean	verhindert, dass der Menüeintrag verlinkt wird.
doNotShowLink	boolean	verhindert, dass der Text des Eintrags angezeigt wird (sinnvoll für Spacer-Einträge, die nur Abstände erzeugen sollen)
stdWrap2	wrap /stdWrap	stdWrap um den gesamten Link
altTarget	target	alternatives Ziel für den Link des Elements.
allStdWrap	->stdWrap	stdWrap des gesamten Elements

Tabelle 3.8: TMENUITEM-Einstellungen

Bei der Beschreibung der verschiedenen Menüzustände wurde bereits erwähnt, dass das TMENU keinen Rollover-Zustand kennt. Allerdings gibt es für TMENUITEMS eine Option RO. Das ist aber kein vollwertiger Zustand, auf den sich alle obigen Optionen anwenden ließen.

RO bietet nur eine einzige Einstellung, nämlich RO_chBgColor. Damit lässt sich ausschließlich die Hintergrundfarbe des Menü-Eintrags per Mouseover-Effekt verändern. Die Syntax dafür sieht folgendermaßen aus:

```
RO_chBgColor = Rollover-Farbe | Standard-Farbe | ID-Prefix
```

Damit wird jedes Element, das ein id-Attribut hat, das mit dem ID-Präfix beginnt, mit dem Rollover-Effekt versehen.

Ein vollständiges Beispiel:

```
page = PAGE
page.10 = HMENU
page.10 {
  wrap = <ul id="hmenu">|</ul>
  1 = TMENU
  1 {
    NO {
      allWrap = <li id="tmenu{elementUid}"
style="background:#eeeeee;">|</li>
      subst_elementUid = 1
      RO_chBgColor = #cccccc | #eeeeee | tmenu
      RO = 1
    }
  }
}
```

Dieser Code führt zu folgender HTML-Ausgabe:

```
<ul id="hmenu">
 <li id="tmenu1">
  <a href="index.php?id=1" onfocus="blurLink(this);"
     onmouseover="changeBGcolor('tmenu1','#cccccc');"
     onmouseout="changeBGcolor('tmenu1','#eeeeee');">
  Home</a>
 </li>
</ul>
```

Die Wirkung ist also beschränkt auf das Ändern der Hintergrundfarbe.

3.6.5 GMENU

Das GMENU-Objekt erzeugt grafische Menüs, d. h. als Menüelemente kommen Bilder zum Einsatz. In Typo3 werden diese Bilder als Objekte vom Typ GIFBUILDER erzeugt (siehe Abschnitt zu Typoscript). Die Eigenschaften des TMENU-Objekts stehen auch im GMENU zur Verfügung. Dazu kommen spezifische Einstellungen, die nur für die grafische Variante Sinn ergeben:

Option	Typ	Beschreibung
applyTotalH, applyTotalW	objNumsList (offset)	Addiert die Höhe bzw. die Breite aller bisher erzeugten Menuitems zum Offset der GIFBUILDER-Objekte, die in der Liste aufgezählt sind.
		Wenden Sie diese Funktion beispielsweise auf ein IMAGE-Objekt an, so lassen sich alle Menuitems mit einem gemeinsamen Hintergrundbild hinterlegen.
		Beispiel:
		`` lib.hauptmenue = HMENU lib.hauptmenue { 1 = GMENU 1 { applyTotalW = 5 NO { wrap =	XY = [10.w]+30,20 5 = IMAGE 5.file = fileadmin/templates/verlauf.jpg 10 = TEXT 10.text.field = title 10.fontSize = 12 10.fontColor = Blue 10.offset = 15,15 } } } ```

Option	Typ	Beschreibung
min, max	x,y (calcInt)	Erzwingt eine minimale bzw. maximale Größe (in Pixel) für das gesamte Menü.
useLargestItemX, useLargestItemY	boolean	Setzt die Breite bzw. Höhe aller Menüelemente auf den Wert des größten Elements.
distributeX, distributeY	int+	Setzt die Gesamtbreite bzw. Höhe des Menüs und verteilt die Menüelemente gleichmäßig durch Hinzufügen der entsprechenden Pixel. Diese Einstellung hat Vorrang vor useLargestItemX/Y.
removeObjectsOfDummy	objNumsList	Hat das Menü eine minimale Breite, so wird eventuell mit einem zusätzlichen Dummy-Element (z. B. einem Bild ohne Text) aufgefüllt, wenn die vorhandenen Elemente nicht ausreichen. Mit dieser Option können Objekte dieses Dummy-Elements ausgeblendet werden.
disableAltText	boolean	Ist diese Option gesetzt, wird das alt-Attribut der Bilder im Menü nicht ausgegeben.

Tabelle 3.9: Grundeinstellungen für GMENU

Die einzelnen GMENUITEMS sind wie gesagt Objekte vom Typ GIFBUILDER. Trotzdem haben sie noch einige zusätzliche Optionen, die größtenteils mit denen der TMENUITEMS übereinstimmen.

Option	Typ	Wert
noLink	boolean	Wenn gesetzt, wird das Element nicht verlinkt (entspricht der Option doNotLinkIt bei TMENUITEM)
imgParams	params	Parameter für den <img>-Tag
altImgResource	imgResouce	Wird hier ein Bild angegeben, so ersetzt dies die GIFBUILDER-Konfiguration

Option	Typ	Wert
altTarget ATagParams ATagTitle additionalParams wrap allWrap allStdWrap subst_elementUid		Funktion wie in TMENUITEM

Tabelle 3.10: GMENUITEM-Einstellungen

3.6.6 Layer-Menüs

Sowohl für das Textmenü als auch für das grafische Menü existieren Layer-Varianten. Damit lassen sich Javascript-basierte hierarchische Pulldown-Menüs erzeugen. Die Layer-Menüs sind Erweiterungen der normalen TMENU/GMENU-Objekte, d. h. es gelten alle oben genannten Einstellungen. Damit die Menüs der Unterebenen dargestellt werden können, müssen aber alle Untermenüs erzeugt werden, d. h. die Option expAll muss auf 1 stehen. Außerdem muss im Template ein zusätzliches Skript geladen werden mit folgender Zeile:

```
page.includeLibs.tmenu_layers = media/scripts/tmenu_layers.php
```

für TMENULAYER bzw.

```
page.includeLibs.gmenu_layers = media/scripts/gmenu_layers.php
```

für die grafische Variante.

Zusätzlich bieten die Layer-Menüs weitere Einstellungen, um die Position und das Aussehen der Pulldown-Menüs zu steuern. Die folgende Tabelle listet die wichtigsten Einstellungen auf:

Option	Typ	Beschreibung
layerStyle	<DIV>-Tag params	Parameter für die <DIV>-Tags, die für das Layer-Menü angelegt werden. Standard: position:absolute; VISIBILITY: hidden;

Option	Typ	Beschreibung
lockPosition	"x" / "y" / ""	Normalerweise folgt das Menü dem Mauscursor, wird also nicht immer an der gleichen Stelle geöffnet. Mit lockPosition kann dies verhindert werden. Die Option sollte auf x stehen für horizontale GMENU_LAYERS und auf y für vertikale Menüs.
xPosOffset, yPosOffset	int	Ein Versatz für die Position des Menüs. Ist lockPosition gesetzt, gilt der Offset von der linken oberen Ecke aus, andernfalls von dem Punkt aus, an dem das Menü aktiviert wird.
relativeToTriggerItem	boolean	Die Einstellung sorgt dafür, dass die Menü-Layer relativ zu dem Element positioniert werden, welches sie aktiviert. Dies erzeugt einige zusätzliche <div>-Tags. Die gesamte Struktur funktioniert aber nicht in allen Konstellationen. Die quasi-offizielle Empfehlung lautet, dass bei horizontalen Menüs die Elemente in einer (alles andere als zeitgemäßen) Tabelle angeordnet werden sollten. Die Tabellen-Zellen müssen dabei über .wrap/.allWrap angelegt werden.
relativeToParentLayer	boolean	Die Einstellung sorgt dafür, dass der Layer relativ zur Position des Elternelements positioniert wird. Das ist nötig (und nur sinnvoll) für mehrstufige Menüs

Tabelle 3.11: Einstellungen für Layer-Menüs

Es gibt noch einige Einstellungen mehr, die hier nicht besprochen werden sollen. Denn die Layer-Menüs von Typo3 sind nicht auf der Höhe der Zeit. So ist der Vorschlag, horizontale Menüs als Tabelle zu bauen, schon fast ein Killerargument, wenn es um barrierefreie Seiten geht.

Die absolute Positionierung schränkt die Nutzbarkeit weiter ein. Vor allem bei Textmenüs wird die Handhabung sehr kompliziert. Alles in Allem müssen zu viele Voraussetzungen erfüllt sein, um die Layer-Menüs zu nutzen.

Ein modernes Pulldown-Menü

Daher folgt hier der Vorschlag für eine deutlich einfachere und modernere Variante, die nahezu ohne Konfiguration auskommt und sogar in den meisten Browsern ohne Javascript funktioniert. Das Menüsystem, das hier als Beispiel Verwendung findet, heißt *FreeStyle Menus*[16] und ist kostenlos bzw. gegen eine kleine Spende nutzbar.

Über die HTML-Vorlage der Seite bzw. das Typoscript-Template werden einige CSS- und Javascript-Dateien eingebunden:

```
<script type="text/javascript" src="fileadmin/templates/
scripts/fsmenu/fsmenu.js"></script>
<script type="text/javascript" src="fileadmin/templates/
scripts/fsmenu/fsmenuc.js"></script>
<link rel="stylesheet" type="text/css" id="listmenu-h"
href="fileadmin/templates/scripts/fsmenu/listmenu_h.css" title="Horizontales
Menue" />
<link rel="stylesheet" type="text/css" id="fsmenu-fallback"
href="fileadmin/templates/ scripts/fsmenu/listmenu_fallback.css" />
```

Die Javascript-Funktionen suchen nach einer bestimmten Listenstruktur (standardmäßig mit der ID listMenuRoot) in der Seite und generieren daraus automatisch das Pulldown-Menü. Ist Javascript inaktiv, wird die Pulldown-Funktion über die CSS-Eigenschaft li:hover realisiert. Beherrscht ein Browser auch diese nicht, bleibt das Submenü unsichtbar.

Wie bei allen DHTML-Menüs muss also Sorge dafür getragen werden, dass auch eine alternative Navigation zur Verfügung steht.

Der Typoscript-Code für das Menü ist dann extrem einfach:

```
temp.hauptmenue = HMENU
temp.hauptmenue {
  wrap = <ul class="menulist" id="listMenuRoot">|</ul>

  1 = TMENU
  1 {
    expAll = 1
    NO {
      wrapItemAndSub = <li>|</li>
```

---

[16] http://www.twinhelix.com

```
    }
  }

  2 = TMENU
  2 {
    wrap = <ul>|</ul>
    NO {
      allWrap = <li>|</li>
    }
  }
}
```

Das Ergebnis ist ein modernes Pulldown-Menü, dessen HTML-Struktur in einer einfachen verschachtelten Liste besteht und damit sowohl weitestgehend barrierefrei als auch suchmaschinenfreundlich ist.

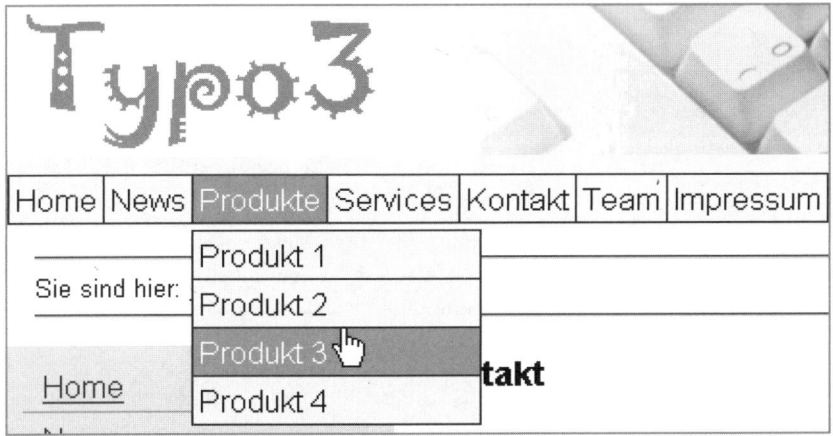

Bild 3.35: Layer-Menü leichtgemacht mit FreeStyle

3.6.7 GMENU_FOLDOUT

Für grafische Menüs gibt es als weitere Variante das FOLDOUT-Menü. Damit ist ein Menü gemeint, dessen Untersektionen beim Anklicken eines Elements ausklappen, wahlweise mit einer Animation. Aus Sicht der Barrierefreiheit gelten für dieses Skript ähnliche Einwände wie gegen Layer-Menüs.

Um das Menü zu verwenden, muss das zugehörige PHP-Skript aktiviert werden mit

```
page.includeLibs.gmenu_foldout = media/scripts/gmenu_foldout.php
```

Wie bei den Layer-Menüs muss die Option `expAll` = 1 gesetzt sein, damit die Unterebenen funktionieren.

Die Parameter für dieses Menü sind relativ einfach, allerdings sollte man aufpassen, welche Werte zwingend gesetzt werden sollten:

Option	Typ	Beschreibung
dontLinkIfSubmenu	boolean	Wenn ein Untermenü vorhanden ist, wird das Elternelement selbst nicht verlinkt
foldTimer	int	Timeout für die Animation
foldSpeed	int, range 1-100	Anzahl Schritte für die Animation (1 = keine Animation)
stayFolded	boolean	Wenn gesetzt, wird das Untermenü beim Klick auf einen anderen Menüpunkt nicht geschlossen.
bottomHeight	int, pixels	Setzt die Höhe des unteren Abschlusses. Wichtig, wenn darin Inhalte oder eine Hintergrundfarbe erscheinen sollen.
menuWidth	int, pixels	Breite des gesamten Menü-Layers. Sollte unbedingt gesetzt werden, vor allem weil damit auch die Breite des Abschluss-Layers beschränkt wird.
menuHeight	int	Höhe des Menü-Layers
subMenuOffset	x,y	Versatz für das Untermenü jedes Menüelements. Wichtig, weil sonst Untereinträge das Elternelement überschreiben.
menuOffset	x,y	Versatz für das gesamte Menü auf der Seite
menuBackColor	HTML-color	Hintergrundfarbe des Menüs. Falls der Wert nicht gesetzt ist, wird transparent angenommen. Das funktioniert aber nicht besonders gut, wenn `foldSpeed` nicht auf 1 steht
dontWrapInTable	boolean	Standardmäßig wird jedes Element der ersten Ebene in eine eigene Tabelle eingebunden. Für ein modernes Layout sollte dieser Wert daher unbedingt auf 1 stehen.

Option	Typ	Beschreibung
bottomContent	cObject	Inhalt des abschließenden Layers, der das Ende des Menüs darstellt.
adjustItemsH adjustSubItemsH	int	Passt die Höhenberechnung der Menü-Layer der ersten bzw. der zweiten Ebene an. Der Wert wird zum berechneten Wert addiert.
arrowNO arrowACT	imgResource	Wenn beide Optionen gesetzt sind und auf vorhandene Bilder zeigen (beispielsweise zwei Symbole für einen geschlossenen und einen offenen Ordner), werden die beiden Bilder verwendet, um den Status des Menüelements anzuzeigen. NO ist der geschlossene Zustand, ACT der geöffnete. Das Bild wird normalerwesie vor den Text gestetzt. Um es an anderer Stelle zu platzieren, kann im wrap des Elements der ###ARROW_IMAGE### verwendet werden.
arrowImgParams	<img> params	Parameter für den <img>-Tag des Pfeils. Beispiel: hspace=5 vspace=7
displayActiveOnLoad	boolean	Wenn gesetzt, wird das aktive Element bereits beim Aufruf der Seite geöffnet.

Tabelle 3.12: GMENU_FOLDOUT-Einstellungen

3.6.8 IMGMENU

Das IMGMENU ist sicher der heute am wenigsten benutzte Menü-Typ und soll auch hier nur der Vollständigkeit halber aufgeführt werden. Es handelt sich um eine Image Map, in der die einzelnen Elemente eingebettet werden. Damit ist es für barrierefreie Seiten nur mit viel Aufwand brauchbar zu machen.

Das Hintergrundbild wird als GIFBUILDER-Objekt namens main angelegt, auf dem dann die einzelnen Elemente platziert werden. Das Ergebnis lässt sich allerdings mit einem <div>-Tag mit Hintergrundbild und einem Standard-Menü wie GMENU oder TMENU deutlich einfacher erreichen.

IMGMENU kennt nur wenige Einstellungen, die spezifisch für dieses Menü sind.

Option	Typ	Beschreibung
`params`	`<img>`-params	Attribute für den Image-Tag der gesamten Map
`main`	->GIFBUILDER	Das Hauptobjekt des Menüs, sozusagen der Hintergrund für die Items.
`dWorkArea`	`offset + calc`	Standardversatz für die einzelnen `GIFBUILDER`-Objekte (auch Distribution genannt)
`[Menüzustände(NO, ACT, etc.]`	`-> IMGMENUITEM + .distrib`	Für jeden gewünschten Zustand wird eine Konfiguration der Elemente angelegt. Achtung: Ist ein `optionSplit` definiert, so wird dieser auf die gesamte `GIFBUILDER`-Konfiguration angewandt, bevor die Elemente generiert werden. `.distrib` beschreibt die Verteilung der Menüelemente, um sie voneinander zu separieren. `textX` und `textY` dienen als Stellvertreter für Breite bzw. Höhe eines Links. Um dies zu erreichen, werden zusätzliche Objekte vom Typ `WORKAREA` eingebaut. `.distrib` hat vier Parameter. Die ersten beiden definieren den Versatz, den das folgende Element innerhalb der `WORKAREA` hat, die weiteren Parameter definieren Breite und Höhe des aktuellen `WORKAREA`-Elements.
`imgMapExtras`	`<area...>`-Tags	Mit dieser Option lassen sich zusätzliche `<area>`-Tags in die Image-Map einfügen.
`debugRenumberedObject`	`boolean`	**zeigt die letztlich im Menü verwendete `GIFBUILDER`-Konfiguration zu Debug-Zwecken an**

Tabelle 3.13: IMGMENU-Einstellungen

Das Skript

```
temp.submenue = HMENU
temp.submenue {
  entryLevel = 0
  1 = IMGMENU
  1 {
    main.XY = 195,300
    main.10 = IMAGE
    main.10.file = fileadmin/images/Winter.jpg
    dWorkArea = 14,00
    NO {
      distrib = 0, textY + 10

      5 = TEXT
      5 {
        text.field = title
        fontColor = #ffffff
        fontSize = 12
        offset = 0,16
        text.case = upper
      }
    }
  }
}
```

erzeugt dieses Menü:

Bild 3.36: Ein Beispiel für ein IMGMENU

3.6.9 JSMENU

Die wohl kleinstmögliche Form eines Menüs ist das JSMENU. Für jede Ebene wird eine Selektor-Box angelegt. Wird in einer Ebene eine Auswahl getroffen, so wird der Inhalt der anderen Ebenen entsprechend angepasst.

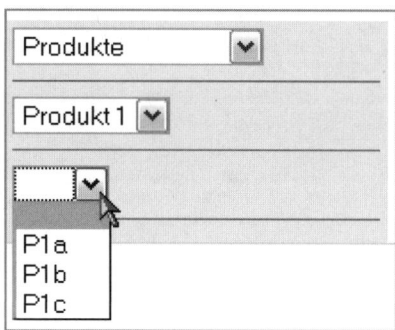

Bild 3.37: Mit JSMENU sind sehr kompakte Menüs möglich

Das Menü wird mit folgenden Einstellungen konfiguriert:

Option	Typ	Beschreibung
levels	int, 1-5	Anzahl der verwendeten Ebenen
menuName	string	Name für das Javascript-Menü. Diese Option ist wichtig, wenn Sie mehr als ein JSMENU verwenden.
target	target	Ziel der Menü-Links
forceTypeValue	int	Setzt bei jedem Link einen Parameter &type, unabhängig vom Wert für target.
1,2,3,4...	JSMENUITEM	Die einzelnen Levels
wrap	wrap	Wrap um die Auswahlbox
wrapAfterTags	wrap	Wrap um Auswahlbox und Form-Tag (ohne Javascript-Code).
firstLabelGeneral	string	Vorgabe für den Text des ersten Eintrags. Kann in den JSMENUITEMs überschrieben werden.
SPC	boolean	Erlaubt Spacer (Abstandselemente) im Menü.

Tabelle 3.14: Grundeinstellungen für JSMENU

Jede Ebene lässt sich mit folgenden Optionen anpassen:

Option	Typ	Beschreibung
noLink	boolean	Wird in einer Auswahlbox eine Einstellung getroffen, so wird die Auswahlbox der nächsten Ebene angepasst. Ist die nächste Ebene leer, löst die Änderung einen Sprung zum Link des Eintrags aus. Ist noLink gesetzt, findet kein Sprung zu einer Seite statt, es werden nur die Inhalte des nächsten Levels angepasst.
alwaysLink	boolean	Mit diese Option wird ein Eintrag immer verlinkt. Setzt noLink außer Kraft.
showFirst	boolean	wählt den ersten Link im Menü vor, wenn das Menü gebaut wird.
showActive	boolean	wählt den aktiven Eintrag vor (falls vorhanden)
wrap	wrap	Wrap für die <select>-Box
width	int+	Breite der Box (festgelegt durch Unterstriche, Standard 14)
elements	int+	Anfängliche Anzahl Einträge im Menü. Wird durch die tatsächlichen Einträge überschrieben.
additionalParams	string	Zusätzliche Attribute für den <select>-Tag.
firstLabel	string	Text für den ersten Menüeintrag (Standard: Leer)

Tabelle 3.15: Einstellungen für ISMENU-Ebenen

3.6.10 Spezielle Menüs

Neben dem normalen Seitenmenü stellt das HMENU-Objekt eine Reihe spezieller Menüs zur Verfügung. Die Gemeinsamkeit aller Spezial-Menüs liegt darin, dass sie sich nicht an der aktuellen Seite orientieren, sondern Seiten aufgrund bestimmer Eigenschaften ins Menü aufnehmen.

Wie bei normalen Menüs auch sind die Spezial-Menüs ein Überbau, d. h. für die Darstellung der einzelnen Elemente müssen auch hier die entsprechenden Unterobjekte (TMENU o. ä.) angelegt werden.

list

Der Menütyp `list` baut ein Menü, das ausschließlich aus den angegebenen Seiten besteht.

```
temp.dirmenu = HMENU
temp.dirmenu {
  special = list
  special.value = 17, 5
  1 = TMENU
  1 {
    ...
  }
}
```

Die in `special.value` angegebenen Werte sind `Uids` von Typo3-Seiten. Das Menü, das so erzeugt wird, besteht also aus zwei Einträgen (und eventuell deren Unterseiten).

directory

Das directory-Menü ist ein enger Verwandter von `list`.

```
temp.dirmenu = HMENU
temp.dirmenu {
  special = directory
  special.value = 17, 5
  1 = TMENU
  1 {
    ...
  }
}
```

Allerdings werden hier nicht die Seiten selbst, sondern deren Unterseiten aufgelistet (und eventuelle Unterseiten weiterer Ebenen).

Tipp: Unterschiedliches Verhalten zeigen `list` und `directory`, wenn Sie `special.value` weglassen. Das `directory`-Menü geht dann von der aktuellen Seite aus, während `list` auf den `entryLevel` zurückgreift.

Ist dieser Wert nicht angegeben, wird als Default 0 angenommen und `list` zeigt das Menü ab der obersten Seite des Typo3-Baums. Ist dagegen `entryLevel` gesetzt, geht `list` in der Rootline von der aktuellen Seite bis zum `entryLevel` hoch und verwendet die so gefundene Seite als Ausgangspunkt für das Menü.

rootline

»Sie sind hier:« Diesen Satz findet man heute auf fast jeder Website. Dahinter steht ein sogenanntes *Breadcrumb*-Menü, also ein Pfad, der von der Startseite des Webauftritts zur aktuellen Seite führt.

Bild 3.38: Ein typisches Breadcrumb-Menü, hier am Beispiel der Spiegel-Website

Im Typo3-Jargon heißt der Weg von der Wurzel der Site bis zur aktuellen Seite *rootline*, und das gibt auch dem Menü seinen Namen.

Ein einfaches Beispiel für den Aufbau eines solchen `rootline`-Menüs zeigt folgendes Listing:

```
page.20 = HMENU
page.20 {
  special = rootline
  1 = TMENU
  1 {
    wrap = <hr>Sie sind hier: | <hr>
    NO {
      linkWrap = | &gt;
```

```
      }
    }
  }
```

Dies würde zu folgender Ausgabe führen:

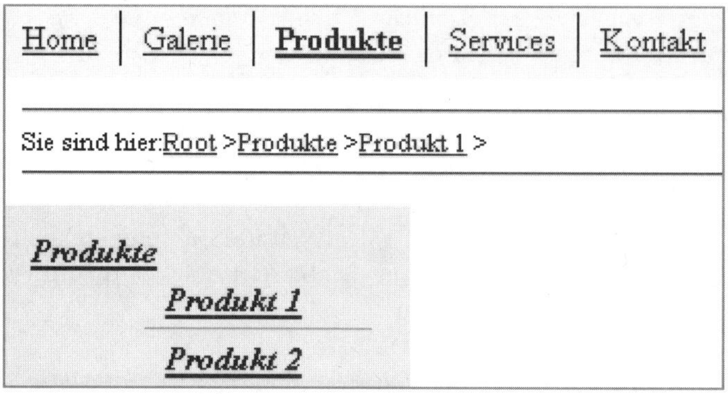

| Home | Galerie | **Produkte** | Services | Kontakt |

Sie sind hier:Root >Produkte >Produkt 1 >

Produkte
    Produkt 1
    Produkt 2

Bild 3.39: Einfaches rootline-Menü

Allerdings hat das Menü noch einige Schönheitsfehler. Die Root-Seite, die in unserem Projekt nicht direkt verwendet wird, ist sichtbar, die Abstände stimmen nicht ganz, und am Ende des Menüs steht ein überzähliges >.

Um die Root-Seite auszublenden, hilft die `range`-Eigenschaft des Menüs.

```
page.20.special.range = x|y
```

beschränkt den angezeigten Bereich des `rootline`-Menüs zwischen Ebene x und y. Dabei darf ein Parameter auch leer bleiben, dann wird dafür der Standard-Wert eingesetzt.

```
page.20.special.range = 1|
```

lässt also das Menü im Level 1 beginnen und in der Ebene der gerade angezeigten Seite enden.

Tipp: Negative Werte zählen ab der aktuellen Ebene rückwärts. Allerdings ist hier die etwas spezielle Zählweise von Typo3 zu berücksichtigen. -1 steht für die aktuelle Ebene. Möchten Sie also die letzte Ebene nicht anzeigen, muss als Range 1|-2 eingetragen werden.

Um Leerzeichen in der Ausgabe darzustellen, ersetzen wir sie durch HTML-Entities.

Und schließlich hilft ein `optionSplit`, das überzählige Zeichen am Menüende loszuwerden. Auf `optionSplit` wurde bereits gesondert eingegangen.

Das führt zu folgender Version des Menüs:

```
page.20 = HMENU
page.20 {
  special = rootline
  special.range = 1|
  1 = TMENU
  1 {
    wrap = <hr>Sie sind hier: | <hr>
    NO {
      linkWrap = NO.linkWrap = |*||*| | &gt;  || |
    }
  }
}
```

Dieses Menü erzeugt die nachstehende Ausgabe:

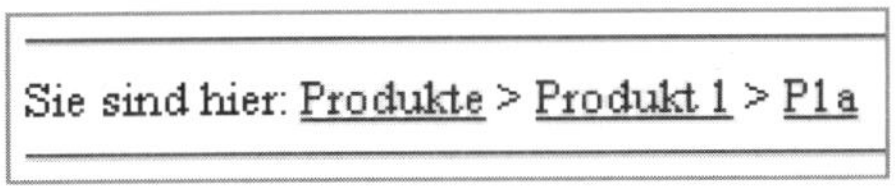

Sie sind hier: <u>Produkte</u> > <u>Produkt 1</u> > <u>P1a</u>

Bild 3.40: Das gesäuberte Breadcrumb-Menü

Ein Parameter fehlt noch, um die Optionen des rootline-Menüs zu vervollständigen:

```
page.20.special.targets.3 = _blank
```

führt dazu, dass alle Links der Ebene 3 als Ziel `_blank` erhalten, also in einem neuen Browser-Fenster geöffnet werden. In der Praxis wird diese Methode meist in Frame-basierten Layouts verwendet, um beispielsweise Links einer Ebene gezielt in einem bestimmten Frame anzuzeigen.

updated

Das `updated`-Menü dient dazu, auf einfache Weise die Inhalte aufzulisten, die kürzlich geändert wurden. Wie beim `list`-Menü werden dabei die IDs der Seiten angegeben, die es (inklusive Unterseiten) zu durchsuchen gilt.

```
page.20 = HMENU
page.20 {
  special = updated
  special {
    value = 17,5
    mode = tstamp
    depth = 2
    beginAtLevel = 1
    maxAge = 3600*24*3
    limit = 8
  }
  1 = TMENU
  1 {
    ...
  }
}
```

Mittels `mode` lässt sich steuern, welches Feld festlegt, ob ein bestimmter Inhalt als neu anzusehen ist. Dabei sind folgende Felder möglich:

Feld	Bedeutung
SYS_LASTCHANGED	beinhaltet den `tstamp`-Wert des zuletzt geänderten Seiteninhalts
manual, lastUpdated	benutzt das Feld »LastUpdated«, das beim Editieren der Seite manuell gesetzt werden kann.
tstamp	verwendet das `tstamp`-Feld, das beim Ändern eines Eintrags automatisch gesetzt wird
crdate	benutzt das Datum, an dem die Seite angelegt wurde.
starttime	verwendet das `starttime`-Feld, also die Zeit, zu der der Inhalt online geht.

Tabelle 3.16: Modi für das updated-Menü

Die Sortierreihenfolge ist dabei standardmäßig absteigend, also von neueren zu älteren Einträgen. Dies lässt sich im Untermenü-Objekt anpassen.

Die beiden Parameter `depth` und `beginAtLevel` steuern die Ebenen, die angezeigt werden sollen. `beginAtLevel` legt dabei die Startebene fest, wobei 0 die oberste Ebene darstellt (also die in `value` angegebenen Start-IDs beinhaltet). `depth` gibt vor, wie viele Ebenen durchsucht werden. Standardwerte sind 0 für `beginAtLevel` und 20 für `depth` (was gleichzeitig den Maximalwert darstellt).

Der Parameter `limit` begrenzt die Ausgabe auf eine bestimmte Anzahl Seiten (maximal 100). Standardwert ist 10.

Mit `maxAge` lässt sich definieren, wie alt ein Eintrag maximal sein darf, um in diesem Menü noch zu erscheinen. Die Angabe erfolgt in Sekunden und darf berechnet werden. Folglich sehen Sie eine solche Angabe häufig in der Form

`Sekunden pro Stunde * Anzahl Stunden * Anzahl Tage,`

also etwa `3600*24*3`, was drei Tagen entspricht. Das ist übersichtlicher als das Ergebnis 259200.

> **Tipp:** Mindestens einer der Parameter `maxAge` oder `limit` sollte immer angegeben werden, sonst hat ein `updated`-Menü wenig Sinn. Es würde sonst immer alle Seiten anzeigen, lediglich nach Zeit sortiert.

keywords

Das `keywords`-Menü dient dazu, Links auf »ähnliche« Seiten automatisch zu erstellen. Es ist eng mit dem `updated`-Menü verwandt.

Daher funktionieren die Parameter `mode`, `depth`, `limit` sowie `beginAtLevel` wie oben beschrieben.

`entryLevel` legt fest, auf welcher Ebene der `rootline` die Suche beginnen soll.

Standardmäßig verwendet das `keywords`-Menü die Schlüsselbegriffe der aktuellen Seite (gespeichert im `keywords`-Feld in der Datenbank-Tabelle `pages`).

Sollen andere Werte verwendet werden, so können Sie dies über folgende Parameter steuern:

`value` definiert die `Uid` der Seite, deren Keywords statt der aktuellen verwendet werden sollen.

`setKeywords` erlaubt, manuell eine Reihe von Schlüsselwörtern zu definieren, mit Komma getrennt. Dieser Eintrag hat Vorrang vor allen anderen.

`keywordsField` definiert, in welchem Feld nach den Schlüsselwörtern gesucht werden soll. Zur Verfügung stehen die Felder der Tabelle `pages`, Standard ist das Feld `keywords`.

`keywordsField.sourceField` legt dagegen fest, in welchem Feld der aktuellen Seite die Schlüsselwörter stehen, nach denen gesucht werden soll. Auch hier stehen die Felder der Tabelle `pages` parat.

So ließe sich beispielsweise mit folgenden Einstellungen eine Suche nach Seiten dessel-
ben Autors realisieren und das Ergebnis nach Aktualität sortieren:

```
page.30 = HMENU
page.30 {
  special = keywords
  special {
    keywordsField = author
    keywordsField.sourceField = author
    mode = tstamp
  }
  1 = TMENU
  1 {
    ...
  }
}
```

Voraussetzung ist natürlich, dass dieses Feld auch gefüllt wird. Sie finden es bei den
Metadaten einer Seite.

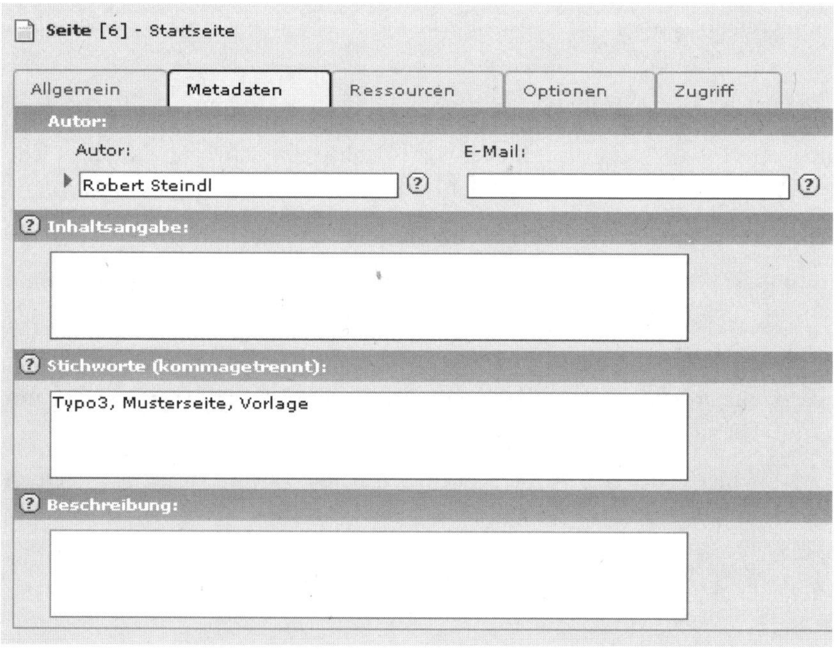

Bild 3.41: Mithilfe der Metadaten lassen sich ähnliche Seiten finden

Tipp: Typo3 prüft an dieser Stelle nicht, ob das Feld, das Sie in `keywordsField` angeben, in der Tabelle `pages` existiert. Ein Blick in die Datenbank ist daher nützlich, bevor Sie hier eigene Werte eintragen.

browse

Das `browse`-Menü kennt jeder, der schon eine Dokumentation auf den Typo3-Seiten online gelesen hat. Es dient der Navigation innerhalb mehrseitiger Dokumente. Typischerweise besteht es aus Links zur nächsten und vorigen Seite, dazu kommen optional Links zur übergeordneten Ebene sowie zur Startseite.

Alle Seiten auf einer Ebene des Verzeichnisbaums bilden dabei eine Gruppe, die Ebene darüber definiert Abschnitte, und noch eine Ebene darüber befindet sich die Seite mit dem Inhaltsverzeichnis.

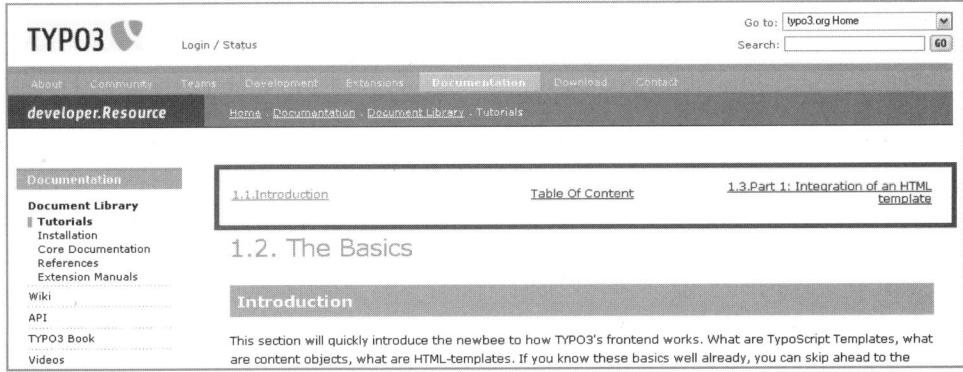

Bild 3.42: Ein Menü zum Blättern in mehrseitigen Dokumenten am Beispiel der Typo3-Seite

In Typoscript sieht das etwa so aus:

```
lib.browse = HMENU
lib.browse {
  special = browse
  special {
    items = index|prev|up|next
    items.prevnextToSection = 1
    index.target = _top
    index.uid = 5
```

```
     index.fields.title = Inhaltsverzeichnis
   }
  1 = TMENU
  1 {
    NO.allWrap = <div id="browseIndex">&lArr; |</div>||<div
id="browsePrev">&lArr; |</div>||<div
id="browseUp">&uArr; |</div>||<div id="browseNext">| &rArr;</div>
   }
}
```

Um das Menü zu nutzen, werden zunächst die gewünschten Items definiert. Eine Liste aller möglichen Items finden Sie nachstehend.

Element	Bedeutung
next / prev	Damit wird zur nächsten bzw. vorigen Seite auf der gleichen Ebene verlinkt.
	Ist der Parameter `prevnextToSection` auf 1 gesetzt, so wird am Anfang bzw. Ende eines Abschnitts zum nächsten Abschnitt weitergeleitet.
first / last	Verlinkt zur ersten bzw. letzten Seite des aktuellen Abschnitts.
nextsection / prevsection	Verlinkt zur ersten Seite des nächsten bzw. vorigen Abschnitts.
nextsection_last / prevsection_last	Verlinkt zur letzten Seite des nächsten bzw. vorigen Abschnitts.
up	Verlinkt zur übergeordneten Seite, also etwa zur Hauptseite eines Abschnitts.
index	Verlinkt zu der Seite, die 2 Ebenen höher liegt, also normalerweise zum Inhaltsverzeichnis.

Tabelle 3.17: Elemente des browse-Menüs

language

Das letzte Spezialmenü dient der Sprachauswahl für mehrsprachige Websites. Es wird daher im Abschnitt über mehrsprachige Websites besprochen.

3.7 Barrierefreies Design

Barrierefreies Design ist heute in aller Munde, und doch finden sich auf den meisten Seiten im Web nicht einmal Ansätze, die Inhalte barrierefrei zu präsentieren. Dabei ist die BITV (Barrierefreie Informationstechnik-Verordnung) bereits seit 2005 zumindest für die Webauftritte öffentlicher Angebote des Bundes zwingend. Somit existieren ausreichend Anleitungen und Praxisbeispiele.

Doch barrierefreies Design heißt nicht nur, behinderten Besuchern einen Gefallen zu tun, sondern hat auch rein pragmatische Vorteile.

Zum Ersten erweitert barrierefreies Design den Kundenkreis. So sorgt beispielsweise die demografische Entwicklung für einen steigenden Anteil von Senioren, die im Web aktiv sind. Für diese Gruppe sind flexible Layouts mit variablen Schriftgrößen und einstellbaren Farben von Vorteil.

Zum Zweiten profitieren auch Suchmaschinen von Barrierefreiheit. Denn die Erfassungsprogramme müssen großenteils wie Blinde an eine Seite herangehen. Valider Code und korrekte semantische Auszeichnungen helfen daher auch hier weiter.

Und zum Dritten erweitert barrierefreies Design die Zugangsmöglichkeiten. Wenn eine Seite per Braille-Ausgabe verständlich ist, dann ist sie meist auch auf PDAs, Handys oder anderen Mini-Displays vernünftig darstellbar.

Es gibt also gute Gründe, auf Barrierefreiheit zu setzen. Eine hundertprozentige Lösung wird dabei in der Praxis nahezu nie realisierbar sein, doch die meisten Anforderungen sind mit erstaunlich wenig Aufwand umzusetzen.

3.7.1 Ressourcen zur Barrierefreiheit

14 Anforderungen mit 65 Einzelbedingungen listet die BITV auf. Die Umsetzung in einem Content Management-System wie Typo3 ist dabei unterschiedlich schwierig.

Auf alle Einzelheiten des barrierefreien Webdesigns einzugehen, würde daher den Rahmen dieses Buches sprengen. In den folgenden Kapiteln werden einige wichtige Punkte und deren Umsetzung in Typo3 herausgegriffen. Für umfassende Informationen zur Barrierefreiheit im Internet können folgende Seiten dienen:

Angebot	Link	Inhalt
Einfach für alle	www.einfach-fuer-alle.de	Informationsangebot der Aktion Mensch
Web Accessibility Initiative	www.w3.org/WAI	W3C-Projekt für barrierefreies Web
Web ohne Barrieren nach Paragraph 11	www.wob11.de	Portal des Aktionsbündnisses für barrierefreie Informationstechnik – AbI
Barrierefreies Webdesign	www.barrierefreies-webdesign.de/	praxisorientierte Seite von Jan Eric Hellbusch

Tabelle 3.18: Informationsquellen zu Barrierefreiheit

Auf allen Seiten finden Sie auch die BITV komplett oder in Auszügen.

Seit 11. Dezember 2008 ist die neue Version 2.0 der Web Content Accessibility Guidelines (WCAG)[17] verabschiedet. Sie ist weniger technik orientiert als die bisherige Version. Stattdessen definiert sie Prinzipien, die sich auf jede Art von Inhalt und Darstellung anwenden lassen:

Wahrnehmbarkeit

Information und Bedienoberfläche müssen auf eine Weise präsentiert werden, die Benutzer wahrnehmen können. Das bedeutet:

- Für jeden Inhalt, der kein Text ist (also Bilder, Videos, Audiodateien), muss eine Text-Alternative bereitgestellt werden, sodass er in Großschrift, auf Braille-Ausgaben, in Symbolen oder einfacherer Sprache ausgegeben werden kann.

- Für jeden zeit basierten Inhalt muss es Alternativen geben (etwa ein Video mit Zeichensprache anstatt eines Audio-Inhalts, Untertitel etc.)

- Inhalt soll so gestaltet sein, dass er in verschiedenen Arten ausgegeben werden kann (etwa in vereinfachtem Layout), ohne an Information oder Struktur zu verlieren.

- Es sollte für Nutzer möglichst einfach sein, Inhalte zu sehen und zu hören. Das schließt die klare Trennung von Vordergrund und Hintergrund ein.

---

[17] http://www.w3.org/TR/WCAG20/

Bedienbarkeit

Bedienkomponenten und Navigation müssen benutzbar sein. Das heißt:

- Die Bedienung muss vollständig über eine Tastatur möglich sein.

- Anwender müssen genug Zeit zum Lesen und Verwenden des Inhalts haben (etwa bei automatisch scrollenden Texten).

- Inhalt darf nicht in einer Art dargestellt werden, die bekanntermaßen Anfälle auslösen kann (z. B. schnell blinkende Darstellungen, die epileptische Anfälle fördern).

- Es muss Hilfen geben, die dem Anwender helfen bei der Navigation, beim Finden von Inhalten und beim Feststellen des Standpunkts (z. B. Breadcrumb-Menüs, Links zum direkten Anspringen des Inhalts etc.).

Verständlichkeit

Die Information und die Funktion der Bedienoberfläche müssen verständlich sein. Das heißt:

- Texte müssen lesbar und verständlich sein.

- Webseiten sollten in Aussehen und Benutzung vorhersehbar sein (Menüs an den üblichen Stellen, ein Formular kann mit Return abgeschickt werden usw.).

- Das Angebot sollte Nutzern helfen, Fehler zu vermeiden oder sie zu korrigieren.

Robustheit

Der Inhalt muss robust sein, d. h. er muss zuverlässig durch eine Vielzahl von User Agents interpretiert werden können, vom Standard-Web-Browser über Handy-Varianten bis hin zu Screen Readern und Braille-Ausgaben.

Dies sollte auch für zukünftige Ausgabegeräte gelten (was direkt zum Einhalten von Standards führt).

Die Intention hinter dem neuen Standard ist zum einen die Unabhängigkeit von bestimmten Techniken, zum anderen die bessere Kontrollierbarkeit der Umsetzung. Jede Vorschrift des Standards muss beim Test eines realen Webauftritts zu 100 Prozent nachprüfbar sein.

Eine Reihe von zusätzlichen Dokumenten soll die Umsetzung der Richtlinie einfacher machen. So hilft eine (noch nicht vollständige) Schnellreferenz (How to meet WCAG

2.0[18]) dabei, die Teile herauszusuchen, die für den aktuellen Auftritt wichtig sind, und sich dann in die technischen Details einzulesen.

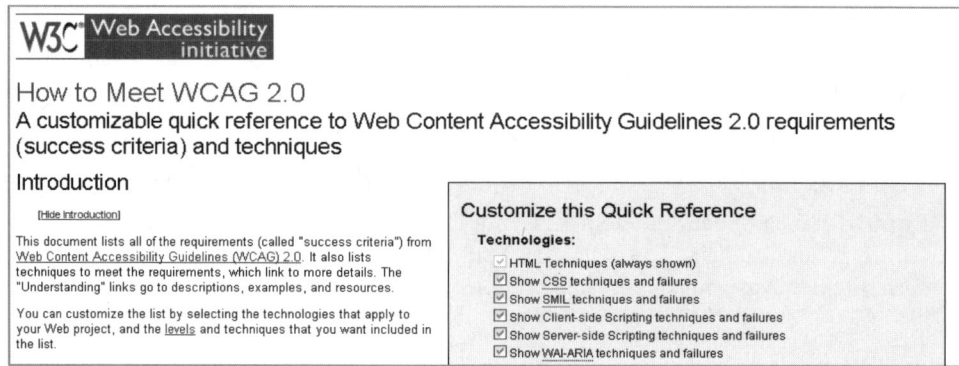

Bild 3.43: Die Schnellreferenz der WCAG hilft bei der Umsetzung technischer Details

Der nächste Schritt sollte sein, dass auch die BITV in Neuauflage erscheint, im Idealfall als hundertprozentig kompatible Darstellung der WCAG 2.0. Denn auch wenn der neue Standard nicht völlig kritikfrei ist, wären zwei oder mehr rivalisierende Standards in diesem Fall keine Belebung des Wettbewerbs, sondern kontraproduktiv.

3.7.2 Valider Quellcode

HTML-Doctype

BITV-Anforderung 3: *Markup-Sprachen (insbesondere HTML) und Stylesheets sind entsprechend ihrer Spezifikationen und formalen Definitionen zu verwenden.*

Entgegen vieler Aussagen im Web ist es nicht grundsätzlich wichtig, ob Sie sich für HTML 4.01 oder XHTML entscheiden. Beides sind definierte Standards und als solche nach obiger Anforderung zulässig. Doch wenn die Entscheidung getroffen ist, muss der Quellcode der Website entsprechend dem Standard valide sein. Diese an sich einfache Bedingung erfüllen allerdings nur sehr wenige Webseiten. Nach den Ergebnissen des MAMA-Projekts (Metadata Analysis and Mining Application)[19] von Opera, das als Ziel eine Art Suchmaschine für Website-Strukturen hat, bieten nur gut 4 Prozent aller Webseiten validen Quellcode. Typo3-Angebote liegen mit gut 12 Prozent über dem Schnitt,

---

[18] http://www.w3.org/WAI/WCAG20/quickref/

[19] http://dev.opera.com/articles/view/mama/

doch auch diese Zahl ist nicht gerade berauschend (Stand Oktober 2008). Auch wenn die Zahlen wie jede Studie mit Vorsicht zu genießen sind, zeigen sie doch sicher die richtige Tendenz.

Typo3 gibt den Quellcode als HTML 4.0 Transitional aus, wenn keine anderen Einstellungen getroffen werden. Damit erfüllt es nicht ganz die BITV, da die aktuelle Version von HTML die 4.01 ist. Sie sollten daher Ihr Projekt auf XHTML umstellen. Dazu fügen Sie Ihrem Template folgende Zeilen hinzu:

```
config {
  doctype = xhtml_strict
  xhtml_cleaning = all
}
```

Außer `xhtml_strict` können Sie folgende Dokumenttypen verwenden:

Einstellung	Dokumenttyp
xhtml_frames	XHTML 1.0 Frames
xhtml_trans	XHTML 1.0 Transitional
xhtml_11	XHTML 1.1
xhtml_20	XHTML 2.0
none	kein Doctype

Tabelle 3.19: HTML-Dokumenttypen in Typo3

Die Zeile `xhtml_cleaning = all` sorgt dafür, dass wenigstens einige Mindestanforderungen von XHTML erfüllt werden. So werden Tags wie `img`, `br`, oder `meta` mit `/>` abgeschlossen, die Kleinschreibung in Elementen und Attributen korrigiert, Attribute in Anführungszeichen gesetzt und bei Bildern das `alt`-Attribut ergänzt.

Weitergehende Prüfungen erfolgen allerdings derzeit nicht. Wenn Ihr Template also beispielsweise falsch verschachtelte Tags enthält, ist der resultierende Quellcode kein gültiges XHTML. Daher erfordert das HTML-Template einer Typo3-Website genausoviel Aufmerksamkeit wie bei normalen Webseiten.

Tipp: Natürlich sind neben dem eigentlichen Seiten-Template auch alle anderen Templates, etwa von Plugins, auf Konformität mit dem verwendeten Standard zu kontrollieren. Das ist nicht immer einfach, weil das Template alleine meist keine vollständige Seite darstellt und daher nicht zu validieren ist. Hier bleibt nur eins übrig: die Seiten, die eine Plugin-Ausgabe enthalten, nach der Ausgabe im Browser zu testen. Vor allem für Firefox existiert eine Reihe von Add-ons, die dabei helfen, etwa Firebug, die Web Developer Toolbar oder Total Validator.

Tabellenbasierte Layouts

Tabellen für Layout-Zwecke sind tabu. Diese Aussage finden Sie häufig im Zusammenhang mit Barrierefreiheit. Die entsprechende Bedingung der BITV lautet allerdings nur: »Tabellen sind nicht für die Text- und Bildgestaltung zu verwenden, soweit sie nicht auch in linearisierter Form dargestellt werden können.«

Das bedeutet offenbar, dass Layout-Tabellen verwendet werden dürfen, wenn sie beim zeilenweisen Vorlesen Sinn ergeben. Die folgende Tabelle wäre daher prinzipiell zulässig, da das Vorlesen in linearisierter Form (entlang der Pfeile) den Inhalt nicht verzerrt.

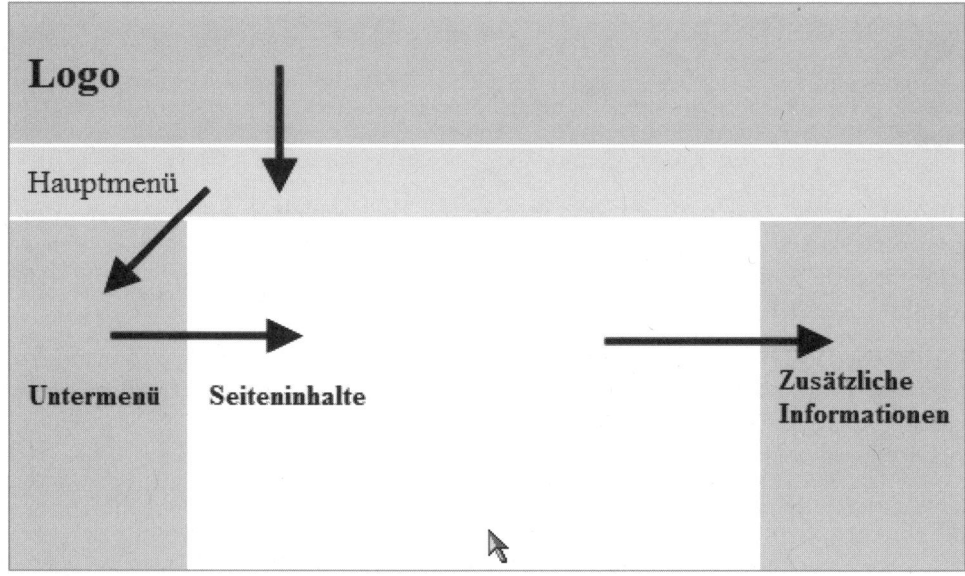

Bild 3.44: Barrierefreies Layout mit Tabellen

Weitergehende Funktionen, wie etwa zusätzliche Tabellenfelder für Eckgrafiken, verletzen diese Bedingung aber sofort. Außerdem erschweren Tabellen die Darstellung des Inhalts für verschiedene Ausgabemedien. So lassen sich Tabellenzeilen oder Spalten nicht wahlweise abschalten oder anders anordnen, um den Anforderungen eines PDA-Bildschirms zu genügen. Und schließlich wird es unübersichtlich, wenn in der Layout-Tabelle echte, sprich: Datentabellen vorkommen.

Tabellenbasierte Layouts sind also theoretisch mit den Vorgaben der BITV vereinbar, aber in ihren Einsatzmöglichkeiten so beschränkt, dass man besser gleich die Finger davon lässt. Die WCAG 1.0, auf der die BITV grundsätzlich beruht, enthält übrigens durchaus klare Hinweise, dass Layout-Tabellen nicht zu verwenden sind.

Tipp: Die WCAG 2.0 verbietet Layout-Tabellen nicht explizit (was einer der Kritikpunkte ist). Es gibt aber an vielen Stellen Empfehlungen, Tabellen nicht zu verwenden.

Für alle Standards gilt aber, dass sich der Verzicht auf Layout-Tabellen indirekt auch aus der Forderung ableiten lässt, HTML-Tags nach semantischen Regeln zu verwenden (siehe unten).

Für die Realisierung einer Typo3-Seite ergibt sich damit folgendes Fazit: Die in Typo3 enthaltenen statischen Templates, die auf Tabellen basieren, sind tabu, selbst gestaltete Webvorlagen sollten vollständig tabellenfrei sein.

Style Sheets

Die BITV ist in punkto Style Sheets sehr klar. Style Sheets sind zur Text- und Bildgestaltung zu verwenden. Das heißt für Typo3, dass die Erweiterung `css_styled_content` praktisch zum Standard werden sollte, es sei denn, Sie schreiben für Ihre Anwendung einen maßgeschneiderten Ersatz.

Doch nicht nur Typo3 selbst, sondern auch jede Erweiterung muss ein CSS-basiertes Template mitbringen oder damit ergänzt werden, wenn der Ansatz Erfolg haben soll. Die gängigen, regelmäßig gepflegten Extensions wie `tt_news` machen hier keine Probleme.

Style-Anweisungen sollten dabei nach Möglichkeit in externen Dateien bereitgestellt werden. Auf keinen Fall sollten CSS-Stile im `style`-Attribut eines Tags untergebracht werden. Denn damit ist die Trennung von Inhalt und Präsentation nicht mehr hundertprozentig erfüllt.

Aktuelle Typo3-Versionen lagern die CSS-Anweisungen aller aktiven Extensions zusammen in einer temporären CSS-Datei aus. Im Quellcode der Seite steht dann eine Zeile der Form

```
<link rel="stylesheet" type="text/css"
href="typo3temp/stylesheet_5ca74c3d2e.css" />
```

Wollen Sie die CSS-Angaben der Extensions durch eigene ersetzen, so können Sie diese temporäre Datei speichern, die Angaben darin in Ihr eigenes Style Sheet übernehmen und dort anpassen. Anschließend sollten Sie das automatische Einbinden verhindern, weil sonst die Angaben nicht nur doppelt geladen werden, sondern eventuell auch Widersprüche zu Fehlern in der Darstellung führen.

Um das Einbinden etwa für `css_styled_content` und `tt_news` zu stoppen, geben Sie folgende Zeilen in Ihr Template ein:

```
plugin {
  tx_cssstyledcontent._CSS_DEFAULT_STYLE >
  tt_news._CSS_DEFAULT_STYLE >
}
```

Für jede Extension, deren CSS Sie umbauen wollen, ist ein eigener Eintrag nötig. Sind alle Styles entfernt, verschwindet aus dem Quellcode auch der Link auf die temporäre CSS-Datei.

Korrekte Verwendung von HTML-Tags

In der BITV finden sich einige Regeln zur Verwendung von HTML-Tags, etwa dass Überschriften oder Listen zu verwenden sind. Wenn man diese Regeln verallgemeinert, kommt man zur Empfehlung (die auch die WCAG 2.0 enthält):

Die HTML-Struktur einer Seite muss der semantischen Bedeutung der Inhalte entsprechen.

Die einfache Auslegung dieser Regel ist, dass `<h1>` keine Methode ist, um Text groß oder fett zu machen, sondern ausschließlich dazu dient, die wichtigste Überschrift der Seite zu kennzeichnen. Ebenso sind weitere Überschriften zu kennzeichnen. Das gilt auch anders herum: Überschriften sind als solche auszuzeichnen und nicht mit Konstrukten wie `<div class="headline">`.

Listen-Elemente, Zitate und Ähnliches sind ebenfalls durch die entsprechenden HTML-Tags darzustellen.

Bekannt ist auch, dass anstatt `<b>` und `<i>`, also Tags, die der optischen Darstellung dienen, besser `<strong>` und `<em>` zu verwenden sind, die eher der Wichtigkeit eines Textes Rechnung tragen.

Darüber hinaus bedeutet dies aber, dass die komplette HTML-Struktur der logischen Struktur des Inhalts zu folgen hat. Die Abfolge der Überschriften beispielsweise muss mit der Einteilung des Textes übereinstimmen.

Nicht immer ist dies ganz einfach, wie eine Diskussion auf `vorsprungdurchwebstandards.de`[20] am Beispiel eines Breadcrumb-Menüs zeigt.

Für Typo3 bedeutet die Forderung nach korrekter Semantik, dass an vielen Stellen darauf Rücksicht genommen werden muss. Das beginnt wie immer bei der HTML-Vorlage, doch auch die Inhalte, die ja von unterschiedlichen Personen erstellt werden, sollten die Regeln erfüllen. Das bedeutet beispielsweise, dass der Rich Text Editor (siehe unten) in Typo3 `<b>` und `<i>` gar nicht anbieten sollte, sondern stattdessen `<strong>` und `<em>`.

Barrierefreie Menüs

Um Navigationsmenüs barrierefrei umzusetzen, sind die Anforderungen relativ hoch. Anforderung 13 der BITV definiert 10 Bedingungen, denen eine Seitennavigation genügen muss. Ein sehr guter Artikel auf `www.einfach-fuer-alle.de`[21] fasst diese Anforderungen in einem Tutorial zusammen und kommt zu folgendem Vorschlag für ein brauchbares Navigationsmenü:

```
<div id="menue">
 <h2>Navigation</h2>
 <!-- Die Liste für die erste Ebene -->
 <ul>
  <li><a href="foo.html"><dfn>1 </dfn>Struktur</a>
     <span class="unsichtbar">. </span>
   <!-- Einbettung der Liste für die zweite Ebene -->
   <ul>
    <li><a href="foo.html"
        title="Über das div-Element"><dfn>1.1
        </dfn>Bereiche</a>
       <span class="unsichtbar">. </span></li>
    <li><strong><dfn>1.2 </dfn>
       <span class="unsichtbar">Standort:</span>
```

---

[20] http://www.vorsprungdurchwebstandards.de/theory/semantischer-code/

[21] http://www.einfach-fuer-alle.de/artikel/menues/

```
        Listen</strong>
        <span class="unsichtbar">. </span></li>
  </ul>
  </li>
  <-- Ende der Einbettung der zweiten Ebene -->
  <li><a href="foo.html"<dfn>2 </dfn>Gestaltung</a>
      <span class="unsichtbar">. </span></li>
  </ul>
</div>
```

Der div-tag und die Überschrift definieren das Menü als Ganzes.

Die ungeordnete Liste fasst – wie es der Idee der semantischen Verwendung der HTML-Tags entspricht – ein hierarchisches Menü optimal zusammen.

Die Nummerierung in dfn-Elementen erleichtert die Zuordnung der Ebenen. Sie wird optional in der visuellen Darstellung ausgeblendet.

Die aktuelle Seite wird im Menü nicht verlinkt, dafür mit dem (unsichtbaren) Text "Standort:" gekennzeichnet.

Der *unsichtbare Punkt* (inklusive des Leerzeichens) nach dem Link dient dazu, Screenreader beim Vorlesen eine Pause machen zu lassen. Ohne diesen Punkt würden die Links einfach hintereinanderweg vorgelesen. Möglich wäre bei einzeiligen Menüs auch der senkrechte Strich, der auch optisch als Trenner dienen könnte, doch ist hier das Verhalten bei den Screenreadern nicht immer vorhersagbar.

Das zugehörige CSS in seiner einfachsten Form sieht folgendermaßen aus:

```
#menue dfn, #menue .unsichtbar {
  position:absolute;
  top:-1000em;
  left:-1000em;
  width:20em;
}
```

Es ist wichtig, dass die Elemente nicht unsichtbar gemacht (display:none oder visibility:hidden), sondern lediglich aus dem dargestellten Bereich des Browsers geschoben werden. Unsichtbare Elemente werden nämlich auch von einigen Screenreadern überlesen.

Um dieses Menü nun in Typo3 zu integrieren, verwenden Sie folgenden Typoscript-Code:

```
temp.nav = HMENU
temp.nav {
  1 = TMENU
  1 {
    IProcFunc = user_IProc_dfn
    wrap = <ul>|</ul>
    NO {
      ATagTitle.field = abstract // description
      allWrap = |<span class="unsichtbar">. </span>
      wrapItemAndSub = <li>|</li>
      stdWrap.htmlSpecialChars = 1
    }

    CUR < .NO
    CUR = 1
    CUR {
      doNotLinkIt = 1
      allWrap = <span class="unsichtbar">Standort: </span>
               |<span class="unsichtbar">. </span>
    }
  }

  2 < .1
  3 < .2
}
```

Über die Zeile `IProcFunc = user_IProc_dfn` wird für jeden Menüeintrag ein externes Skript aufgerufen. Dieses Skript sorgt für die korrekte Nummerierung der Einträge.

Hier ist der Anfang der Funktion:

```
function user_IProc_dfn($I,$conf)       {

  $itemRow = $conf['parentObj']->menuArr[$I['key']];
  $level = $conf['parentObj']->menuNumber;

  switch ($level) {
    case 1:
          $dfn = ($I['key']+1);
```

```
        $GLOBALS['TSFE']->register['dfn_lev1'] = $dfn;
        break;
```

Beim Aufruf wird ein Array $I übergeben, der am Schluss auch wieder zurückgeliefert wird. Typo3 baut dann die Inhalte des Arrays in den Eintrag ein. Das vollständige Skript finden Sie unter

`http://typo3.org/development/articles/accessible-menus/`

Um es zu nutzen, speichern Sie den Text als Datei, beispielsweise unter `fileadmin/ scripts/dfn_iproc_tmenu.inc`. Anschließend binden Sie es im Seitentemplate mit folgender Zeile ein:

```
page.includeLibs.dfn = fileadmin/scripts/dfn_iproc_tmenu.inc
```

Schließlich sorgt unser Menü noch dafür, dass jeder Link mit einem `title`-Tag versehen wird. Das geschieht mit dem Befehl

```
ATagTitle.field = abstract // description
```

Laut BITV soll ein `title`-tag in einem Link nicht nur vorhanden, sondern auch aussagekräftig sein. Es ist also nicht sinnvoll, einfach den Linktext zu wiederholen, denn der folgt sowieso. Der obige Befehl füllt den Tag mit dem Inhalt des Seiten-Abstrakts, und wenn dieser nicht vorhanden ist, mit der Beschreibung. Sind beide Felder leer, wird kein `title`-Tag generiert.

Die letzten beiden Zeilen kopieren das Setup der ersten Ebene für Level 2 und 3. Natürlich lassen sich auch mehr Ebenen erzeugen oder die Darstellung variieren. Aus diesem Grundmenü lassen sich nur unter Zuhilfename von CSS praktisch alle textbasierten Menüs generieren, egal ob quer oder hoch.

Grafische Menüs

Die oben beschriebenen textbasierten Menüs eignen sich für praktisch jeden Zweck. Mittels Hintergrundgrafiken, `ACT`-, `RO`- und `CUR`-Zuständen lassen sich auch optisch ausgefallene Menüs mit Rollover-Effekten realisieren. Die einzige Einschränkung ist, dass die verwendbaren Schriften auf die üblichen Sammlungen begrenzt sind, solange es in HTML keinen Standard für eingebettete Schriften gibt. In solchen Fällen muss die Entscheidung getroffen werden, ob die Barrierefreiheit oder das letzte Stückchen Optik-Tuning den Vorrang erhalten.

Denn Barrierefreiheit und grafische Menüs vertragen sich generell nicht gut miteinander. Ein Argument lautet, dass ein grafisches Menü der Bedingung 3.1 der BITV widerspricht, wonach der Markup-Sprache der Vorzug vor Bildern zu geben ist, wenn damit die Informationen angemessen dargestellt werden können. Wer grafische Menüs rechtfertigen will, muss sich also gute Gründe zurechtlegen.

Es gibt aber einen Ansatz[22], der im Prinzip das bei Textmenüs vorgestellte Verfahren fortsetzt. Dabei wird auch der Linktext aus dem sichtbaren Bereich herausgeschoben, die Grafik, die stattdessen zu sehen sein soll, als Hintergrundgrafik des Listenelements eingebunden.

Das so entstandene Menü ist skalierbar und per CSS anpassbar. Es bleiben aber prinzipielle Nachteile:

Zum einen wird die Hintergrundgrafik bei Skalierung zwar größer, aber nicht neu gerendert, sie erscheint also pixelig. Zum anderen enthält das Menü direkte `style`-Attribute in den Tags, was den Anforderungen der Barrierefreiheit insofern widerspricht, als die Trennung von Inhalt und Layout nicht mehr hundertprozentig eingehalten wird.

Formulare

Typo3 bringt ein Mailformular mit, das für viele Zwecke völlig ausreicht. Ein einfaches Kontaktformular mit Feldern für Anrede, Vorname, Nachname, E-Mail und einer Checkbox zum Bestellen des Newsletters sieht darin so aus:

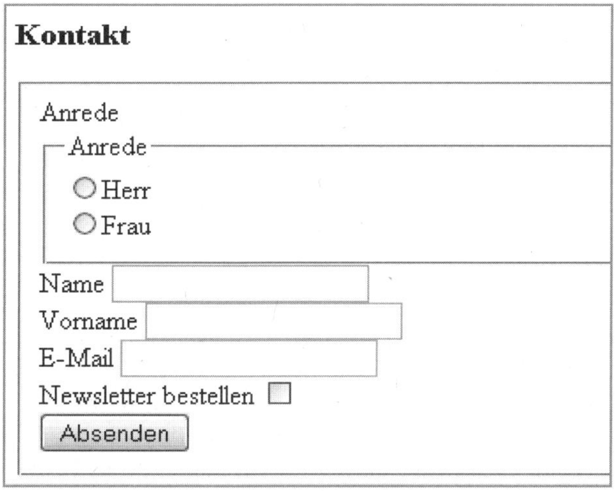

Bild 3.45: Einfaches Formular in Typo3

---

22 http://snipplr.com/view/5929/accessible-gtmenu/

Auf Formatierungen wurde in diesem Beispiel verzichtet.

Der zugehörige Quellcode sieht so aus:

```
<form action="index.php?id=3" id="mailform" name="mailform"
enctype="multipart/form-data" method="post" onsubmit="return
validateForm('mailform','Name,Name,Vorname,Vorname,EMail,E-Mail','','','')">

  <div style="display:none;">
    <input type="hidden" name="html_enabled" id="mailformhtml_enabled"
value="" />
    <input type="hidden" name="subject" id="mailformsubject" value="Kontakt"
/>
    <input type="hidden" name="locationData" value="3:tt_content:18" />
  </div>

  <!-- Mail form inserted: [begin] -->
  <fieldset class="csc-mailform">

    <div class="csc-mailform-field">
      <label for="mailformGender">Anrede</label>
      <span class="csc-mailform-radio">
      <fieldset id="mailformGender">
        <legend>Anrede</legend>
        <input type="radio" name="Anrede" id="mailformAnredeHerr" value="m"
class="csc-mailform-radio" />
        <label for="mailformAnredeHerr">Herr<br /></label>
        <input type="radio" name="Anrede" id="mailformAnredeFrau" value="w"
class="csc-mailform-radio" />
        <label for="mailformAnredeFrau">Frau<br /></label>
      </fieldset>
      </span>
    </div>

    <div class="csc-mailform-field">
      <label for="mailformName">Name</label>
      <input type="text" name="Name" id="mailformName" size="20" value="" />
    </div>

    <div class="csc-mailform-field">
      <label for="mailformVorname">Vorname</label>
      <input type="text" name="Vorname" id="mailformVorname" size="20"
```

```
value="" />
    </div>

    <div class="csc-mailform-field">
      <label for="mailformEMail">E-Mail</label>
      <input type="text" name="EMail" id="mailformEMail" size="20" value=""
/>
    </div>

    <div class="csc-mailform-field">
      <label for="mailformNewsletter">Newsletter</label>
      <input type="checkbox" value="1" name="Newsletter"
id="mailformNewsletter" class="csc-mailform-check" />
    </div>

    <div class="csc-mailform-field">
      <input type="submit" name="formtype_mail" id="mailformformtype_mail"
value="Absenden" class="csc-mailform-submit" />
    </div>
  </fieldset>
  <!-- Mail form inserted: [end] -->
</form>
```

Aus Sicht der Barrierefreiheit weist dieses Formular einige Probleme auf:

1. Es wird ein *Fieldset* definiert, das lediglich dazu dient, einen Rahmen um das Formular zu ziehen. Fieldsets sollten in barrierefreien Formularen benutzt werden, aber zur sinnvollen Strukturierung dienen. Außerdem kann ein Fieldset nur in Kombination mit dem Tag `<legend>` verwendet werden, der hier aber fehlt.

2. Die Radio Buttons werden unnötigerweise in ein Fieldset eingebunden (dieses Mal korrekt mit `<legend>`). Dies führt dazu, dass der Begriff »Anrede« zweimal vorkommt.

3. Das Label für die Checkbox steht vor der Checkbox anstatt dahinter, was gängigen Regeln für Benutzerschnittstellen widerspricht.

4. Es lassen sich nicht gezielt weitere Fieldsets anlegen, um beispielsweise zwingende und optionale Parameter zu trennen.

5. Die Validierung des Formulars erfolgt mittels Javascript. Das ist per se noch nicht allzu schädlich, macht aber den Umgang mit dem Formular kompliziert. Denn wenn mehrere Fehler auftauchen, werden alle Fehler gemeinsam gemeldet, und erst dann

hat der Nutzer die Möglichkeit, zum Formular zurückzukehren. Wo die Fehler zu korrigieren sind, muss er dann selbst herausfinden.

Ein Teil dieser Fehler ließe sich durch das passende Typoscript beheben. Hier eine leicht abgeänderte Variante des Codes aus css_styled_content:

```
tt_content.mailform.20 {
  accessibility = 1
  noWrapAttr=1
  formName = mailform
  dontMd5FieldNames = 1
  REQ = 1
  layout = <div class="csc-mailform-field">###LABEL### ###FIELD###</div>
  COMMENT.layout = <div class="csc-mailform-label">###LABEL###</div>

  CHECK.layout = <div class="csc-mailform-field"><span class="csc-mailform-
check">###FIELD###</span> ###LABEL###</div>

  RADIO.layout = <div class="csc-mailform-field">###LABEL### <span
class="csc-mailform-radio">###FIELD###</span></div>
  LABEL.layout = <div class="csc-mailform-field">###LABEL### <span
class="csc-mailform-label">###FIELD###</span></div>
  labelWrap.wrap = |
  commentWrap.wrap = |
  radioWrap.wrap = |<br />
  #radioWrap.accessibilityWrap =
<fieldset###RADIO_FIELD_ID###><legend>###RADIO_GROUP_LABEL###</legend>|</fie
ldset>
  radioWrap.accessibilityWrap >
  REQ.labelWrap.wrap = |
  #stdWrap.wrap = <fieldset class="csc-mailform"> | </fieldset>
  stdWrap.wrap = |
  params.radio = class="csc-mailform-radio"
  params.check = class="csc-mailform-check"
  params.submit = class="csc-mailform-submit"
}
```

Für Radio Buttons wurde die Eigenschaft radioWrap.accessibilityWrap ausgeblendet, um das unnötige Fieldset zu entfernen. Das Label bei Checkboxen wird durch

```
CHECK.layout = <div class="csc-mailform-field"><span class="csc-mailform-
check">###FIELD###</span> ###LABEL###</div>
```

hinter die Checkbox gelegt.

Das Fieldset um das Formular wurde durch `stdWrap.wrap = |` entfernt. Wahlweise ließe sich das Fieldset auch durch einen aussagekräftigen `<legend>`-Tag ergänzen. Doch Vorsicht: Einige Screenreader lesen die Legende bei jedem Feld im Fieldset erneut mit vor. Der Text sollte daher kurz und prägnant sein.

Das Problem der Javascript-Validierung ließe sich beispielsweise durch die Extension `accessible_form_validation` lösen. Sie ersetzt den Javascript-Code durch eine funktionell gleichwertige Validierung auf dem Server. Das Formular wird im Fehlerfall erneut angezeigt, die Fehler werden dabei sauber über dem Formular aufgelistet.

Deutlich mehr Möglichkeiten haben Sie, wenn Sie das interne Mailformular durch eine Template-basierte Lösung ersetzen. Eine der am meisten eingesetzten Erweiterungen für diesen Zweck ist sicher Mailformplus (`th_mailformplus`). Die gesamte Formatierung von Formular, Texten und Fehlermeldungen findet in diesem Fall mit Hilfe eines HTML-Templates statt, das Sie komplett nach Regeln der Barrierefreiheit gestalten können. Dabei erstreckt sich das Template nicht nur auf das sichtbare Formular, sondern umfasst auch die Gestaltung der Mails, die im Erfolgsfall an den Administrator und/oder den Nutzer geschickt werden.

Das Template für unser obiges Beispiel könnte so aussehen:

```
<-- ###TEMPLATE_FORM### begin -->
<div class="mailformplus_contactform">
###ERROR###
<form name="contact_form" method="post" action="###REL_URL###">
  <input type="hidden" name="id" value="###PID###" />
  <input type="hidden" name="submitted" value="1" />
  <input type="hidden" name="L" value="###value_L###" />
  <input type="hidden" name="type" value="###value_type###" />
  <div>
    <fieldset>
      <legend>Adresse</legend>
      <input type="radio" name="Anrede" id="AnredeHerr" value="m"
###checked_Anrede_m### />
      <label for="AnredeHerr">Herr</label>
      <input type="radio" name="Anrede" id="AnredeFrau" value="f"
###checked_Anrede_w### />
      <label for="AnredeFrau">Frau</label>
      <br />
      <label id="labelName" for="name">Name ###required_name###</label>
      <input type="text" name="name" id="name" value="###value_name###" />
```

```
      <br/>
      <label id="labelVorname" for="vorname">Vorname
###required_vorname###</label>
      <input type="text" name="vorname" id="vorname"
value="###value_vorname###"/>
      <br/>
      <label id="labelEmail" for="email">E-Mail ###required_email###</label>
      <input type="text" name="email" id="email" value="###value_email###"/>
      <br/>
   </fieldset>
   <fieldset>
     <legend>Newsletter</legend>
     <input type="checkbox" name="newsletter" value="ja" id="newsletter"
###checked_newsletter_ja### />
     <label for="newsletter">Newsletter bestellen</label>
     <br />
   </fieldset>
   <input type="submit" value="Bestellung abschicken"/>
  </div>
</form>
</div>
<!-- ###TEMPLATE_FORM### end -->

<!-- ###TEMPLATE_ERROR### begin -->

<!-- ###ERROR_START### begin
this is used for the global error marker ###ERROR### -->
Folgende Fehler sind aufgetreten:
<ul class="errorList">
<!-- ###ERROR_START### end -->

<!-- ###ERROR_END### begin
this is used for the global error marker ###ERROR### -->
</ul>
<!-- ###ERROR_END### end -->

<!-- ###ERROR_name### begin -->
<li><a href="#labelName">Es wurde kein Name angegeben</a></li>
<!-- ###ERROR_name### end -->

<!-- ###ERROR_vorname### begin -->
<li><a href="#labelVorname">Es wurde kein Vorname angegeben</a></li>
```

```
<!-- ###ERROR_vorname### end -->

<!-- ###ERROR_email### begin -->
<li><a href="#labelEmail">Es wurde keine E-Mail angegeben</a></li>
<!-- ###ERROR_email### end -->

<!-- ###TEMPLATE_ERROR### end -->
```

Die Template-Teile für die Mailformatierung sind in diesem Beispiel ausgelassen.

Das Formular benutzt zwei Fieldsets, um die Daten für die Adresse und den Newsletter zu trennen (auch wenn das Beispiel nicht komplex genug ist, um dies zwingend erforderlich zu machen).

Alle Labels sind am richtigen Platz, insbesondere bei den Radio Buttons und der Checkbox.

Die Fehlerrückmeldung erfolgt nicht in einem Javascript-Fenster, sondern gesammelt am Beginn der Seite vor dem Formular. Außerdem sind die Fehlermeldungen mit den IDs der entsprechenden Labels verlinkt, sodass man von der Fehlermeldung direkt zum zugehörigen Formularfeld springen kann.

Als Ergebnis sehen wir folgendes Formular (noch ohne CSS-Formatierung):

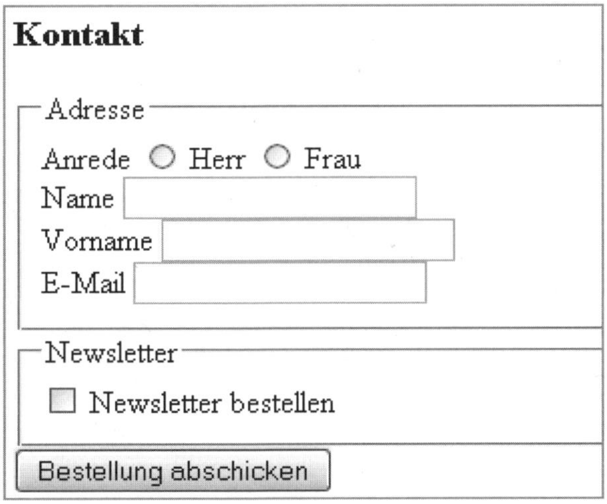

Bild 3.46: Das Kontaktformular mit th_mailformplus

Ein solches Formular ist nicht nur aus Sicht der Barrierefreiheit zu bevorzugen. Durch die bessere Strukturierung ist es auch für gewöhnliche Besucher leichter zu bedienen.

Tabellen

Beim Layout war die Frage nach dem Umgang mit Tabellen einfach: Sie sind nicht zu verwenden. Es gibt aber natürlich Daten, die nach einer Darstellung in Tabellen verlangen. In diesem Fall gibt es einige Grundregeln, die es einzuhalten gilt:

Für Tabellen müssen Zusammenfassungen bereitgestellt werden. Dafür dienen das Summary-Attribut des `<table>`-Tags sowie das `<caption>`-Element.

Tabellenüberschriften müssen als solche gekennzeichnet werden. Dazu dienen in HTML die Tags `<thead>` und `<th>`.

Zusätzliche Informationen über die Struktur der Tabelle geben Tags wie `<thead>`, `<tfoot>` und `<tbody>`.

Und schließlich kann man Screen Readern Unterstützung geben, indem man mit dem `headers`-Attribut eine Verbindung zwischen Zellen und Überschriften schafft.

Hier als Beispiel eine einfache Tabelle:

Umsatz	Januar	Februar	März
2007	1000	1100	1200
2008	1100	1200	1300
2009 (geplant)	1200	1300	1400

Bild 3.47: Eine einfache Tabelle

Die Tabelle beruht auf folgendem Code, wobei die Überschrift mit einem CSS-Stil markiert wurde:

```
<table>
  <tr class="headline">
    <td>Umsatz</th>
    <td>Januar</th>
    <td>Februar</th>
    <td>März</th>
  </tr>
  <tr>
    <td>2007</td>
    <td>1000</td>
```

```
      <td>1100</td>
      <td>1200</td>
    </tr>
    <tr>
      <td>2008</td>
      <td>1100</td>
      <td>1200</td>
      <td>1300</td>
    </tr>
    <tr>
      <td>2009 (geplant)</td>
      <td>1200</td>
      <td>1300</td>
      <td>1400</td>
    </tr>
</table>
```

Um diese Tabelle richtig barrierefrei zu machen, müsste der Code so aussehen:

```
<table class="accessibleTable" summary="Umsatzplanung 2007 bis 2009">
  <caption>Umsatzplanung 2007 bis 2009</caption>
  <thead>
  <tr class="even">
    <th scope="col" id="umsatz">Umsatz</th>
    <th scope="col" id="januar">Januar</th>
    <th scope="col" id="februar">Februar</th>
    <th scope="col" id="maerz">März</th>
  </tr>
  </thead>
  <tbody>
  <tr class="odd">
    <th scope="row" id="u2007" headers="umsatz">2007</td>
    <td headers="januar u2007">1000</td>
    <td headers="februar u2007">1100</td>
    <td headers="maerz u2007">1200</td>
  </tr>
  <tr class="even">
    <th scope="row" id="u2008" headers="umsatz">2008</td>
    <td headers="januar u2008">1100</td>
    <td headers="februar u2008">1200</td>
    <td headers="maerz u2008">1300</td>
  </tr>
```

```
<tr class="odd">
  <th scope="row" id="u2009" headers="umsatz">2009 (geplant)</td>
  <td headers="januar u2009">1200</td>
  <td headers="februar u2009">1300</td>
  <td headers="maerz u2009">1400</td>
</tr>
</tbody>
</table>
```

Optisch gibt es im Browser keinen Unterschied, es kommt lediglich oberhalb der Tabelle die Überschrift dazu, die im `<caption>`-Tag definiert ist. Alle anderen Änderungen dienen hauptsächlich der Unterstützung von Screen Readern. Die `headers`-Attribute führen dazu, dass ein Screen Reader den aktuellen Tabellenwert akustisch den Spalten zuordnen kann, indem er die Überschriften mit den entsprechenden IDs mit vorliest. Da unsere Tabelle sowohl eine Spalten- als auch eine Zeilenüberschrift hat, sind im `headers`-Attribut der Werte-Zellen zwei IDs eingetragen.

In älteren Typo3-Versionen ist eine solche Tabelle nur in Handarbeit oder eigenen Extensions zu erstellen. Aktuelle Versionen dagegen stellen einen Großteil dieser Funktionalität zur Verfügung. Wenn Sie im Backend eine Tabelle als Inhaltselement anlegen, finden Sie unterhalb des Feldes für die Tabellendaten einen Abschnitt mit Erweiterungsoptionen:

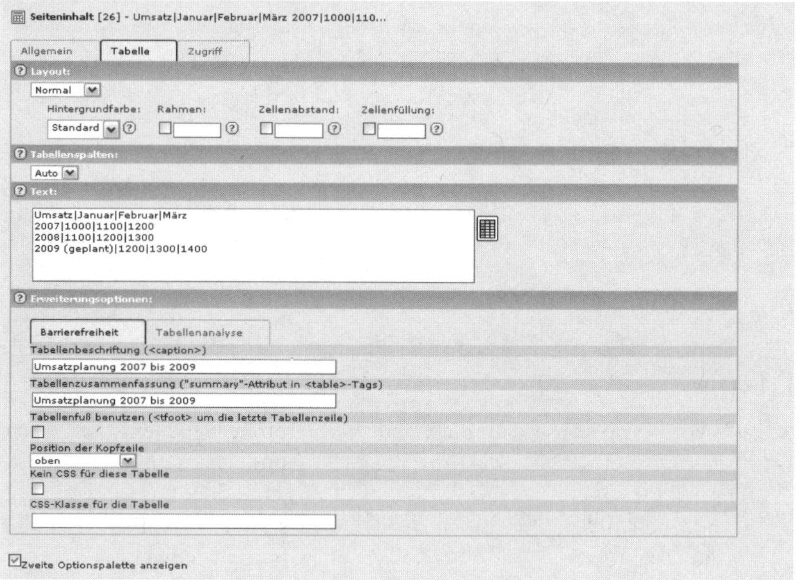

Bild 3.48: Typo3 4.2 unterstützt barrierefreie Tabellen

Der Code, den Typo3 erzeugt, sieht so aus:

```
<table class="contenttable contenttable-0" summary="Umsatzplanung 2007 bis
2009">
 <caption>Umsatzplanung 2007 bis 2009</caption><thead>
 <tr class="tr-even tr-0">
     <th class="td-0" scope="col" id="col26-0">Umsatz</th>
     <th class="td-1" scope="col" id="col26-1">Januar</th>
     <th class="td-2" scope="col" id="col26-2">Februar</th>
     <th class="td-last td-3" scope="col" id="col26-3">März</th>
 </tr>
 </thead><tbody>
 <tr class="tr-odd tr-1">
     <td class="td-0" headers="col26-0">2007</td>
     <td class="td-1" headers="col26-1">1000</td>
     <td class="td-2" headers="col26-2">1100</td>
     <td class="td-last td-3" headers="col26-3">1200</td>
 </tr>
 <tr class="tr-even tr-2">
     <td class="td-0" headers="col26-0">2008</td>
     <td class="td-1" headers="col26-1">1100</td>
     <td class="td-2" headers="col26-2">1200</td>
     <td class="td-last td-3" headers="col26-3">1300</td>
 </tr>
 <tr class="tr-odd tr-last">
     <td class="td-0" headers="col26-0">2009 (geplant)</td>
     <td class="td-1" headers="col26-1">1200</td>
     <td class="td-2" headers="col26-2">1300</td>
     <td class="td-last td-3" headers="col26-3">1400</td>
 </tr></tbody>
</table>
```

Wie man sieht, ist die Tabelle in `<thead>` und `<tbody>` geteilt, Caption und Summary sind vorhanden, und die Zellen haben korrekte Verweise auf die Spaltenüberschriften.

Damit ist die Ausgabe von Typo3 absolut tauglich für barrierefreie Tabellen – mit einer Einschränkung. Unser Beispiel hat nicht nur Spalten-, sondern auch Zeilenüberschriften. Das Tabellenmodul von Typo3 erlaubt aber nur das eine oder das andere. Hier bleibt derzeit nur Handarbeit übrig, sprich: die Tabelle muss als HTML-Element oder als Textelement über die Quelltextansicht des Rich Text Editors angelegt werden.

3.8 Mehrsprachige Websites

Immer mehr Websites von Unternehmen liegen in mindestens zwei Sprachen vor, um internationale Kunden ansprechen zu können. Und mit einem leistungsfähigen Content Management-System wie Typo3 ist es auch kein Problem, eine solche Struktur zu verwalten. Typo3 stellt sogar mehrere Möglichkeiten zur Wahl. Die einfachste, nämlich eine Mehrfach-Installation von Typo3, ist trivial und soll hier nicht besprochen werden, zumal damit keinerlei Gewinn aus einer gemeinsamen Datenbasis gezogen werden kann. Mit nur einer Typo3-Installation gibt es immer noch zwei Möglichkeiten, die Mehrsprachigkeit zu realisieren.

3.8.1 Das Zwei-Baum-Konzept

Die erste Methode stützt sich auf die Tatsache, dass Typo3 mehrere Domains verwalten kann. Der Setup ist tatsächlich identisch damit. Für jede Sprache wird ein Seitenbaum erzeugt, die Auswahl der Seiten erfolgt durch Aufruf der entsprechenden Domain.

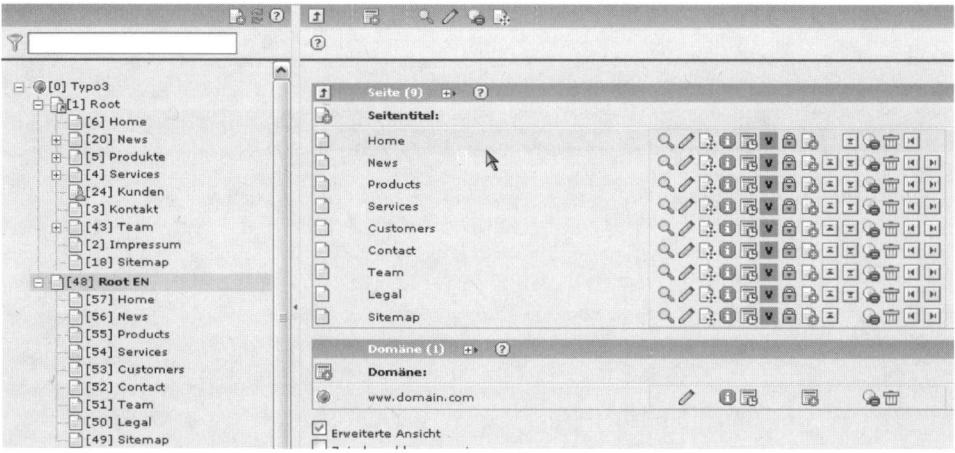

Bild 3.49: Ein Konzept für Mehrsprachigkeit: ein Seitenbaum pro Sprache

Setup

Für jede Sprache muss in der zugehörigen Startseite ein Domain-Eintrag angelegt werden. Die DNS-Einträge und das Setup des Web-Providers müssen so eingestellt sein, dass alle Domains letztlich in das Typo3-Verzeichnis verweisen.

Typo3 prüft bei jedem Seitenaufruf, ob es einen Domain-Eintrag gibt, der der angefragten Domain entspricht. Falls keiner gefunden wird, wird die erste Startseite verwendet.

Damit ist der Fall aus Sicht von Typo3 bereits erledigt. Die beiden Sprachen sind sauber voneinander getrennt.

Gemeinsame Inhalte

Trotzdem erlaubt ein solches Setup die Nutzung gemeinsamer Ressourcen. So lässt sich beispielsweise ein Ordner festlegen, der nicht direkt zu einem der beiden Seitenbäume gehört, sondern von beiden genutzt wird.

In diesem Ordner lassen sich beispielsweise Templates anlegen, die dann beiden Seiten zur Verfügung stehen. In jedem Root-Ordner wird ein sprachspezifisches Template angelegt, das die allgemeinen Templates aus `Shared` enthält und selbst nur die nötigen Änderungen für die jeweilige Sprache vornimmt.

Über *Mount Points* (deutsch: Einstiegspunkte) lassen sich auch Teile des Seitenbaums einer anderen Sprache einbinden. Das ergibt beispielsweise Sinn, wenn die zwei Seitenbäume nicht völlig unterschiedlichen Sprachen entsprechen, sondern lokalen Varianten einer Sprache, etwa USA und Großbritannien.

Anwendungsbereich

Das Zwei-Baum-Konzept wird häufig als »alt« bezeichnet. Das heißt aber nur, dass es schon länger existiert. Es ist also nicht altmodisch, schon gar nicht veraltet. Im Gegenteil ist es genau dann die optimale Lösung, wenn keine 1:1-Übersetzung einer Seite gefragt ist, sondern eine Übertragung.

So könnte eine Firma, die in Deutschland sitzt, aber europaweit aktiv ist, durchaus unterschiedliche Angebote in den einzelnen Ländern haben. In diesem Fall wäre eine simple Übersetzung der Site der falsche Weg.

3.8.2 Das One-Tree-Fits-All-Konzept

Ist dagegen das Ziel, dass eine Seite mit allen Inhalten tatsächlich in mehreren Sprachen verfügbar ist, stößt das Zwei-Baum-Konzept an seine Grenzen, weil der Wartungsaufwand deutlich höher ist als beim folgenden Aufbau.

Das *One-Tree-Fits-All*-Konzept geht von folgenden Voraussetzungen aus:

• Es gibt nur einen Seitenbaum.

• Es gibt eine Standardsprache (Default).

• Jeder Inhalt kann von der Standardsprache in eine oder mehrere andere Sprachen übersetzt werden.

• Ist beim Aufruf einer Seite der gewünschte Inhalt nicht in der gewünschten Sprache vorhanden, wird stattdessen die Standardsprache angezeigt.

Standardsprache festlegen

Um dieses Konzept umzusetzen, muss zunächst die Standardsprache festgelegt werden. Dies geschieht nicht explizit durch eine Einstellung, sondern einfach dadurch, dass Inhalte in dieser Sprache eingegeben werden.

> Tipp: Häufig wird für die Default-Sprache diejenige des Hauptquartiers des Unternehmens verwendet, beispielsweise Deutsch. Das muss nicht immer die optimale Wahl sein. Besser ist eine Sprache, die mit hoher Wahrscheinlichkeit von vielen verstanden wird, wenn die Landessprache nicht angeboten wird. Meist ist das Englisch. Es könnte aber auch Spanisch sein, wenn etwa Lateinamerika ein großer Markt ist, oder Französisch, wenn die Schweiz, Frankreich und Belgien sowie Teile Afrikas zum Einzugsgebiet gehören.

Weitere Sprachen einrichten

Der zweite Schritt ist das Anlegen der möglichen Sprachen. Dies geschieht im obersten Level des Seitenbaums durch Einfügen eines neuen Datensatzes von Typ `Web-Site-Sprache`. Eine Einschränkung für die Anzahl möglicher Sprachen besteht nicht.

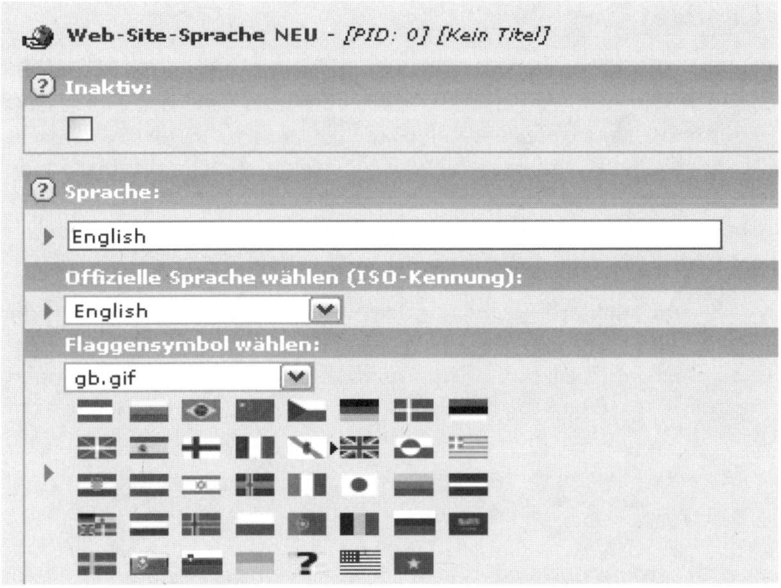

Bild 3.50: Jede Sprache muss zunächst im Seitenbaum angelegt werden

Name und Flaggensymbol sind dabei frei wählbar. Der ISO-Code sollte allerdings zur Sprache passen. Dabei können durchaus mehrere »Sprachen« denselben ISO-Code haben. Beispielsweise ließe sich je eine Sprache für USA und für Australien einrichten, die beide Englisch sind, aber sich in Details unterscheiden.

> **Tipp:** Die Default-Sprache wird in Typo3 normalerweise nicht eigens gekennzeichnet, weder durch eine Flagge noch durch Text. Über folgende Zeilen im Typoscript-Setup der Root-Seite können Sie die Anzeige dennoch aktivieren:
>
> ```
> mod.SHARED {
>   defaultLanguageFlag = de.gif
>   defaultLanguageLabel = Deutsch
> }
> ```

Seitenverhalten einrichten

Wie oben beschrieben, wird eine Seite in der Default-Sprache angezeigt, wenn die gewünschte Sprache nicht vorliegt (Fall Back). Dieses Verhalten lässt sich auf Seitenebene ändern. Die Option Standardübersetzung verbergen schaltet den Fall-Back-Mechanismus aus, d. h. eine Seite wird bei fehlender Übersetzung nicht automatisch in der Default-Sprache angezeigt. Mit der Option Seite verbergen, wenn keine Übersetzung für die aktuelle Sprache vorhanden ist verschwinden Seiten aus dem Menü, wenn sie nicht in der aktuellen Sprache vorliegen.

Diese Option lässt sich zum Standard machen, indem in der Typo3-Konfiguration die Option [FE][hidePagesIfNotTranslatedByDefault] auf 1 gesetzt wird. In den Seiteneigenschaften ist dann aber die Checkbox nicht dauerhaft aktiviert. Stattdessen ändert sich die Beschriftung in Seite anzeigen, auch wenn keine Übersetzung vorhanden ist.

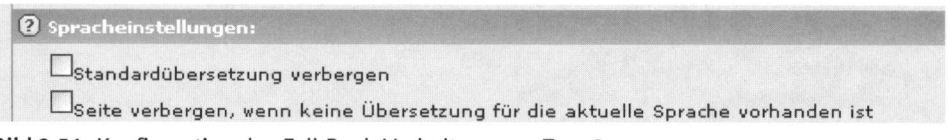

Bild 3.51: Konfiguration des Fall-Back-Verhaltens von Typo3

In Typoscript können Sie eine weitere Verhaltensweise steuern: Die Einstellung

```
config.sys_language_mode = strict
```

führt dazu, dass bei einer fehlenden Übersetzung nicht die Standardsprache, sondern eine Fehlermeldung ausgegeben wird. Der normale Wert für die Option ist content_fallback.

Inhalte anlegen

Beim Anlegen neuer Inhalte lässt sich nun die Sprache auswählen. Die ID der gewählten Sprache wird im Feld sys_language_uid der Datenbanktabelle (z. B. tt_content) gespeichert. Soll ein Inhalt für alle Sprachen gleichermaßen gelten, kann als Sprache [Alle] gewählt werden. Dies wird als -1 in der Datenbank gespeichert.

Inhalte übersetzen

Häufiger liegen die Inhalte allerdings bereits in der Default-Sprache vor. Um sie zu übersetzen, sind zwei Teilschritte nötig.

Zunächst muss für jede Seite, die übersetzt wird, eine alternative Seitensprache definiert werden. Dies geschieht durch Anlegen eines entsprechenden Datensatzes. Dabei wird nicht nur die zu verwendende Sprache festgelegt, sondern auch die Seiteneigenschaften wie Titel, Untertitel u. ä. werden übersetzt.

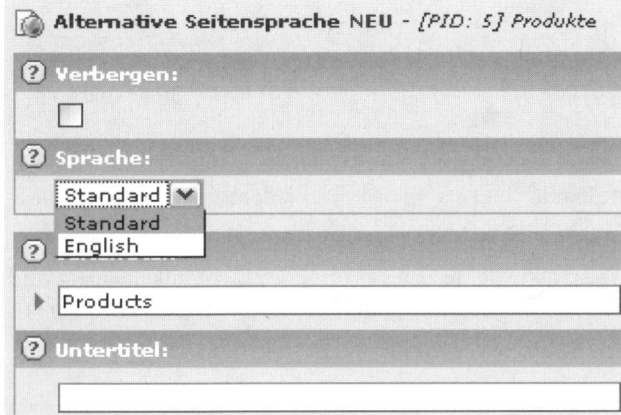

Bild 3.52: Für jede Seite muss die alternative Sprache eigens eingerichtet werden

Um nun tatsächlich ein Inhaltselement zu übersetzen, gibt es zwei Möglichkeiten: Im Seitenmodul lässt sich eine Ansicht *Sprachen* aktivieren. Damit erscheint für jede aktive Sprache eine Spalte. Über die entsprechenden Schaltflächen lässt sich der Inhalt von einer Sprache in die andere kopieren. Dazu dient die Schaltfläche `Standardinhalte kopieren`. Das so entstandene Inhaltselement ist logisch mit dem Original verbunden. Technisch gesehen legt Typo3 einen sogenannten *Overlay Record* an, der lediglich die zu übersetzenden Teile beinhaltet.

Ein Klick auf `Seiteninhalt anlegen` erzeugt keine Übersetzung, sondern ein neues Inhaltselement in der jeweiligen Sprache. Damit lässt sich das Erscheinungsbild pro Sprache anpassen, indem beispielsweise auf der englischen Seite ein Inhaltselement hinzukommt, das es auf der deutschen Seite nicht gibt.

Die Listenansicht macht den Unterschied deutlich:

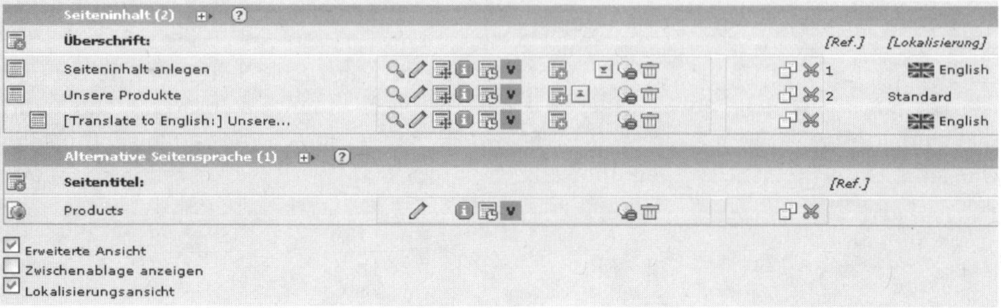

Bild 3.53: Die Listenansicht macht deutlich, wie Übersetzungen verwaltet werden

Die zweite Möglichkeit, Übersetzungen anzulegen, führt über die Listenansicht. Aktivieren Sie die Lokalisierungsansicht. Dadurch erscheinen hinter jedem Seitenelement Flaggen für alle Sprachen, die für die Seite aktiviert wurden.

Durch Klicken auf die jeweilige Flagge wird eine Übersetzung des Elements angelegt und standardmäßig mit dem Inhalt der Default-Sprache gefüllt.

> **Tipp:** Wenn Original und Übersetzung unter allen Umständen dieselbe Struktur behalten sollen, lässt sich das durch Aktivieren des Content Binding Modes erzwingen. Dazu wird im Typoscript-Setup einer Seite die Zeile
>
> ```
> mod.web_layout.defLangBinding = 1
> ```
>
> eingetragen. Außerdem wird im Typoscript-Template die Option
>
> ```
> config.sys_language_overlay = 1
> ```

gesetzt. Ab sofort lassen sich neue Inhaltselemente nur noch in der Standard-Sprache anlegen.

Bei einer Übersetzung, die über die Listenansicht oder über das Kopieren der Inhalte im Seitenmodul angelegt wurde, sind die Felder mit den Texten der Default-Sprache gefüllt, ergänzt um einen Vorspann `[Translate to xxx:]`. Das hilft, die Übersetzung der Texte selbst nicht zu vergessen.

Allerdings ist dieses Verhalten oft lästig, wenn beispielsweise Bilder ohne Titel auf diese Weise übertragen werden oder die Sprachen nur symbolisch verwendet werden (USA/Großbritannien). Wenn Sie also den Text `[Translate to xxx:]` dauerhaft abschalten wollen, hift die Extension `trans2rm`. Nach der Installation können Sie konfigurieren, ob der Zusatz nur für die Überschrift oder auch für den Text deaktiviert werden soll.

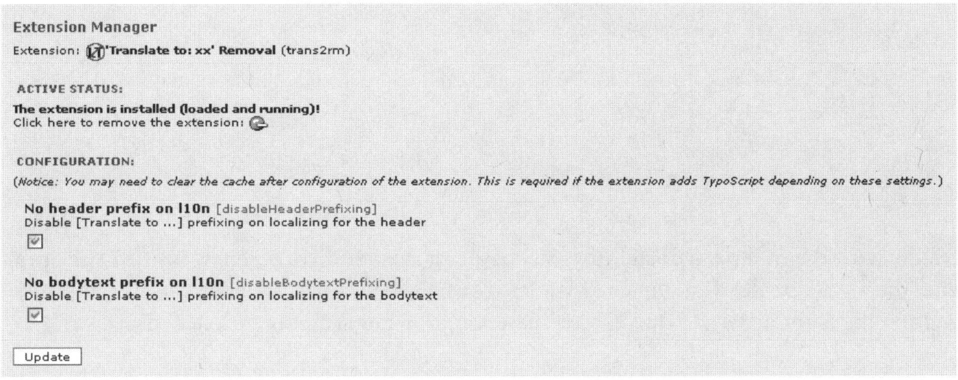

Extension Manager

Extension: **'Translate to: xx' Removal** (trans2rm)

ACTIVE STATUS:

The extension is installed (loaded and running)!
Click here to remove the extension:

CONFIGURATION:

(Notice: You may need to clear the cache after configuration of the extension. This is required if the extension adds TypoScript depending on these settings.)

No header prefix on l10n [disableHeaderPrefixing]
Disable [Translate to ...] prefixing on localizing for the header
☑

No bodytext prefix on l10n [disableBodytextPrefixing]
Disable [Translate to ...] prefixing on localizing for the bodytext
☑

[Update]

Bild 3.54: Die lästigen Vorspann-Texte lassen sich per Extension abschalten

Damit alles reibungslos funktioniert, sollten Sie zusätzlich im Typoscript-Setup der Root-Seite die folgende Zeile hinzufügen:

```
TCEMAIN.default.disablePrependAtCopy = 1
```

Sonst wird zwar der Translate-Vorspann abgeschaltet, dafür aber die Überschrift mit dem Zusatz (`Kopie x`) versehen.

Sprache in Typoscript verwalten

Die gewählte Sprache wird in Typo3 standardmäßig über den Linkparameter `&L=x` verwaltet. Intern ist dagegen die Variable `sys_language_id` entscheidend. Im Seitentemplate lassen sich dann anhand des Wertes dieser Variablen die Einstellungen anpassen, beispielsweise so:

```
config{
    linkVars = L
    baseURL = http://www.domain.de/
    sys_language_uid = 0
    language = de
    locale_all = de_DE
    htmlTag_langKey = de
}
```

```
[globalVar = GP:L = 1]
config{
    baseURL = http://www.domain.com/
    sys_language_uid = 1
    language = en
    locale_all = en_EN
    htmlTag_langKey = en
  }
[global]
```

Damit wird die Standardeinstellung für die deutsche Seite vorbereitet, bis hin zur Sprache, die im Kopf der fertigen HTML-Seite ausgegeben wird. Ist aber die Variable `L=1`, werden die Standardwerte durch die Einstellung für Englisch überschrieben.

`language` wird von Extensions benutzt, um Labels in der richtigen Sprache auszugeben, die in den XML-Dateien zur Lokalisierung gespeichert sind (sogenannte llXML-Dateien).

`locale_all` setzt die Einstellungen für bestimmte PHP-Ausgaben, etwa das Datumsformat.

`htmlTag_langKey` beeinflusst den entsprechenden Wert im `<html>`-Tag.

`metaCharset` setzt den Wert im entsprechenden `<meta>`-Tag des Seitenheaders. Wenn Ihre Site mit UTF-8 eingerichtet wurde, ist hier keine Anpassung nötig.

Das language-Menü

Eine mehrsprachige Website sollte dem Besucher immer die Möglichkeit bieten, die Sprache zu wechseln. Findet der Sprachwechsel über den Wechsel zu einer anderen Domain statt, reichen meist einfache Links zu der jeweiligen Domain.

Etwas aufwendiger ist der Sprachwechsel immerhalb einer Domain. Denn im Idealfall sollte beim Wechsel der Sprache nicht einfach auf die Homepage verlinkt, sondern die aktuelle Seite in der neuen Sprache angezeigt werden.

Das `HMENU`-Objekt von Typo3 bietet dafür einen eigenen Menütyp `language`.

In diesem Menü werden die Menüzustände wie folgt definiert:

Zustand	Erläuterung
ACT	Die aktuelle `sys_language_id` entspricht derjenigen des Menüelements
NO	Die aktuelle `sys_language_id` entspricht nicht derjenigen des Menüelements
USERDEF1	NO-Zustand, wenn die Seite in der gewünschten Sprache nicht angezeigt werden kann.
USERDEF2	ACT-Zustand, wenn die Seite in der gewünschten Sprache nicht angezeigt werden kann.

Tabelle 3.20: Zustände für das Language-Menü

Die beiden USERDEF-Zustände sind wichtig, weil so angezeigt werden kann, dass eine Seite in der entsprechenden Sprache nicht verfügbar ist, entweder weil sie nicht übersetzt wurde oder weil die Anzeige der Übersetzung für diese Seite gesperrt ist. In diesem Fall sollte auch der Link im Menü deaktiviert sein.

Das language-Menü kennt nur zwei Einstellungen:

Einstellung	Beschreibung
value	Eine kommaseparierte Liste mit den Uids der Sprachen, die im Menü angeboten werden sollen.
normalWhenNoLanguage	Ist die Option gesetzt, wird ein Eintrag auch dann als klickbar angezeigt (Zustand NO), wenn die Seite keine Übersetzung hat.

Tabelle 3.21: Einstellung für das Language-Menü

Das folgende Beispiel aus der Typoscript-Referenz erzeugt ein grafisches Menü mit Flaggen für jede Sprache. Die aktive Sprache wird durch einen schwarzen Rand markiert. Existiert für die aktuelle Seite keine Übersetzung, wird die zugehörige Flagge grau dargestellt.

```
lib.langMenu = HMENU
lib.langMenu {
  special = language
  special.value = 0,1
  1 = GMENU
```

```
1 {
  NO {
    XY = [5.w]+4, [5.h]+4
    backColor = white
    5 = IMAGE
    5.file = media/flags/flag_de.gif || media/flags/flag_uk
    5.offset = 2,2
  }

  ACT < .NO
  ACT=1
  ACT.backColor = black

  USERDEF1 < .NO
  USERDEF1=1
  USERDEF1 {
    5.file = media/flags/flag_de_d.gif || media/flags/flag_uk_d.gif
    noLink = 1
  }
}
}
```

sr_language_menu

Mehr Flexibilität bietet die Erweiterung sr_language_menu. Sie ermöglicht die Darstellung unterschiedlichster Arten von Sprachmenüs, von der Linkliste über ein Pulldown-Menü bis hin zum grafischen Menü mit Flaggen.

Die einfachste Art der Konfiguration erfolgt über ein spezielles Seitenelement. Dazu legen Sie in einem SysFolder, beispielsweise demjenigen, der als allgemeine Datensatzsammlung dient, ein Seitenelement an und wählen als Typ Language Selection.

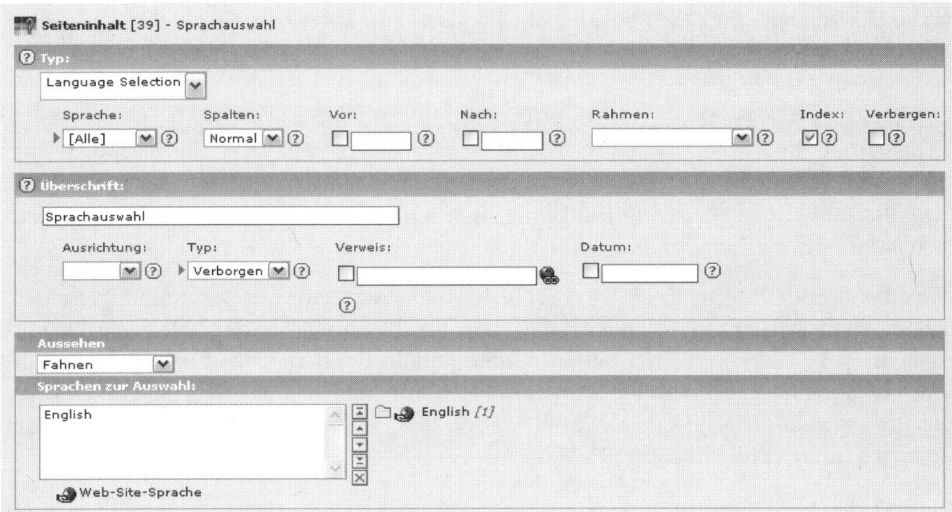

Bild 3.55: sr_language_menu ermöglicht die Konfiguration des Sprachmenüs via Backend.

Das Seitenelement hat die üblichen Felder, die aber nicht alle genutzt werden. So spielt es beispielsweise keine Rolle, welcher Spalte Sie das Element zuordnen.

Über die beiden Felder *Aussehen* und *Sprachen zur Auswahl* legen Sie das Erscheinungsbild des Menüs fest. Bei der Sprachauswahl werden Sie feststellen, dass sich die Default-Sprache nicht auswählen lässt, weil dafür keine Seitensprache definiert wurde. Sie wird aber automatisch mit übernommen.

Anschließend ist noch etwas Typoscript-Code nötig, um das Element auf jeder Seite einzubauen.

Im Template der Site fügen Sie folgenden Code ein:

```
temp.langMenu = COA
temp.langMenu {
  10 = RECORDS
  10.tables = tt_content
  10.source = 39
}
```

Das temporäre Objekt lässt sich nun wie üblich einem Marker oder Subpart der HTML-Vorlage zuordnen.

Ist die Default-Sprache der Website nicht Englisch, muss noch eine zusätzliche Konfiguration erfolgen. Mit

```
plugin.tx_srlanguagemenu_pi1.defaultLanguageISOCode = DE
```

teilen Sie dem Plugin mit, dass die Standardsprache Deutsch ist. Fehlt die Einstellung, wird als Standard Englisch (EN) angenommen. Da dies aber in unserem Beispiel identisch ist mit der zweiten Sprache, erfolgt kein zweiter Eintrag im Menü.

Wie das folgende Bild zeigt, hat sr_language_menu eine weitere angenehme Eigenschaft. Bei den textbasierten Varianten wird das Wort für die Sprache in der Sprache selbst ausgegeben, d. h. auch wenn die Seitensprache gerade Englisch ist, ist der Link für die deutsche Sprache mit Deutsch beschriftet, nicht mit German. Das erleichtert das Auffinden der eigenen Sprache erheblich – insbesondere, wenn Sprachen wie Russisch oder Japanisch mit im Spiel sind.

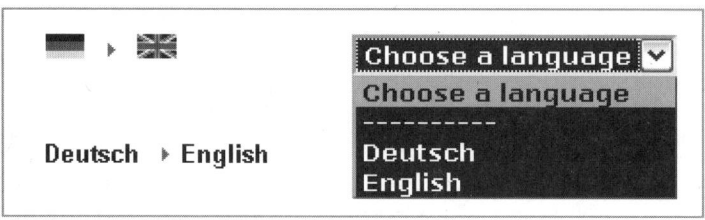

Bild 3.56: Die Varianten des Sprachmenüs

3.8.3 Extensions und Mehrsprachigkeit

Werden Extensions für Inhalte benutzt, etwa für News oder Bildergalerien, so hängt die Fähigkeit zur Mehrsprachigkeit von der jeweiligen Erweiterung ab. Ausgereifte Extensions wie tt_news sind vollständig in das Konzept der Overlay Records eingebunden, verhalten sich also nicht anders als normale Typo3-Inhalte. Werden die Inhalte in einem SysFolder gespeichert, so muss natürlich für diesen Ordner eine alternative Seitensprache angelegt werden.

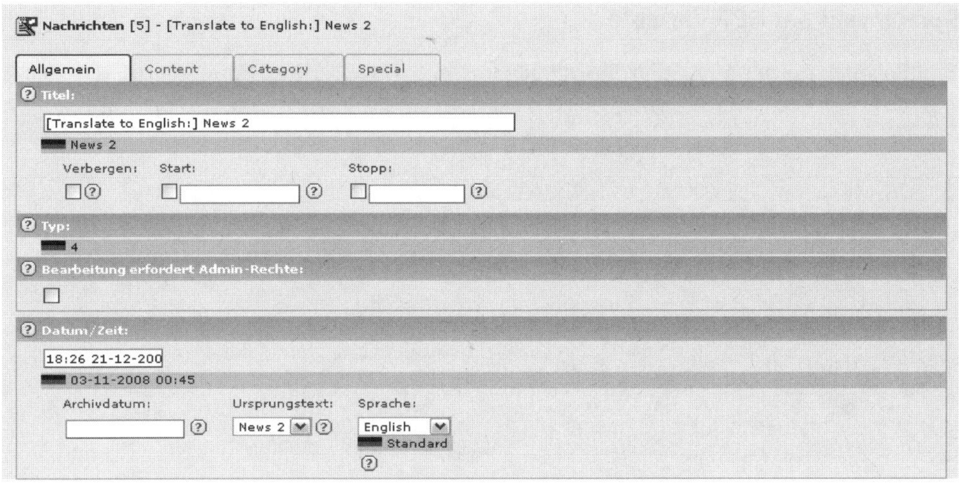

Bild 3.57: tt_news unterstützt mehrsprachige Websites vollständig

Häufig funktioniert das einfache Sprachmenü mit Erweiterungen nicht korrekt, weil diese zusätzliche Linkparameter benutzen, die nicht berücksichtigt werden. sr_ language_menu allerdings arbeitet zumindest mit tt_news hervorragend zusammen.

Unterstützt eine Erweiterung die Overlays nicht, so ist es meistens am besten, für jede Sprache einen eigenen SysFolder für die Inhalte anzulegen. Das Plugin wird dann für jede Sprache eigens konfiguriert, um den passenden Inhalt zu liefern. Allerdings funktioniert in diesem Fall das direkte Umschalten auf die Übersetzung natürlich nicht mehr.

3.8.4   RealUrl und Mehrsprachigkeit

Da die Standardlinks von Typo3 der Form index.php?id=17&L=0 alles andere als suchmaschinenfreundlich sind, kommt bei den meisten Typo3-Installationen die Erweiterung RealUrl zum Einsatz (siehe Kapitel 6), die für suchmaschinen- und nutzerfreundliche URLs sorgt. Allerdings muss die Konfiguration richtig vorbereitet werden, damit die Spracheinstellung korrekt in den Links umgesetzt wird.

Sprachwahl per GET-Variable

Ein Beispiel für eine Standardkonfiguration der Erweiterung (abgelegt in der Datei `realurlconf.php` oder `realurl_conf.php`) sieht so aus:

```php
<?php
$GLOBALS['TYPO3_CONF_VARS']['EXTCONF']['realurl']=array (
  '_DEFAULT' =>
  array (
    'init' =>
    array (
      'enableCHashCache' => true,
      'appendMissingSlash' => 'ifNotFile,redirect',
      'adminJumpToBackend' => true,
      'enableUrlDecodeCache' => true,
      'enableUrlEncodeCache' => true,
      'emptyUrlReturnValue' => '/',
    ),
    'pagePath' =>
    array (
      'type' => 'user',
      'userFunc' =>
'EXT:realurl/class.tx_realurl_advanced.php:&tx_realurl_advanced->main',
      'spaceCharacter' => '-',
      'languageGetVar' => 'L',
      'rootpage_id' => 1,
    ),
    'fileName' =>
    array (
      'defaultToHTMLsuffixOnPrev' => 0,
      'acceptHTMLsuffix' => 1,
      'index' =>
      array (
        'print' =>
        array (
          'keyValues' =>
          array (
            'type' => 98,
          ),
        ),
      ),
    ),
```

```
  ),
);
?>
```

Um nun die Sprachverwaltung einzubauen, kommt ein zusätzlicher Block `preVars` (z. B. nach `init`) hinzu:

```
'preVars' =>
array(
  array(
    'GETvar' => 'no_cache',
    'valueMap' => array(
      'nc' => 1,
    ),
    'noMatch' => 'bypass',
  ),
  array(
    'GETvar' => 'L',
    'valueMap' => array(
      'de' => '0',
      'en' => '1',
    ),
    'valueDefault' => 'de',
    'noMatch' => 'bypass',
  ),
),
```

Der erste Teil ist für die Option `&no_cache=1` zuständig, der zweite für `&L=x`.

`'GETvar' => 'L'` bestimmt, dass die `GET`-Variable `L` ausgewertet werden soll.

Der Array `valueMap` legt fest, wie die einzelnen Werte zu behandeln sind. Der Link `/index.php?id=2&L=0` wird dadurch beispielsweise zu `/de/start.html`, während `/index.php?id=2&L=1` zu `/en/home.html` umgeformt wird.

Dass `/de` bzw. `/en` vor dem eigentlichen Link stehen, wird dadurch bestimmt, dass die Einstellungen im `preVars`-Block vorgenommen wurden.

Wird kein Sprachparameter angegeben (`index.php?id=2`), so sorgt der Eintrag `'noMatch' => 'bypass'` dafür, dass der entstehende Link einfach `/start.html` lautet.

Damit ist die Seite zwar funktionell korrekt, aber es gibt zwei Links, die zur selben Seite führen. Das sehen Suchmaschinen nicht gerne, da es als Versuch der Täuschung (doppelter Content) gewertet wird.

Um das Problem zu lösen, gibt es zwei Möglichkeiten: Entweder wird der Vorsatz /de auch dann verwendet, wenn keine L-Variable vorhanden ist, oder der Vorsatz wird für die Standardsprache generell unterdrückt.

Für den ersten Fall sieht das Skript so aus:

```
'preVars' =>
array(
  array(
    'GETvar' => 'no_cache',
    'valueMap' => array(
      'nc' => 1,
    ),
    'noMatch' => 'bypass',
  ),
  array(
    'GETvar' => 'L',
    'valueMap' => array(
      'de' => '0',
      'en' => '1',
    ),
    'valueDefault' => 'de',
  , #'noMatch' => 'bypass',
  ),
),
```

Durch das Auskommentieren der `noMatch`-Einstellung wird der Wert aus `valueDefault` verwendet.

Für den zweiten Fall wird dagegen die `valueMap` angepasst.

```
'preVars' =>
array(
  array(
    'GETvar' => 'no_cache',
    'valueMap' => array(
      'nc' => 1,
    ),
    'noMatch' => 'bypass',
  ),
  array(
    'GETvar' => 'L',
```

```
  'valueMap' => array(
    #'de' => '0',
    'en' => '1',
  ),
  'valueDefault' => 'de',
  'noMatch' => 'bypass',
),
),
```

Damit reagiert `RealUrl` nicht mehr auf die Variable, wenn sie 0 ist, was zum gewünschten Verhalten führt.

Welcher Variante der Vorzug gegeben wird, hängt vom Einsatzzweck ab. Sind die einzelnen Sprachvarianten gleichberechtigt, wird wohl eher die erste Methode zum Einsatz kommen.

Sprachwahl via Domain

Existieren mehrere Domains für die Website, so ist der zusätzliche Sprachparameter im `RealUrl`-Link eigentlich überflüssig. Die Einstellungen im Typoscript-Template werden stattdessen so angepasst, dass sie auf den Domain-Namen in der URL reagieren:

```
[globalString = ENV:HTTP_HOST=www.domain.com]
config{
    baseURL = http://www.domain.com/
    sys_language_uid = 1
    language = en
    locale_all = en_EN
    htmlTag_langKey = en
    }
[global]
```

Die Konfiguration für `RealUrl` wird dadurch ebenfalls einfacher:

```
'preVars' =>
array(
  array(
    'GETvar' => 'L',
    'valueMap' => array(),
    'noMatch' => 'bypass',
  ),
),
```

Die Variable L wird in diesem Fall nicht ausgewertet. Trotzdem werden die korrekten Inhalte geholt, weil dies über sys_language_id gesteuert wird.

In dieser Form erlaubt der Setup allerdings keine Sprachumschaltung innerhalb einer Domain. Hier wäre eine Mischform der beiden Varianten das Richtige.

3.8.5   TemplaVoila und Mehrsprachigkeit

TemplaVoila stützt sich in seinen Strukturen auf FlexForms. Das hat zur Folge, dass es unterschiedliche Ansätze für die Lokalisierung gibt: Inaktiv, Vererbung und Separiert.

Die Auswahl erfolgt in der XML-Struktur mit dem Eintrag

```
<meta>
    <langDisable>0</langDisable>
    <langChildren>1</langChildren>
</meta>
```

In der Einstellung langDisable = 1 (Standard für TemplaVoila) ist die interne Lokalisierung abgeschaltet. Es stehen aber die normalen Lokalisierungsmöglichkeiten von Typo3 zur Verfügung. Das TemplaVoila-Seitenmodul bietet eine übersichtliche Darstellung der Seitenelemente und der Übersetzungen.

Dies ist die empfohlene Einstellung für Container-Elemente.

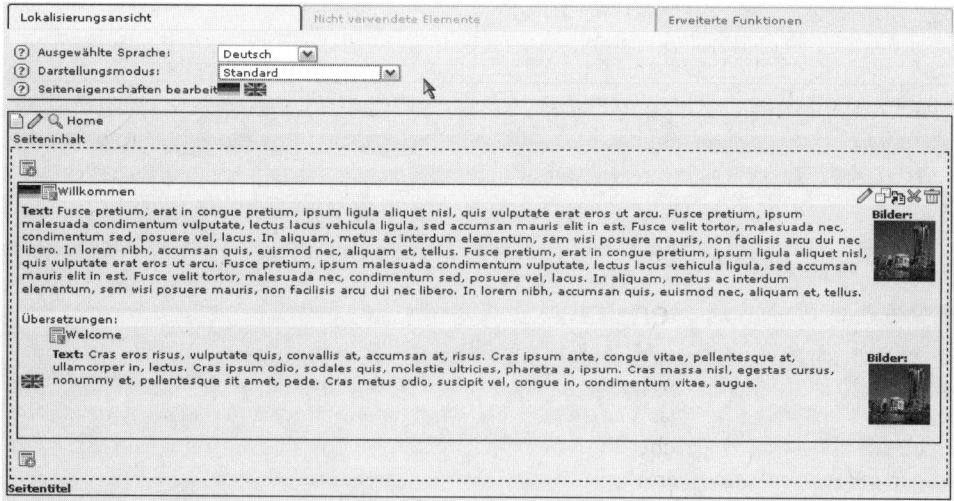

Bild 3.58: Das Seitenmodul von TemplaVoila mit mehreren Sprachen

Die Einstellung `langDisable` = 0 und `langChildren` = 1 schaltet die Vererbung ein. Das heißt, dass jedes Feld des FCE (Flexible Content Element) 1:1 übersetzt werden kann. Dies entspricht in etwa dem Content Binding für normale Typo3-Seiten und ist die empfohlene Einstellung für FCE-Inhalte. Wird ein Feld nicht übersetzt, so wird stattdessen der Inhalt der Standard-Sprache angezeigt.

TemplaVoila stellt in dieser Einstellung beim Bearbeiten des Inhalts Felder für alle Sprachen in einem Formular zur Verfügung.

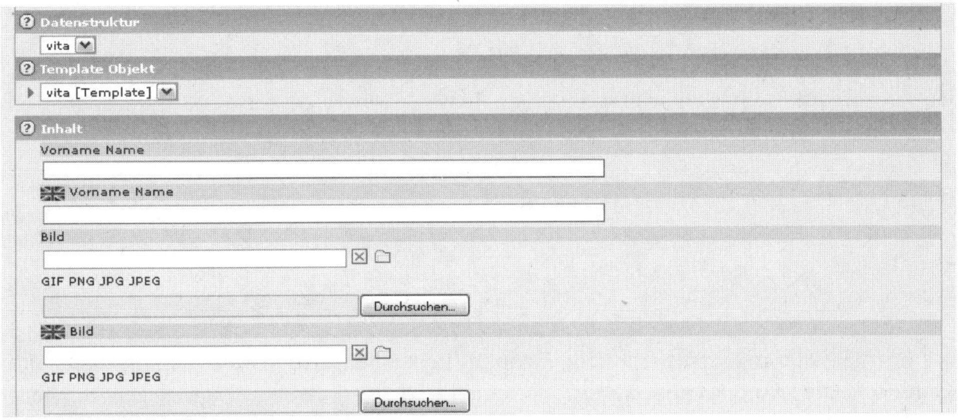

Bild 3.59: TemplaVoila-Inhalte mit Vererbung

Die dritte Einstellung – separate Inhalte – wird durch `langDisable` = 0 und `langChildren` = 0 aktiviert. In diesem Fall kann für jede Sprache eine komplett eigene Struktur angelegt werden. Die Inhalte sind nicht aneinander gekoppelt. Die Einstellung wird für den normalen Einsatz nicht empfohlen. Sie kann aber verwendet werden, wenn die Inhalte nicht einfach übersetzt, sondern wirklich lokalisiert werden sollen, beispielsweise wenn eine Linkliste auf der deutschen Seite zu deutschsprachigen Partnern verlinkt, auf der englischen dagegen zu Partnern im englischsprachigen Raum.

3.9 Frontend-Benutzer

Fast jede moderne Unternehmenswebsite hat einen Seitenbereich, der nicht für alle Besucher zugänglich ist. Das kann ein Pressebereich sein, aber auch kundenspezifische Inhalte. Um solche Bereiche sinnvoll einzurichten, muss das Content Management System eine ausgereifte User-Verwaltung anbieten. Typo3 macht hier keine Ausnahme.

3.9.1   Von Usern und Gruppen

Gruppen

Die Frontend-User-Verwaltung von Typo3 ermöglicht eine äußerst fein strukturierte Abstufung von Rechten. Grundlage dafür ist die Tatsache, dass Typo3 User in Gruppen einteilen kann – und dass diese Gruppen in einer hierarchischen Struktur angelegt werden können.

Allerdings sind die Begriffe in Typo3 etwas irreführend, sodass ein genauer Blick auf den Aufbau der Struktur hilfreich ist.

Nehmen wir an, unsere Website hat einen Kunden- und einen Pressebereich. Der Kundenbereich unterteilt sich weiter in einen Downloadbereich für Produktkunden und einen Dokumentenbereich für Servicekunden, was zu folgendem Aufbau führt:

```
Kunden
    Downloads
    Dokumente
Presse
```

Das normale Herangehen ist, je eine Gruppe für Kunden und Presse einzurichten und dann die beiden Untergruppen Produktkunden und Servicekunden anzulegen. Schließlich werden User in den Untergruppen angelegt und erben damit auch die Rechte der übergeordneten Gruppe.

In Typo3 gibt es ebenfalls Untergruppen, doch deren Funktion ist genau entgegengesetzt zur vorigen Beschreibung. Eine Gruppe erbt Rechte von ihren Untergruppen, nicht umgekehrt. Ersetzt man jedoch den Begriff »Untergruppe« in Typo3 durch etwas Passenderes wie »Basisgruppe« oder »Mitglied von«, stimmen die Verhältnisse wieder.

Um die Struktur einzurichten, werden also zunächst die Gruppen Kunden und Presse angelegt. Anschließend folgen Produktkunden und Servicekunden, bei denen wiederum Kunden als »Untergruppe« eingetragen wird.

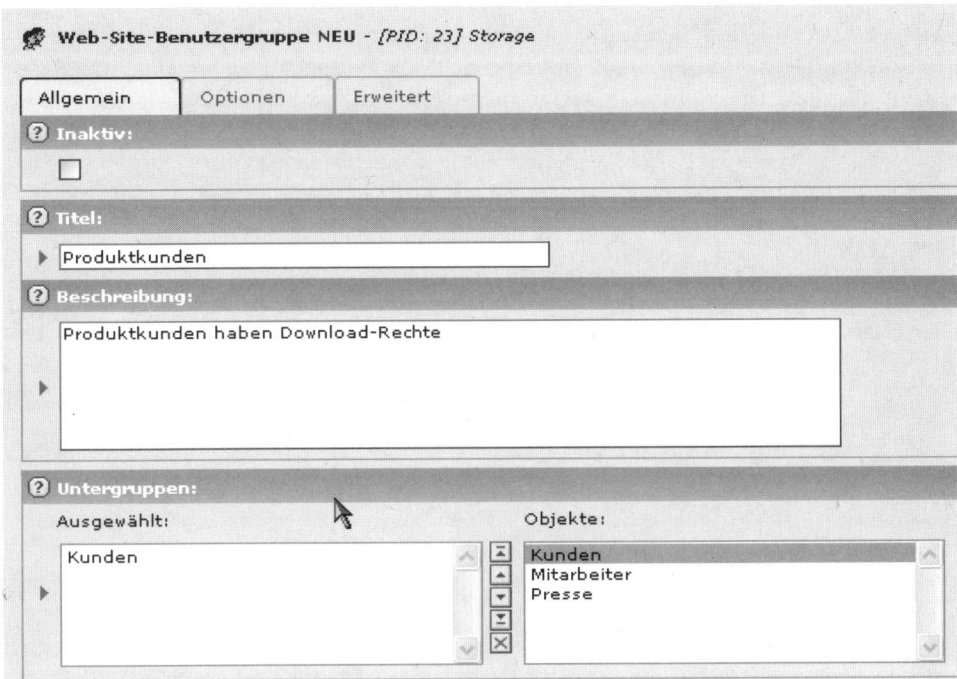

Bild 3.60: Die Bezeichnung Untergruppe in Typo3 ist irreführend

Sinnvoll ist häufig auch eine Gruppe Mitarbeiter, die Zugriff auf alle Bereiche hat. Diese Gruppe erhält einfach als Untergruppen alle nötigen Basisgruppen, nämlich Presse, Produktkunden und Servicekunden.

Am Schluss gibt es folgende Gruppen:

Bild 3.61: Die Anzeige der Gruppen ist lediglich alphabetisch sortiert

Tipp: Dokumentieren Sie die Gruppenstruktur beim Aufbau in einem getrennten Dokument. Denn Typo3 zeigt in der Übersicht alle Gruppen gleichwertig an, lediglich nach Alphabet sortiert. Die hierarchische Ordnung ist nicht sichtbar, was eventuell das gezielte Ändern einer Gruppe erschwert.

User

Sind die Gruppen eingerichtet, folgen die User. Das Einrichten ist jetzt einfach, weil jeder User nur noch der entsprechenden Gruppe zugeordnet werden muss. Dabei darf ein User auch mehreren Gruppen angehören.

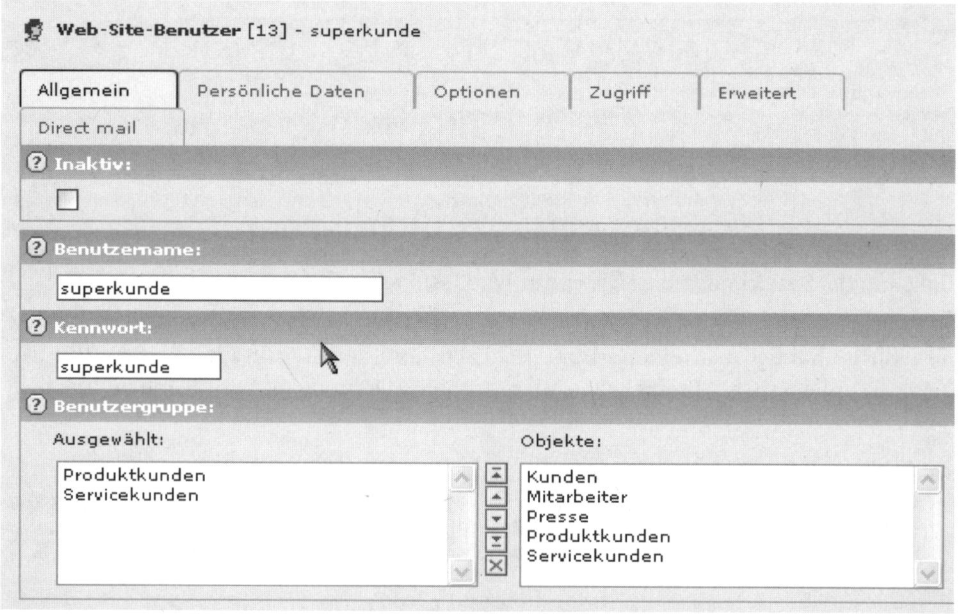

Bild 3.62: Frontend User dürfen mehreren Gruppen angehören

Tipp: Wie später gezeigt wird, ist es oft besser, wenn jeder User nur einer Gruppe angehört. Im hier gezeigten Fall ließe sich für Kunden, die sowohl Produkte als auch Services gekauft haben, eine neue Gruppe Superkunden einrichten, die Produktkunden und Servicekunden als Untergruppen hat.

Bei den Usern zeigt sich Typo3 etwas auskunftsfreudiger als bei den Gruppen. Im Seitenmodul wird die Liste der User angezeigt mit Informationen über die jeweilige Gruppenzugehörigkeit.

Web-Site-Benutzer				
Benutzername:	**Kennwort:**	**Benutzergruppe:**		**Name: E-Mail: Telefon: Adresse: PLZ: Stadt:**
mitarbeiter	mitarbeiter	Mitarbeiter		
presse	presse	Presse		
produkte	produkte	Produktkunden		
service	service	Servicekunden		
superkunde	superkunde	Produktkunden, Servicekunden		

Bild 3.63: Im Seitenmodul hat man eine gute Übersicht über User und ihre Rechte

3.9.2 Zugriffsrechte vergeben

Im nächsten Schritt müssen die Seiten und Inhalte, die es zu schützen gilt, vorbereitet werden.

Zugriff auf Seitenebene

Dies geschieht einfach dadurch, dass im Bereich Zugriff einer Seite die entsprechende Gruppe ausgewählt wird. Seit der Typo3-Version 4 ist hier auch die Angabe mehrerer Gruppen möglich. Für ältere Versionen lässt sich ein solches Verhalten nachstellen, indem eine passende zusätzliche Gruppe eingerichtet wird, die die gewünschten Gruppen als Untergruppen enthält.

Die so gewählten Rechte vererben sich nicht automatisch auf Unterseiten. Um dies zu erreichen, muss der Schalter Inklusive Unterseiten aktiviert werden.

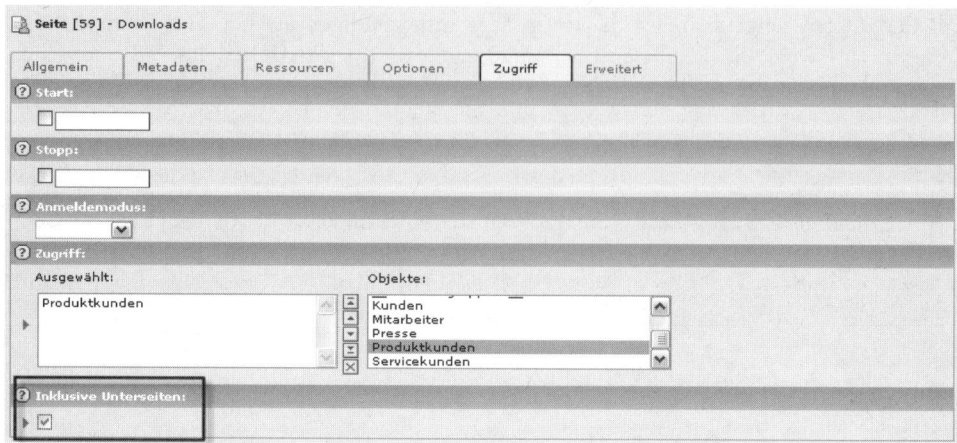

Bild 3.64: Das Vererben von Zugriffsrechten muss eigens aktiviert werden

Seiten, die nur für bestimmte Gruppen zugänglich sind, werden standardmäßig für alle anderen aus den Menüs entfernt.

Seiten ein- oder ausblenden

Bei den Zugriffsrechten gibt es zwei weitere Optionen, die das Verhalten einer Seite steuern können.

`Nach Anmeldung verbergen` sorgt dafür, dass eine Seite nicht mehr sichtbar ist, wenn ein User angemeldet ist. Beispielsweise ließe sich so eine Login-Seite ausblenden, die ja unnötig ist, wenn der Login bereits erfolgt ist.

`Anzeigen, wenn angemeldet` ist das Gegenstück dazu. So gekennzeichnete Seiten erscheinen nur, wenn ein User angemeldet ist. Neben einer Logout-Seite wären beispielsweise Seiten zur Verwaltung des eigenen User-Profils Kandidaten für eine solche Einstellung.

> **Tipp:** Die Anzeigesteuerung lässt sich nicht mit einer Gruppenzuteilung kombinieren. Sie ist daher nur sinnvoll, wenn es um Inhalte geht, die für beliebige Anmeldungen ein- oder ausgeblendet werden sollen.

Zugriff auf Element-Ebene

Die Rechteverwaltung von Typo3 geht noch einen Schritt weiter: Nicht nur Seiten lassen sich Gruppen zuordnen, sondern jedes einzelne Element. So ist es möglich, eine Seite für jede Usergruppe anders aussehen zu lassen, obwohl der Link zur Seite immer derselbe bleibt.

In unserem Beispiel etwa ergibt ein Link zu den Downloads nur für angemeldete User der Gruppe Produktkunden Sinn, weil alle anderen kein Recht zum Download haben. Somit wird für den Link ein eigenes Inhaltselement angelegt, dessen Zugriffsrechte auf die Gruppe Produktkunden eingeschränkt werden.

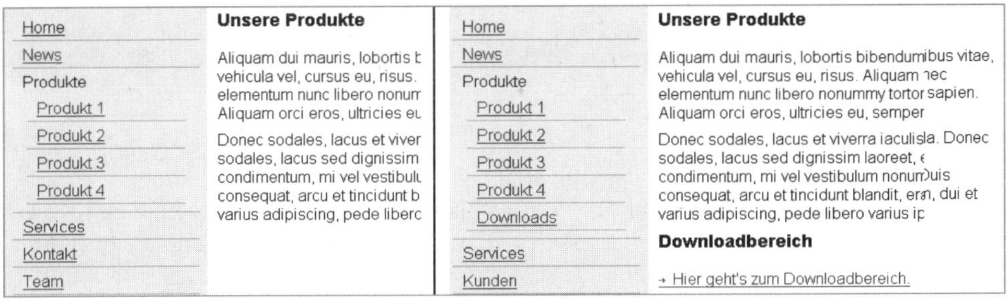

Bild 3.65: Eine Seite vor und nach der Anmeldung

3.9.3 Login-Seite einrichten

Um in den Genuss der Zugriffsrechte zu kommen, ist natürlich eine Seite nötig, auf der eine Anmeldung stattfinden kann. Dort fügen Sie ein Inhaltselement vom Typ Anmeldung ein. Damit der Login funktioniert, muss aber noch der Ordner angegeben werden, in dem die Frontend-User gespeichert werden sollen. Dies geschieht am einfachsten, indem das Haupttemplate geöffnet wird und im Constants Editor der entsprechende Wert eingetragen wird.

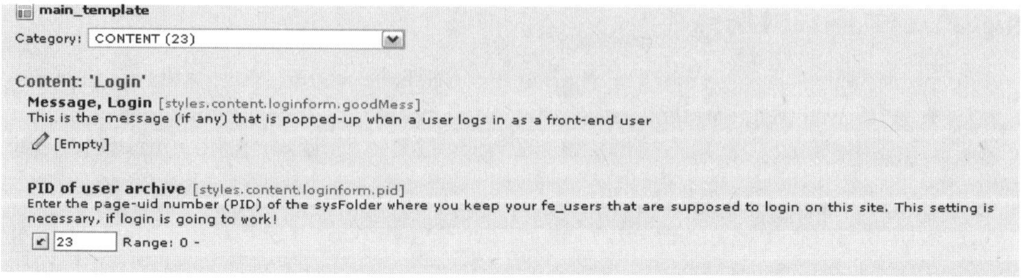

Bild 3.66: Die Uid des Speicherplatzes der Frontend User muss eingetragen werden

Wahlweise lässt sich der Wert direkt im Feld Constants des Templates eintragen:

```
styles.content.loginform.pid = 23
```

felogin

Das einfache Login-Formular hat aber einige Nachteile: Zum einen erzeugt es auch in aktuellen Typo3-Versionen eine Tabelle, zum anderen bietet es nur wenige Konfigurationsmöglichkeiten.

Daher hat sich eine Erweiterung namens `newloginbox` schnell zur beliebten Alternative entwickelt. In der Typo3-Version 4.2 ist diese Erweiterung nicht mehr nötig. Stattdessen steht standardmäßig eine Erweiterung `felogin` zur Verfügung. Sie ersetzt sowohl das alte Anmeldeformular als auch `newloginbox` durch eine stark erweiterte Version.

Das beginnt damit, dass das Anmeldeformular einfach per HTML-Template formatiert werden kann. Außerdem lassen sich Texte für jeden möglichen Zustand der Formularseite hinterlegen, nämlich

- Begrüßung

- erfolgreiche Anmeldung

- fehlgeschlagene Anmeldung

- Abmeldung

- Kennwort vergessen

Am meisten Flexibilität zeigt `felogin` aber in punkto Weiterleitung. Wo das Standard-Formular nur statisch auf eine einzige Seite umleiten kann, bietet `felogin` eine umfassende Auswahl.

Die Seite, auf die nach erfolgreichem Login verwiesen werden soll, kann festgelegt werden durch

- eine Einstellung der Benutzergruppe
- eine Einstellung des Users
- Einstellungen des Plugins (via Typoscript oder Flexform)
- GET/POST-Variablen
- den Referrer
- die Domain-Einstellungen

Dabei können mehrere Einstellungen gesetzt werden. `felogin` nimmt dann entweder die erste passende oder geht alle Einstellungen durch, um das Weiterleitungsziel zu bestimmen.

Login mit Fortsetzung

Die Option, anhand von `GET/POST`-Variablen eine Weiterleitung zu setzen, ermöglicht eine höchst komfortable Steuerung auf der Website: Kickt der User einen Link zu einer geschützten Seite an, so wird er stattdessen zur Login-Seite umgeleitet. Findet dort ein erfolgreicher Login statt, erfolgt eine Weiterleitung zu der Seite, die der User ursprünglich erreichen wollte.

Um dies zu implementieren, muss auf der Login-Seite die Option `definiert durch GET-` oder `POST-Variablen` aktiv sein und als erster Eintrag in der Liste stehen. Außerdem muss der Schalter `Erste gefundene Option soll benutzt werden` gesetzt sein.

Nun wird das Navigationsmenü angepasst.

In der Ebene, in der die fragliche Seite auftaucht, wird folgender Code eingefügt:

```
showAccessRestrictedPages = 22
showAccessRestrictedPages.addParams = &
redirect_url=index.php%3Fid%3D###PAGE_ID###
```

Die `Uid` in der ersten Zeile verweist auf die Login-Seite. Der Aufrufparameter `redirect_url` enthält die Seite, auf die nach dem Login weitergeleitet werden soll. Sie enthält dank `###PAGE_ID###` die `Uid` der gewünschten Seite.

Tipp: Bis Version 4.2.3 von Typo3 enthält `felogin` einen Bug, der diese Art der Weiterleitung verhindert. Um das Skript funktionsfähig zu machen, müssen folgende Änderungen vorgenommen werden:

Die Zeile (ca. bei Zeile 403)

```
} elseif ($this->logintype === 'logout' || !$this->logintype) { //
after logout
```

wird geändert in

```
} elseif ($this->logintype === 'logout') { // after logout
```

Ab ca. Zeile 422 wird

```
} else { // not logged in
    // Placeholder for maybe future options
    switch ($redirMethod) {
    }
}
```

geändert in

```
} else { // not logged in
  switch ($redirMethod) {
    case 'getpost':
      // preserve the het/post value
      $redirect_url = $this->redirectUrl;
    break;
  }
}
```

3.9.4   Login auf jeder Seite

Soll die Möglichkeit zum Login nicht auf eine Seite beschränkt, sondern auf jeder Seite vorhanden sein, gibt es zwei Möglichkeiten:

Zum einen lässt sich das Plugin per Typoscript einbinden, beispielsweise mit folgendem Skript:

```
plugin.tx_felogin_pi1 {
   storagePid = 23
   templateFile = fileadmin/templates/login.html
   preserveGETvars = all
   showForgotPasswordLink = 1
   showPermaLogin = 1
}
temp.login < plugin.tx_felogin_pi1
```

Die gesamte Konfiguration erfolgt dabei über den Typoscript-Code. Bequemer geht es mit der folgenden Variante:

Legen Sie im Storage-Folder (oder einem anderen SysFolder Ihrer Wahl) ein Inhaltselement vom Typ Anmeldung an. Dieses Element bietet Ihnen alle Einstellmöglichkeiten, die felogin aufweist. Anschließend wird es mit folgendem Code in die Seite eingebunden:

```
temp.login = COA
temp.login {
  10 = RECORDS
  10 {
    tables = tt_content
    source = 48
  }
}
```

Die Uid bei source entspricht derjenigen des zuvor angelegten Inhaltselements.

Anschließend wird das temporäre Objekt im Haupt-Template einem Objekt zugewiesen. Sollten Sie TemplaVoila verwenden, erzeugen Sie kein temp-Objekt, sondern lib.login und weisen dieses per Mapping dem Template zu.

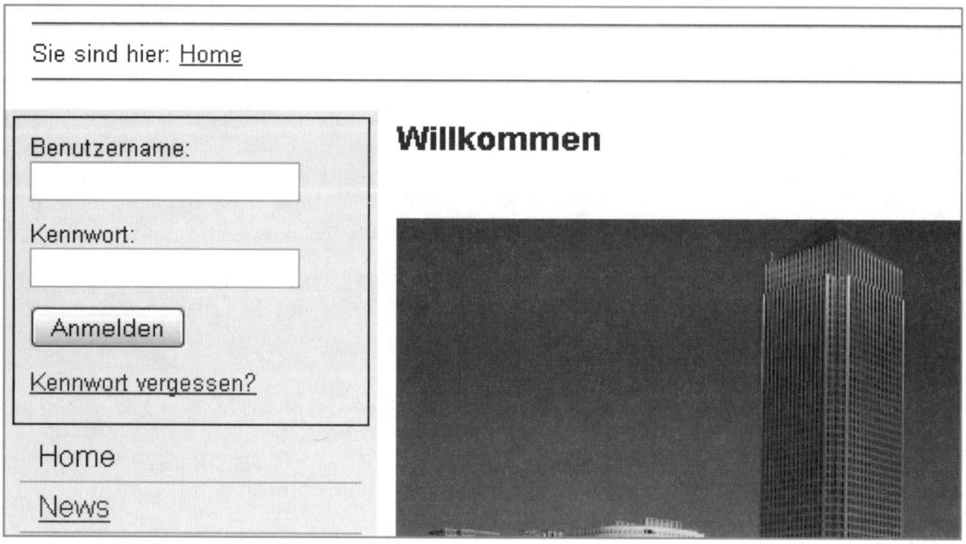

Sie sind hier: Home

Benutzername:

Kennwort:

Anmelden

Kennwort vergessen?

Home

News

Willkommen

Bild 3.67: Ein Login auf jeder Seite ist problemlos möglich

3.9.5   User-Registrierung und Profilverwaltung

Auf vielen Seiten ist es möglich, sich selbst als User anzumelden, von der Bestellung eines Newsletters bis zur Konto-Erstellung in einem Webshop. Typo3 bietet dafür zwei Extensions an: feuser_admin und sr_feuser_register.

feuser_admin

feuser_admin ist eine sehr alte, aber immer noch häufig eingesetzte Extension. Sie bietet jedoch nur wenig Dokumentation. Lediglich die Setup-Dateien der Extension enthalten Hinweise, wie sie zu benutzen ist. Um ein Registrierformular anzuzeigen, wird in der entsprechenden Seite das Plugin Frontend Benutzer Administration eingefügt.

Anschließend muss die Erweiterung konfiguriert werden. Das kann über den Constant Editor des Typoscript-Templates oder direkt im Abschnitt erfolgen. Eine minimale Konfiguration könnte so aussehen:

```
plugin.feadmin.fe_users {
  file.templateFile = fileadmin/templates/register.html
  email = website@domain.de
  emailName = Website
  pid = 23
  usergroupOverride = 6
}
```

Die erste Angabe bestimmt, welches Template verwendet werden soll. Da `feuser_admin` keine Mehrsprachigkeit unterstützt, muss für jede Sprache ein Template angelegt werden und mit einer Condition in Typoscript das richtige ausgewählt werden.

Der Wert hinter `pid` bezeichnet den Speicherplatz für die Frontend-User-Datensätze. `usergroupOverride` legt fest, welcher Benutzergruppe die User nach dem Login zugeordnet werden.

Ist ein User beim Aufruf der Registrierungsseite bereits angemeldet, so kann er statt der Registrierung sein eigenes Profil editieren.

sr_feuser_register

Deutlich mehr Funktionen und Komfort bietet die Erweiterung `sr_feuser_register`. Sie ist damit zum Quasi-Standard für aktuelle Typo3-Sites geworden, die eine User-Registrierung verwenden. Um sie komplett zu nutzen, wird das Plugin auf insgesamt vier Seiten eingerichtet:

- Auf der Login-Seite selbst nach dem Login-Formular mit dem Anzeigetyp `Normal`.

- Auf der zweiten Seite (der Registrierungsseite) mit dem Anzeigetyp `Anlegen`. Setzen Sie bei dieser Seite die Zugriffsoption `Nach Anmeldung verbergen`,

- Auf der dritten Seite (der Bearbeitungsseite) mit dem Anzeigetyp `Bearbeiten`.

- Auf der vierten Seite (der Bestätigungsseite) mit dem Anzeigetyp `Normal`. Aktivieren Sie auf dieser Seite die Option `Im Menü verbergen`.

Bild 3.68: Das Plugin sr_feuser_register kennt mehrere Arbeitsmodi

Nun passen Sie das Typoscript-Template wie folgt an:

```
plugin.tx_srfeuserregister_pi1 {
  file.templateFile = fileadmin/templates/srregister.tmpl
  pid = 23
  userGroupUponRegistration = 6
  userGroupUponConfirmation = 7
  loginPID = 60
  registerPID = 61
  editPID = 62
  confirmPID = 63
  formFields = username, password, first_name,last_name ,email
  requiredFields =  username, password, email
  enableEmailConfirmation = 1
}
```

Die Extension verwendet standardmäßig einen zweistufigen Registrierungsprozess (Double Opt-In). Nach der Anmeldung auf der Website wird der User zunächst in die Gruppe userGroupUponRegistration eingetragen.

Dann wird eine E-Mail an die angegebene Adresse verschickt mit einem Aktivierungs-link. Erst wenn dieser aufgerufen wird, ist die Registrierung vollständig. Der User wird dann in die Gruppe `userGroupUponConfirmation` versetzt.

`loginPid`, `registerPid`, `editPid` und `confirmPid` zeigen auf die vier bei der Installation eingerichteten Seiten.

`formFields` und `requiredFields` legen fest, welche Eingabefelder angezeigt werden und welche davon zwingend sind. Zur Verfügung stehen alle Felder der Tabelle `fe_user`.

Mit `enableEmailConfirmation` lässt sich der Double Opt-In deaktivieren (beispiels-weise, wenn die Anmeldung für einen Shop gebraucht wird).

Registrierung

┌─ **Bitte füllen Sie die Informationen für Ihr Konto aus.** ────────────────

Die Felder, die mit einem Stern (*) markiert sind, müssen ausgefüllt werden!

Bevorzugter Benutzername *	[ ]
Kennwort *	[ ] Wiederholung [ ]
Vorname	[ ]
Nachname	[ ]
E-Mail *	[ ]
	[Konto erstellen]

Bild 3.69: Ein maßgeschneidertes Registrierungsformular

Tipp: Wenn Sie die Bearbeitung der Profile aktiviert haben, sollten Sie auf keinen Fall mittels `config.disableAllHeaderCode = 1` die Javascript-Einbindung von Typo3 deaktivieren. Das Bearbeitungsformular arbeitet sonst nicht korrekt.

Die Extension kennt noch eine Vielzahl von Konfigurationsoptionen, die aber durchweg gut dokumentiert sind. Daher sollen sie hier nicht weiter besprochen werden.

3.9.6 Passwörter absichern

Typo3 ist im Großen und Ganzen bisher kaum durch Sicherheitslücken aufgefallen. Umso erstaunlicher ist die Tatsache, dass die Passwörter der Frontend-User im Klartext in der Datenbank abgelegt werden. Das widerspricht jeder gängigen Sicherheitsüberlegung, vom Datenschutz ganz zu schweigen. Ende 2008 musste dies die Typo3 Association am eigenen Leib erfahren, als die Website erfolgreich angegriffen wurde. Registrierte User wurden anschließend von den Website-Betreibern aufgefordert, ihre Passwörter auf anderen Seiten zu ändern, wenn sie dasselbe Passwort benutzt hatten wie auf der Typo3-Seite.

Diese Nachlässigkeit wird noch weniger verständlich, wenn man sich bewusst macht, dass die Verschlüsselung der Passwörter in Form von Hashwerten kaum Aufwand bedeutet und tatsächlich ja für die Backend-Logins benutzt wird.

Um sie aber in aktuellen Installationen nachzurüsten, ist doch einiger Aufwand nötig. Denn der gesamte Login-Mechanismus muss darauf umgestellt werden, dass ein einfacher Vergleich des Passworts nicht mehr reicht.

Eine Extension, die dies ermöglicht, ist *MD5 FE Password* (`kb_md5fepw`). Sie greift am Frontend an und verschlüsselt das Passwort mittels Javascript im Browser, bevor es verschickt wird. Das hat den Nachteil, dass aktiviertes Javascript beim Client Voraussetzung ist und sich jeder nach wie vor einloggen kann, der den Hashwert des Passworts kennt. Ein Superchallenge-Mechanismus erschwert zumindest das Mitlesen bei der Übertragung.

Am Backend setzt dagegen die Kombination der drei Extensions *MD5(Password)* (`md5passwords`), *FeUserLoginsystem* (`feuserloginsystem`) und *fe_users password type=password* (`iim_feuserspasstype`) an. Alle drei werden installiert, anschließend sind folgende Einstellungen zu treffen:

In der Extension `iim_feuserspasstype` muss die Option `md5` gesetzt sein. Dadurch werden Passwörter als MD5-Hashwert gespeichert (auch wenn Frontend-User über das Backend angelegt werden).

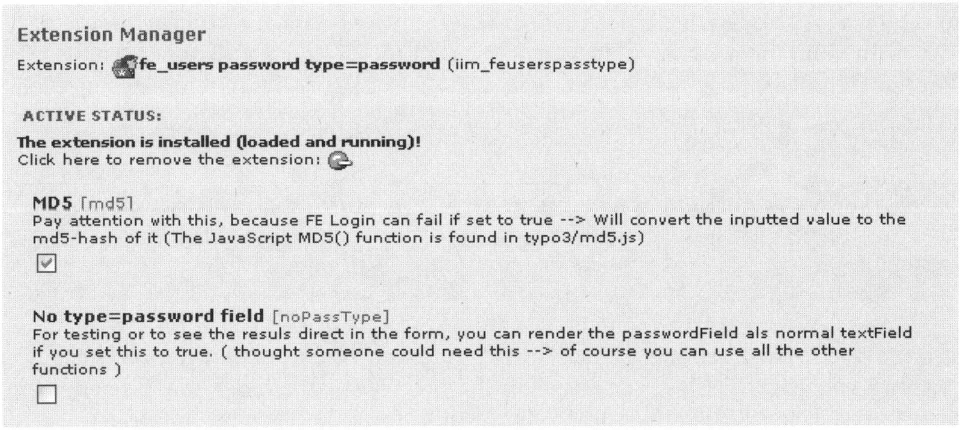

Extension Manager

Extension: fe_users password type=password (iim_feuserspasstype)

ACTIVE STATUS:
The extension is installed (loaded and running)!
Click here to remove the extension:

MD5 [md5]
Pay attention with this, because FE Login can fail if set to true --> Will convert the inputted value to the md5-hash of it (The JavaScript MD5() function is found in typo3/md5.js)
☑

No type=password field [noPassType]
For testing or to see the resuls direct in the form, you can render the passwordField als normal textField if you set this to true. (thought someone could need this --> of course you can use all the other functions)
☐

Bild 3.70: Das Verwenden von MD5-Hashwerten muss erst aktiviert werden

Für die Funktion `Passwort vergessen` muss auf einer Seite das Plugin `FeBenutzerLoginSystem` eingebaut werden. Die Passwort-Wiederherstellung muss so konfiguriert werden, dass bei Nutzung der Funktion ein neues Passwort angelegt wird, da ja das alte nicht mehr bekannt ist.

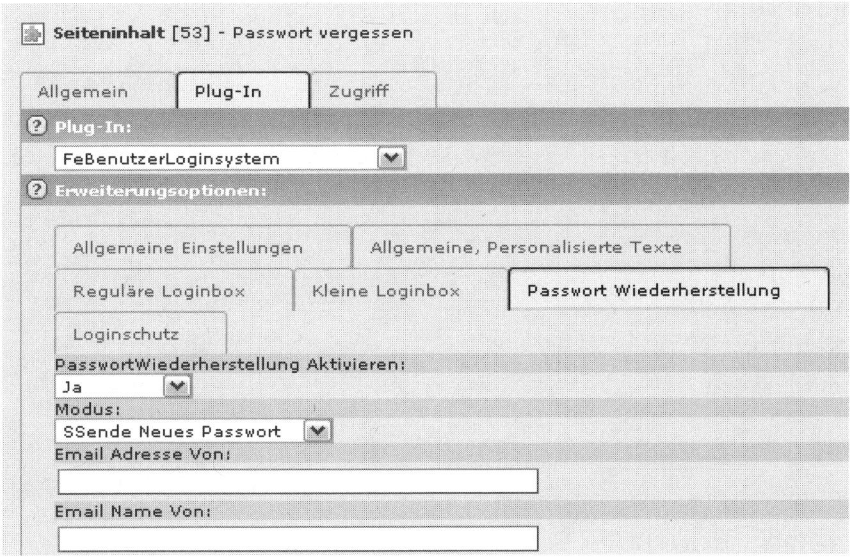

Seiteninhalt [53] - Passwort vergessen

| Allgemein | Plug-In | Zugriff |

Plug-In:

FeBenutzerLoginsystem

Erweiterungsoptionen:

| Allgemeine Einstellungen | Allgemeine, Personalisierte Texte |
| Reguläre Loginbox | Kleine Loginbox | Passwort Wiederherstellung |
| Loginschutz |

PasswortWiederherstellung Aktivieren:
Ja

Modus:
SSende Neues Passwort

Email Adresse Von:

Email Name Von:

Bild 3.71: Passwort vergessen? Dann gibt es ein neues

`feuserloginsystem` kann die `felogin`-Erweiterung (siehe oben) weitgehend ersetzen, aber nicht vollständig. Wenn Sie also auf `felogin` nicht verzichten können, sollten Sie dort im Template einen statischen Link auf die Passwort-Vergessen-Seite mit dem `feuserloginsystem` setzen.

> **Tipp:** Anwender von `sr_feuser_register` sollten auch in dieser Erweiterung die Option für MD5-Passwörter setzen, damit die Unterstützung wirklich durchgängig ist.

`md5passwords` selbst benötigt keinerlei Konfiguration. Nach der Aktivierung steht der Nutzung von MD5-Hashwerten nichts mehr im Wege. Allerdings funktionieren die Anmeldungen von Usern, die vor der Installation des MD5-Systems angelegt wurden, nun nicht mehr. Sie müssen neu gesetzt werden. Zu diesem Zweck kann in `iim_feuserspasstype` die Option `no type=password field` gesetzt werden. Dadurch werden die Passwörter im Backend wieder angezeigt (anstatt Sternchen), sodass jeder User mit altem Passwort nur einmal aufgerufen und neu gespeichert werden muss.

Dieser Ansatz ist insgesamt deutlich stabiler als ein Client-basierter Ansatz. Allerdings sei ein Nachteil nicht verschwiegen: Das Passwort wird im Klartext vom Browser zum Server geschickt. Der Login sollte daher in diesem Fall immer über eine SSL-gesicherte Verbindung erfolgen.

4   Das Typo3 Backend

4.1   Benutzerverwaltung

Typo3 trennt die Verwaltung der Backend-Benutzer vollständig vom Frontend. Diese werden in eigenen Tabellen gespeichert – und anders als bei den Frontend-Usern werden dort auch die Passwörter als Hash-Wert verschlüsselt abgelegt. Im Typo3-Backend ist die Verwaltung allerdings auf mehrere Stellen verteilt.

Benutzer und *Benutzergruppen* werden über das Web-Modul Liste im Root des Seitenbaums (das ist der Eintrag mit der Weltkugel) angelegt.

Im Modul Admin-Werkzeuge findet sich der Eintrag Verwaltung, der eine Übersicht über alle Backend-User bietet. Hier lassen sich neue User anlegen und bestehende Gruppen bearbeiten, aber keine neuen Gruppen anlegen.

Und schließlich gibt es das Modul Benutzerwerkzeuge, in dem der Nutzer selbst seine Vorgaben bearbeiten kann.

4.1.1   Backend-Benutzergruppen

Die Rechtevergabe im Backend von Typo3 sollte grundsätzlich anhand von Benutzergruppen erfolgen. Diese lassen sich auch hierarchisch strukturieren. Der Grund hierfür ist, dass Rechte an Seiten wie im Linux-Dateisystem vergeben werden, d. h. auf den drei Ebenen Besitzer, Gruppe und Alle. Eine Seite hat dabei immer nur einen Besitzer und kann auch nur zu einer Gruppe gehören.

Andererseits kann ein Benutzer jederzeit mehreren Gruppen angehören und darüber dann die Rechte an unterschiedlichen Seiten erhalten.

An erster Stelle der Planung der Rechtevergabe in Typo3 steht daher die Einteilung der Website in logische Einheiten.

Hierarchische Gruppen

Ein beispielhaftes Szenario in einer Firma könnte folgendermaßen aussehen: Es gibt einen Produkt- und einen Service-Bereich sowie eine Presseabteilung. Daraus ergeben sich drei Gruppen, von denen jede die entsprechenden Rechte bekommt. Die Rechtevergabe wird ab dem Abschnitt 4.1.3 in diesem Kapitel genauer besprochen.

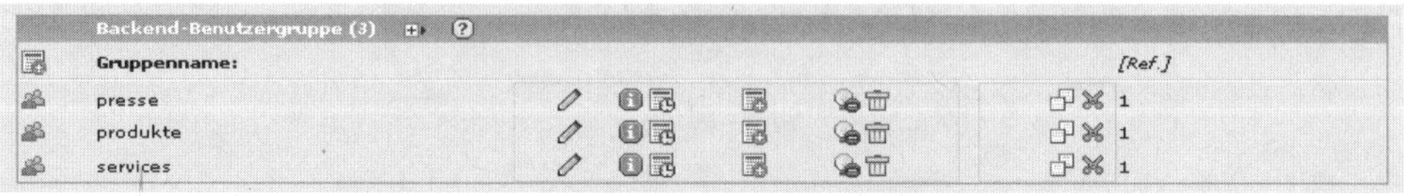

Bild 4.1: Benutzergruppen werden am besten nach Rollen vergeben

Da aber sowohl Produkt- als auch Service-Manager Pressemeldungen schreiben dürfen, wird bei diesen beiden Gruppen Presse als *Untergruppe* ausgewählt.

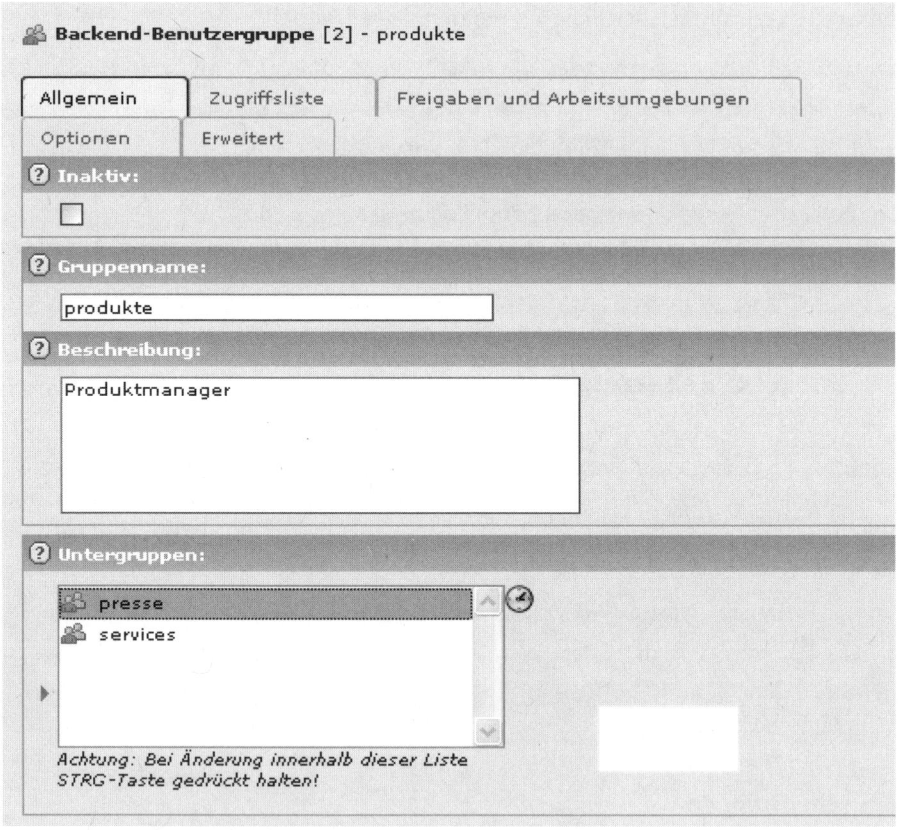

Bild 4.2: Mittels Untergruppen werden Hierarchien angelegt.

Tipp: Wie bei den Frontend-Gruppen wird auch bei den Backend-Gruppen der irreführende Begriff *Untergruppe* verwendet. Eine Gruppe erbt aber die Rechte aller Untergruppen, die ihr zugeordnet sind. Basisgruppe wäre daher eine treffendere Beschreibung.

4.1.2 Rechte vergeben

Rechte können teils auf Benutzerebene, teils auf Gruppenebene vergeben werden (siehe folgenden Abschnitt). Doch die Rechteverwaltung ist auf Dauer einfacher, wenn die Rechte nur an Gruppen vergeben werden und auf Benutzerebene nur Gruppenzugehörigkeiten und Ausnahmen verwaltet werden.

Die Gruppenstruktur sollte der Rollenverteilung im Unternehmen entsprechen. Wenn diese festliegt, werden die Rechte der Gruppen entsprechend eingerichtet. Typo3 ermöglicht dabei eine extrem feine Struktur, bis hinunter zu einzelnen Datenbankfeldern.

Zugriffslisten

Um *Zugriffslisten* auf Gruppenebene zu verwenden, müssen sie eigens aktiviert werden. Sobald sie eingeschaltet sind, müssen sie allerdings sorgfältig gesetzt werden, denn nach der Aktivierung stehen praktisch alle Optionen auf »aus«. Jede Option, die zur Verfügung stehen soll, muss eigens aktiviert werden.

Sieben Zugriffslisten werden in Typo3 verwendet, die alle im Reiter `Zugriffslisten` zu finden sind, wenn Sie eine Gruppe bearbeiten:

Module

Über die Liste `Module` wird geregelt, welche Grundfunktionen links im Modulbaum anwählbar sind.

Die Module, die ein Benutzer letztendlich sieht, ergeben sich dabei aus der Summe aller Berechtigungen. Hat etwa die Gruppe `produkte` das Recht, das Modul `Web->Seite` zu verwenden, die Gruppe `presse` dagegen das Recht an `Web->Liste`, so erhält der User `produkt`, der ja beiden Gruppen angehört, das Recht an beiden Modulen.

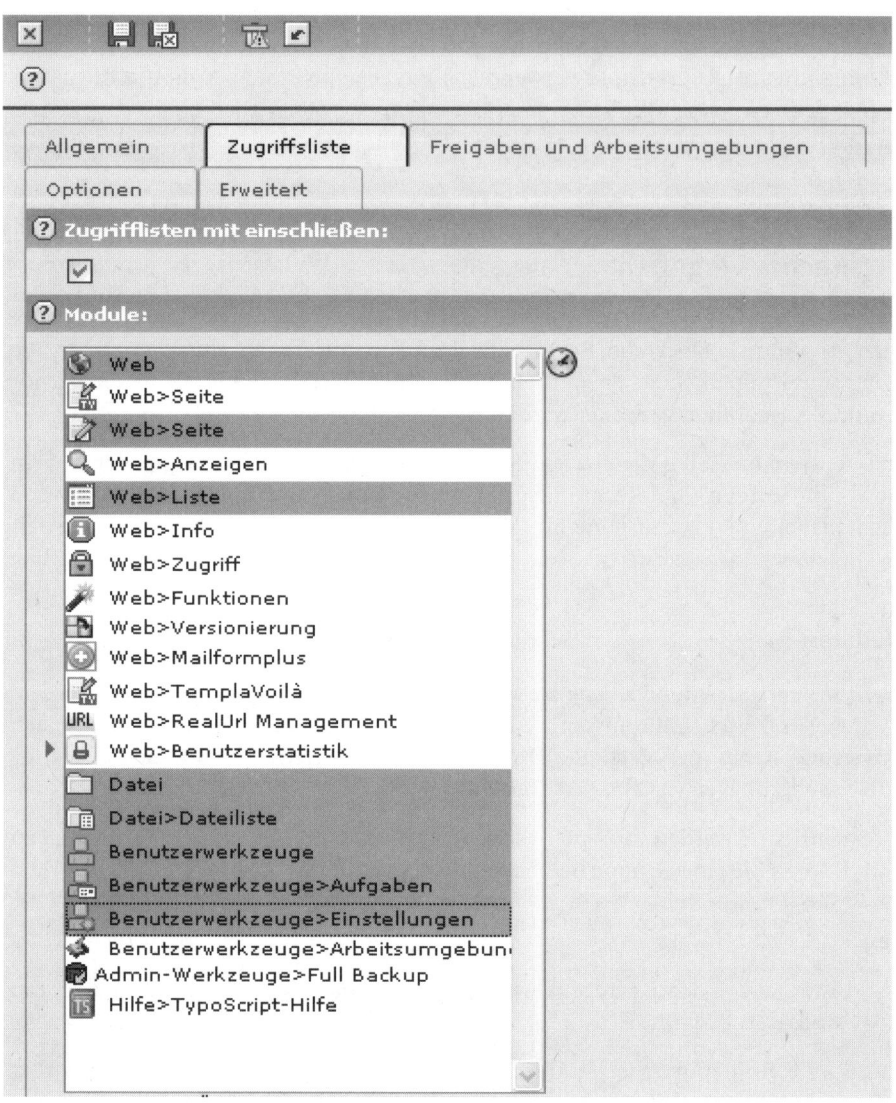

Bild 4.3: Die Modulliste steuert die Grundfunktionen

Tipp: Wenn ein Modul aktiviert wird, muss immer auch der zugehörige Modulblock markiert werden, für Web->Liste beispielsweise Web. Andernfalls können die Funktionen später nicht angewählt werden.

Tabellen anzeigen / ändern

Die beiden Listen Tabellen (anzeigen) und Tabellen (ändern) bestimmen, welche Inhalte ein Benutzer sehen bzw. ändern darf.

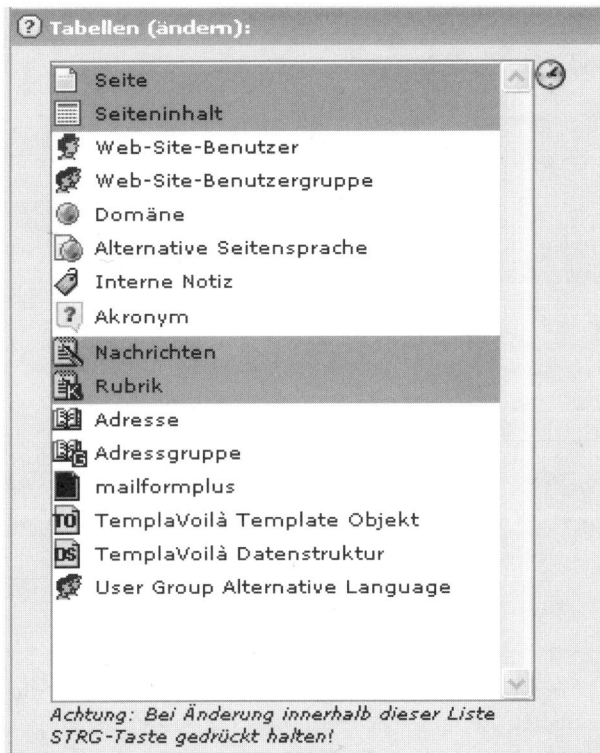

Bild 4.4: Die Tabellenliste bestimmt, welche Inhalte barbeitet werden dürfen

Normalerweise sind nur in der zweiten Liste Einträge nötig, da es kaum vorkommt, dass Inhalte gesehen, aber nicht geändert werden dürfen. Eine Ausnahme ist beispielsweise TemplaVoila, weil es für die Auswahl von Vorlagen lediglich nötig ist, Inhalte zu sehen, während Änderungen an den Vorlagen Sache des Administrators sind.

Seitentypen

Die Liste `Seitentypen` bestimmt, welche Seitenarten ein Benutzer anlegen darf. Ein User, der nur Pressemeldungen mithilfe des Plugins `tt_news` anlegt, bräuchte hier beispielsweise keinerlei Rechte, weil er keine neuen Seiten erzeugt.

Bild 4.5: Die meisten User benötigen nur wenige Seitentypen

Erlaubte Ausschlussfelder

Standardmäßig sind nach Aktivierung der Zugriffslisten für Backend-User nur die nötigsten Felder für Inhalte freigeschaltet. Bei einer Seite sind dies etwa der Seitentitel und der Alias, bei einem Inhaltselement von Typ `Text` die Überschrift und der eigentliche Text. Alle anderen Felder müssen eigens aktiviert werden, um dem Backend-Benutzer zur Verfügung zu stehen.

Bild 4.6: Ausschlussfelder: Was nicht ausdrücklich erlaubt wird, ist verboten

Die Liste der `Ausschlussfelder` kann sehr lang werden, da hier jede Extension auf-taucht, die Inhaltselemente ermöglicht. Ist beispielsweise tt_news installiert, finden sich in der Liste allein dafür mehr als 30 Optionen. Entsprechend fein sind aber auch die Steuerungsmöglichkeiten.

Feldwerte explizit erlauben/verbieten

Die Liste der Ausschlussfelder beeinflusst nicht die möglichen Typen für Inhaltsele-mente. Das Angebot dafür wird im Abschnitt `Feldwerte explizit erlauben/verbieten` geregelt. Im Gegensatz zu den bisherigen Listen gilt hier, dass erst einmal alle Typen erlaubt sind und einzeln abgeschaltet werden können.

Auch die Plugins, die der Benutzer als Inhaltselement verwenden kann, werden hier kontrolliert.

? Feldwerte explizit erlauben/verbieten:

Seiteninhalt: Typ:
- ☑ ⊗ [Verbieten] Spezial
- ☑ ⊗ [Verbieten] Überschrift
- ☐ ⊗ [Verbieten] Text
- ☐ ⊗ [Verbieten] Text m/Bild
- ☑ ⊗ [Verbieten] Bild
- ☑ ⊗ [Verbieten] Aufzählung
- ☑ ⊗ [Verbieten] Tabelle
- ☑ ⊗ [Verbieten] Dateiverweise
- ☑ ⊗ [Verbieten] Formular
- ☑ ⊗ [Verbieten] Suchen
- ☑ ⊗ [Verbieten] Anmeldung
- ☑ ⊗ [Verbieten] Multimedia
- ☑ ⊗ [Verbieten] Textfeld
- ☑ ⊗ [Verbieten] Menü/Sitemap
- ☑ ⊗ [Verbieten] Datensatz einfügen
- ☑ ⊗ [Verbieten] Plug-In einfügen
- ☑ ⊗ [Verbieten] Skript
- ☑ ⊗ [Verbieten] Trenner
- ☑ ⊗ [Verbieten] HTML
- ☑ ⊗ [Verbieten] Flexibler Inhalt
- ☑ ⊗ [Verbieten] Language Selection

Alle Markierungsfelder auswählen

Seiteninhalt: Plug-In:
- ☐ ⊗ [Verbieten] Nachrichten
- ☐ ⊗ [Verbieten] Adressen
- ☐ ⊗ [Verbieten] mailformplus
- ☐ ⊗ [Verbieten] Mailformplus-Liste
- ☐ ⊗ [Verbieten] Frontend Benutzer Administration
- ☐ ⊗ [Verbieten] Front End Benutzer Registrierung
- ☐ ⊗ [Verbieten] FeBenutzerLoginsystem

Alle Markierungsfelder auswählen

Bild 4.7: Über die Feldwerte werden bestimmte Inhaltstypen verboten

Auf Sprachen einschränken

Die letzte Liste schließlich ermöglicht es, den Zugriff einer Gruppe auf bestimmte Seitensprachen zu beschränken. Hier gilt wie bei den Feldwerten das Verbotsprinzip, d. h. standardmäßig sind alle Sprachen erlaubt.

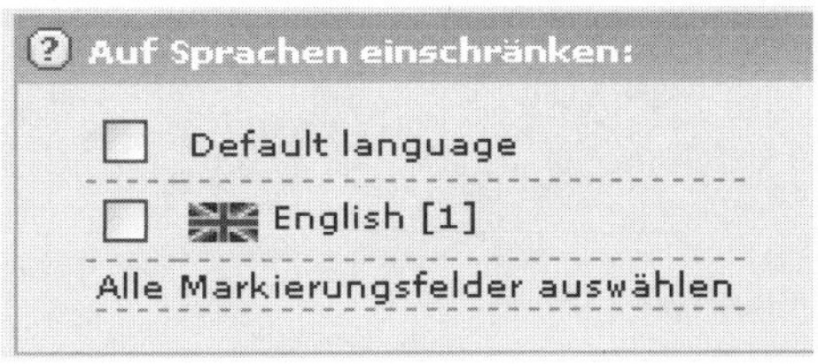

Bild 4.8: Für Übersetzer lassen sich auch Sprachen gezielt wählen

> **Tipp:** Ist eine Gruppe auf eine Sprache beschränkt, so kann sie nicht nur Inhalte in dieser Sprache bearbeiten, sondern auch bestehende Inhalte anderer Sprachen lokalisieren. Übersetzer brauchen also keinen Zugriff auf die Originalsprache. Per Klick auf die passende Flagge wird der Inhalt der Default-Sprache kopiert und steht zur Übersetzung bereit.
>
> Die alternative Seitensprache muss dafür allerdings bereits vorhanden sein, was normalerweise vom Administrator erledigt wird.

Datenbankfreigaben/Webmounts

Im Reiter `Freigaben und Arbeitsumgebungen` gibt es drei Einstellungen. Die erste, `Datenbankfreigaben`, gibt einer Gruppe das Recht, Teile des Typo3-Seitenbaums zu bearbeiten. Die Datenbankfreigaben erscheinen in der Benutzer-Verwaltung unter dem Begriff `Webmounts`.

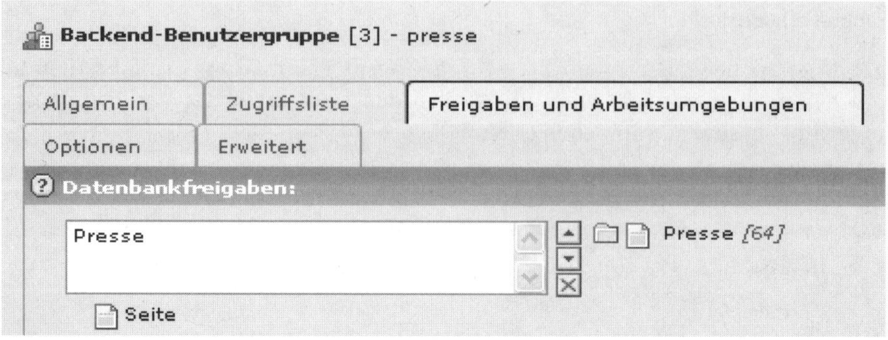

Bild 4.9: Die Datenbankfreigabe erlaubt Zugriff auf den Seitenbaum

Meldet sich ein User mit den hier definierten Rechten an, sieht er anstelle des vollständigen Seitenbaums lediglich die erlaubten Zweige. Im Extremfall könnte dies ein einziger SysFolder sein, der etwa Pressemitteilungen als tt_news-Einträge enthält.

Damit die Datenbankfreigabe auch im Seitenbaum des Users erscheint, muss noch der Zugriff auf die Seite erlaubt werden. Dies geschieht über das Modul Web->Zugriff. Nach Öffnen der gewünschten Seite zur Bearbeitung kann die Gruppe ausgewählt werden, die Zugriff auf die Seite erhält, und auch die passenden Rechte können gesetzt werden. Dies kann ausschließlich für die Seite selbst oder rekursiv für Unterseiten geschehen.

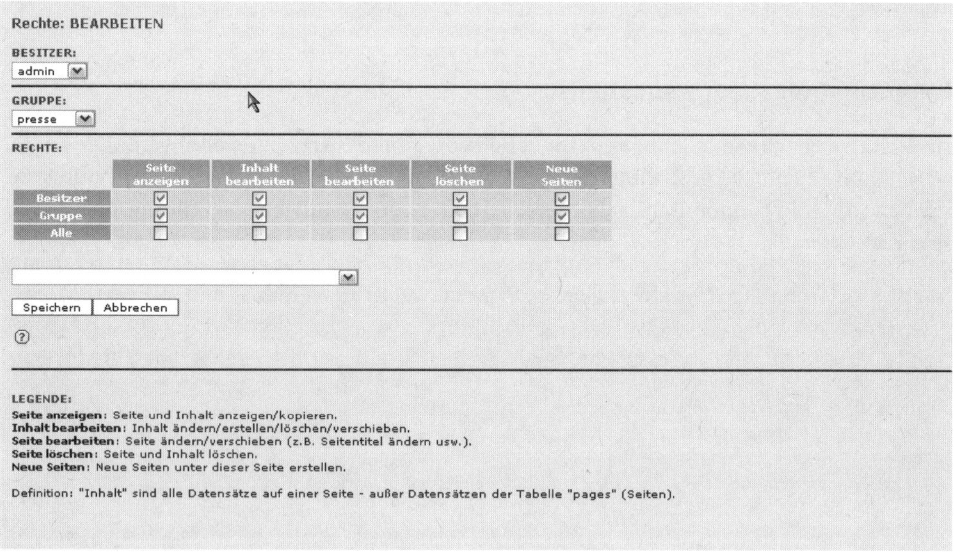

Bild 4.10: Ohne die passenden Rechte ist die Datenbankfreigabe wirkungslos

Verzeichnisfreigaben

Die zweite Freigabe betrifft Verzeichnisse, mit denen der User arbeiten kann. *Verzeichnisfreigaben* werden allgemein als Objekte im Root der Typo3-Site angelegt. Standardmäßig sind alle Ordner in `fileadmin` zugänglich. Sollen auch Ordner außerhalb verwendet werden, so muss in der Typo3-Installation die Einstellung [BE][lockRootPath] entsprechend gesetzt werden. Beispielsweise erlaubt die Einstellung `/var/www/files`, diesen Ordner (und alle Unterordner) zu verwenden. Dabei muss sichergestellt sein, dass der Webserver bzw. PHP die nötigen Rechte hat, um auf Dateien dieses Ordners zuzugreifen.

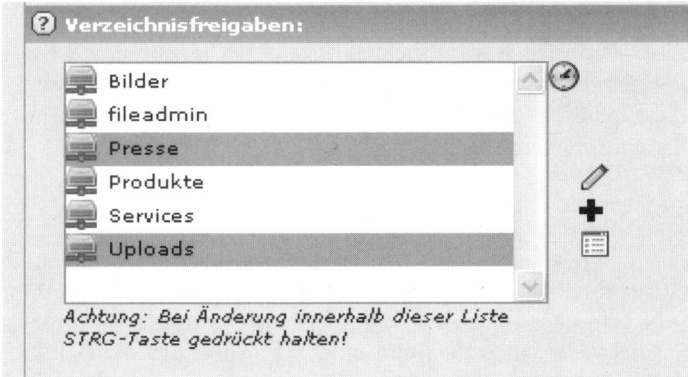

Bild 4.11:
Verzeichnisfreigaben
ermöglichen den Zugriff
auf externe Dateien

Die Benutzer-Verwaltung erlaubt auch hier eine einfache Kontrolle der Einstellungen: Freigaben, die nicht funktionieren, tauchen in den Listen nicht auf.

Arbeitsumgebungen/Workspaces

Die letzte Einstellung im Reiter `Freigaben und Arbeitsumgebungen` bilden die `Arbeitsumgebungsberechtigungen`. Hier wird festgelegt, ob eine Gruppe oder ein Benutzer nur Zugriff auf die `Entwurfsumgebung` hat oder auch direkt im Live-Modus arbeiten kann. Normalerweise sollte eine Gruppe von Autoren nur in der Entwurfsansicht arbeiten, und nur ein oder zwei ausgewählte User sollten das Recht zur Veröffentlichung besitzen.

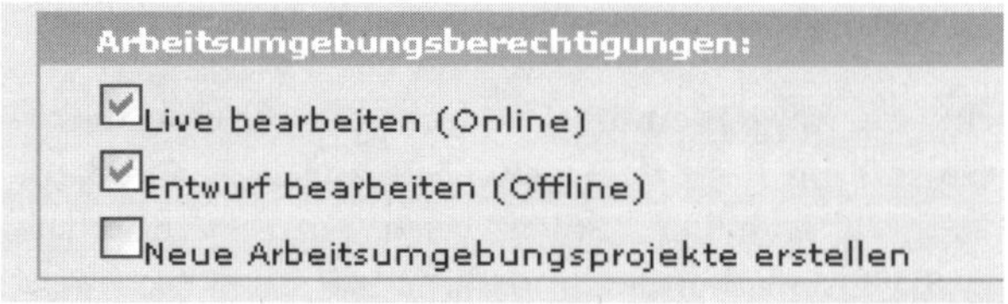

Bild 4.12: Gruppen und User lassen sich auf bestimmte Arbeitsumgebungen festlegen

Hat ein User nur das Recht, eine einzige Arbeitsumgebung zu benutzen, verschwindet das Auswahlfeld dafür im Backend. Der entsprechende Workspace wird durch die Anmeldung automatisch festgelegt.

> **Tipp:** Die Einstellungen hier betreffen nur die beiden Standard-Umgebungen Live und Entwurf. Wenn ein System mit Autor und Publisher geplant ist, sollten besser eigene Arbeitsumgebungen eingerichtet werden.

Domänen

Im Reiter Optionen finden Sie ein Feld, das eine weitere Beschränkung des Zugangs erlaubt. Hier können Sie angeben, dass eine Gruppe nur in einer bestimmten Domain aktiv sein kann. Das ist beispielsweise sinnvoll, wenn eine Typo3-Installation mehrere durch Domains getrennte Websites verwaltet.

Vererbung

Wie schon erwähnt, erben Gruppen Einstellungen von ihren Untergruppen. Da allerdings manche Einstellungen Verbote darstellen, andere dagegen Funktionen freischalten, ist das Ergebnis nicht immer leicht durchschaubar.

So ergibt sich die Liste der File- und Webmounts aus der Summe der Freigaben aller Untergruppen und der Gruppe selbst. Dasselbe gilt für Rechte an Tabellen oder Modulen.

Bei umgekehrten Listen wie etwa der Sprache stimmt dies nicht hundertprozentig. Denn wenn eine Gruppe keine Einschränkung der Sprache hat, ihre Untergruppe aber schon, sollte die Summe bedeuten, dass alle Sprachen zugänglich sind. Tatsächlich wird aber die Einschränkung vererbt. In unserem Szenario würde also die Gruppe produkte auf Englisch beschränkt, wenn die Gruppe presse diese Einstellung enthält. Soll produkte auf weitere Sprachen zugreifen können, müssen für diese Gruppe die Sprachen erneut angepasst werden.

Eine gute Übersicht über alle Rechte, die ein Benutzer letztlich erhält, finden Sie in der Benutzer-Verwaltung (siehe folgenden Abschnitt).

4.1.3 Backend-User anlegen

Sobald die Gruppenstruktur fertig ist, sind die Benutzer an der Reihe. Wie die Benutzergruppen lassen sich auch User über den Seitenbaum anlegen. Alternativ gibt es auch im Modul `Admin-Werkzeuge->Verwaltung` ein Icon zur Neuanlage von Benutzern.

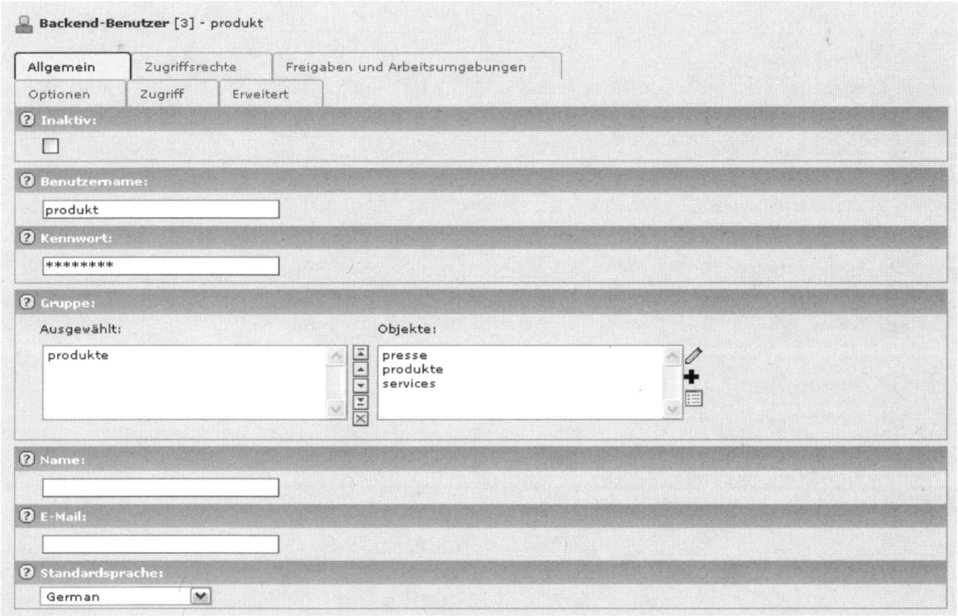

Bild 4.13: Neue User sind schnell eingerichtet

Wenn die Benutzergruppen richtig eingerichtet sind, muss dem User nur noch die richtige Nutzergruppe zugewiesen und dafür gesorgt werden, dass er auch wirklich alle Rechte der Gruppen erbt sowie dass eventuelle Ausnahmen definiert werden.

Zugriffsrechte

Die Liste der Zugriffsrechte ist für Benutzer deutlich kleiner als für Gruppen. Hier können lediglich Module und Sprachen ausgewählt werden. Diese Rechte erhält der Benutzer zusätzlich zu denen aus der Gruppe. Hier sollten nur im Ausnahmefall Einstellungen nötig sein, die Steuerung über die Gruppe ist fast immer die bessere Wahl.

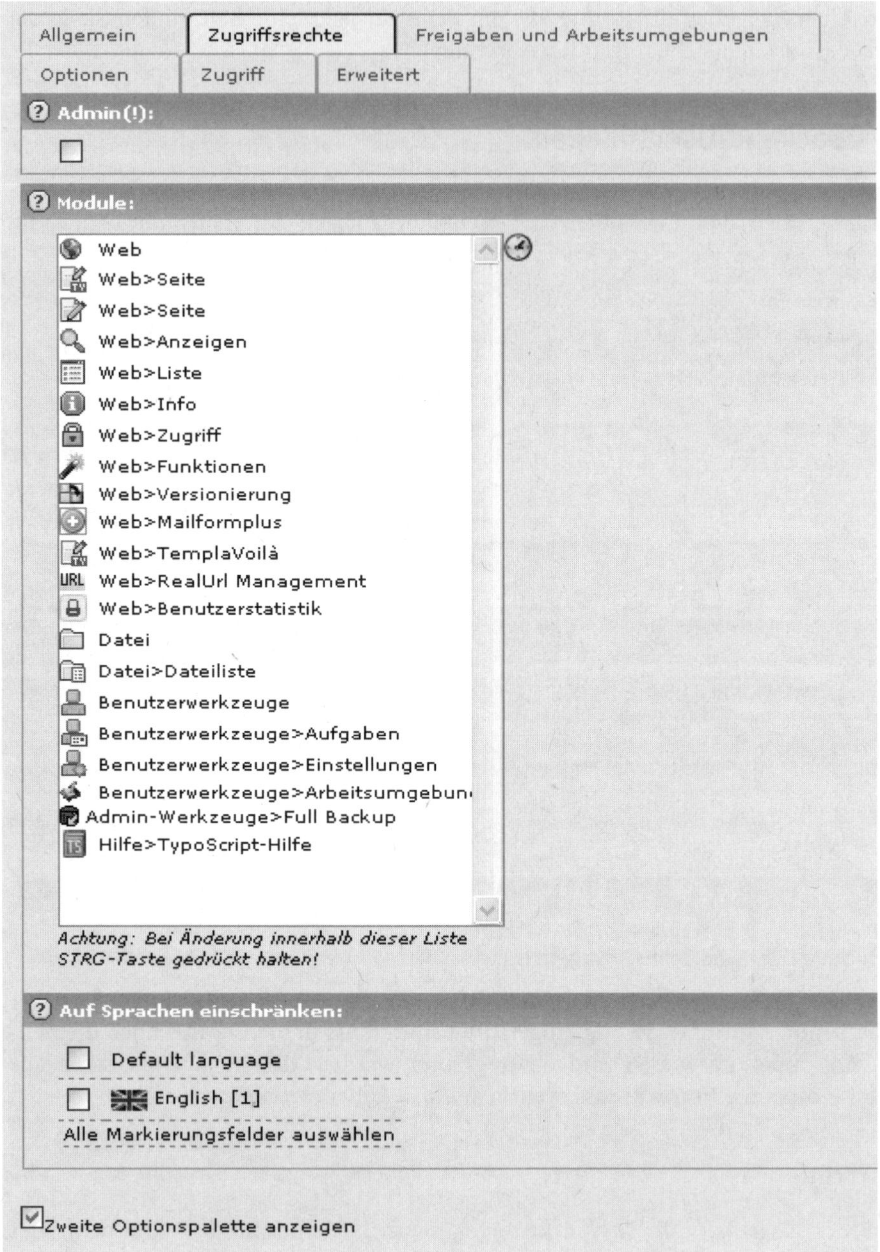

Allgemein	Zugriffsrechte	Freigaben und Arbeitsumgebungen

Optionen	Zugriff	Erweitert

(?) Admin (!):

☐

(?) Module:

🌐 Web
Web>Seite
Web>Seite
🔍 Web>Anzeigen
Web>Liste
ⓘ Web>Info
🔒 Web>Zugriff
🔧 Web>Funktionen
Web>Versionierung
⊕ Web>Mailformplus
Web>TemplaVoilà
URL Web>RealUrl Management
Web>Benutzerstatistik
📁 Datei
Datei>Dateiliste
Benutzerwerkzeuge
Benutzerwerkzeuge>Aufgaben
Benutzerwerkzeuge>Einstellungen
Benutzerwerkzeuge>Arbeitsumgebun
Admin-Werkzeuge>Full Backup
Hilfe>TypoScript-Hilfe

Achtung: Bei Änderung innerhalb dieser Liste
STRG-Taste gedrückt halten!

(?) Auf Sprachen einschränken:

☐ Default language
- - - - - - - - - - - - - - - - - - - -
☐ 🏴 English [1]
- - - - - - - - - - - - - - - - - - - -
Alle Markierungsfelder auswählen

☑ Zweite Optionspalette anzeigen

Bild 4.14: Die Zugriffsrechte des Users sind nur für Ausnahmen wichtig

In diesem Abschnitt findet sich auch die Option Admin, um einen Benutzer mit Administrator-Rechten auszustatten. Dieses Recht existiert nur auf User-Ebene.

Freigaben und Arbeitsumgebungen

Der Abschnitt Freigaben und Arbeitsumgebungen ist großteils identisch mit den Einstellungen für die Gruppen. Es gibt aber zwei zusätzliche Optionen.

Zum einen sollten die Checkboxen bei den Freigaben aus Gruppen gesetzt sein. Nur dann erbt der Benutzer die entsprechenden Einstellungen.

Bild 4.15: Benutzer sollten Freigaben aus Gruppen übernehmen

Die zweite benutzerspezifische Einstellung betrifft den Umgang mit Dateien. Die Dateioperationsberechtigungen legen fest, ob ein Benutzer Dateien und/oder Verzeichnisse anlegen, hochladen, löschen usw. kann. Die Standardeinstellungen sind sinnvoll, wenn ein User überhaupt Inhalte anlegen kann, denn dazu gehört immer in gewissem Umfang die Arbeit mit Dateien. Um Inhalte abzusichern, kann über die Dateifreigaben der Zugriff auf bestimmte Verzeichnisse beschränkt werden.

> ⊘ **Dateioperationsberechtigungen**
> ☑ Dateien: Hochladen, Kopieren, Verschieben, Löschen, Umbenennen, Neu, Bearbeiten
> ☑ Dateien: Entpacken
> ☑ Verzeichnis: Verschieben, Löschen, Umbenennen, Neu
> ☐ Verzeichnis: Kopieren
> ☐ Verzeichnis: Rekursiv löschen (rm -Rf)

Bild 4.16: Die Standardeinstellungen für Dateioperationen sind meist sinnvoll

Optionen

Im Reiter Optionen findet sich neben der Beschränkung der Domäne auch noch die Möglichkeit, die Beschränkung eines Users auf eine bestimmte IP-Adresse zu deaktivieren, falls dies standardmäßig der Fall ist. Näheres zu dieser Beschränkung finden Sie im Abschnitt 6.4, »Sicherheit«.

Zugriff

Im Reiter `Zugriff` gibt es die Optionen `Start` und `Stop`. Damit lässt sich ein Benutzerzugang zeitlich beschränken, etwa für Praktikanten. Für Gruppen existiert diese Option nicht.

Benutzer-Verwaltung

Welchen Gruppen ein Benutzer letztlich angehört, ist in der `Verwaltung` im Admin-Bereich zu sehen. Wird die Option `Member of Groups` aktiviert und die Einstellung gespeichert, so wird neben den Benutzernamen auch die Gruppenzugehörigkeit angezeigt.

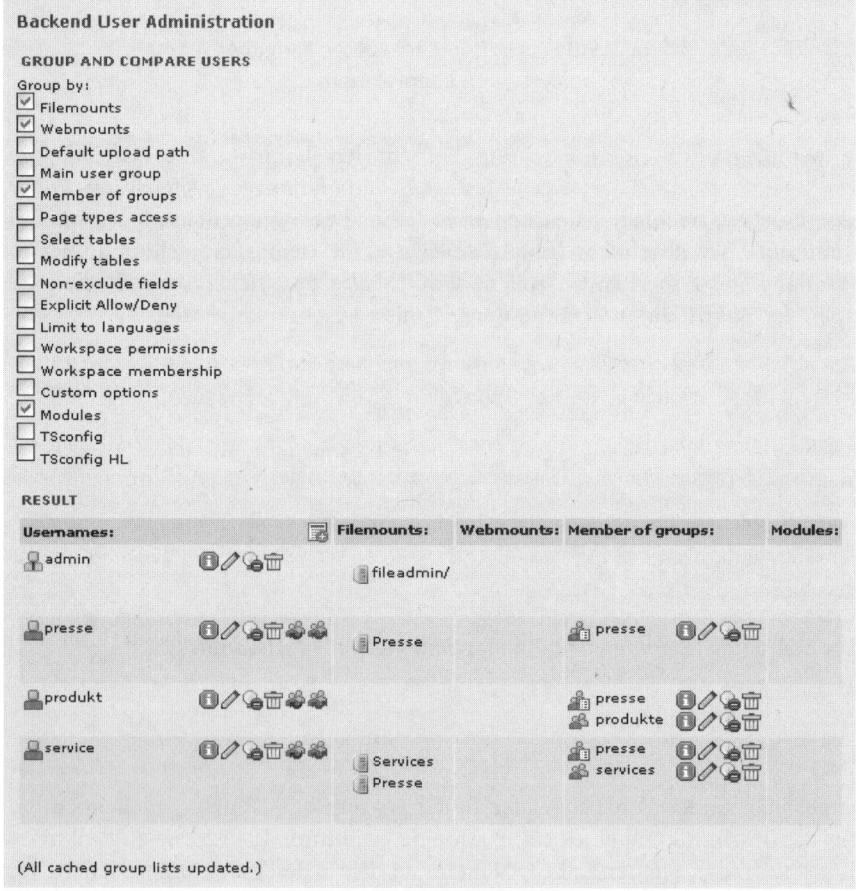

Bild 4.17: Die Benutzerverwaltung zeigt die effektiven Rechte eines Users

`Member of Groups` zeigt dabei sowohl direkte als auch indirekte Zuordnungen über eine Untergruppe an.

Die weiteren Optionen des Verwaltungsmoduls zeigen nach Aktivierung alle Rechte und Einstellungen zu den einzelnen Usern an, bis hin zu den Typoscript-Einstellungen als Objektbaum oder im Quelltext.

Tipp: Anmeldenamen für Backend-Benutzer sollten immer personenbezogen sein, nicht (wie hier im Beispiel) funktionsbezogen. Persönliche Logins werden erfahrungsgemäß nicht so einfach weitergegeben, was für die Sicherheit des Systems von Vorteil ist.

4.2 Backend anpassen

Die Rechteverwaltung für User und Gruppen ermöglicht bereits eine detaillierte Steuerung der Möglichkeiten, die das Backend einem Anwender zur Verfügung stellt. Weitere Konfigurationsoptionen bietet die Seiten- und Userkonfiguration mittels Typoscript.

4.2.1 Die Typoscript-Hierarchie

Die Typoscript-Konfiguration ist prinzipiell einfach, allerdings wird das Ganze durch die vielen Stellen verkompliziert, an denen eine Konfiguration erfolgen kann.

Die *Benutzerkonfiguration*, kurz *User TSconfig* oder `UserTS`, kann bei jedem User (sowohl Backend- als auch Frontend-User), aber auch bei jeder Gruppe eingestellt werden.

Die *Seitenkonfiguration*, kurz *Page TSconfig* oder `PageTS`, kann in jeder einzelnen Seite des gesamten Baums gesetzt werden.

Die UserTS hat grundsätzlich eine höhere Priorität als die PageTS, sofern eine Einstellung überhaupt in beiden Konfigurationen zulässig ist.

Daraus ergibt sich folgende Hierarchie:

```
UserTS Benutzer
   UserTS Gruppe
      PageTS Unter-Unterseite
         PageTS Unterseite
            PageTS Root-Seite
```

Die PageTS-Einstellungen werden also aus dem Baum von der Root-Seite bis zur aktuellen Seite kombiniert, analog zu den Templates. Eine Unterseite erbt zunächst die Einstellungen der übergeordneten Seite und kann diese dann überschreiben.

Anschließend werden die Einstellungen der Gruppe angewandt. Gehört ein User mehreren Gruppen an, so gibt es auch hier eine innere Hierarchie. Die Gruppe, die beim Benutzer als letzte in der Liste steht, hat die höchste Priorität. Paradoxerweise ist dies nicht die Hauptgruppe – die steht als erste in der Liste.

Bild 4.18: Der User publish hat zwar die Hauptgruppe publisher, doch die UserTS der Gruppe Presse geht vor

Als Letztes schließlich kommt die UserTS des Benutzers zum Zug. Die hier vorgenommenen Einstellungen sind also auf jeden Fall gültig.

4.2.2   UserTS

Die Benutzerkonfiguration (UserTS) wird im Feld `TSconfig` des Reiters `Optionen` eingegeben. Allerdings ist die Eingabe hier nicht ganz so bequem wie bei den Typoscript-Templates. Der Typoscript-Editor steht hier nicht zur Verfügung, es gibt nur ein Standard-Textfeld.

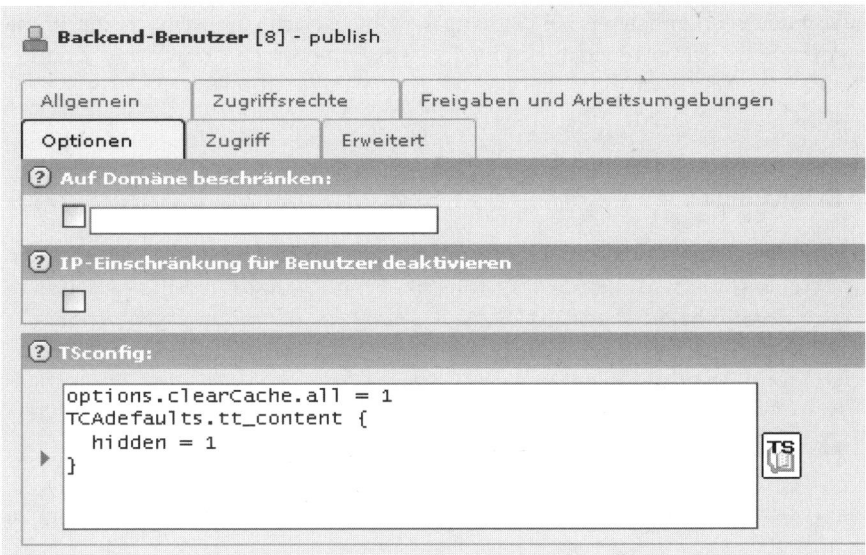

Bild 4.19: UserTS-Einstellungen profitieren nicht vom neuen Typoscript-Editor

Wie bei Typoscript-Templates gibt es aber immerhin rechts vom Textfeld das TS-Symbol, das per Klick die Eigenschaftsanzeige öffnet. Hier finden Sie eine komplette Auflistung der möglichen Eigenschaften, die Sie in UserTS setzen können.

```
TYPOSCRIPT-EIGENSCHAFTENANZEIGE
  [admPanel] = [GO]
  [mod] = [GO]
    [SHARED] = [GO]
    [tools_em] = [GO]
    [web_layout] = [GO]
    [web_list] = [GO]
    [web_view] = [GO]
    [xMOD_alt_doc] = [GO]
  [options] = [GO]
  [setup]
    [default] = [GO]
    [override] = [GO]

TSCONFIG ONLINE
TSconfig Online
```

Bild 4.20: Die TS-Eigenschaftenanzeige dient als gute Erinnerungsstütze

Abgesehen von der Bequemlichkeit bei der Eingabe gibt es noch eine weitere Einschränkung bei der Page TSconfig: Es existieren weder Konstanten noch Conditions. Zumindest die Conditions stehen auf der Liste der gewünschten Features für die Typo3-Version 4.3.

UserTS in Extensions

Neben der direkten Eingabe im Feld TSconfig lassen sich Einstellungen auch über die Funktion t3lib_extMgm::addUserTSConfig() der Typo3 Extension-API vornehmen. Um etwa neue Seiteninhalte standardmäßig auf *Verborgen* zu setzen, ergänzen Sie die Datei ext_localconf.php der Extension (wahlweise auch localconf.php im Verzeichnis typo3conf) mit folgenden Zeilen:

```
t3lib_extMgm::addUserTSConfig('
TCAdefaults.tt_content {
  hidden = 1
}
');
```

Da die Funktion lediglich einen Wert im Konfigurationsarray setzt, ließe sich der gleiche Effekt auch mit folgendem Code erreichen:

```
$TYPO3_CONF_VARS['BE']['defaultUserTSconfig'] = '
TCAdefaults.tt_content {
  hidden = 1
}
';
```

Die Methode über die API-Funktion ist aber der korrekte Weg, zukunftssicher und daher vorzuziehen.

Auf diesem Weg lassen sich Standardeinstellungen für alle User und Gruppen definieren, die auch dann gelten, wenn ein User keiner Gruppe angehört.

Objekte in UserTS

Die `TSconfig` für User kennt nur relativ wenige Top-Level-Objekte (TLO), hinter denen sich aber eine Vielzahl von Einstellungen verbirgt. Hier ist die vollständige TLO-Liste:

Objekt	Daten	Beschreibung
admPanel	->ADMPANEL	Steuert die Funktionen des Admin Panels im Frontend.
options	->OPTIONS	diverse Einstellungen.
mod	siehe mod in PageTS	Setzt Optionen für die Backend-Module. **Achtung:** Dieses Objekt sollte nicht mehr benutzt werden. Alle Funktionen stehen über das TLO page.mod zur Verfügung.
setup. defaults setup. override	->SETUP	Setzt Einstellungen, die in der Benutzerverwaltung zur Verfügung stehen. setup.defaults gibt Standard-Werte vor, die in der Verwaltung überschrieben werden dürfen. setup.override erzwingt Einstellungen, die nicht über die Backend-Formulare geändert werden können.
TCAdefaults. [tablename]. [field]	String	Setzt Standardwerte für neue Einträge in der Tabelle [tablename]. Wenn ein neuer Eintrag angelegt wird, gilt folgende Hierarchie für die Default-Werte: • Wert aus $TCA (Table Configuration Array) • Wert aus User TSconfig (diese Einstellungen) • Wert aus GET-Variablen 'defVals' (siehe Beschreibung zur alt_doc.php) • Wert von vorigen Einträgen, abhängig von der Option 'useColumnsForDefaultValues'

Objekt	Daten	Beschreibung
		Hat der Benutzer keinen Zugriff auf ein Feld, greift das Skript `tcemain.php` nur auf die ersten beiden Möglichkeiten zu. Das bedeutet, dass die Einstellungen in der `UserTS` die höchste Priorität haben und beim Anlegen des Eintrags nicht geändert werden können. Beispiel: `TCAdefaults.tt_content.hidden = 1` setzt das Verbergen-Feld bei neuen Seiteninhalten auf aktiv.
`user`		**Achtung:** Dieses Objekt sollte nicht mehr benutzt werden. Benutzen Sie stattdessen `tx_*`.

`auth`		Konfiguration für Authentifizierungs-Services. Derzeit gibt es nur eine Option:
		
		`auth.BE.redirectToURL` gibt eine URL an, zu der nach einem Login im Backend umgeleitet werden soll.
		
		Beispiel:
		
		`auth.BE.redirectToURL =`
		`alt_main.php?module=web_list`
		
		leitet den User nach Anmeldung im Backend direkt zum Modul Web->Liste.
		
		Anmerkung: Das Beispiel gilt für das alte Backend. In Typo3 4.2 lässt sich das Standardmodul in den Einstellungen vom User selbst festlegen.

`page`	Alle Eigenschaften aus `PageTS`	Alle Eigenschaften der `PageTS` können in der `UserTS` überschrieben werden, indem sie mit dem Vorsatz `page.` geschrieben werden.
		
		Beispiel:
		
		`page.TCEMAIN.table.pages.disablePrependAtCo`
		`py = 1`
		
		entfernt den Zusatz (`Kopie 1`) beim Kopieren von Seiten.

Objekt	Daten	Beschreibung
tx_[Extension Key ohne Unterstrich]		Einstellungen für Extensions

Tabelle 4.1: Top-Level-Objekte in der UserTS

Admin-Panel (->ADMPANEL)

Das *Admin-Panel* bietet eine Reihe von Modulen zum Analysieren der Typo3-Ausgabe. Jedes einzelne Modul lässt sich in der UserTS aktivieren oder deaktivieren. Folgende Module sind vorhanden:

- preview

- cache

- publish

- edit

- tsdebug

- info

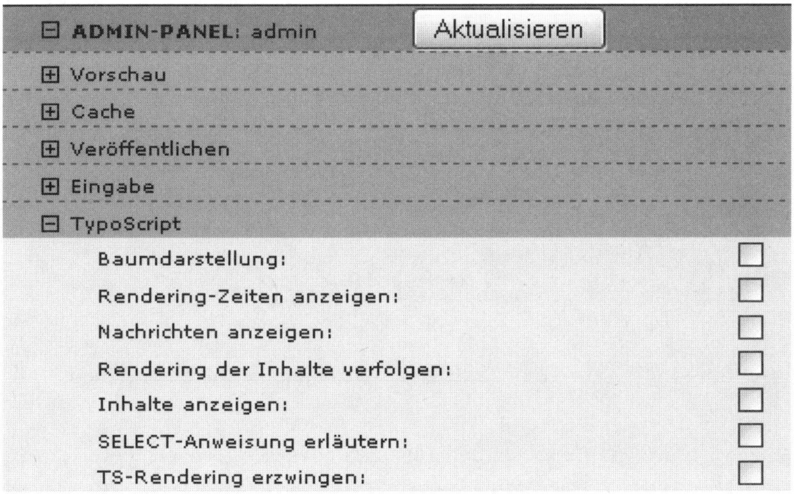

Bild 4.21: Das Admin-Panel ist hilfreich, aber komplex

Um ein Modul einzuschalten, wird folgender Code verwendet:

```
admPanel {
  enable {
    preview = 1
  }
}
```

Mit `admPanel.enable.all = 1` können alle Module aktiviert werden. Für Benutzer mit Admin-Status ist das die Standard-Einstellung.

Damit das Admin-Panel tatsächlich sichtbar wird, muss es im Seitentemplate aktiviert werden. Dazu tragen Sie im Typoscript-Template die Zeile

```
config.admPanel = 1
```

ein. Wenn Sie mit Frames arbeiten oder mehrere Seitentypen definiert haben, sollten Sie die Option besser nur für ein Seitenobjekt aktivieren. In einem Frameset mit den Seitenobjekten `page`, `navigation` und `header` würde also

```
page.config.admPanel = 1
```

das Admin Panel-im Objekt `page` erscheinen lassen.

Die einzelnen Module des Admin-Panels lassen sich auch noch im Detail einrichten. Jede Option, die im Admin-Panel geschaltet werden kann, entspricht einer Einstellung. Um sicher herauszufinden, wie die Option heißt, hilft ein Blick in den Quelltext des Admin-Panels. Das Panel ist ein Formular, dessen Feldnamen von der Form `TSFE_ADMIN_PANEL[modul_option]` sind.

Das Steuerelement für die Editier-Symbole für das Frontend Editing beispielsweise ist ein Input-Feld mit folgendem Code:

```
<input type="checkbox" name="TSFE_ADMIN_PANEL[edit_displayIcons]" value="1"
/>
```

Um nun diese Einstellung im `UserTS` zu beeinflussen, schreiben Sie folgende Zeilen:

```
admPanel{
  enable.edit= 1
  hide = 0
  override{
```

```
        edit.displayIcons = 1
    }
}
```

Zunächst wird die Edit-Funktion des Panels aktiviert.

hide = 0 zeigt das Admin-Panel an. Ist das nicht nötig, weil der Benutzer die Einstellung nicht ändern muss, lässt es sich mit hide = 1 unsichtbar schalten.

override erzwingt nun die gewünschten Einstellungen. In diesem Beispiel wird mit displayIcons die Bearbeitungsleiste eingeschaltet.

> **Tipp:** Einstellungen in der UserTS wirken sich zwar auf die Funktion des Admin-Panels aus, finden sich aber nicht direkt im Formular wieder. Wenn Sie also edit.displayIcons = 1 setzen, werden die Icons sichtbar, der Haken bei der Option im Admin Panel aber nicht gesetzt.

Die folgende Liste zeigt die derzeit vorhandenen Einstellungen:

Modul	Option	Datentyp	Beschreibung
preview	showHiddenPages	Boolean	Verborgene Seiten anzeigen
	showHiddenRecords	Boolean	Verborgene Datensätze anzeigen
	simulateDate	Timestamp	Zeitpunkt simulieren
	simulateUserGroup	Integer	Benutzergruppe simulieren
cache	noCache	Boolean	Kein Caching
	clearCacheLevels	Integer	Anzahl Löschebenen
publish	levels	Integer	Anzahl Ebenen zur Veröffentlichung
edit	displayFieldIcons	Boolean	Bearbeitungssysmbole für Felder
	displayIcons	Boolean	Bearbeitungsleiste für Elemente anzeigen
	editFormsOnPage	Boolean	Eingabeformular auf Web-Seite bearbeiten
	editNoPopup	Boolean	Popup-Fenster für Bearbeitung deaktivieren

Modul	Option	Datentyp	Beschreibung
tsdebug	tree	Boolean	Baumdarstellung
	displayTimes	Boolean	Rendering-Zeiten anzeigen
	displayMessages	Boolean	Nachrichten anzeigen
	LR	Boolean	Rendering der Inhalte verfolgen
	displayContent	Boolean	Inhalte anzeigen
	displayQueries	Boolean	SELECT-Anweisung erläutern
	forceTemplateParsing	Boolean	TS-Rendering erzwingen

Tabelle 4.2: Einstellungen für das Admin-Panel

Tipp: Im Web finden Sie häufig noch Tipps, Einstellungen im Admin-Panel mittels module festzulegen, beispielsweise nach der folgenden Vorgehensweise module. edit.forceDisplayFieldIcons = 1. Diese Methode ist als unerwünscht gekennzeichnet und sollte nicht mehr verwendet werden. Benutzen Sie stattdessen override.

Options (->OPTIONS)

Die options-Gruppe von Einstellungen steuert das Verhalten des Backends. Die Werte können nur via Typoscript gesetzt werden, nicht über das Backend selbst.

Hier ist die komplette Liste der Optionen:

Eigenschaft	Datentyp	Beschreibung
dontMountAdminMounts	Boolean	Ist diese Option gesetzt, so wird der Seitenbaum für den Admin-User nicht gemountet, also nicht angezeigt. Es gelten dann nur die für den User eigens gesetzten Datenbankfreigaben. Damit lassen sich Admin-Benutzer anlegen, die nicht auf den gesamten Seitenbaum zugreifen können. Für Nicht-Admin-User hat diese Option keine Auswirkung.

Eigenschaft	Datentyp	Beschreibung
RTEkeyList	[Keyword-Liste]	Eine Liste der Schaltflächen, die in einem Richtext-Editorfenster angezeigt werden.
		Das Jokerzeichen * aktiviert alle Schaltflächen.
clearCache.pages	Boolean	Wenn gesetzt, kann der User den Seitencache löschen.
clearCache.all	Boolean	Wenn gesetzt, kann der User alle Caches löschen.
lockToIP	String	begrenzt den Zugang eines Users auf bestimmte IP-Adressen. Mehrere Adressen lassen sich mit Kommas getrennt angeben.
		Beispiel:
		192.168.*.*,212.123.234.123
		ermöglicht dem Benutzer den Zugriff aus dem Intranet und von einer definierten externen Adresse (etwa der IP-Adresse einer Niederlassung).
		Wildcards dürfen weggelassen werden, 192.168 ist also gleichwertig mit 192.168.*.*
		Diese Option wirkt nur, wenn in der Installation die Variable [BE][enabledBeUserIPLock] auf true gesetzt wurde.
saveClipboard	Boolean	Wenn gesetzt, wird die Zwischenablage eines Benutzers dauerhaft gespeichert und steht beim nächsten Login wieder zur Verfügung.
clipboardNumberPads	Int (0-20)	legt fest, wie viele Einträge in der Zwischenablage möglich sind (Standard ist 3)

Eigenschaft	Datentyp	Beschreibung
disableDocModuleInAB	Boolean	deaktiviert das Modul Dokumente (Doc) in Typo3-Versionen vor 4.2
shortcutFrame	Boolean	aktiviert bei älteren Typo3-Versionen den Shortcut-Frame am unteren Fensterrand. In Typo3 4.2 erreichen Sie die Shortcuts über das entsprechende Symbol im oberen Frame. **Bild 4.22:** Shortcuts werden in Typo3 4.2 über die Symbolleiste angesprochen
shortcutGroups	Array mit Integern/ Strings	setzt die Shortcut-Gruppen, auf die ein User Zugriff hat. Die Shortcuts (Verweise), die in Typo3 angelegt werden, können in 5 Gruppen einsortiert werden. 1: Seiten 2: Datensätze 3: Dateien 4: Werkzeuge 5: Verschiedenes Diese Gruppen gibt es einmal als globale Gruppen (zugänglich für alle, nur vom Admin verwaltbar) und einmal als persönliche Gruppen.

Eigenschaft	Datentyp	Beschreibung

		Mit dem Wert 0 oder einem leeren String wird eine Gruppe deaktiviert, mit 1 aktiviert. Wird ein String gesetzt, so ist die Gruppe aktiv und bekommt den Wert als neues Label.
		Beispiel:
		<pre>shortcutGroups {
		  1=1
		  2=Templates
		  3=0
		  4=0
		}</pre>Gruppe 1 ist aktiv mit dem Standardbezeichner (Seiten), 2 ist aktiv mit neuem Bezeichner »Templates«, 3 und 4 sind inaktiv, 5 ist nicht speziell gesetzt und damit per Default aktiv.

shortcut_onEditId_ dontSetPageTree	Boolean	Wenn gesetzt, wird der Seitenbaum nicht bis zu der Stelle der Seite geöffnet, die in der Box `Seiten ID bearbeiten` eingegeben wird. Diese Box steht nur im alten Backend-Layout zur Verfügung, nicht im neuen Layout von Typo3 4.2.
shortcut_onEditId_ keepExistingExpanded	Boolean	Wenn gesetzt, werden geöffnete Zweige des Seitenbaums nicht geschlossen, wenn in der Box `Seiten ID bearbeiten` eine neue Id eingegeben wird. (Voraussetzung für diese Funktion ist, dass `.shortcut_onEditId_ dontSetPageTree` nicht gesetzt ist!)

Eigenschaft	Datentyp	Beschreibung
mayNotCreateEditShortcuts	Boolean	Wenn gesetzt, kann der Benutzer keine Verweise anlegen oder bearbeiten.
createFoldersInEB	Boolean	Wenn gesetzt, gibt es im Element Browser die Möglichkeit, neue Ordner anzulegen (etwa bei der Auswahl eines Bildes aus fileadmin). Für Admins ist die Funktion standardmäßig aktiv.
noThumbsInEB	Boolean	Wenn gesetzt, werden im Element Browser keine Vorschaubilder angezeigt.
noThumbsInRTEimageSelect	Boolean	Wenn gesetzt, werden in der Bildauswahlfunktion des Richtext-Editors keine Vorschaubilder angezeigt.
uploadFieldsInTopOfEB	Boolean	Wenn gesetzt, werden die Upload-Felder im Element Browser zu Beginn der Seite angezeigt.
saveDocNew saveDocNew. [table]	Boolean/ «top"	aktiviert eine zusätzliche Schaltfläche Dokument speichern und neues erstellen. Der Wert kann global oder für einzelne Tabellen gesetzt werden. Letzteres überschreibt die globale Einstellung. Wird die Einstellung nicht nur aktiviert, sondern auf top gesetzt, so werden neue Einträge bei Klick auf diese Schaltfläche oben auf der Seite angelegt. Standardeinstellung ist das Anlegen des neuen Elements nach dem aktuellen. Beispiel: options.saveDocNew.tt_content = top Bild 4.23: »Dokument speichern und neues erstellen« spart Zeit bei der Eingabe vieler Daten

Eigenschaft	Datentyp	Beschreibung
disableDelete disableDelete.[table]		deaktiviert die Schaltfläche Löschen global oder für einzelne Tabellen.
showHistory showHistory.[table]		aktiviert eine Schaltfläche, um den Änderungsverlauf eines Elements anzuzeigen. **Bild 4.24:** Änderungsverlauf schnell im Blick
pageTree. disableIconLinkToContextme nu folderTree. disableIconLinkToContextme nu	Boolean / "titlelink"	deaktiviert die Kontextmenüs beim Klick auf das Seiten- oder Ordnersymbol im Seitenbaum. Wird der Wert auf titlelink gesetzt, so erhält das Icon statt der Menüfunktion denselben Link wie der Text des Eintrags.
pageTree. disableTitleHighlight	Boolean	schaltet die Kennzeichnung der aktuellen Seite im Seitenbaum ab.
pageTree. showPageIdWithTitle	Boolean	zeigt im Seitenbaum vor dem Titel die ID der Seite an.
pageTree. showDomainNameWithTitle	Boolean	zeigt bei Seiten, die die Eigenschaft Ist Anfang der Website haben, neben dem Titel den Domain-Namen an.
pageTree. onlineWorkspaceInfo	Boolean	zeigt im Seitenbaum eine Hinweisbox mit der aktiven Arbeitsumgebung an.
contextMenu.[key]. disableItems	Liste von Einträgen	ermöglicht das Deaktivieren einzelner Einträge im Kontextmenü des Seitenbaums. [key] bestimmt die Art des Icons, für die die Einstellung gilt. Mögliche Einträge sind: • pageTree • pageList

Eigenschaft	Datentyp	Beschreibung
		• `folderTree`
		• `folderList`
		Die beiden `page`-Einträge gelten für Datenbank-Einträge, `folder` steht für Anzeigen des Verzeichnisbaums (etwa über das Modul `Datei->Dateiliste`).
		Die Zusätze `Tree` und `List` bestimmen, ob das Icon in der Baumdarstellung oder in der Listendarstellung gemeint ist.
		`pageTree` beispielsweise bezeichnet also die Einstellung für den Typo3-Seitenbaum.
		Die möglichen Einträge für `page` sind:
		`view, edit, hide, new, info, copy, cut, paste, delete, move_wizard, history, perms, new_wizard, hide, edit_access, edit_pageheader, db_list`
		Die möglichen Einträge für `folder` sind:
		`edit, upload, rename, new, info, copy, cut, paste, delete`
		Beispiel:
		`contextMenu.pageTree.disableItem s = delete`
		deaktiviert die Löschfunktion im Kontextmenü des Seitenbaums, nicht aber in der Listendarstellung im rechten Teil des Backends.
`contextMenu.options. leftIcons`	Boolean	Wenn gesetzt, werden die Icons im Kontextmenü links statt rechts angezeigt.

Eigenschaft	Datentyp	Beschreibung
contextMenu.options. clickMenuTimeOut	Int, 1-100	Anzahl Sekunden, die das Kontextmenü angezeigt wird
contextMenu.options.always ShowClickMenuInTopFrame	Boolean	Wenn gesetzt, wird das Kontextmenu immer im oberen Frame angezeigt. Standard ist, dass es nur dort gezeigt wird, wenn Popups im Browser deaktiviert sind (gilt nicht für das neue Backend von Typo3 4.2).
overridePageModule	String	Mit dieser Option kann das Standard-Seitenmodul Web->Seite ersetzt werden Beispiel: options.overridePageModule = web_txtemplavoilaM1 Dadurch wird das Standard-Seitenmodul durch das TemplaVoila-Modul ersetzt.
moduleMenuCollapsable	Boolean	Wenn gesetzt, kann der Benutzer Module in der linken Spalte zusammenklappen.
alertPopups	Bitmask	Bestimmt, welche Javascript-Warnungen angezeigt werden: 1 – bei Wechsel des Seitentyps 2 – Kopieren/Verschieben/Einfügen 4 – Löschen 8 – FE Editing 128 – (nicht in Benutzung) Standard ist 255 (alle Warnungen aktiv). Um beispielsweise die Löschwarnung abzuschalten, setzten Sie den Wert auf: alertPopups = 251

Eigenschaft	Datentyp	Beschreibung
defaultFileUploads	Integer	Anzahl der Datei-Upload-Felder, die in der Dateiliste standardmäßig angezeigt werden.
hideRecords.[table]	[Liste von Uids]	Versteckt Datensätze im Backend. Das betrifft nur die Anzeige, die Daten können bearbeitet werden, wenn die Rechte es zulassen. Die Einstellung hat beispielsweise Sinn, wenn Daten nur mithilfe eines bestimmten Moduls bearbeitet werden sollen. Derzeit ist die Einstellung nur für Seiten aktiv.
additionalPreviewLanguages	[Liste von sys_language Uids]	Wenn gesetzt, sieht der Benutzer die angegebenen Sprachen als zusätzliche Einträge in der Lokalisierungsansicht.

Tabelle 4.3: Backend-Optionen in UsersTS

Setup (->SETUP)

Die Einstellungen im Abschnitt Setup legen Standardwerte für das Modul Benutzerwerkzeuge->Einstellungen (User->Setup) fest. Die Möglichkeiten via Typoscript gehen dabei über diejenigen des Backend-Moduls hinaus.

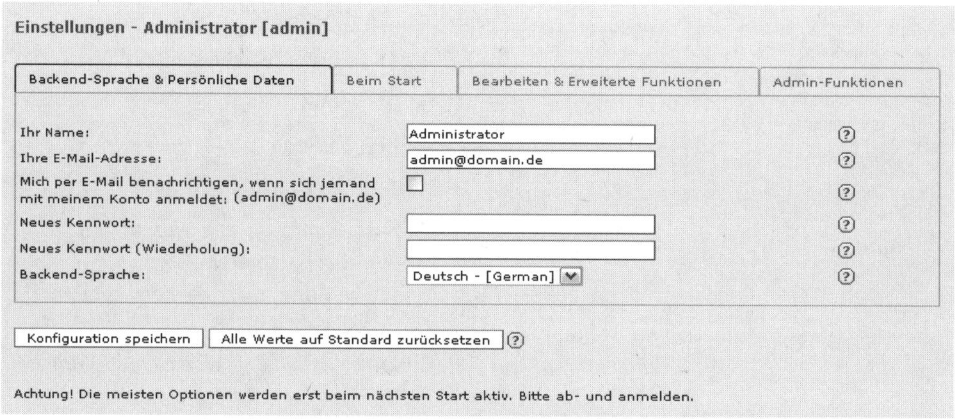

Bild 4.25: Das Setup-Modul ist bequemer, kann aber weniger als Typoscript

Setup teilt sich in zwei Abschnitte mit identischen Optionen:

`default` legt Standardwerte fest, die der User anschließend nach seinen Wünschen anpassen kann.

`override` legt Werte absolut fest. Der Benutzer selbst kann diese Werte nicht ändern, eigene Einstellungen werden überschrieben.

Tipp: Die Einstellungen in `setup.default` und `setup.override` werden im Benutzerprofil gespeichert. Wird ein Wert gesetzt und später die Zeile wieder aus der TSconfig entfernt, so bleibt die Einstellung dennoch erhalten.

Um die Einstellung zu löschen, sollte daher ein leerer Wert (je nach Option auch 0) gesetzt werden. Als »letzte Rettung« lassen sich die User-Einstellungen komplett zurücksetzen. Die Funktion heißt `Reset user preferences` und findet sich im Installationstool von Typo3 im Abschnitt `Database Analyzer`.

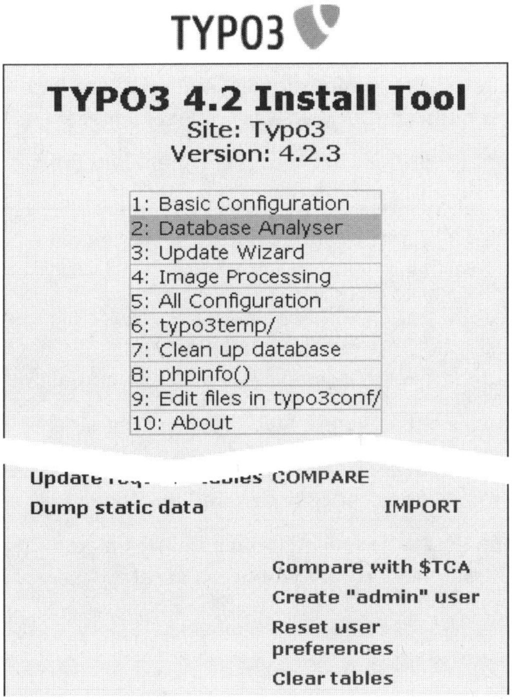

Bild 4.26: Einmal gesetzte Einstellungen für User lassen sich nur umständlich entfernen

Eigenschaft	Typ	Beschreibung
thumbnailsByDefault	Boolean	Zeigt Vorschaubilder standardmäßig an
emailMeAtLogin	Boolean	Schickt eine E-Mail an die Adresse des Users, wenn jemand den Login benutzt.
startInTaskCenter	Boolean	Wenn gesetzt, startet das Backend im Modul Benutzerwerkzeuge->Aufgaben. Das Modul sollte für den Benutzer natürlich aktiviert sein.
helpText	Boolean	Zeige Hilfetexte, wenn sie verfügbar sind.
titleLen	Int+	Anzahl der Zeichen, die vom Titel eines Elements maximal angezeigt werden, etwa im Seitenbaum
edit_wideDocument	Boolean	Verwendet die breite Ansicht im Backend
edit_RTE	Boolean	Aktiviert den Richtext Editor
edit_docModule-Upload	Boolean	Wenn gesetzt, ist der direkte Dateiupload im Web-Modul erlaubt
edit_showFieldHelp	String	Mögliche Werte: "", "icon" oder "text" Bestimmt die Art, wie auf Hilfe verwiesen wird.
navFrameWidth	Int+	Breite des Navigationsframes in den Seiten- und Dateimodulen. Der Wert wird in Pixel angegeben.
navFrameResizable	Boolean	Wenn gesetzt, ist der Navigationsframe im Browser in der Größe änderbar.
lang	language-key	Setzt die Sprache für das Backend. Werte sind die zweistelligen Kürzel, also etwa "de", "en" usw.
copyLevels	Int+	Anzahl der Unterebenen, die beim Kopieren einer Seite mit erfasst werden.
recursiveDelete	Boolean	Rekursives Löschen: Erlaubt das Löschen einer Seite inklusive aller Unterseiten.
allSaveFunctions	Boolean	Zeige alle Speicher-Optionen im Doc-Modul
neverHideAtCopy	Boolean	Wenn gesetzt, werden Einträge beim Kopieren nicht automatisch auf Verborgen gesetzt.

Eigenschaft	Typ	Beschreibung
condensedMode	Boolean	Wenn gesetzt, werden statt drei Frames im Web- und Datei-Modul nur zwei benutzt. Der Seitenbaum wird dann beim Klick auf einen Inhalt ausgeblendet und stattdessen der Inhalt gezeigt. Diese Einstellung ist sinnvoll für schmale Bildschirme.
noMenuMode	Boolean / String	Wenn gesetzt, wird das Menü im linken Frame nicht gezeigt, sondern im oberen Frame als Pulldown-Menü platziert. Die Anzeige des Kontextmenüs im oberen Frame erfolgt in diesem Fall ohne Icons. Wird der Parameter auf icons gesetzt, erscheint im oberen Frame statt des Pulldown-Menüs eine Symbolleiste. Nur zu empfehlen für Anwender, die die Symbole schnell identifizieren können.
classicPageEdit-Mode	Boolean	Öffnet beim Editieren einer Seite nicht das Seitenmodul, sondern lädt die Inhaltselemente der Standardspalte in der Standardsprache zusammen mit den Header-Feldern der Seite in einem großen Formular. In aktuellen Versionen ohne Wirkung.
hideSubmoduleIcons	Boolean	Entfernt die Icons im linken Menü.
dontShowPalettes-OnFocusInAB	Boolean	Wenn gesetzt, werden die zusätzlichen Optionspaletten nicht angezeigt, wenn ein Feld den Fokus erhält. Im aktuellen Backend von Typo3 4.2 ohne Wirkung.
disableCMlayers	Boolean	Schaltet die Layer für das Kontextmenü im Backend ab.
disableTabInTextarea	Boolean	Für Internet Explorer oder Mozilla lädt Typo3 ein kleines Javascript, das die Verwendung der Tabulatortaste innerhalb einer Textarea erlaubt. Diese Funktion lässt sich hier abschalten.

Tabelle 4.4: Benutzer-Einstellungen in UserTS

4.2.3 PageTS

Während UserTS die Art regelt, wie Benutzer mit dem Backend umgehen können, legt Page TSconfig (kurz PageTS) eher grundlegende Optionen für die Module fest.

Der Umgang mit PageTS entspricht dem TSconfig für User. Es gelten die gleichen Einschränkungen in Bezug auf Eingabekomfort, Conditions oder Konstanten.

Auch PageTS-Einstellungen lassen sich in localconf.php-Dateien vornehmen, die Funktion dafür heißt t3lib_extMgm::addPageTSConfig(). Die Verwendung ist identisch mit t3lib_extMgm::addUserTSConfig().

```
t3lib_extMgm::addPageTSConfig('
    RTE.default {
        showButtons = cut,copy,paste,fontstyle,fontsize,textcolor
        hideButtons = class,user,chMode
    }
')
```

Wie im Kapitel 4.2.1 beschrieben, bilden alle PageTS-Einstellungen des Seitenbaums bis zur aktuellen Seite eine Hierarchie. Daher ist es sinnvoll, den Überlick über die auf dieser Seite tatsächlich wirksamen Einstellungen zu haben. Dabei hilft das Modul Web->Info.

Allerdings sind hier nur die Standardeinstellungen enthalten. Extensions, die über die PageTS konfigurierbar sind (wie im vorigen Bild die crawler-Extension), tauchen in der Hilfe nicht auf.

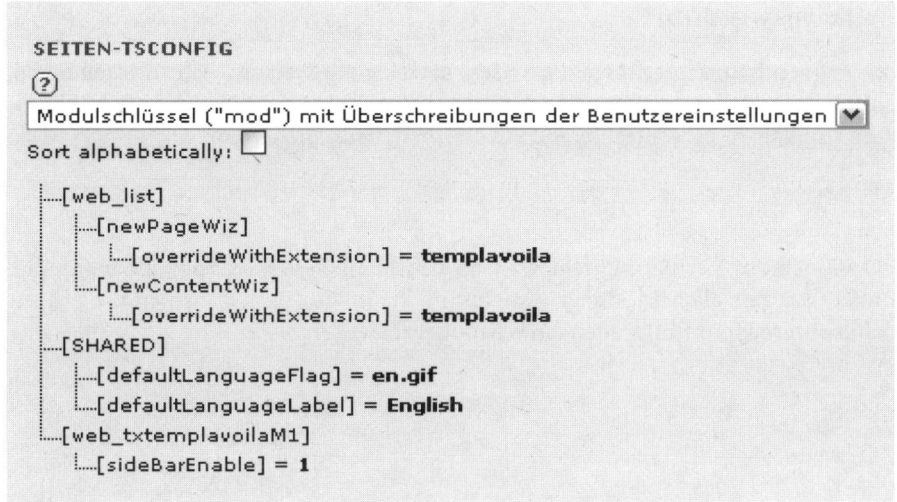

Bild 4.27: Das Modul Web->Info zeigt die wirksamen PageTS-Einstellungen

Die Toplevel-Objekte (TLOs) von PageTS sind folgende:

Eigenschaft	Datentyp	Beschreibung:
mod	->MOD	Optionen für Backend-Module.
RTE	->RTE	Konfiguration des Richtext Editors.
TCEMAIN	->TCEMAIN	Konfiguration der TYPO3 Core Engine (TCEmain)
TCEFORM	->TCEFORM	Zusätzliche Konfiguration für Formularfelder, die von der TCEforms-Klasse ausgegeben werden.
TSFE	->TSFE	Optionen für das TSFE Front End Objekt.
user		Unerwünscht. Ersetzt durch "tx_*"
tx_[Extension Key ohne Unterstrich]		Einstellungen für Extensions

Tabelle 4.5: Toplevel-Objekte von PageTS

Tipp: Alle Werte der PageTS können auf Benutzerebene ergänzt oder überschrieben werden mit dem Toplevel-Objekt page.

Moduloptionen (┈┈▸MOD)

Das TLO `mod` enthält Einstellungen zu den einzelnen Modulen. Alle Einstellungen beginnen mit dem Namen des Moduls. Um also beispielsweise die Zeilen in der Listendarstellung von `Web->Liste` alternierend einzufärben, heißt die Option

```
mod.web_list.alternateBgColors = 1
```

Welche Optionen zur Verfügung stehen, ist im Allgemeinen vom Modul abhängig. Ein Feature aber, das fast allen Modulen gemeinsam ist, ist das Funktionsmenü. Darüber lassen sich mehrere Unterfunktionen eines Moduls ansteuern.

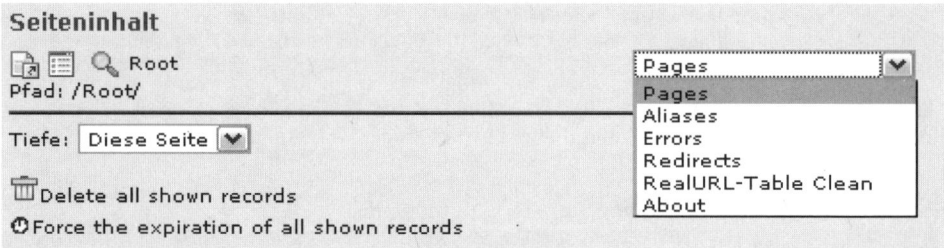

Bild 4.28: Ein Beispiel für ein Funktionsmenü eines Moduls (hier: RealUrl Management)

Über PageTS lassen sich nun einzelne Einträge dieses Menüs ausblenden. Um etwa bei `RealUrl Management` die Option auszublenden, die Tabellen komplett zu löschen, lautet der Code

```
mod.web_txrealurlmanagementM1.menu.function {
  5 = 0
}
```

Um diese Option richtig zu nutzen, müssen also der Name des Moduls und der Name der Funktion bekannt sein.

Den Modulnamen finden Sie am sichersten in der Datei `conf.php` des Moduls. Die Erweiterung `RealUrl Management` in diesem Beispiel hat nur ein Modul, das sich im Verzeichnis `realurlmanagement/mod1` befindet. In der `conf.php` findet sich die Zeile

```
$MCONF["name"]="web_txrealurlmanagementM1";
```

Das ist der Name, der im Typoscript-Code verwendet wird.

Eine andere Möglichkeit ist der Quelltext des Modulmenüs. Der Eintrag für `RealUrl Management` sieht so aus:

```
<li id="ID_80441935"><a href="#"
onclick="top.goToModule('web_txrealurlmanagementM1');this.blur();return
false;" title="RealUrl Management shorter description"><span
class="submodule-icon"><img
src="../typo3conf/ext/realurlmanagement/mod1/moduleicon.gif" width="15"
height="12" title="RealUrl Management" alt="RealUrl Management"
/></span><span>RealUrl Management</span></a></li>
```

Im Javascript-Befehl für den `onclick`-Event findet sich ebenfalls der gesuchte Modulname.

Der Name des Menüeintrags ist am Besten über den Quelltext des Backend-Formulars zu finden.

```
<!-- Function Menu of module -->
<select name="SET[function]"
onchange="jumpToUrl('index.php?&amp;id=1&amp;SET[function]='+this.options[th
is.selectedIndex].value,this);">
   <option value="1" selected="selected">Pages</option>
   <option value="2">Aliases</option>
   <option value="3">Errors</option>
   <option value="4">Redirects</option>

   <option value="5">RealURL-Table Clean</option>
   <option value="6">About</option>
</select>
```

In diesem Fall sind die Einträge einfach nummeriert, doch können auch Namen verwendet werden.

Eine Sonderrolle nimmt das Modul `Aufgaben` ein. Es ist seit Typo3 4.x nach einer Standardinstallation relativ leer, die meisten Funktionen müssen als eigene Extensions nachgeladen werden. Es gibt auch kein Funktionsmenü, trotzdem nutzen die Erweiterungen denselben Mechanismus. Daher können einzelne Teile des Aufgaben-Moduls über `mod.user_task.menu.function` ausgeblendet werden. Die einzelnen Module heißen:

Name	*Extension*	*Modul-Funktion*
Loginsystem	`feuserlogin`	`tx_feuserloginsystem_modfunc1` (derzeit funktionslos)
Nachrichten	`sys_messages`	`tx_sysmessages`
Notizen	`sys_notepad`	`tx_sysnotepad`
Letzte Seiten	`taskcenter_recent`	`tx_taskcenterrecent`
Web›Listen-Modul / root	`taskcenter_rootlist`	`tx_taskcenterrootlist`

Tabelle 4.6: Bestandteile des Aufgaben-Moduls

Darüber hinaus gibt es noch die Module `sys_todos`, `sys_workflows`, `taskcenter_plugins` und `taskcenter_modules`, doch diese arbeiten mit Typo3 4.2 nicht zusammen.

Drei weitere Optionen, die modulübergreifend nutzbar sind, fasst `mod.SHARED` zusammen.

`colPos_list` setzt fest, welche Inhaltsspalten aus `tt_content` angezeigt werden, wenn in einem Modul die Spaltenansicht gewählt wird (typischerweise das Modul `Web->Seite`).

```
mod.SHARED.colPos_list = 0,3
```

blendet also die Spalten 1 (links) und 2 (rechts) aus.

`defaultLanguageLabel` und `defaultLanguageFlag` legen fest, welcher Text und welche Flagge für die Standard-Sprache verwendet werden (Default ist `Standard` und keine Flagge).

Die Module im Backend bieten über das Abschalten der Menüfunktionen hinaus noch weitere Einstellmöglichkeiten:

Web->Seite (mod.layout)

Eigenschaft	*Datentyp:*	*Beschreibung:*
`tt_content.colPos_list`	(Liste von Integers, leer = keine Aktion.)	Überschreibt die Einstellung von `mod.SHARED.colPos_list` (siehe auch oben)

Eigenschaft	Datentyp:	Beschreibung:
tt_content. fieldOrder	Liste von Feldnamen aus tt_content	Ermöglicht, eine eigene Reihenfolge für die Felder festzulegen, die im Schnelleingabe-Formular des Seitenmoduls angezeigt werden. Nicht gelistete Felder werden am Schluss einsortiert. Beispiel: `mod.web_layout.tt_content {` `fieldOrder = bodytext, header` `}` zeigt zunächst das Feld für den Text, dann die Überschrift.
editFieldsAtATime	Int+	Ermöglicht, beim Klick auf einen Edit-Button in der Spaltenansicht mehrere Content-Elemente gleichzeitig zum Bearbeiten zu öffnen.
noCreateRecordsLink	Boolean	Versteckt den Link Neuen Datensatz anlegen am Ende der Spalten-Ansicht
QEisDefault	Boolean	Wenn gesetzt, wird die Schnelleingabe (Quick Editor) das erste Element im Funktionsmenü des Seitenmoduls.
disableSearchBox	Boolean	Schaltet die Suchbox in der Spaltenansicht ab.
disableBigButtons	Boolean	Schaltet die großen Schaltflächen über der Spaltenansicht ab.
disableAdvanced	Boolean	Schaltet die Erweiterten Funktionen zum Löschen des Caches am Ende der Spaltenansicht ab. Der Link Neuen Datensatz anlegen wird dabei ebenfalls entfernt.
disableNew-ContentElement-Wizard	Boolean	Wenn gesetzt, wird beim Klick auf die Schaltfläche Neuer Inhalt kein Assistent aufgerufen, sondern direkt ein leeres Formular.

Eigenschaft	Datentyp:	Beschreibung:
defaultLanguageLabel	String	Überschreibt die Einstellung von mod.SHARED.defaultLanguageLabel.
defLangBinding	Boolean	Wenn gesetzt, werden Übersetzungen von Inhaltselementen in der Spaltenansicht direkt neben dem Eintrag in der Standardsprache angezeigt.
disableIconToolbar	Boolean	deaktiviert die Toolbar mit dem view-Icon.

Tabelle 4.7: Optionen des Moduls Web->Seite

Web->Liste (mod.web_list)

Eigenschaft	Datentyp	Beschreibung
noCreateRecordsLink	Boolean	Versteckt den Link Neuen Datensatz anlegen am Ende der Seite
alternateBgColors	Boolean	Zeigt die Liste mit alternierenden Hintergründen zur besseren Orientierung. Diese Einstellung ist vor allem dann sinnvoll, wenn die erweiterte Ansicht mit vielen Icons in der Zeile eingeschaltet ist.
disableSingleTableView	Boolean	deaktiviert die Links in den Tabellenköpfen, die zur Einzelansicht einer Tabelle führen (einschließlich der Sortierfunktion von Spaltenüberschriften, die ebenfalls auf die Einzelansicht zeigen). **Bild 4.29:** Die Titellinks lassen sich abschalten

Eigenschaft	Datentyp	Beschreibung
listOnlyInSingleTableView	Boolean	Wenn gesetzt, werden Elemente nur in der Einzelansicht einer Tabelle angezeigt. Das ist sinnvoll, wenn eine Seite (beispielsweise die generelle Datenablage) viele Tabellen mit zahlreichen Elementen enthält. In der Übersicht werden dann nur die Tabellentitel, die Zahl der Einträge und eine Beschreibung angezeigt (falls vorhanden).
hideTables	Liste mit Tabellennamen	Liste von Tabellen, die im Listenmodul nicht angezeigt werden. Beispiel: `mod.web_list.hideTables = fe_users,fe_groups` blendet die Tabellen der Frontend-User und Gruppen aus der Ansicht aus.
allowedNewTables	Liste mit Tabellennamen	Wenn die Option gesetzt ist, werden nur die hier genannten Tabellen angeboten, wenn Neuer Datensatz anlegen angewählt wird. Anmerkung: Neue Einträge können weiterhin durch Kopieren oder Verschieben angelegt werden. Die Option dient nicht der Sicherheit, sondern der Übersichtlichkeit. Beispiel: `mod.web_list {` `allowedNewTables = pages, tt_news` `}` erlaubt nur das Anlegen von Seiten oder News: **Bild 4.30:** Mehr Übersicht durch weniger Angebot

Eigenschaft	Datentyp	Beschreibung
`newWizards`	Boolean	Wenn gesetzt, ruft ein Klick auf das Symbol für einen neuen Eintrag in den Abschnitten `Seite` und `Seiteninhalt` den jeweiligen Assistenten auf, anstatt einen leeren Eintrag am Anfang der Liste anzulegen.
`showClipControlPanels` `DespiteOfCMlayers`	Boolean	Wenn gesetzt, werden die Steuerungs- und Zwischenablagefunktionen auch dann in Panels angezeigt, wenn das Kontext-Menü per Popup zur Verfügung steht.
`newPageWiz.` `overrideWithExtension` `newContentWiz.` `overrideWithExtension`	String	Wenn hier ein Extension Key eingetragen ist (z. B. `"templavoila"`), wird beim Anlegen neuer Seiten bzw. Inhaltselemente das Skript `mod1/index.php` der Extension verwendet. Siehe auch `options.overridePageModule`
`clickTitleMode`	String	Die Option bestimmt, welche Aktion beim Klick auf einen Seiten- oder Element-Titel ausgeführt werden soll. Standardmäßig wird beim Klick auf einen Seitentitel die Seite in der Listenansicht geöffnet, andere Einträge sind gar nicht verlinkt. Mögliche Einstellungen sind: `edit` = Eintrag bearbeiten `info` = Information anzeigen `show` = Seite/Element im Frontend anzeigen

Tabelle 4.8: Optionen des Moduls Web->Liste

Web>Anzeigen (mod.web_view)

Das Anzeigemodul kennt nur einen Parameter `type`. Damit wird beim Aufruf einer Seite der Parameter `&type=wert` im Query-String übergeben.

Admin-Werkzeuge>Erw-Manager (mod.tools_em)

Der Extension Manager kennt ebenfalls nur einen Parameter `allowTVlisting`. Ist er gesetzt, so stehen drei weitere Optionen zur Verfügung, um Informationen über Erweiterungen anzuzeigen:

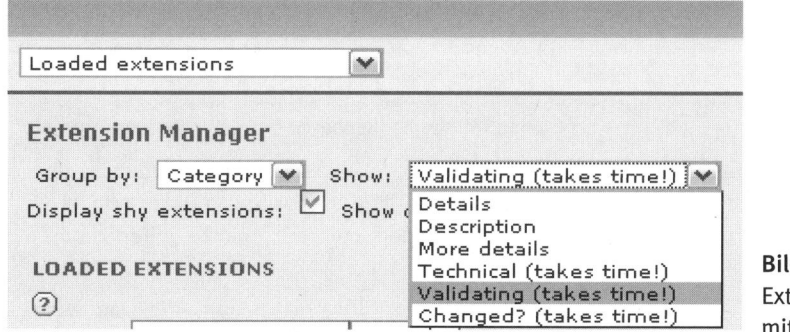

Bild 4.31: Der Extension Manager mit allen Optionen

> **Tipp:** Diese Option sollte nur aus guten Gründen angewandt werden. Da sie nicht zu einer Seite gehört, lässt sie sich nicht über PageTS steuern, sondern nur über UserTS, und auch dort nur mit dem veralteten Objekt mod.
>
> Darüber hinaus sind die zusätzlichen Funktionen extrem langsam. Da man die technischen Informationen aber meist nur für eine oder zwei Erweiterungen abrufen will, ist es einfacher, die Erweiterung anzuklicken und auf der Informationsseite nachzulesen.

Dokumente (mod.xMOD_alt_doc):

Das Modul Dokumente (Doc) bietet die Möglichkeit, einen Überblick über alle geöffneten Dokumente zu bekommen sowie den Cache zu löschen. Beide Optionen lassen sich mit folgendem Code abschalten:

```
mod.xMOD_alt_doc {
  disableDocSelector = 1
  disableCacheSelector = 1
}
```

Das Modul steht in der modernen Backend-Ansicht von Typo3 4.2 nicht mehr zur Verfügung, dementsprechend haben die Optionen hier keine Auswirkung.

TCEMAIN

Eigenschaft	Datentyp	Beschreibung
table.[tablename] default		tabellenspezifische Optionen (siehe unten)
permissions. userid permissions. groupid	Int+	Die Option legt fest, welchem User und welcher Gruppe neue und kopierte Seiten zugeordnet werden. Standardmäßig werden neue Seiten dem User zugeordnet, der sie anlegt. Als Gruppe wird die Hauptgruppe des Benutzers eingetragen.
permissions.user permissions. group permissions. everybody	Liste von Strings bzw. Integer [0-31]	Diese Optionen setzen die Rechte für Eigentümer, Gruppe und Alle an Inhalten. Mögliche Werte: show,edit,delete,new, editcontent Die Werte lassen sich auch als Bitmuster angeben. Dabei ist show=1, edit=2, delete=4, new=8, editcontent=16. Die Kombination daraus ergibt Werte zwischen 0 (keine Rechte) und 31 (alle Rechte). Standardwerte sind 31 für den User, 27 für die Gruppe und 0 für Alle. Die Gruppe hat also nicht das Recht, einen Datensatz zu löschen, da delete =4 fehlt.
clearCacheCmd	Liste von Werten (integers, "all", "pages")	Diese Option ermöglicht es, den Cache von zusätzlichen Seiten zu löschen, wenn ein Element gespeichert wird. Enthält beispielsweise die Seite mit der ID 17 ein Plugin zur Anzeige von Pressemeldungen, der SysOrdner mit der ID 20 die Meldungen selbst, so sollte im PageTS des SysOrdners die Zeile TCEMAIN.clearCacheCmd = 17 eingetragen werden.

Eigenschaft	Datentyp	Beschreibung
		Jedes Mal, wenn eine neue Pressemeldung angelegt wird, wird automatisch der Cache der Presseseite gelöscht und die Seite damit bereits beim nächsten Aufruf aktualisiert.
		Der Wert `pages` löscht alle Seitencaches, der Wert `all` sämtliche Caches.
`clearCache_ pageSiblingChildren`	Boolean	Wenn gesetzt, werden Caches der nächsten Unterebene gelöscht, wenn ein Datensatz editiert wird.
		Standardmäßig wird nur der Cache der Seite und ihrer Parallelseiten (gleicher Level) geleert.
`clearCache_ pageGrandParent`	Boolean	Wenn gesetzt, wird der Cache der Seite zwei Ebenen höher geleert, wenn eine Seite editiert wird.
`clearCache_ disable`	Boolean	Wenn gesetzt, wird das automatische Löschen des Caches beim Editieren von Seiten deaktiviert. Dies setzt auch die beiden vorigen `clearCache`-Optionen außer Kraft.
`translateTo Message`	String	Die Option bestimmt, welcher Text eingesetzt wird, wenn ein Eintrag übersetzt wird.
		Der Parameter »`%s`« wird durch die Sprache ersetzt.
		Standard ist "Translate to [language title]:".
		Beispiel:
		`TCEMAIN {`
		`translateToMessage = Bitte in "%s" übersetzen:`
		`}`

Tabelle 4.9: TCEMAIN-Einstellungen in PageTS

Für einzelne Tabellen lassen sich drei Optionen setzen:

`history.maxAgeDays` legt fest, wie lange ein Element im Verlauf gespeichert bleibt; Standard ist 7 Tage, der maximale Wert ist 200. Ein Wert von 0 schaltet die Speicherung im Verlauf ab.

`disableHideAtCopy` und `disablePrependAtCopy` beeinflussen die Art, wie ein Datensatz kopiert wird. Standardmäßig wird ein kopierter Eintrag versteckt, der Titel erhält einen Zusatz, etwa `(Kopie 1)`. Diese Funktionen lassen sich mit den beiden Parametern abschalten.

TCEFORM

Dieses TLO ermöglicht es, die Darstellung von Tabelleninhalten in Backend-Formularen maßzuschneidern. Hier lassen sich Optionen ab- oder einschalten, die die Größe von Feldern beeinflussen usw.

`TCEFORM.[tablename].[field]` legt dabei die Optionen für ein Feld einer Tabelle allgemein fest. Dazu gehören etwa Listen von Pulldown-Menüs oder das Deaktivieren von Feldern.

```
TCEFORM.pages.title.disabled = 1
```

sperrt beispielsweise das Feld `title` der Tabelle `pages` (also die Seitenüberschrift) generell für die Bearbeitung.

`TCEFORM.[tablename].[field].types.[type]` bestimmt die Optionen, wenn das Feld über ein Formularelement eines bestimmten Typs bearbeitet wird.

```
TCEFORM.pages.title.types.input.disabled = 1
```

sperrt das Feld `title` der Tabelle `pages` nur dann für die Bearbeitung, wenn dies mittels eines `input`-Feldes geschieht.

Die möglichen Optionen finden Sie in nachstehender Tabelle.

`TCEFORM.[tablename].[field].config.[key]` ermöglicht das Überschreiben der Standard-Konfiguration für die Eingabefelder, die im *Table Configuration Array (TCA)* festgelegt ist. Je nach Feldtyp sind folgende Einstellungen möglich:

- `input` - `size`, `max`

- `text` - `cols`, `rows`, `wrap`

- `check` - `cols`, `showIfRTE`

- `select` - `size`, `autoSizeMax`, `maxitems`, `minitems`

- `group` - `size`, `autoSizeMax`, `max_size`, `show_thumbs`, `maxitems`, `minitems`

- `inline` - appearance, foreign_label, foreign_selector, foreign_unique, maxitems, minitems, size, autoSizeMax, symmetric_label

```
TCEFORM.pages.title.config.size = 30
```

legt also die Größe des Eingabefeldes für den Seitentitel fest.

Hier nun die Tabelle mit den Feldoptionen:

Eigenschaft	Datentyp	Beschreibung
disabled	Boolean	Wenn gesetzt, wird das Feld nicht gerendert.
removeItems	Werteliste	Entfernt Optionen aus einer Liste, wenn sie in der kommaseparierten Liste der Option auftauchen. Die Option ist nur für `select`-Felder anwendbar.
addItems. [itemValue]	String (label, LS)	Erweitert eine Liste um zusätzliche Optionen. Die Option ist nur für `select`-Felder anwendbar. Wenn die `select`-Box Verweise auf Datensätze enthält, ist nicht gewährleistet, dass die zusätzlichen Optionen erhalten bleiben. Nur existierende Datensätze werden gesichert.
disableNoMatching ValueElement	Boolean	Wenn gesetzt, wird der zusätzliche Eintrag "CURRENT VALUE IS NOT AVAILABLE" der Liste der `select`-Box NICHT hinzugefügt. Wird beispielsweise eine Seite mit einem Seitentyp angelegt, den es irgendwann nicht mehr gibt (weil etwa eine Erweiterung deinstalliert wurde), so behält Typo3 zunächst den ungültigen Wert und zeigt im Pulldown an, dass der Wert ungültig ist. Ist `disableNoMatchingValueElement` gesetzt, so wird die Meldung unterdrückt und stattdessen der erste Wert der Pulldown-Liste selektiert.

Eigenschaft	Datentyp	Beschreibung

noMatchingValue_label	String	Diese Option dient der Angabe eines Alternativtexts, wenn ein Wert nicht gefunden wird (noMatchingValue).
		
		%s dient als Platzhalter für den Wert.
		
		Ein leerer Wert entfernt das Label (zeigt ein leeres Feld im Pulldown-Menü).
		
		Beispiel:
		
		`TCEFORM.pages.doktype {`
		`    noMatchingValue_label = Wert "%s"`
		`ist ungültig`
		`}`

altLabels. [optionswert]	String	Wie bei noMatchingValue_label können Sie hier für bestimmte Werte in einem Pulldown-Menü alternative Labels angeben.
		
		Beispiel:
		
		`TCEFORM.pages.doktype {`
		`    altLabels.1 = Standard-Seite`
		`    altLabels.2 = Erweiterte Seite`
		`    altLabels.254 = Systemordner`
		`}`

PAGE_TSCONFIG_ID PAGE_TSCONFIG_IDLIST PAGE_TSCONFIG_STR		Wenn ein Pulldown-Menü mit Werten aus einer Fremdtabelle gefüllt wird, liegt dahinter eine SQL-Abfrage. In der WHERE-Klausel dieser Abfrage kann eine Reihe von Markern verwendet werden. Die drei PAGE_TSCONFIG-Marker können via Typoscript gesetzt werden und übergeben entweder einen einzelnen Integer-Wert, eine kommaseparierte Liste von Integer-Werten oder einen String. Die Verwendung der Parameter hängt von der Erweiterung ab, die das Backend-Formular zur Verfügung stellt.

Eigenschaft	Datentyp	Beschreibung
`itemsProcFunc.[...]`	(custom)	Die Werte dieser Optionen werden an die `itemsProcFunc`-Funktion im Parameter-Array übergeben. Die Option ist nur anwendbar für spezielle Pulldown-Menüs, die `itemsProcFunc` verwenden.
`RTEfullScreenWidth`	Int+/%	Bestimmt die Breite des Richtext-Editors in der Vollbildanzeige. Die Angabe erfolgt in Pixeln. Wird die Option nicht gesetzt, nimmt der RTE die volle Breite ein (100%).
`linkTitleToSelf`	Boolean	Ist diese Option gesetzt, so wird der Titel jedes Feldes auf `alt_doc.php` verlinkt. Dabei sind die Parameter so gesetzt, dass auf der Zielseite nur dieses eine Feld bearbeitet wird. Über die zusätzliche Eigenschaft `.returnUrl` = 1 kann auch die URL für die Rückkehr zur ursprünglichen Seite gesetzt werden.

Tabelle 4.10: Optionen zur Felddarstellung in TCEFORM

TSFE

Das letzte Standard-TLO für PageTS kennt nur zwei Optionen:

`jumpUrl_transferSession` erweitert die Umleitung mittels `jumpUrl`. Meist wird diese Funktion dazu verwendet, auf Dateien zu verweisen und den Klick auf den Link statistisch zu erfassen. Eine andere Möglichkeit ist aber, auf eine Seite einer anderen Domain zu verlinken, die aus derselben Typo3-Datenbank gespeist wird. In diesem Fall würde aber beim Anklicken eines Links die Frontend-Session beim Domainwechsel verloren gehen.

`jumpUrl_transferSession` = 1 passt den Link nun so an, dass die FE-User-Session mit übergeben wird. Der User ist damit auch auf der neuen Domain angemeldet (sofern er dort Rechte hat).

In Links, die Sie selbst in Erweiterungen erzeugen, können Sie die Session mit folgendem Skript berechnen und dann im Query-String übergeben:

```
$param = '&FE_SESSION_KEY='.rawurlencode(
  $GLOBALS['TSFE']->fe_user->id.'-'.
```

```
  md5(
    $GLOBALS['TSFE']->fe_user->id.'/'.
    $GLOBALS['TYPO3_CONF_VARS']['SYS']['encryptionKey']
  )
);
```

Mit der Option `constants` schließlich können Sie Vorgabewerte für Typoscript-Template-Konstanten angeben.

Ein typischer Einsatzzweck dafür sind Werte, die sowohl im Backend als auch im Frontend benutzt werden sollen. Normalerweise würden Sie dann im PageTS über das `tx_*-`TLO einen Wert setzen, den Sie im Backend-Modul auslesen. Für das Frontend wird dann der gleiche Wert im Template als Konstante definiert.

Schreiben Sie dagegen

```
TSFE.constants.mySpecialId = 123
```

so ist der Wert im Template über `{$mySpecialId}` ansprechbar. Im Backend verwenden Sie zum Auslesen folgenden Code:

```
$PageTSconfig =
    t3lib_BEfunc::getPagesTSconfig($this->pObj->id);
$websiteID =
    $PageTSconfig['TSFE.']['constants.']['mySpecialId'];
```

Tipp: Damit das Setzen der Template-Konstante funktioniert, muss auf der Seite, auf der das PageTS-Objekt definiert wird, auch ein Template vorhanden sein. Dieses darf auch leer sein.

4.3   Workflows in Typo3

Eine Unternehmenswebsite unterscheidet sich nicht nur dadurch von einem kleineren Webauftritt, dass mehrere Personen Inhalte erzeugen. Die Änderungen finden auch häufiger statt und müssen vor allem besser nachvollziehbar sein. Die Benutzer müssen daher in einen *Workflow* eingebunden sein, einen gesteuerten Ablauf vom Erstellen der Inhalte bis zur Live-Schaltung auf der Website.

4.3.1   Versionierung

Der erste Schritt zu einem kompletten Workflow ist die *Versionierung*. Das bedeutet, dass ein bestehender Inhalt nicht direkt geändert, sondern als neue Version angelegt wird. Diese Version kann dann von dritter Stelle geprüft werden, bevor der sichtbare Inhalt mit der neuen Version ersetzt wird.

In Typo3 können Sie Versionierung auch ohne Workspaces verwenden.

Um eine neue Version einer Seite oder eines Inhaltselements anzulegen, wählen Sie den Punkt Versionierung im Kontextmenü oder das graue Symbol mit dem Buchstaben V in der erweiterten Ansicht.

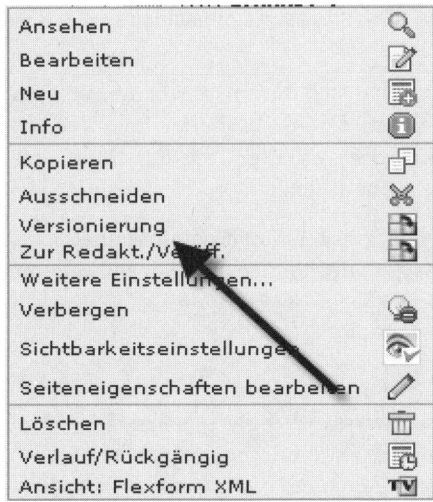

Bild 4.32: Die Versionierung ist die Basis des Workflows

Es erscheint die Versionierungsansicht, in der eine neue Version des bestehenden Inhalts angelegt werden kann. Jede Version kann durch ein Label bezeichnet werden.

Mit den grün und rot hinterlegten Radiobuttons am rechten Rand lassen sich schnell Unterschiede zwischen zwei Versionen anzeigen. Die grün markierte Version dient dabei als Basis. Alle Felder, in denen die rote Variante abweicht, werden nach Klick auf Diff angezeigt.

DIFFING:

Fieldname:	Colored diff-view:
header	Umsatzplanung
bodytext	Umsatz|Januar|Februar|März 2007|1000|1100|1200 2008|1100|1200|1350 2009 (geplant)|1200|1300|1400

Umsatz\|Januar\|Februar\|März 2007\|1000\|11...

	Title	UID	oid	id	wsid	state	stage	count	pid	t3ver_label	Diff
	Umsatzplanung	60	26	1	0	0	0	0	-1	Januar	● ●
▶	Umsatz|Januar|Februar|März 2007|1000|11...	26	0	0	0	0	0	0	8		● ●

CREATE NEW VERSION

Label: [   ]

[Create new version]

Bild 4.33: Die Versionsansicht bietet einen guten Überblick und zeigt Unterschiede auf

Durch das kleine Pfeilsymbol am Anfang einer Zeile lässt sich die entsprechende Version live schalten. Dabei wird ein Austausch vorgenommen, d. h. die bisherige Live-Version wird nicht gelöscht, sondern bleibt in der Versionsliste erhalten. Sie tauscht in der Inhaltstabelle der Datenbank sogar die UID mit der neuen Version.

In der normalen Listenansicht wird die Existenz weiterer Versionen dadurch angezeigt, dass das V im grauen Feld durch ein gelbes Feld ersetzt wird, in dem die Anzahl weiterer Versionen steht.

Tipp: Typo3 erlaubt die Versionierung von Inhaltselementen ebenso wie von ganzen Seiten und sogar Zweigen des Seitenbaums. Letztere sind allerdings seit Typo3 4.2 als deprecated (unerwünscht) gekennzeichnet. Nur die Versionierung von Elementen sollte benutzt werden. Um dies sicherzustellen, sollten bei der Typo3-Installation die Einstellungen [BE][newPagesVersioningType] = -1 sowie [BE][elementVersioningOnly] = 1 gesetzt werden.

Hintergrund: Wird von einer Seite oder einem Zweig eine neue Version erstellt, so müssen dafür auch Inhaltselemente kopiert werden. Dies führt in vielen Situationen dazu, dass interne Links nicht mehr korrekt funktionieren, weil sich UIDs von Seiten oder Elementen ändern. In früheren Typo3-Versionen war es dennoch nötig, diese Versionierung zu verwenden, weil sonst Elemente von einer Version zur anderen nicht verschoben werden konnten. Diese Einschränkung gilt seit Typo3 4.2 nicht mehr.

4.3.2 Workspaces

Die Versionierung ermöglicht bereits einen Workflow, der allerdings sehr stark von der Disziplin aller Beteiligten abhängt. Ein Autor darf nie vergessen, eine neue Version zu erstellen, da sonst der Inhalt sofort live geht. Hier sind Fehler vorprogrammiert.

Workspaces (Arbeitsumgebungen) als nächste Stufe des Workflows dienen daher dazu, die Versionierung mit der Rechteverwaltung zu verbinden. Ein Autor hat in diesem Szenario keine Rechte mehr, seine Inhalte zu veröffentlichen, was Fehler in der Versionierung ausschließt.

Standard-Workspaces in Typo3

Typo3 bietet von Haus aus zwei Workspaces: Die `Entwurfsarbeitsumgebung` nimmt alle nicht aktiven Versionen auf, die `LIVE-Arbeitsumgebung` stellt die aktive Website dar. Jede Änderung, die in dieser Umgebung durchgeführt wird, ist unmittelbar im Web sichtbar.

Wie im Kapitel 4.1.2 beschrieben, kann ein Backend-Benutzer Rechte an beiden Umgebungen oder auch nur an einem Workspace erhalten.

Ein Autor erhält typischerweise nur Zugang zur `Entwurfsarbeitsumgebung`. Alle Inhalte, die dieser Benutzer erstellt oder ändert, werden als neue Versionen in dieser Umgebung angelegt.

In der Workspace-Verwaltung (Modul `Benutzerwerkzeuge->Arbeitsumgebung`) sind alle Versionen von Inhalten im Überblick sichtbar.

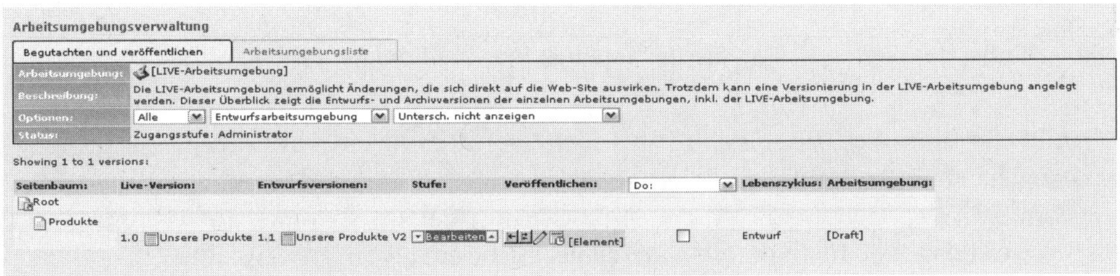

Bild 4.34: Die Workspace-Verwaltung ist die zentrale Schaltstelle

Jeder Inhalt befindet sich in einer von 4 Stufen:

Etappe	Bedeutung
Bearbeiten (Edit)	Der Inhalt wurde von Autor angelegt, ist aber noch nicht fertig.
Gutachten (Review)	Der Inhalt ist aus Sicht des Autors fertig und soll vom Gutachter (Reviewer) gegengelesen werden.
Veröffentlichen (Publish)	Der Inhalt ist aus Sicht des Gutachters in Ordnung und bereit zur Veröffentlichung.
Live	Der Inhalt ist veröffentlicht und live zu sehen.

Tabelle 4.11: Workflow-Etappen

Von der Workspace-Verwaltung aus kann nun der Autor seine Inhalte weiterleiten zum Review und/oder zur Veröffentlichung, indem er auf das kleine Pfeilsymbol rechts neben `Bearbeiten` klickt. Es erscheint ein Popup-Fenster, in dem der Autor einen Kommentar für den Reviewer oder Publisher hinterlegen kann.

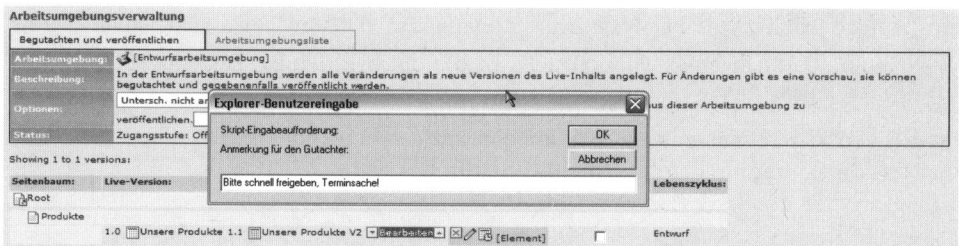

Bild 4.35: Bei der Weitergabe an die nächste Instanz sind Kommentare oft hilfreich

Obwohl der Autor selbst seine Inhalte nicht veröffentlichen kann, sieht er die Auswirkungen seiner Änderungen. So lange er im Backend angemeldet ist, sieht er »seine« Version der Website, sobald er die Webseite normal im Browser aufruft. Ein roter Balken weist dabei deutlich darauf hin, dass er nicht die Live-Version sieht.

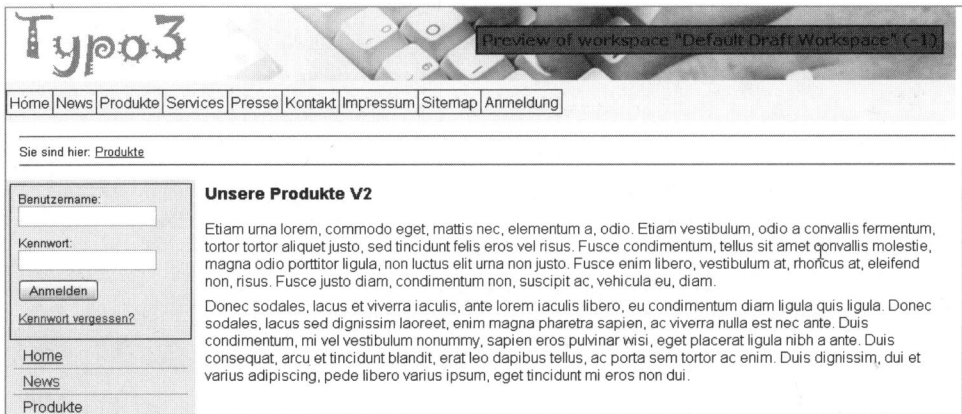

Bild 4.36: Der Autor kann die Auswirkungen seiner Änderungen direkt begutachten

In der Standard-Workspace-Umgebung von Typo3 (also LIVE und Entwurf) kann der Autor sowohl den Review als auch die Veröffentlichung anstoßen.

Der Publisher, also der User mit Zugangsrechten zum LIVE-Workspace, hat nun mehrere Möglichkeiten:

Jeder einzelne Inhalt kann durch Klick auf die entsprechenden Buttons in der Spalte `Veröffentlichen`

- publiziert werden,

- mit dem Live-Inhalt ausgetauscht werden,

- direkt bearbeitet werden.

In der Spalte `Stufe` kann der Publisher ein Inhaltselement ablehnen, indem er auf den Pfeil links von der Statusanzeige klickt. Auch hier erscheint ein Popup, in dem ein Grund für die Ablehnung angegeben werden kann.

Darüber hinaus gibt es aber noch ein Pulldown-Menü, das weitere Optionen liefert. Dazu werden alle Inhalte, auf die eine Funktion angewandt werden soll, per Checkbox markiert. Anschließend wird über das Pulldown-Menü die Aktion gewählt. Neben den bisher erwähnten kann der Publisher den Status der Elemente direkt auf einen bestimmten Wert setzen, etwa wieder zurück auf `Bearbeiten`, oder alte Versionen mittels `Flush (Delete)` löschen.

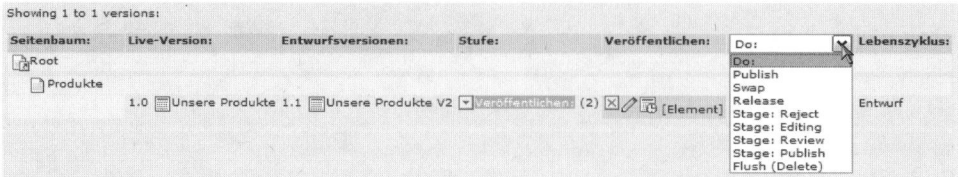

Bild 4.37: Der Publisher kann Inhalte veröffentlichen oder zurückweisen

Eigene Workspaces

Die beiden Standard-Workspaces in Typo3 ermöglichen einen einfachen Workflow mit einer klaren Trennung zwischen Autor und Publisher. Bei Websites, die von kleinen Teams bearbeitet werden, reicht dies oft schon aus.

Allerdings haben die Standard-Arbeitsumgebungen einige Nachteile, die die Arbeit mit ihnen einschränken.

Der wichtigste Punkt: Die Entwurfsarbeitsumgebung hat keinen Zugriff auf Verzeichnisfreigaben, auch wenn die Rechte des Benutzers dies erlauben würden. Der Grund dafür ist, dass der Zugriff auf die Dateien das Konzept der Trennung aufweichen würde, d. h. LIVE- und Entwurfsumgebung greifen auf dieselben Daten zu.

Außerdem unterstützen die beiden Standardumgebungen nur einen zweistufigen Prozess, da der Autor sowohl Review als auch Veröffentlichung selbst anstoßen kann.

Die Lösung des Problems liegt in einer Erweiterung des Workspace-Konzepts um die Möglichkeit, eigene Workspaces anzulegen. Selbst angelegte Arbeitsumgebungen lassen sich sehr genau an die Bedürfnisse der Website anpassen.

Zuvor müssen allerdings die entsprechenden Gruppen und Benutzer angelegt werden, die die Arbeitsumgebungen verwenden sollen.

Eigene Workspaces: Setup

Das grundlegende Szenario sieht folgendermaßen aus:

Es gibt Autoren, die Inhalte erstellen, Redakteure, die eine Kontrollfunktion ausüben, sowie Publisher, die das Recht haben, Inhalte online zu stellen.

Für jede der drei Funktionen wird eine Gruppe erstellt. Da aber jede Gruppe auf dieselben Inhalte zugreifen soll, ist eine weitere Gruppe nötig, die als Basisgruppe dient und bei allen Seiten, die in den Workflow einbezogen werden sollen, als berechtigte Gruppe eingetragen wird.

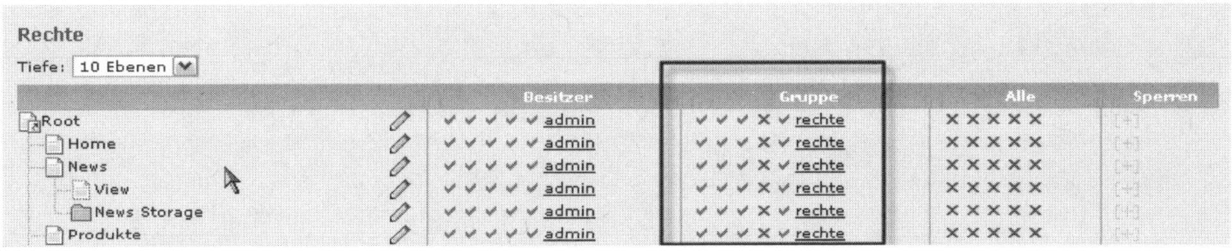

Bild 4.38: Für die Rechte an den Seiten ist eine eigene Gruppe zuständig

> **Tipp:** Die einzelnen Gruppen bzw. Benutzer sollten keine Zugangsrechte zu den Standard-Umgebungen LIVE und Entwurf erhalten. So ist sichergestellt, dass sie nach dem Login automatisch in der richtigen Arbeitsumgebung landen. Wenn ein User bei mehreren Arbeitsumgebungen eingetragen ist, kann er weiterhin nach der Anmeldung zwischen diesen wählen.

Nun wird ein neuer Workspace erstellt, und die Gruppen werden den entsprechenden Funktionen zugewiesen.

Ein Workspace kennt drei Arten von Benutzern: `Besitzer`, `Mitglieder` und `Redakteure`.

`Mitglieder` können Inhalte erstellen und zum Review freigeben.

`Redakteure` können Inhalte erstellen, einen Review durchführen und Inhalte zum Veröffentlichen freigeben.

`Besitzer` können Inhalte veröffentlichen, aber auch alle anderen Funktionen durchführen, etwa neue User hinzufügen etc.

Die Option `E-Mail-Benachrichtigung` unterliegt einer Einschränkung: Per E-Mail können nur User angesprochen werden. Wenn in den Feldern `Mitglieder` und `Redakteure` nur Gruppen eingetragen sind, erfolgt keine Benachrichtigung. Wer diese Funktion nutzen will, kommt also nicht umhin, neben den Gruppen auch die einzelnen User in die entsprechenden Felder einzutragen.

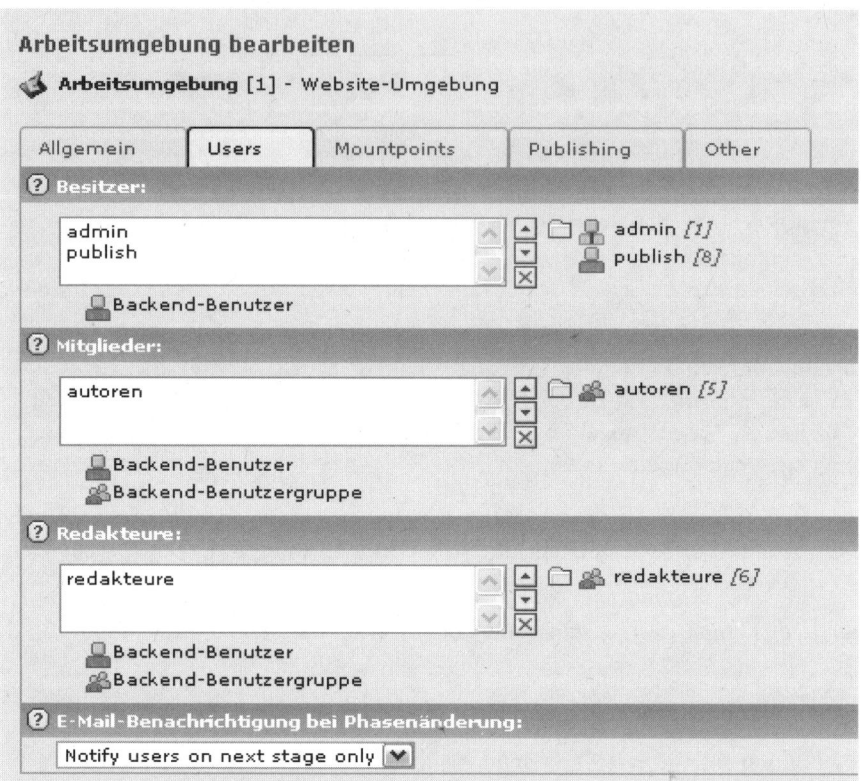

Bild 4.39: Der eigene Workspace bietet deutlich mehr Möglichkeiten als der Standard

Im Abschnitt `Mountpoints` lassen sich Datenbank- und Verzeichnisfreigaben definieren, die in diesem Workspace aktiv sein sollen. Die Angaben, die hier gemacht werden, wirken als Einschänkung bestehender Rechte. Hat also ein User Rechte am gesamten Baum, ist der Workspace aber beschränkt auf `Produkte`, so ist der Zugriff auf `Produkte` nur möglich, solange der User sich in diesem Workspace befindet.

Im Abschnit `Publishing` lässt sich für einen Workspace ein Start- bzw. Endtermin angeben. Damit ist es möglich, für einen bestimmten Zeitraum einen beliebig großen Satz an Inhalten automatisch zu tauschen – und auch wieder zurückzunehmen. So lassen sich etwa Sonderaktionen in Ruhe in einem eigenen Workspace vorbereiten.

> **Tipp:** Damit der automatische Austausch funktioniert, muss ein PHP-Skript aufgerufen werden. Dies geschieht am einfachsten über den Aufruf der Datei `typo3/mod/user/ws/cli/ws_cli.phpsh` mittels `cron` unter Linux oder der Aufgabenplanung in Windows. Das Skript kann dabei entweder regelmäßig aufgerufen werden oder gezielt zu den Zeiten, die im Workspace definiert wurden.

Im Reiter `Other` schließlich lassen sich einige Feineinstellungen vornehmen:

Einstellung	Bedeutung
Bearbeitung einfrieren	Die Arbeitsumgebung wird zur Bearbeitung gesperrt. Es sind keinerlei Änderungen möglich.
Live-Bearbeitung von Datensätzen aus Tabellen ohne Versionierung erlauben	Manche Inhaltstabellen unsützen keine Versionierung. Diese Option ermöglicht in solchen Fällen die Live-Bearbeitung.
Mitgliedern Bearbeitung von Datensätzen in Redigierungsphase erlauben	Im Normalfall können Autoren Inhalte nicht mehr bearbeiten, wenn sie sie zum Review freigegeben haben. Ist diese Option aktiv, so ist eine weitere Bearbeitung möglich. In der Stufe `Veröffentlichen` ist das Bearbeiten für Autoren und Redakteure nicht mehr möglich.
Automatische Versionierung beim Bearbeiten deaktivieren	Ist diese Option aktiv, müssen neue Versionen von Hand angelegt werden.
Tauschmodus	Legt fest, wie Inhalte beim automatischen Veröffentlichen behandelt werden.
Versionierungstypen für Mitglieder und Redakteure deaktivieren	Hier wird eingestellt, welche Art der Versionierung verwendet werden darf. Für Typo3 4.2 sollte die Standardeinstellung bei der Installation bereits so eingestellt sein, dass nur Element-Versionierung möglich ist.
Öffentlicher Zugriff	Legt fest, wer veröffentlichen darf und welche Inhalte veröffentlicht werden können.

Tabelle 4.12: Feineinstellungen in Reiter »Other«

Workflow

Ist der Workspace vorbereitet, sieht der vollständige Workflow folgendermaßen aus:

Inhalt erstellen

Der Autor meldet sich im Backend an und erstellt bzw. ändert die gewünschten Inhalte. Anschließend gibt er im Modul `Benutzerwerkzeuge->Arbeitsumgebung` seine Entwürfe zum Review frei.

E-Mail-Benachrichtigung

Der Redakteur erhält nun eine Benachrichtigung per E-Mail, falls

1. die Option beim Anlegen der Arbeitsumgebung gesetzt wurde und

2. der Redakteur als User gelistet ist, nicht nur über die Gruppe.

```
At the TYPO3 site "Typo3" (http://localhost/typo3/typo3/)
in workspace "Website-Umgebung" (#1)
the stage has changed for the element(s) "Unsere Produkte V3" (tt_content:65)
at location "/Root/Produkte/" in the page tree:

==> Ready for review

User Comment:
"Bitte dringend online stellen"

State was change by  (username: autor)
```

Bild 4.40: Typo3 verschickt auf Wunsch E-Mails an die Workspace-Teilnehmer

Der Text der E-Mail ist in der Datei `class.t3lib_tcemain.php` hinterlegt, kann aber über UserTS bzw. PageTS geändert werden (siehe Kapitel 4.2). Standardmäßig enthält der Text alle nötigen Informationen über die Website, die Arbeitsumgebung, das Element (Titel und UID) und die Rootline zum Element sowie den Kommentar des Bearbeiters.

Review

Der Redakteur meldet sich nun ebenfalls in Typo3 an und geht direkt in die Workspace-Verwaltung. Von dort kann er den Inhalt aufrufen, gegenlesen und je nach Ergebnis zur Veröffentlichung weiterleiten oder ablehnen. Auch direkte Änderungen des Inhalts sind möglich.

Bei Ablehnung erhält der Autor eine Nachricht und kann die gewünschten Änderungen einpflegen, um den Artikel dann erneut zum Review zu geben.

Veröffentlichen

Wurde der Status auf Veröffentlichen gesetzt, erhält nun der Besitzer des Workspace eine Nachricht und kann ebenfalls Änderungen vornehmen, den Inhalt zurückweisen (oder direkt auf einen definierten Status setzen) oder die Veröffentlichung vornehmen.

5 Extension-Entwicklung

5.1 Grundlagen

5.1.1 Typo3 und Extensions

Wenn es einen einzelnen Aspekt gibt, der für den anhaltenden Erfolg von Typo3 verantwortlich ist, dann ist es das System der Extensions. Es verleiht Typo3 eine enorme Flexibilität, ohne es zu einem Code-Monster zu machen. Mehr als 3600 Erweiterungen sind derzeit im Typo3 Extension Repository (TER) gelistet. Dazu kommen noch kommerzielle Erweiterungen. Ohne das Extension-System wäre Typo3 damit schon längst völlig unüberschaubar geworden.

Grundfunktionen

Die Erweiterungen machen sich bereits beim Grundsystem bemerkbar: Das, was allgemein Typo3 genannt wird, besteht neben dem Core Framework selbst aus einer Sammlung von Extensions. Dies erleichtert die Entwicklung erheblich. Jede Funktion kann dadurch von einem Entwickler oder einem kleinen Team betreut und weiterentwickelt werden.

Was als Grundfunktion bezeichnet werden kann, ist durchaus diskutierbar – und wird auch diskutiert. In nahezu jeder Version von Typo3 ändert sich die Liste der Erweiterungen, die als System-Extension mit dem Grundpaket ausgeliefert wird.

Fleixibilität durch Extensions

Im praktischen Einsatz einer normalen Typo3-Site kommt ein anderer Vorteil zum Tragen: Jede Typo3-Site enthält sinnvollerweise nur die Erweiterungen, die sie tatsächlich braucht. Das hält das System so schlank wie möglich.

Die Unterscheidung in System-Extensions sowie globale und lokale Erweiterungen ermöglicht eine hochflexible Steuerung auch dann, wenn mehrere Sites mit einer Typo3-Installation laufen (siehe dazu auch Kapitel 2.4).

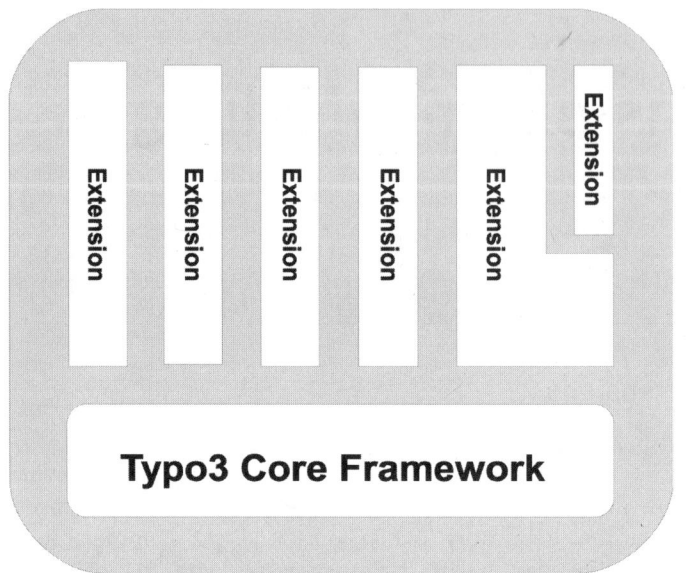

Bild 5.1: Extensions schaffen Ordnung und sorgen gleichzeitig für Flexibilität

Kompatibilität durch Extensions

Darüber hinaus sorgen Extensions dafür, dass es praktisch keine Situation – außer bei Patches für Fehler – gibt, in der ein Anwender vorhandenen Code umschreiben muss. Jede Funktion, die nicht so arbeitet wie gewünscht, lässt sich mithilfe einer Erweiterung passend ersetzen. Dies gilt nicht nur für Funktionen des Core-Systems, sondern auch für die Extensions selbst, die sich wieder durch andere Erweiterungen anpassen lassen. So bleibt unter anderem die Update-Fähigkeit des Gesamtsystems uneingeschränkt erhalten.

Wie stabil dieses System ist, das mit Typo3 3.5 ins Leben gerufen wurde, zeigt sich unter anderem daran, dass viele alte Erweiterungen über mehrere Typo3-Versionen hinweg funktionieren – auch wenn sie dann oft schon von der allgemeinen Entwicklung überholt wurden.

Der Extension Manager

Ein wesentliches Element des Erweiterungssystems ist der Extension Manager (EM). Ohne dieses zentrale Werkzeug zur Installation und Verwaltung von Erweiterungen wäre die Handhabung ungleich komplizierter. Seine Grundfunktionen wurden bereits in Kapitel 2.4 beschrieben.

Dank des Extension Managers hat der Typo3-Administrator jederzeit die volle Kontrolle über vorhandene und installierte Erweiterungen. Außerdem prüft der EM die Kompatibilität von Erweiterungen mit dem System (sofern die Erweiterung diese Information liefert) und untereinander. Braucht etwa eine Extension eine zweite zum Funktionieren, so kann diese während des Installationsprozesses geholt und mit installiert werden.

Darüber hinaus ermöglicht der Extension Manager die Konfiguration der Erweiterungen, prüft die Unversehrtheit der Dateien und weist auf Änderungen hin.

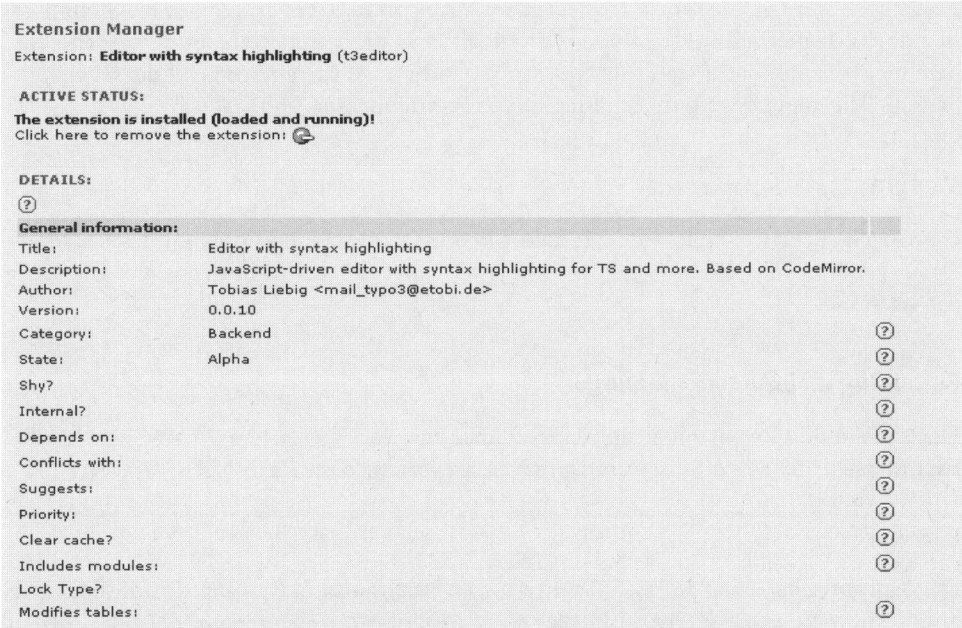

Bild 5.2: Der Extension Manager ist die Zentrale aller Typo3-Erweiterungen

5.1.2 Arten von Extensions

Wie oben erwähnt, wird abhängig vom Ort der Installation unterschieden nach System-, globalen und lokalen Extensions. Diese Unterscheidung hat aber an sich nichts mit der Funktion der Erweiterung zu tun. Jede Extension sollte ohnehin so programmiert sein, dass sie an jedem der drei Orte installiert werden kann und von dort aus lauffähig ist. Wenn dies für eine Extension nicht möglich ist, lässt sich allerdings in der Konfigurationsdatei `emconf.php` der Erweiterung ein Installationsort vorschreiben.

Ist eine Erweiterung mehrfach installiert, beispielsweise global und lokal, so gilt die Reihenfolge lokal – global – System. Die lokale Installation hat also immer die höchste Priorität (siehe Kapitel 2.4).

Eine andere Art der Differenzierung geht von der Funktion der Erweiterung aus. Hier wird zwischen Plugins und Modulen unterschieden.

Plugins

Als Plugins werden im Typo3-Umfeld Erweiterungen bezeichnet, die das Erscheinungs-bild der Website beeinflussen, indem sie Inhalte zur Verfügung stellen und passend auf-bereiten. Beispiele dafür sind Gästebücher, E-Commerce-Erweiterungen oder das Login-System. Allgemein erweitern also Plugins das Frontend von Typo3.

Module

Das Gegenstück zu Plugins sind Module. Sie erweitern die Funktionalität des Backends. Dazu gehören die Webmodule von Typo3, aber auch Admin-Module wie etwa `phpMyAdmin`.

Einteilung im Extension Manager

Ein Blick in den Extension Manager zeigt, dass hier nicht zwischen Plugins und Modu-len unterschieden wird. Stattdessen gibt es zehn verschiedene Kategorien:

Backend

Die Kategorie `Backend` umfasst Erweiterungen, die die Funktion des Typo3-Backends erweitern, ohne einen eigenen Eintrag in der Modulliste zu benötigen. Beispiele hierfür sind der Rich Text Editor `rtehtmlarea` oder `cms`, das eigentliche Content-Management-Werkzeug von Typo3.

Backend Modules

In der Kategorie `Backend Modules` finden sich die Module wie oben beschrieben, also Erweiterungen, die links im Modulbaum mit Einträgen gelistet sind. Beispiele hierfür sind die Grundmodule von Typo3 oder Erweiterungen wie Full Backup (`w4x_backup`).

Frontend

Unter `Frontend` finden sich Erweiterungen, die Funktionalität für das Frontend bereit-stellen, aber nicht notwendigerweise selbst HTML-Ausgaben erzeugen. Vertreter dieser Kategorie sind etwa `css_styled_content` oder `RealUrl`.

Frontend Plugins

`Frontend Plugins` erzeugen Ausgaben auf der Website. Sie stellen neue Inhaltsobjekte zur Verfügung oder erweitern bestehende. Beispiele hierfür sind Erweiterungen wie `tt_news` oder `felogin`.

Services

`Services` sind spezielle Extensions, die sozusagen Dienstleistungen für andere Erweiterungen bereitstellen, beispielsweise die Authentifizierung von Usern. In einem Typo3-System kann eine Service-Funktion mehrfach angeboten werden – etwa einmal durch Aufruf eines externen Programms und einmal durch ein PHP-Skript. Welche Funktion genutzt wird, kann beispielsweise vom Betriebssystem abhängen.

Documentation

In dieser Kategorie befinden sich Extensions, die lediglich Dokumentationen bereitstel-len, meist in Form von OpenOffice-Dokumenten.

Examples

Beispiele für Funktionalitäten von Erweiterungen oder von Typo3 werden in diese Kate-gorie einsortiert, etwa als Teil von Tutorials.

Templates

Hier finden Sie fertige Typo3-Templates, entweder als HTML/CSS-Struktur für den Autoparser oder TemplaVoila oder als Typoscript-Templates.

Miscellaneous

Der Abschnitt `Miscellaneous` dient als Sammelbecken für alles, was sonst nicht recht passt, also etwa Bibliotheken, die von anderen Erweiterungen benutzt werden, oder statische Tabellen.

[]

Die Kategorie [] ist eigentlich keine Kategorie, sondern enthält die Erweiterungen, bei denen das `category`-Feld leer ist. In Typo3 4.2 findet sich hier beispielsweise der Skin für das Backend.

Die Einteilung einer Extension in eine der genannten Kategorien ist nicht immer einfach. Manche Erweiterungen bestehen sowohl aus einem Plugin als auch einem Backend-Modul. In solchen Fällen sollte die Hauptfunktion die Kategorie bestimmen. Keine gute Idee ist es allerdings, alles in `Miscellaneous` zu werfen, um damit einer Entscheidung aus dem Weg zu gehen.

> **Tipp:** Services sollten nicht mit Frontend- oder Backend-Funktionen in eine Extension gepackt werden. Lediglich für die Funktion notwendige Tabellen oder Tabellenfelder werden Bestandteil der Service-Erweiterung.

5.1.3   Benennung von Extensions

Erweiterungen werden von Typo3 nicht zuletzt anhand ihres Namens verwaltet. Daher muss jede Typo3-Extension eine eindeutige Bezeichnung erhalten, den sogenannten *Extension Key*. Bei der Benennung von Extension sind daher einige Regeln einzuhalten.

Lokale Erweiterungen

Für Extensions, die nur für eine Installation verwendet werden sollen, muss die Eindeutigkeit des Namens nur innerhalb des Systems hergestellt sein. Wenn Sie sicher sind, dass eine Erweiterung nur für ein bestimmtes Projekt von Interesse ist und nicht allgemein verfügbar sein soll, nehmen Sie daher einfach einen Namen Ihrer Wahl und setzen das Präfix `user_` davor. Damit ist klar, dass diese Extension nicht aus dem öffentlichen Repository stammt. Vom Key abgeleitete Bezeichner für Tabellen usw. bilden Sie dann wie in der folgenden Tabelle angegeben:

	Regel	*Beispiel*
Extension Key	Frei wählbar, aber mit Präfix `user_`	`user_myextension`
Datenbank-Tabellen und -Felder	mit dem vorgeschalteten Präfix der Erweiterung	`user_myextension_images` `user_myextension_categories`
Backend Modul	enthält keine Unterstriche, beginnt mit u	`umyextension`

	Regel	*Beispiel*
PHP-Klassen	Klassennamen werden gebildet wie Datenbank-Tabellen und Felder, die Dateien dazu erhalten den Vorsatz `class.`	`class.myextension_pi1.php`

Tabelle 5.1: User Extension Keys und abgeleitete Bezeichner

Allgemeine Extensions

Soll eine Erweiterung dagegen der Typo3-Gemeinde zur Verfügung gestellt, sprich: ins Typo3 Extension Repository geladen werden, muss der Extension Key weltweit eindeutig sein.

Um dies sicherzustellen, werden Extension Keys im TER registriert. Dabei werden neben der Eindeutigkeit auch noch formale Kriterien für den Aufbau des Keys geprüft.

Diese sind:

- Der Key darf nur aus Buchstaben, Ziffern und dem Unterstrich (_) bestehen.
- Der Key darf nicht mit `tx` oder `u` beginnen. Diese Präfixe sind für Module reserviert.
- Da aus dem Schlüssel Bezeichner für Module abgeleitet werden, indem die Unterstriche entfernt werden, muss der Key auch in diesem Fall eindeutig bleiben. Unter anderem deswegen wird für neue Extensions empfohlen, von vorneherein keine Unterstriche im Extension Key zu verwenden.
- Da aus dem Extension Key auch der Verzeichnisname in Typo3 abgeleitet wird, sollten keine Goßbuchstaben verwendet werden.

Damit ergeben sich folgende Bezeichner:

	Regel	*Beispiel*
Extension Key	Vom TER zugewiesen bzw. akzeptiert	`myextension`
Datenbank-Tabellen und -Felder	Name der Erweiterung, versehen mit dem Präfix `tx_`	`tx_myextension_images` `tx_myextension_categories`
Backend Modul	enthält keine Unterstriche, beginnt mit `tx`	`txmyextension`

	Regel	*Beispiel*
PHP-Klassen	Klassennamen werden gebildet wie Datenbank-Tabellen und Felder, die Dateien dazu erhalten den Vorsatz `class.`	`class.tx_myextension_pi1.php`

Tabelle 5.2: TER Extension Keys und abgeleitete Bezeichner

5.1.4 Veröffentlichen von Extensions

Selbst wenn beim Schreiben einer Erweiterung zunächst nicht geplant ist, die Extension im TER zu veröffentlichen, sollten Sie diesen Schritt auf jeden Fall einplanen – aus zwei Gründen:

Zum einen ist es mit viel Aufwand verbunden, den Namen einer Extension nachträglich zu ändern. Der Extension Key wird für Verzeichnis- und Dateinamen ebenso benutzt wie für Datenbanktabellen. Und selbst wenn die Erweiterung zu speziell ist, um für andere von Nutzen zu sein: Sie können sie als privat oder als Test markieren und sie so im TER ablegen, ohne den Zugriff für andere freizuschalten.

Zum anderen lebt Typo3 nicht zuletzt von der Vielzahl an Erweiterungen. Wenn eine Extension also von allgemeinem Interesse sein könnte, sollte sie auch im TER vorhanden sein.

Alle Erweiterungen, die Sie schreiben, unterliegen wie Typo3 selbst automatisch der GPL (GNU Public License). Das zwingt Sie zwar nicht zur Veröffentlichung, doch sollten Sie sich im Klaren sein, dass der Quellcode Ihrer Extension von jedem Anwender benutzt und weiterbearbeitet werden darf, der Zugriff darauf hat.

5.1.5 Verzeichnisstruktur

Je nach Art der Installation liegen die Dateien einer Extension in unterschiedlichen Verzeichnissen:

Art der Installation	*Verzeichnis*
Lokal	`typo3conf/ext`
Global	`typo3/ext`
System	`typo3/sysext`

Tabelle 5.3: Installationsvarianten

Innerhalb dieser Verzeichnisse wird für jede Erweiterung ein Ordner angelegt, dessen Name mit dem Extension Key identisch ist.

Da unter Linux die Groß- und Kleinschreibung für Dateien und Verzeichnisse berücksichtigt wird, wäre es hier problemlos möglich, zwei Erweiterungen namens `myextension` und `MyExtension` zu installieren. Unter Windows dagegen wären die beiden Verzeichnisse identisch. Um solchen Problemen von vornherein aus dem Weg zu gehen, sollten Extension Keys keine Großbuchstaben enthalten.

Die Verzeichnis- und Dateistruktur der Erweiterung selbst kann beliebig komplex sein. Allerdings gibt es einige reservierte und einige zwingend erforderliche Dateien, wie die folgende Tabelle zeigt:

Datei/Verzeichnis	*Beschreibung*
`ext_emconf.php`	Die Datei `ext_emconf.php` enthält die grundlegende Beschreibung der Extension. Dazu gehören der Name und die Beschreibung der Erweiterung ebenso wie ihr Status oder Abhängigkeiten von anderen Erweiterungen.
	Die Datei enthält außerdem md5-Hashwerte aller Dateien, die zur Extension gehören (bzw. die ersten vier Zeichen des Hash-Werts). Damit kann der Extension Manager prüfen, ob Dateien verändert wurden.
	Ist die Datei `ext_emconf.php` nicht vorhanden, so wird die Erweiterung vom Extension Manager nicht erkannt.
	Beim Import von Erweiterungen aus dem TER wird die Datei vom Extension Manager automatisch angepasst.
`ext_localconf.php`	Diese Datei enthält Einträge für den Array `$TYPO3_CONF_VARS`, stellt also eine Erweiterung der Datei `typo3conf/localconf.php` dar. Sie muss nicht zwingend vorhanden sein.
	Typo3 lädt zunächst die Datei `typo3conf/localconf.php`. Dann werden aus den Variablen in dieser Datei die Konstanten für den Zugriff auf die Datenbank generiert. Erst anschließend werden die `ext_localconf.php`-Dateien der Extensions geladen.
	Das bedeutet, dass die `ext_localconf.php` nahezu alle Optionen ändern kann, aber nicht die Datenbank-Einstellungen.

Datei/Verzeichnis	Beschreibung
ext_tables.php	ext_tables.php erweitert die Einstellungen der Datei tables.php (zu finden im Verzeichnis t3lib/stddb).
	Die Datei enthält Konfigurationsdaten für Tabellen, Module, Backend-Stile usw.
	Die Reihenfolge beim Laden von Typo3 ist wie folgt:
	Zunächst wird die Datei tables.php geladen, unmittelbar danach die ext_tables.php-Dateien aller aktiven Extensions. Die Reihenfolge wird dabei festgelegt durch den Array TYPO3_LOADED_EXT.
	Zum Abschluss wird noch eine allgemeine extTables-Datei geladen. Ort und Name dieser Datei werden definiert über die Variable $typo_db_extTableDef_script in der Datei typo3conf/localconf.php.
	So können die Konfigurationsdaten von Extensions nachträglich für eine spezielle Installation angepasst werden.
ext_tables.sql	Diese Datei enthält die SQL-Definition von Datenbank-Tabellen. Der Inhalt dieser Datei wird von Typo3 für den Check der Datenbankstruktur verwendet, beispielsweise wenn eine Erweiterung installiert wird.
	ext_tables.sql entspricht formal einem Dump einer MySQL-Datenbank. Allerdings muss sie nicht notwendigerweise mit der tatsächlichen Struktur einer Tabelle übereinstimmen.
	Wird beispielsweise eine bestehende Tabelle erweitert, so enthält die SQL-Datei der Extension eine formal vollständige CREATE TABLE-Anweisung. Als Felder werden allerdings nur die zusätzlichen Einträge für die Erweiterung aufgeführt:

	`#`
	`# Zusätzliches Feld in der Tabelle`
	`# 'fe_users'`
	`#`
	`CREATE TABLE fe_users (`
	`tx_myext_customer_status tinytext`
	`);`

Datei/Verzeichnis	Beschreibung
	Der Extension Manager bzw. das Installationstool von Typo3 werten die Datei aus und setzen die Daten passend um.
	Dabei werden auch die Größen von Feldern angepasst, wenn Sie etwa UTF-8 als Zeichensatz verwenden und bei der Installation die Einstellung für `[SYS][multiplyDBfieldSize]` auf einen Wert größer als 1 gesetzt haben.
`ext_tables_static+adt.sql`	Diese Datei nimmt Daten für statische Tabellen und Daten auf, die von einer Erweiterung benutzt werden (beispielsweise eine Liste von Steuerzonen).
	Die Datei kann mithilfe von `mysqldump` aus einer fertigen Tabelle erzeugt werden:
	`mysqldump --user=[User] --password=[Passwort]` `[Datenbank] [Tabelle] --add-drop-table >` `./ext_tables_static.sql`
	Der Extension Manager bietet ebenfalls eine Funktion, um die Tabellen einer Erweiterung als Dump anzuzeigen. Diesen Dump können Sie anschließend in eine Datei kopieren.
	Anmerkung: Auch die Struktur von statischen Tabellen muss in der Datei `ext_tables.sql` enthalten sein, sonst erkennt sie der Extension Manager als überzählig.
`ext_typoscript_constants.txt`	Veraltete Methode, um Typoscript-Konstanten zu setzen.
	Verwenden Sie stattdessen statische Templates (siehe unten).
`ext_typoscript_setup.txt`	Veraltete Methode, um Typoscript-Templates zu setzen.
	Verwenden Sie stattdessen statische Templates (siehe unten).
`ext_typoscript_editorcfg.txt`	Veraltete Methode, um den Richtext-Editor zu konfigurieren.
	Verwenden Sie stattdessen statische Templates (siehe unten).

Datei/Verzeichnis	Beschreibung
ext_conf_template.txt	Diese Datei enthält Typoscript-Code für die Konfiguration der Erweiterung. Über den Extension Manager lassen sich diese Einstellungen anpassen. **Bild 5.3:** Der EM ermöglicht die Konfiguration der Erweiterung Das Ergebnis der Einstellung wird in localconf.php als serialisierter Array in der Variablen $TYPO3_CONF_VARS["EXT"]["extConf"][extension_key] gespeichert.
ext_icon.gif	Ein GIF-Bild mit 18 x 16 Pixeln als Icon für die Erweiterung.
(*/) locallang*.php	Sprachdateien für die Lokalisierung. In locallang.php bzw. jeder Datei nach dem Muster locallang*.php können Übersetzungstexte als Elemente des Arrays $LOCAL_LANG abgelegt werden.
(*/) locallang*.xml	Sprachdateien für die Lokalisierung. Die modernere Variante für die Sprachdateien ist das XML-Format. Insbesondere für mehrsprachige Installationen ist von Vorteil, dass die XML-Dateien grundsätzlich im UTF-8-Format gehalten sind, während die PHP-Dateien keinen klar definierten Zeichensatz verwenden.

Datei/Verzeichnis	Beschreibung
class.ext_update.php	Diese Datei stellt eine Klasse ext_update zur Verfügung. Ist sie vorhanden, so gibt es im Extension Manager bei der Anzeige der Details einer Extension einen zusätzlichen Menü-Eintrag UPDATE!. Dieser ruft die Methode main() der Klasse ext_update auf. Die Erweiterung kann damit beispielsweise prüfen, ob ihre Datenbankstruktur noch korrekt ist, wenn eine neuere Version der Extension installiert wurde.
	Die Klasse ext_update muss außerdem eine Methode access() enthalten, die einen Boole'schen Wert zurückliefert. Dieser steuert, ob der Menüeintrag UPDATE! angezeigt werden soll. Damit kann ein erneuter Aufruf vermieden werden, wenn die Erweiterung feststellen kann, dass ein Update unnötig ist.
ext_api_php.dat	PHP-API-Daten
	Diese Datei wird von der Erweiterung extdeveval (Extension Development Evaluator) erzeugt bzw. gelesen. Sie enthält in Form eines serialisierten PHP-Arrays die Informationen über die Klassen der Extension.
pi*/	Typischer Name eines Unterordners für eine Frontend-Klasse.
mod*/	Typischer Name eines Unterordners für ein Backend-Modul.
res/	Grundsätzlich steht es dem Programmierer frei, Dateien nach Belieben im Verzeichnis der Extension abzulegen. Es hat aber Sinn, Bilder, allgemeine Klassen oder andere Ressourcen, die nicht direkt einem Frontend- oder Backend-Modul zugeordnet sind, in einem Ordner zu sammeln.
	Inhalte des Ordners res können im Konfigurations-Interface der Erweiterung als auswählbare Dateien aufgelistet werden.
static/	Typischer Name eines Unterordners für statische Templates.

Tabelle 5.4: Reservierte Dateinamen

Statische Templates

Ältere Extensions enthalten die drei Dateien `ext_typoscript_constants.txt`, `ext_typoscript_setup.txt` und `ext_typoscript_editorcfg.txt`, um vordefinierte Typoscript-Anweisungen zu speichern. Diese Methode hat den Vorteil, dass die Dateien automatisch eingelesen werden. Der Nachteil ist aber, dass nur jeweils eine Version existieren kann.

Die modernere Variante verwendet sogenannte statische Templates. Dazu legen Sie einen Ordner `static` an sowie einen Unterordner (beispielsweise `css_template`) für jedes Template, das Sie benutzen wollen.

In diesen Unterordnern legen Sie jeweils eine Datei `constants.txt` und `setup.txt` an. Diese enthalten den Typoscript-Code für das jeweilige Template.

Um ein solches Template zu aktivieren, ergänzen Sie in der Datei `ext_tables.php` folgende Zeile:

```
t3lib_extMgm::addStaticFile($_EXTKEY,'static/css_template/',
   'CSS-based Template');
```

Für jedes Template erfolgt ein eigener Eintrag.

Die Konfiguration des Editors, die ja normalerweise in der PageTS erfolgt, können Sie über die Funktion `t3lib_extMgm::addPageTSConfig($content)` beeinflussen.

5.2 Der Extension Kickstarter

Mit dem Wissen um den Aufbau und die Inhalte der einzelnen Dateien einer Typo3-Erweiterung lässt sich eine Extension mit jedem Editor programmieren. Doch so lehrreich der manuelle Weg ist, so fehlerträchtig ist er auch.

Einen deutlich übersichtlicheren Einstieg bietet der Extension Kickstarter – natürlich selbst eine Typo3-Extension (`kickstarter`). Nach der Installation wird der Kickstarter über den Eintrag `Neue Extension anlegen` bzw. `Create new Extension` im Menü des Extension Managers aufgerufen.

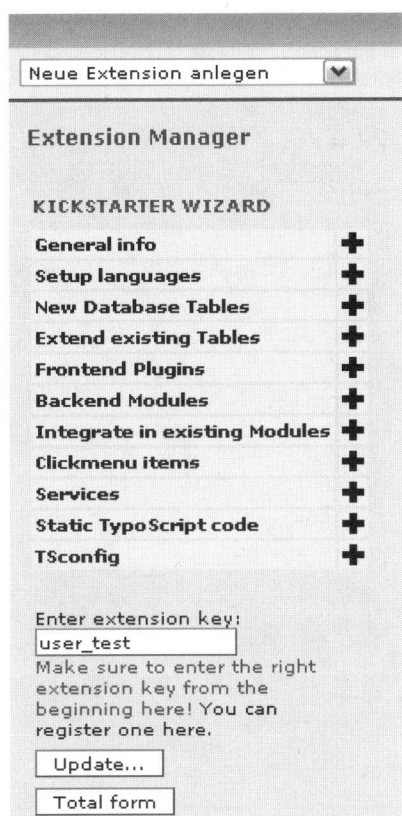

Bild 5.4: Der Extension Kickstarter baut das komplette Gerüst einer Erweiterung

Das Hauptmenü ist klar gegliedert in die einzelnen Bereiche, die eine Extension aufweisen kann.

5.2.1 General info

Zunächst geben Sie die allgemeinen Informationen zur Erweiterung ein, einschließlich des Extension Keys. Planen Sie vor dem Anlegen der Erweiterung genau: Spätere Änderungen sind zwar möglich, aber nicht immer einfach.

```
 Neue Extension anlegen    ▼

 Extension Manager

 KICKSTARTER WIZARD

 General info                          General info
 [Click to Edit]                  🗑    Enter general information about the extension here: Title, description, category, author...
 Setup languages             ➕        Title:
 New Database Tables          ➕        [Testerweiterung        ]
 Extend existing Tables       ➕        Description:
 Frontend Plugins             ➕        [Test des Kickstarters  ]
 Backend Modules              ➕        Category:
 Integrate in existing Modules ➕       [Miscellaneous      ▼]
 Clickmenu items              ➕        State
 Services                     ➕        [Test (Test extension, demonstrates concepts etc.)   ▼]
 Static TypoScript code       ➕        Dependencies (comma list of extkeys):
 TSconfig                     ➕        [cms                    ]
                                        Author Name:
 Enter extension key:                   [Administrator          ]
 [user_test      ]                      Author email:
                                        [admin@domain.de        ]
 [ Update... ]
                                          [ Update... ]
 [ Total form ]
 [ View result ]
 [ D/L as file ]
 ☐ Print WOP comments
```

Bild 5.5: Die allgemeinen Infos zur Extension sollten gut überlegt sein

5.2.2   Setup languages

Hier legen Sie fest, welche Sprachen Sie bereits beim Entwickeln der Extension berücksichtigen wollen. Die Auswahl hier beeinflusst im späteren Verlauf die Eingabemöglichkeiten. So wird beispielsweise beim Anlegen von Tabellen für den Titel ein Eingabefeld für jede aktive Sprache angezeigt.

5.2.3   New Database Tables

Dieser Abschnitt dient dazu, die nötigen Tabellen für die Erweiterung anzulegen. Dabei ist eine Reihe von allgemeinen Einstellungen möglich. Diese steuern, unter welchen Bedingungen ein Eintrag aus der Tabelle angezeigt wird.

Option	Beschreibung
Add "Deleted" field	Fügt der Tabelle ein Feld hinzu, das als Gelöscht-Markierung dient. Datensätze einer solchen Tabelle werden dann nicht endgültig gelöscht, sondern nur mit dem entsprechenden Flag markiert.
Add "Hidden" flag	Ermöglicht das Abschalten eines Datensatzes im Frontend, ohne ihn zu löschen.
Add "Starttime" Add "Endtime"	Ermöglicht das zeitgesteuerte An- bzw. Abschalten von Datensätzen.
Add "Access group"	Ermöglicht, dass ein Datensatz nur angezeigt wird, wenn ein Frontend-User einer bestimmten Gruppe angehört.
Enabled localization features	Wenn aktiviert, werden die Datensätze der Tabelle um ein Feld für die Sprache erweitert sowie um eine Referenz auf den Originaldatensatz. So lässt sich die Tabelle für mehrsprachige Websites verwenden.
Enable versioning	Aktiviert die Versionsverwaltung für die Tabelle.
Manual ordering of records	Erweitert die Tabelle um ein Feld für die Sortierung. Damit lassen sich die Datensätze wie normale Content-Elemente im Backend von Hand sortieren.
"Type-field", if any:	Wenn eine Erweiterung unterschiedliche Inhalte verwalten kann (beispielsweise Fotos und Gemälde), geben Sie hier das Datenbankfeld an, mit dem im Backend der Typ ausgewählt werden kann. Dies kann das Erscheinungsbild des Formulars beeinflussen (etwa ein Feld Maltechnik für Gemälde oder ein Feld Kamera für Fotos).
Label-field:	Bestimmt, welches Datenbankfeld in der Liste der Datensätze als Titel verwendet wird.
Default icon	Das Icon, das im Backend als Symbol für Datensätze dieses Typs verwendet wird.
Allowed on pages:	Ermöglicht das Anlegen von Datensätzen in dieser Tabelle auf normalen Seiten.
Allowed in "Insert Records" field in content elements:	Ermöglicht das Verlinken von Content-Elementen zu Datensätzen dieser Tabelle.

Option	Beschreibung
Add "Save and new" button in forms:	Aktiviert einen zusätzlichen Button, mit dem beim Bearbeiten von Datensätzen dieser Tabelle ein Eintrag gespeichert und gleichzeitig ein neuer leerer Eintrag angelegt werden kann. Das ist sehr hilfreich, wenn viele Datensätze auf einmal angelegt werden sollen.

Tabelle 5.5: Grundoptionen für neue Tabellen

Angaben wie Label-field, die auf ein Feld der Datenbank verweisen, können erst dann sinnvoll gefüllt werden, wenn die Datenbankfelder selbst definiert wurden. Dies geschieht am Ende der Seite:

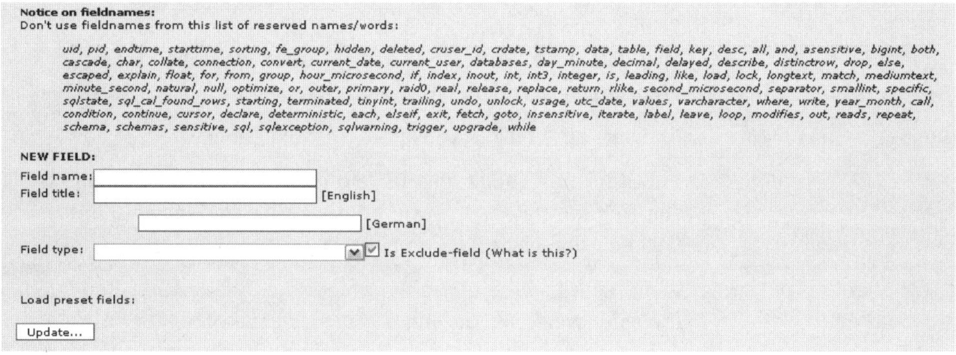

Bild 5.6: Datenbankfelder lassen sich einfach per Formular eintragen.

Geben Sie dazu den Feldnamen sowie das Label dazu in allen aktivierten Sprachen an. Anschließend muss der Typ des neuen Feldes festgelegt werden. Hier bietet Typo3 eine Reihe von Möglichkeiten:

String input

Das einfachste Eingabefeld reicht für Daten wie Namen oder Überschriften aus. Sie können die angezeigte Größe im Formular und die maximale Länge der Eingabe festlegen sowie das Feld zum Pflichtfeld machen.

Außerdem können Sie wählen, ob das Feld in der Datenbank als TINYTEXT oder VARCHAR angelegt wird. Bei aktuellen MySQL-Versionen macht dies kaum einen Unterschied. Der Feldtyp TINYTEXT entspricht ziemlich genau einem VARCHAR(255), was den Platzbedarf in der Datenbank betrifft. TINYTEXT-Felder können in MySQL keinen Standardwert haben, doch spielt das für Typo3 keine Rolle, da dies über die Formulare des Backends geregelt wird. `String input, advanced` erweitert das normale Inputfeld um zahlreiche zusätzliche Optionen, insbesondere die Möglichkeit, die eingegebenen Werte nach bestimmten Mustern zu evaluieren, so etwa Datumsfelder oder Fließkommawerte. Es fehlt lediglich eine freie Evaluierung gegen einen regulären Ausdruck, beispielsweise um E-Mail-Adressen formal zu prüfen.

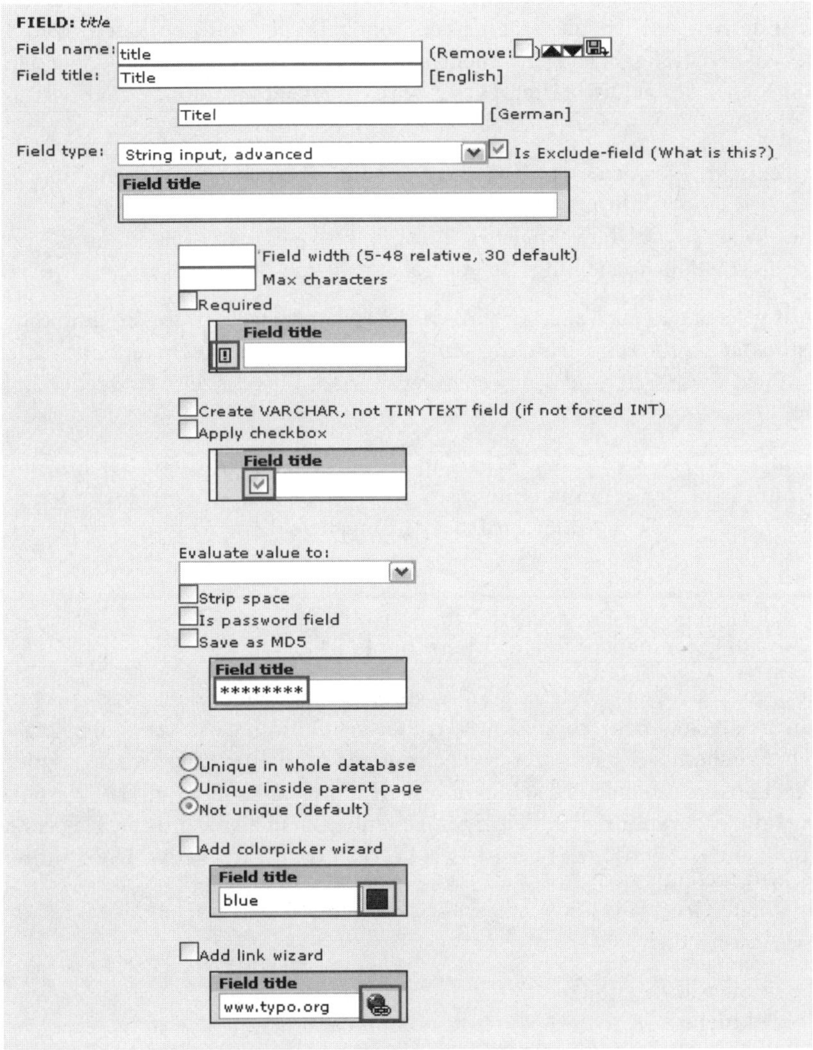

Bild 5.7: Texteingabefelder lassen sich sehr genau anpassen

Über die Optionen Unique in whole database bzw. Unique inside parent page lassen sich auch Felder etwa für Artikelnummern so anlegen, dass doppelte Eingaben nicht möglich sind.

Text area

Dies definiert eine klassische Textarea, also ein großes Texteingabefeld ohne Formatierung. Eine Besonderheit hier ist die Möglichkeit, einen Wizard hinzuzufügen. Damit steht später neben dem Eingabefeld ein klickbares Symbol zur Verfügung, das einen Assistenten zum Füllen des Feldes startet. Dieser wird als eigenes Modul in die Erweiterung eingebunden.

Das erweiterte Textfeld Textarea with RTE dient der Eingabe von formatierten Texten. Es nutzt dazu den Richtext-Editor von Typo3. Sie können für diese Art Feld festlegen, wie Typo3 die Inhalte vor dem Speichern bearbeitet. Bei der Verwendung von css_styled_content ist die Einstellung Typical basic setup sinnvoll.

Für spezielle Anforderungen lässt sich im Custom mode konfigurieren, welche Funktionen oder Textstile der Editor zur Verfügung stellen soll. So ist es beispielsweise möglich, für einen Anreißtext zwar Fett und Kursiv zu verwenden, aber keine weitergehenden Formatierungen.

Die dritte Variante der Textarea, Text area, No wrapping, dient meist der Eingabe von Code. Sie nimmt keinen automatischen Zeilenumbruch vor, sondern bietet lediglich Scrollbalken, wenn der Text größer wird als das Eingabefeld.

Checkbox

Eine einfache Checkbox ermöglicht das Speichern Boole'scher Werte.

Die beiden Varianten Checkbox, 4 boxes in a row und Checkbox, 10 boxes in two rows (max) dienen dazu, mehrere zusammengehörige Optionen zu verwalten, etwa Kategorien oder Wochentage. Trotz der Bezeichnungen sind hier auch weniger oder mehr als 4 Checkboxen möglich. Das Maximum liegt in jedem Fall bei 10 Werten. Gespeichert wird die Auswahl in einem einzigen Datenbankfeld als Bitmuster. Das erste Feld bekommt dabei den Wert 1, das zweite den Wert 2, das dritte 4 usw. Die Summe der Werte ergibt den Feldinhalt.

Link

Ein Link-Feld ist im Backend an der Weltkugel mit der Kette zu erkennen.

Bild 5.8: Linkfelder nutzen alle Möglichkeiten von Typo3

Ein Klick darauf öffnet den Link-Browser von Typo3. Hier lassen sich Links zu internen Seiten ebenso erstellen wie zu externen Websites oder zu Dateien. Auch `mailto`-Links können Sie hier angeben.

Date / Date and Time

Die beiden Datumsfelder sind normale Input-Felder, die aber auf ein korrektes Datumsformat geprüft werden. Per Klick auf die Checkbox links von einem solchen Feld lässt sich das aktuelle Datum einfügen.

Deutlich mehr Komfort erhalten Sie mit der Erweiterung Date2Calendar (`date2cal`). Ist sie installiert, werden automatisch alle Datumsfelder im Backend mit einem Symbol versehen, das auf Klick einen Kalender öffnet. Zusätzlich lassen sich die Funktionen per API auch in Ihren Erweiterungen im Frontend benutzen.

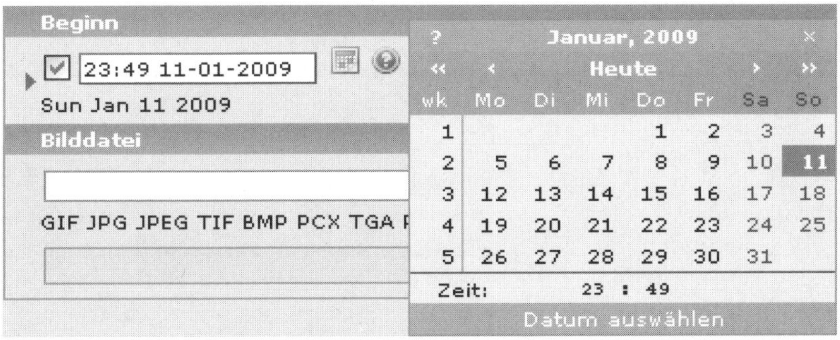

Bild 5.9: date2cal macht Datumseingaben deutlich bequemer

Integer, 10-1000

Dieses Feld ist eine normale Input-Box, deren Inhalt beim Speichern darauf geprüft wird, ob sie einen Zahlenwert innerhalb zweier Grenzen enthält. Diese Grenzwerte können Sie allerdings nicht im Kickstarter definieren, sondern erst später in der Datei `tca.php`.

Selectorbox

Die `Selectorbox` erzeugt ein Pulldown-Feld oder ein Listenfeld, wahlweise mit Mehr-fachauswahl. Im Gegensatz zur Checkbox sind Sie hier nicht auf 10 Werte beschränkt.

Das Aussehen dieses Feldes hängt von der genauen Konfiguration ab. Ist nur ein Wert wählbar, entsteht ein normales Pulldown-Feld.

Sind dagegen mehrere Werte wählbar, erzeugt Typo3 keine normale Liste mit Mehr-fachauswahl. Stattdessen gibt es zwei Textfelder, wobei links die ausgewählten und rechts die möglichen Optionen stehen. Dies bietet deutlich mehr Komfort als die klassi-sche Liste, bei der die Auswahl mit gedrückter `Strg`-Taste erfolgen muss. Werden mehr Werte ausgewählt als zulässig, markiert Typo3 das Feld mit einem Ausrufezeichen im gelben Feld.

Radio Buttons

Dieser Feldtyp erzeugt eine Gruppe von Radio Buttons, etwa für die Auswahl einer Anrede. Bei mehr als zwei Werten ist aber die Selectorbox meist die sinnvollere Lösung.

Database relation

`Database relation` definiert ein Feld, das Verbindungen zu einer anderen Tabelle her-stellt. Typisch wäre etwa die Auswahl von Usergruppen, die Zugriff auf einen Datensatz haben.

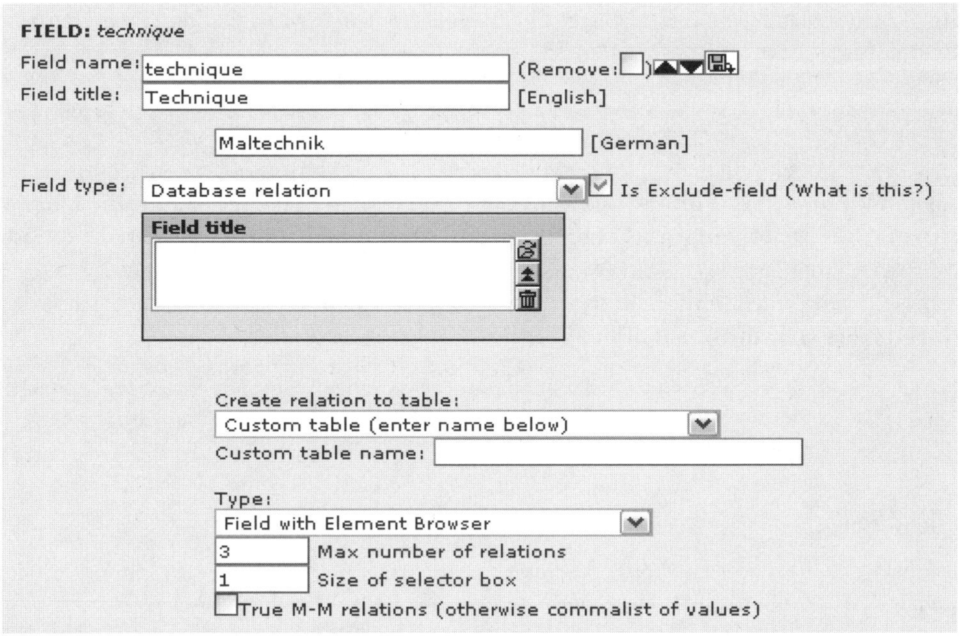

FIELD: *technique*

Field name: technique   (Remove: ☐)▲▼🖫

Field title: Technique   [English]

Maltechnik   [German]

Field type: Database relation   ⌄ ☑ Is Exclude-field (What is this?)

Field title

Create relation to table:
Custom table (enter name below)   ⌄
Custom table name: _____

Type:
Field with Element Browser   ⌄
3   Max number of relations
1   Size of selector box
☐ True M-M relations (otherwise commalist of values)

Bild 5.10: Database-relation-Felder stellen Verknüpfungen zu anderen Tabellen her

Die Standardmethode von Typo3 für solche Verknüpfungen ist ein Feld, das die IDs der gewählten Einträge aus der verlinkten Tabelle als kommaseparierte Liste enthält. So lassen sich beispielsweise einem Gemälde aus einer statischen Tabelle mehrere Maltechniken oder Kategorien zuordnen.

Diese Technik wird allerdings nicht allen praktischen Situationen gerecht. In einem Shop beispielsweise gibt es Kunden und Artikel, die in einer n-zu-m-Beziehung stehen, d. h. jeder Kunde kann mehrere Artikel bestellen und jeder Artikel kann von mehreren Kunden bestellt werden. Um eine solche Beziehung abzubilden, aktivieren Sie die Option True M-M relations. M-M steht hier für Many-to-Many. Typo3 erstellt dann eine Zwischentabelle für die Verknüpfung.

Files

Über diesen Feldtyp können Sie ein oder mehrere Upload-Felder anlegen. Außerdem können Sie wählen, ob nur Bilder, nur webtaugliche Bilder (GIF, JPG, PNG) oder alle Dateien außer PHP-Skripten zum Upload zugelassen werden. Weitergehende Anpassungen der zulässigen Dateiendungen müssen später von Hand erfolgen.

Sobald ein Upload-Feld existiert, legt die Erweiterung bei der Installation einen Upload-Ordner (`uploads/tx_extensionkey`) an.

Flex

Der Typ `Flex` ermöglicht das Speichern nahezu beliebig komplexer Datenstrukturen in einem Flexform-Feld. Für das Feld wird dazu eine XML-Datei angelegt, die die interne Struktur beschreibt. Ein gutes Beispiel für die Verwendung von solchen Strukturen ist die Erweiterung `TemplaVoila`.

Not editable, only displayed

Felder dieses Typs werden im Backend angezeigt, aber auf anderem Weg erzeugt. Beispielsweise kann beim Ausfüllen eines Formulars im Frontend automatisch das Datum gespeichert werden.

[Passthrough]

Felder dieses Typs werden im Backend weder angezeigt noch sind sie dort änderbar. Sie stehen der Extension aber voll zur Verfügung.

Exclude-Felder

Die zusätzliche Option `Is Exclude-field` schließlich steuert für jedes einzelne Feld, ob es in den Zugriffslisten für User als Exclude-Feld auftaucht. Ist dies der Fall, lässt sich die Bearbeitung des Feldes durch den Administrator für bestimmte User sperren bzw. freigeben.

> **Tipp:** Wenn Sie ein neues Feld anlegen, sind nicht gleich alle Optionen verfügbar. Geben Sie zunächst den Feldtyp an und klicken Sie dann auf den Update-Button. Erst jetzt sind alle zum Feldtyp passenden Optionen sichtbar.

5.2.4 Extend existing Tables

Wenn Ihre Extension eine Erweiterung einer vorhandenen Funktion darstellt, ist oft keine eigene Tabelle nötig. Stattdessen reicht es, eine vorhandene Typo3-Tabelle um ein oder mehrere Felder zu erweitern.

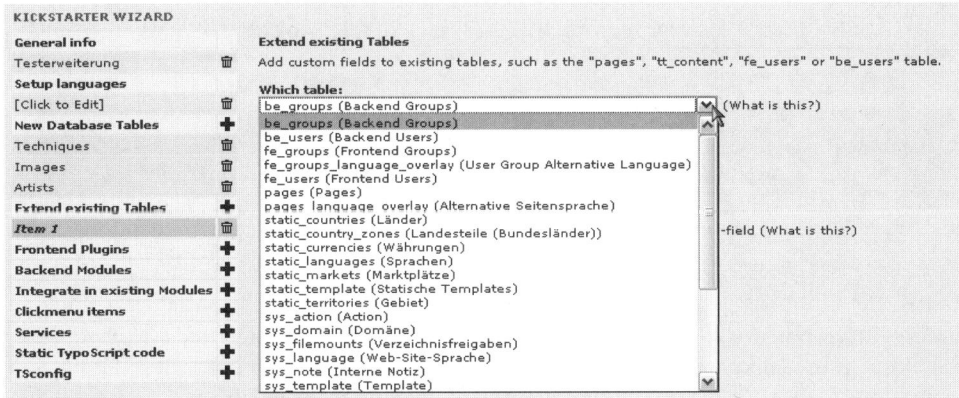

Bild 5.11: Jede Typo3-Tabelle lässt sich nach Belieben erweitern

Dazu wählen Sie einfach die Tabelle aus, die Sie erweitern wollen. Hier gibt es keine Einschränkungen. Der Kickstarter zeigt alle Tabellen an, die derzeit im Table Configuration Array (TCA) eingetragen sind.

Anschließend definieren Sie die Felder, die in der Tabelle zusätzlich angelegt werden sollen. Das Vorgehen hier ist mit dem Anlegen eigener Tabellen identisch.

> **Tipp:** Beim Erweitern bestehender Tabellen besteht immer die Gefahr, dass Feldnamen mit anderen kollidieren. Um dies zu vermeiden, versieht Typo3 zusätzliche Felder automatisch mit einem Präfix, das aus dem Key der Erweiterung gebildet wird. Die Felder der Erweiterung `myext` heißen dann etwa `tx_myext_field` (`field` wäre in diesem Beispiel der Feldname).

5.2.5   Frontend Plugins

Frontend Plugins erweitern Typo3 um neue Anzeigemöglichkeiten oder Funktionen. Klassische Frontend Plugins sind Gästebücher oder Blog-Funktionen.

Grundeinstellungen

Zunächst geben Sie dem Plugin einen Titel. Dieser wird im Backend beim Einbinden des Plugins verwendet, taucht aber im Frontend nicht auf.

Frontend Plugins
Create frontend plugins. Plugins are web applications running on the website itself (not in the backend of TYPO3). The default guestbook, message board, shop, rating feature etc. are examples of plugins.

Enter a title for the plugin:

Paintings		[English]
	Gemälde	[German]

☐ By default plugins are generated as cachable USER cObjects. Check this checkbox to generate an uncached USER_INT cObject.

☐ Enable this option if you want the TypoScript code to be set by default. Otherwise the code will go into a static template file which must be included in the template record (it's *NOT* recommended to set this option).

Bild 5.12: Einige Grundeinstellungen sind allen Arten der Frontend Plugins gemein

Die zweite Option regelt das Caching. Wenn irgend möglich, sollte Ihr Plugin Caching unterstützen. Nur wenn die Funktion des Plugins ein Caching nicht zulässt (etwa wenn Sie aktuelle Börsenkurse anzeigen wollen), sollten Sie Ihr Plugin über diese Option zu einem USER_INT-Objekt machen und damit das Caching ausschalten.

Der dritte Schalter regelt das Einbinden von statischem Typoscript-Code der Extension. Ist die Option gesetzt, so wird der Typoscript-Code dauerhaft eingebunden. Im Normalfall sollten Sie die Option allerdings nicht setzen. Dann wird ein statisches Template angelegt, das der Administrator je nach Bedarf einbinden kann oder nicht.

Nach diesen Grundlagen legen Sie fest, wie Ihr Plugin eingebunden werden soll.

Add to 'Insert Plugin' list in Content Elements'

Diese Variante ist wohl die am häufigsten verwendete. Die neue Erweiterung erscheint in der Plugin-Liste, die beim Erstellen neuer Seitenelemente angeboten wird.

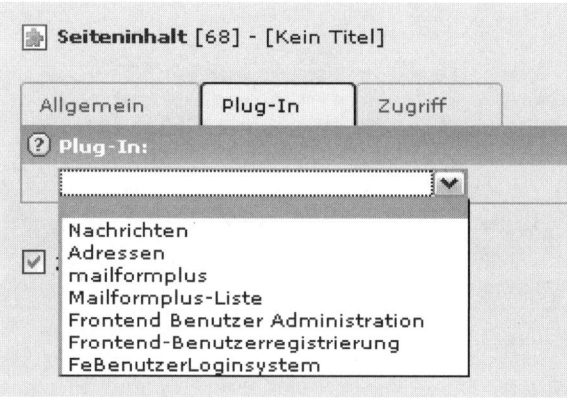

Bild 5.13: Die meisten Extensions werden als Plugin eingebaut

Add as a 'Textbox' type

Die Textbox (deutsch: Textfeld) ist ein Element, das kaum benutzt wurde und in Typo3 4.2 nicht mehr in der Liste der möglichen Inhaltselemente auftaucht.

Add as a 'Menu/Sitemap' item

Diese Option können Sie verwenden, wenn Ihr Plugin ein spezielles Menü anlegt. Ein typischer Einsatzzweck hierfür wäre eine Sitemap für Google.

Add as a totally new Content Element type

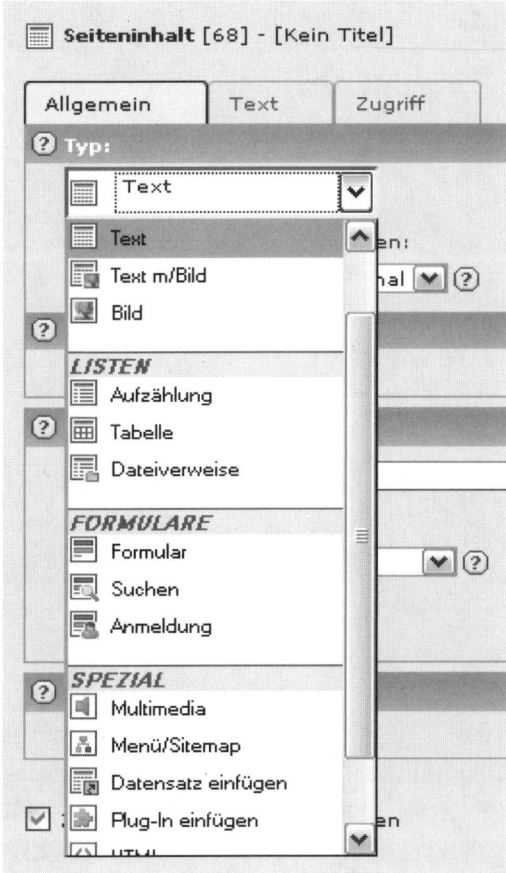

Bild 5.14: Frontend Plugins können völlig neue Inhalte anbieten

Wenn Sie ein Plugin in die Liste der Content Elemente aufnehmen, sparen Sie sich den Umweg über das Einfügen eines Plugins. Das ergibt aber nur Sinn, wenn die Inhalte direkt ausgegeben werden können.

Add as a new header type

Diese Option erweitert die Liste der Formatierungen, die eine Überschrift haben kann. Damit lassen sich beispielsweise Überschriften der gleichen Ebene mit unterschiedlichen CSS-Formaten verknüpfen oder grafische Darstellungen realisieren.

Processing of userdefined tag

Diese Option dient dazu, mit Pseudo-HTML-Tags neue Funktionen in die Frontend-Ausgabe zu integrieren. Wird hier beispielsweise `footnote` eingetragen, so kann Ihr Skript das Vorkommen des Tags `<footnote>` im HTML-Quellcode auswerten und daraus eine Liste von Fußnoten generieren.

Just include library

Die letzte Option führt dazu, dass der Kickstarter die Klasse in PHP anlegt und sie im Extension Manager als Bibliothek anmeldet. Um sie zu nutzen, müssen Sie im Template Ihrer Site einen Eintrag der Form

```
page.1234 < plugin.tx_extensionkey_pi1
```

anlegen.

Die Option, ein Typoscript-Beispiel zu erzeugen, hat in den getesteten Versionen des Kickstarters (0.3.8 und 0.4.0) keine Wirkung.

5.2.6   Backend Modules

Die Einstellungen, die der Kickstarter für Backend-Module zulässt, sind relativ einfach. Sie geben einen Titel sowie eine kurze und eine lange Beschreibung für das Modul ein und wählen, wo es platziert werden soll.

Backend-Module werden meist als Untermodul in eine der bestehenden Gruppen eingebunden, also etwa in Web- oder in Admin-Werkzeuge. Nur wenn Ihre Erweiterung sehr umfangreich ist, hat es Sinn, einen eigenen Abschnitt anzulegen. In diesem Fall können Sie das Modul als neues Hauptmodul anlegen und darunter weitere Teile platzieren.

Die letzte Option, `Admin-only access!` legt fest, dass ein Modul ausschließlich Administratoren zur Verfügung steht. Im Normalfall lässt sich der Zugriff über die Benutzerverwaltung regeln. Daher sollten Sie diese Option nur benutzen, wenn ein Modul so gut wie möglich gegen Missbrauch gesichert werden muss.

> **Tipp:** Die zur Zeit der Drucklegung aktuelle Kickstarter-Version 0.4.0 erzeugt ausschließlich Backend-Module, die über das Skript `mod.php` in Typo3 eingebunden werden. Diese Methode existiert seit Typo3 4.1. Wenn Sie noch Extensions für ältere Versionen erzeugen wollen oder müssen, sollten Sie auf Vorversionen des Kickstarters zurückgreifen.

5.2.7 Integrate in existing Modules

Wenn eine Extension im Backend lediglich die Funktionen eines bereits bestehenden Moduls erweitert, geschieht dies über die Option `Integrate in existing Modules`. Allerdings lassen sich nicht alle Module auf diese Art erweitern, sondern nur diejenigen, welche explizit die Erweiterung erlauben.

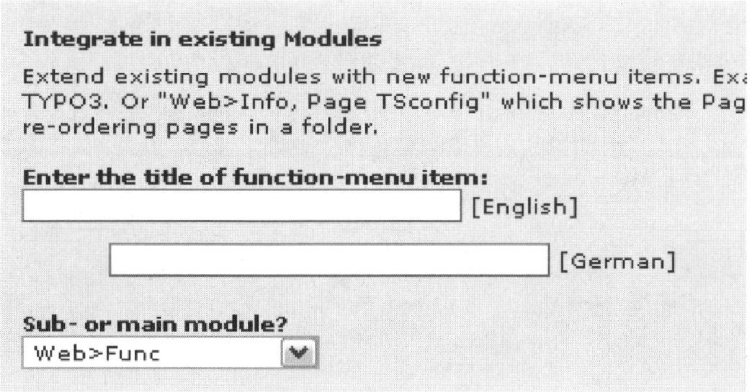

Bild 5.15: Bestehende Module lassen sich mit neuen Funktionen erweitern

5.2.8 Clickmenu items

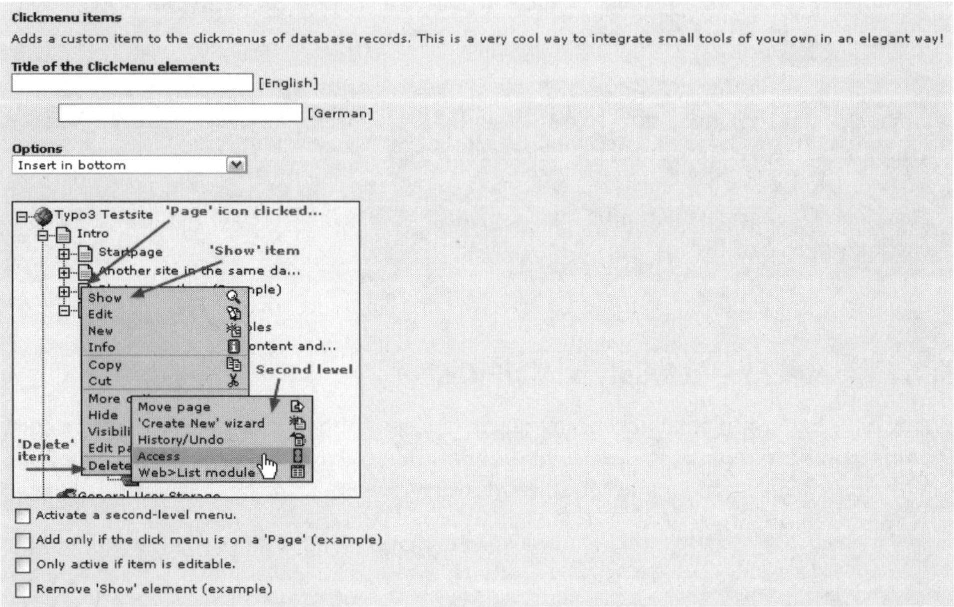

Bild 5.16: Einträge im Kontextmenü sind eine elegante Mögichkeit der Integration

Das Kontextmenü von Typo3, auch Klickmenü genannt, ist eine gute Anlaufstelle, um Funktionen unterzubringen, für die sich ein eigenes Modul nicht lohnt.

Einträge im Menü lassen sich in zwei Ebenen unterbringen, wobei der Kickstarter bei Aktivierung der entsprechenden Option nur einen Eintrag in der zweiten Ebene anlegt. Er kann aber als Beispiel für eine beliebige Erweiterung mit zusätzlichen Funktionen dienen.

5.2.9 Services

Services erweitern die Funktionalität von Typo3, indem sie anderen Erweiterungen bzw. Typo3 selbst Dienste zur Verfügung stellen. Obwohl Services bereits mit Typo3 3.6 eingeführt wurden, werden sie nur begrenzt genutzt. Die Extension Media (DAM) (Extension Key dam) bzw. genauer die Indizierungsfunktion dazu (dam_index) beispielsweise nutzt Services zum Extrahieren von Inhalten aus verschiedenen Dateiformaten.

Das Besondere eines Service im Vergleich zu einem normalen Modul ist, dass mehrere Services der gleichen Art vorhanden sein können. Das System kann nun die Services der Reihe nach abfragen und je nach Ergebnis der Abfrage fortfahren.

Als Beispiel kann folgende Situation dienen:

An einer Website sollen sich drei Arten von Usern anmelden können: zum einen User, die in Typo3 selbst angelegt wurden, zum Zweiten Intranet-Nutzer, die über einen LDAP-Server verwaltet werden und zum Dritten User, die sich an einem Forum angemeldet haben. Wenn nun für jeden der drei Typen ein entsprechender Service existiert, kann Typo3 nach Eingabe der Login-Daten zunächst beim LDAP-Server nachfragen, anschließend in der Forumsdatenbank und zuletzt in der eigenen User-Liste. Jeder einzelne Service kann als Ergebnis zurückliefern,

- dass der User mit dem richtigen Passwort gefunden wurde und damit die Anmeldung gültig ist,

- dass der User gefunden wurde, die Anmeldung aber nicht korrekt ist,

- oder dass der User nicht gefunden wurde und somit keine Aussage getroffen werden kann.

In den ersten beiden Fällen wird kein weiterer Service mehr abgefragt, da ein eindeutiges Ergebnis vorliegt. Im letzten Fall dagegen fährt Typo3 mit dem nächsten Service fort. Erst wenn keiner der vorhandenen Services ein Ergebnis bringt, schlägt die Anmeldung fehl.

Die Reihenfolge, in der die Services abgefragt werden, hängt von den zwei Parametern Priorität (`priority`) und Qualität (`quality`) ab.

Um im Kickstarter einen Service zu definieren, geben Sie einen Titel und eine Beschreibung ein. Der Titel sollte mit dem Service-Typ beginnen, um im Extension Manager die Übersicht zu verbessern. Die Beschreibung dagegen enthält im Idealfall Informationen zur Qualität des Service und Hinweise auf externe Programme, die für die Extension notwendig sind.

Service type

Der Service-Typ bestimmt, zu welcher Kategorie das Modul gehören soll. Beispiele hierfür sind:

Service-Typ	Zweck
auth	Authentifizierung
metaExtract	Meta-Informationen aus Dateien lesen (z. B. ID3-Tags von MP3-Dateien)
textExtract	Text aus Dateien extrahieren
textLang	Sprache von Dateien feststellen

Tabelle 5.6: Beispiele für Service-Kategorien

> **Tipp:** Möchten Sie einen neuen Service-Typ einführen, so sollten Sie dies zunächst auf der Mailing-Liste `typo3-dev` zur Diskussion stellen. Service-Typen spielen ihr Potenzial erst dann voll aus, wenn sie breite Unterstützung finden.

Sub type(s)

Welche Untertypen ein Service haben kann, wird durch den Service-Typ bestimmt. Jeder Service-Typ hat eine entsprechende API. Für den Service-Typ `textExtract` sind dies beispielsweise Dateitypen, für `auth` gibt es die Subtypen `getUserFE`, `authUserFE`, `getUserBE` und `authUserBE`.

Priority

Die Priorität legt die Reihenfolge der Services fest. Der Standardwert ist 50. Ein hier angegebener Wert kann in der Typo3-Konfiguration für die jeweilige Installation angepasst werden. Services mit höherer Priorität werden zuerst aufgerufen.

Quality

Die Qualität legt fest, wie gut ein Service ist. Standardmäßig werden hier ebenfalls Werte zwischen 0 und 100 vergeben, doch je nach Service können auch andere Systeme Verwendung finden. Ein Service, der mit Dateien umgeht, könnte beispielsweise als Qualitätsstufe die Anzahl der Dateiformate haben, die er erkennt.

Operating System dependency

Ein Service kann unter Umständen nur unter einem Betriebssystem zur Verfügung stehen – etwa weil er von einem externen Programm abhängt, das nur unter diesem System verfügbar ist. Eine solche Abhängigkeit können Sie hier festlegen.

External program(s)

Das letzte Feld enthält eine Liste externer Programme, auf die ein Service angewiesen ist. Die Extension `textExtract: pdf, doc, xls (cc_txtextexec)` beispielsweise benötigt die Programme `pdftotext`, `catdoc` sowie `xls2csv`, um richtig zu funktionieren.

5.2.10 Static TypoScript code

Unter diesem Stichpunkt legen Sie ein statisches Typoscript-Template an. Wie jedes Template dieser Art ist die Eingabe in einen Abschnitt `Constants` und einen Abschnitt `Setup` geteilt.

Der Kickstarter legt für jedes Template, das Sie definieren, ein Unterverzeichnis in `static` mit dem Namen des Templates an. Darin erzeugt er die beiden Dateien `constants.txt` und `setup.txt`.

Ein hier definiertes Template lässt sich in der Datei `ext_tables.php` aktivieren (siehe Kapitel 5.1) oder auf dem üblichen Weg über das Backend dem Template der Typo3-Site als statisches Template hinzufügen.

5.2.11 TSconfig

Im letzten Abschnitt legen Sie Standardwerte für `PageTS` und `UserTS` an. Die hier angegebenen Werte dienen als Vorgaben, können also im `PageTS` einer Seite oder im `UserTS` eines Benutzers überschrieben werden.

Allerdings legt der Kickstarter in den aktuellen Versionen die Eingaben, die Sie hier machen, lediglich in der Datei `doc/wizard_form.dat` ab, sodass sie nicht automatisch aktiv werden. Um auf die Daten zuzugreifen und sie zu aktivieren, können Sie folgenden Code in der Datei `ext_tables.php` der Erweiterung hinzufügen:

```
$extPath = t3lib_extMgm::extPath('user_test');
$content = unserialize(file_get_contents($extPath.'/doc/wizard_form.dat'));
t3lib_extMgm::addPageTSConfig($content['tsconfig'][1]['page_TSconfig']);
t3lib_extMgm::addUserTSConfig($content['tsconfig'][1]['user_TSconfig']);
```

Meist ist es allerdings besser, den gewünschten Code für PageTS und UserTS gleich direkt in `ext_tables.php` in die Variable `$content` zu schreiben oder in zwei Textdateien im Ressourcen-Verzeichnis `res` und sie von dort zu holen. Das sorgt dafür, dass die Erweiterung später leichter gepflegt werden kann.

5.2.12 Extension schreiben

Sind alle Daten im Kickstarter eingetragen, fehlt nur noch das Schreiben der Dateien selbst.

Bevor Sie das tun, können Sie sich über die Schaltfläche `Total form` nochmal alle Eingaben im Überblick anschauen und kontrollieren bzw. letzte Änderungen durchführen. Anschließend klicken Sie auf `View result`.

```
KICKSTARTER WIZARD

General info                          Filename:                     Size:          Overwrite:
Testerweiterung            🗑          ChangeLog                     88                ☑
Setup languages                       README.txt                    80      View      ☑
[Click to Edit]            🗑          ext_icon.gif                  124               ☑
New Database Tables        ➕          ext_localconf.php             160     View      ☑
Techniques                 🗑          ext_tables.php                2.2 K   View      ☑
Images                     🗑          ext_tables.sql                1.8 K   View      ☑
Artists          ▾         🗑          icon_user_test_artists.gif    135               ☑
Extend existing Tables     ➕          icon_user_test_images.gif     135               ☑
Frontend Plugins           ➕          icon_user_test_techniques.gif 135               ☑
Paintings                  🗑          locallang_db.xml              3.7 K   View      ☑
Backend Modules            ➕          tca.php                       8.9 K   View      ☑
Integrate in existing Modules ➕       doc/wizard_form.dat           12.3 K
Clickmenu items            ➕          doc/wizard_form.html          205 K
Services                   ➕          pi1/class.user_test_pi1.php   2.7 K   View      ☑
Static TypoScript code     ➕          pi1/locallang.xml             555     View      ☑
TSconfig                   ➕
                                      ┌─────────────────┐
                                      │ Update result   │
Enter extension key:                  └─────────────────┘
┌─────────────────┐
│ user_test       │                   Author name: Administrator
└─────────────────┘                   Author email: admin@domain.de
┌─────────────────┐
│ Update...       │                   Write to location:
└─────────────────┘                   ┌────────────────────────────────────────────┬──┐  ┌─────────┐
┌─────────────────┐                   │ Local: typo3conf/ext/user_test/ (OVERWRITE) │▾ │  │ WRITE   │
│ Total form      │                   └────────────────────────────────────────────┴──┘  └─────────┘
└─────────────────┘
┌─────────────────┐
│ View result     │
└─────────────────┘
```

Bild 5.17: View result zeigt alle Dateien an, die der Kickstarter erzeugt

Der Kickstarter zeigt eine Liste aller Dateien, die er anlegen wird. Mit Write schließlich werden die Dateien angelegt, die Extension ist damit fertig zur Benutzung.

Sollte sich bei den ersten Tests herausstellen, dass doch noch ein Datenbankfeld fehlt, können Sie im Extension Manager die Erweiterung anwählen und im Menü die Option Edit in Kickstarter auswählen. Das führt Sie zurück in den Bearbeitungsmodus.

> **Tipp:** Der Kickstarter ist kein echter Editor. Haben Sie nach dem Speichern im Kickstarter manuelle Änderungen an den Dateien der Extension vorgenommen – was der Normalfall ist, schließlich fehlen ja noch die eigentlichen Funktionen – und schreiben im Kickstarter die Extension neu, so sind Ihre Änderungen weg. Sichern Sie daher die Dateien mit Ihrem Code, bevor Sie wieder in den Kickstarter wechseln.

Beim nachträglichen Ändern von Extensions im Kickstarter wird häufig der Fehler gemeldet, dass der md5-Hashwert einer Datei falsch und diese daher nun defekt (corrupt) sei. Grund ist meistens, dass ein Feld gelöscht oder geändert wurde, das zusätzliche Dateien erzeugt hat. Wenn Sie beispielsweise eine Textarea mit Wizard anlegen und sich später entschließen, den Wizard doch abzuschalten, bekommen Sie den Fehler für alle Dateien, die zum Wizard gehörten.

Dies erklärt sich daraus, dass der Kickstarter beim Löschen solcher Daten alle Strukturen anpasst, in der Datei `doc/wizard_form.dat` aber alte Einträge stehen bleiben. Die Datei enthält einen PHP-Array in serialisierter Form und ist daher nicht gerade bequem zu lesen. Hier ist der Beginn der Datei:

```
a:6:{s:4:"save";a:3:{s:13:"extension_key";s:9:"user_test";s:18:"print_wop_co
mments";s:1:"0";s:15:"overwrite_files";a:15:{s:9:"ChangeLog";s:1:"1";s:10:"R
EADME.txt";s:1:"1";s:12:"ext_icon.gif";s:1:"1";s:17:"ext_localconf.php";s:1:
"1";s:14:"ext_tables.php";s:1:"1";s:14:"ext_tables.sql";s:1:"1";s:26:"icon_u
ser_test_artists.gif";s:1:"1";s:25:"icon_user_test_images.gif";s:1:"1";s:29:
"icon_user_test_techniques.gif";s:1:"1";s:16:"locallang_db.xml";s:1:"1";s:7:
"tca.php";s:1:"1";s:19:"doc/wizard_form.dat";s:1:"1";s:20:"doc/wizard_form.h
tml";s:1:"1";s:27:"pi1/class.user_test_pi1.php";s:1:"1";s:17:"pi1/locallang.
xml";s:1:"1";}}
```

Ein einzelner Eintrag für eine Datei, die zur Extension gehört, sieht so aus:

```
s:14:"ext_tables.sql";s:1:"1";
```

Um nun eine überflüssig gewordene Datei zu entfernen, löschen Sie die Datei selbst sowie den zugehörigen Eintrag in der `wizard_form.dat`. Neben den Daten selbst müssen Sie auch noch den Array anpassen, in dem der Eintrag steht. Gehen Sie dazu in der Datei vom Standort des gerade gelöschten Textes nach vorne bis zur ersten geschweiften Klammer `{`. Davor steht der Text `a:xx:`, wobei `xx` die Anzahl von Dateien bezeichnet, die der Kickstarter schreiben soll. Haben Sie also zwei Dateien entfernt, ersetzen Sie die Zahl durch einen um zwei niedrigeren Wert.

5.2.13 Dateien des Kickstarters

Mit dem Schreiben der Erweiterung aus dem Kickstarter wurde im Extension-Verzeichnis das grundlegende Dateigerüst angelegt. Dieses wird nun von Hand angepasst bzw. mit Funktion gefüllt. Der Kickstarter hat damit seine Schuldigkeit getan.

In der Praxis werden die meisten Extensions nach dem ersten Schreiben noch ein- oder mehrmals im Kickstarter geöffnet, vor allem um die Datenbankstruktur anzupassen. Wenn Sie aber erst einmal begonnen haben, den Code für die Erweiterung zu schreiben, sollten Sie die Extension nur in Ausnahmefällen nachträglich im Kickstarter öffnen, weil dann die Anpassungen zum großen Teil wieder verloren gehen. Es erfordet viel Disziplin, dies durch Backups und Rückkopieren der verlorenen Daten abzufangen.

Das Grundgerüst der Extension sieht folgendermaßen aus:

ext_emconf.php

```php
<?php

##########################################################################
# Extension Manager/Repository config file for ext: "user_test"
#
# Auto generated 15-02-2009 10:59
#
# Manual updates:
# Only the data in the array - anything else is removed by next write.
# "version" and "dependencies" must not be touched!
##########################################################################

$EM_CONF[$_EXTKEY] = array(
    'title' => 'Testerweiterung',
    'description' => 'Test des Kickstarters',
    'category' => 'misc',
    'author' => 'Administrator',
    'author_email' => 'admin@domain.de',
    'shy' => '',
    'dependencies' => 'cms',
    'conflicts' => '',
    'priority' => '',
    'module' => '',
    'state' => 'test',
    'internal' => '',
    'uploadfolder' => 1,
    'createDirs' => 'uploads/tx_usertest/',
    'modify_tables' => '',
    'clearCacheOnLoad' => 0,
    'lockType' => '',
    'author_company' => '',
    'version' => '0.0.0',
    'constraints' => array(
        'depends' => array(
```

```
            'cms' => '',
    ),
    'conflicts' => array(
    ),
    'suggests' => array(
    ),
),
'_md5_values_when_last_written' =>
'a:17:{s:9:"ChangeLog";s:4:"9c2f";s:10:"README.txt";s:4:"ee2d";s:12:"ext_ico
n.gif";s:4:"1bdc";s:17:"ext_localconf.php";s:4:"f7c3";s:14:"ext_tables.php";
s:4:"85ea";s:14:"ext_tables.sql";s:4:"d2be";s:26:"icon_user_test_artists.gif
";s:4:"475a";s:25:"icon_user_test_images.gif";s:4:"475a";s:29:"icon_user_tes
t_techniques.gif";s:4:"475a";s:16:"locallang_db.xml";s:4:"f3b5";s:7:"tca.php
";s:4:"966f";s:19:"doc/wizard_form.dat";s:4:"59d2";s:20:"doc/wizard_form.htm
l";s:4:"fa98";s:37:"modfunc1/class.user_test_modfunc1.php";s:4:"0e50";s:22:"
modfunc1/locallang.xml";s:4:"fa25";s:27:"pi1/class.user_test_pi1.php";s:4:"b
d36";s:17:"pi1/locallang.xml";s:4:"058c";}',
);
```

Neben den Grunddaten, die der Kickstarter eingetragen hat, können Sie zusätzliche Informationen angeben:

shy

Die Option `shy` sorgt dafür, dass der Extension Manager die Erweiterung nur dann anzeigt, wenn die entsprechende Checkbox markiert ist.

priority

Die Priorität kann die Werte `top` oder `bottom` bekommen. Damit wird die Reihenfolge bestimmt, in der die Erweiterungen geladen werden. Extensions mit Priorität `top` kommen zuerst, dann diejenigen ohne Eintrag, zuletzt folgt `bottom`. Innerhalb einer Prioritätsstufe entscheidet die Reihenfolge, in der die Erweiterungen installiert wurden. Logischerweise sollten Erweiterungen, deren Einstellungen erhalten bleiben sollen, möglichst spät geladen werden.

module

Hier steht eine Liste der Backend-Module, die die Erweiterung enthält. Diese Liste wird vom Extension Manager dazu benutzt, die Konfigurationsdateien der Module an die aktuelle Installation anzupassen. Der Kickstarter füllt die Liste automatisch.

internal

Dieses Flag kennzeichnet Erweiterungen, die sehr eng mit dem Typo3-Kern verbunden sind. Es ist praktisch nur bei Systemerweiterungen wie `cms` oder `css_styled_content` zu finden.

modify_tables

Dieses Feld enthält Tabellen, die von der Extension geändert werden. Allerdings wird es vom Kickstarter nicht gefüllt und ist im Normalfall auch nicht nötig. Nur wenn bei der Installation der Erweiterungen Fehler aufgrund der Tabellennamen auftauchen, können Sie hier von Hand nachbessern.

clearCacheOnLoad

Ist dieses Flag gesetzt, wird der Frontend Cache von Typo3 bei der Installation der Erweiterung gelöscht. Das hat beispielsweise Sinn, wenn die Extension die Ausgabe bereits bestehender Daten ändert.

lockType

Der `lockType` legt fest, wo die Erweiterung installiert werden darf. Mögliche Werte sind `L` für lokale Erweiterungen, `G` für globale und `S` für Systemerweiterungen. Ist der Wert leer, darf die Erweiterung überall installiert werden, wo es die Typo3-Installation zulässt. Dies sollte der Normalfall sein.

author_company

Dieser Wert enthält zusätzliche Information über den Autor, auf die Funktion hat er keinen Einfluss.

version

Der Kickstarter belegt dieses Feld standardmäßig mit `0.0.0`. Bei Erweiterungen, die ins Repository hochgeladen werden, sollten Sie diesen Wert nicht von Hand ändern, sondern die richtigen Daten beim Eintrag ins TER angeben.

CGLcompliance / CGLcompliance_note

Diese beiden Einträge werden vom Kickstarter nicht angelegt. Hier legen Sie fest, mit welcher Version der Project Coding Guidelines Ihre Erweiterung kompatibel ist. Derzeit gibt es nur einen gültigen Wert, `CGL360`. Der zweite Eintrag kann Anmerkungen enthalten, ob und warum Ihr Code an einigen Stellen von den CGL-Anforderungen abweicht.

constraints

Dieser Abschnitt ist die moderne Variante der Einträge `dependencies` und `conflicts`. Sie wurde mit der Typo3-Version 4.0 und dem zugehörigen TER2 eingeführt. Im Gegensatz zur alten Version können hier nicht nur grundsätzlich Extensions angegeben werden, sondern auch Versionsnummern. Beispielsweise lässt sich mit dem Eintrag

```
'constraints' => array(
   'depends' => array(
       'php' => '5.2.0-',
   ),
   …
),
```

festlegen, dass die Erweiterung mindestens die PHP-Version 5.2.0 voraussetzt.

Darüber hinaus gibt es in `constraints` einen neuen Abschnitt `suggests`. Hier lassen sich Erweiterungen eintragen, von denen eine Extension profitieren kann, die aber für ihre Funktion nicht unbedingt nötig sind. Das könnten beispielsweise Text-Extraktoren sein, die einer Suchmaschine helfen.

_md5_values_when_last_written

Der letzte Eintrag in `ext_emconf.php` enthält Prüfsummen über alle Dateien, die zur Extension gehören. Darüber kann der Extension Manager feststellen, ob Dateien im Vergleich zur ursprünglich installierten oder aus dem Repository geladenen Version geändert wurden. In diesem Fall wird beim Anzeigen der Extension-Informationen eine Warnung ausgegeben.

Der serialisierte Array enthält den Dateinamen sowie die ersten vier Zeichen des md5-Hashwerts der entsprechenden Datei. Wenn Sie die Extension bearbeiten, sollten Sie anschließend im Extension Manager die Erweiterung aufrufen und im Menü den Eintrag `Backup/Delete` anwählen.

```
Extension Manager
Extension: [?] Testerweiterung (user_test)
BACKUP
(?)
Make selection:
                 Download extension "user_test" as a file
Extension files: (T3X_user_test-0_0_0-z-200902151326.t3x, 35 K, MD5: e9aace85b10b9b695bd60fc409050289)

                 Download all data from:
Data tables:     user_test_techniques    0 records
                 user_test_images        0 records
                 user_test_artists       0 records

DELETE
DELETE EXTENSION FROM SERVER (in the "Local" location "typo3conf/ext/user_test/")!

(Maybe you should make a backup first, see above.)
UPDATE EM_CONF
Update extension EM_CONF file (in the "Local" location "typo3conf/ext/user_test/")!

If files are changed, added or removed to an extension this is normally detected and displayed so you know that th
not overridden.
Updating this file will first of all reset this registration.
```

Bild 5.18: Die Funktion zum Update der Konfigurationsdaten verbirgt sich im Backup-Menü

Hier finden Sie die Funktion UPDATE EM_CONF, über die alle Hashwerte neu berechnet und in em_conf.php eingetragen werden. Diese Funktion sollten Sie auf jeden Fall vor dem Upload der Erweiterung ins Repository aufrufen.

private / download_password

In älteren Extensions könnten noch die beiden Parameter private und download_ password auftauchen. Sie hatten den Zweck, eine Extension nicht im TER-Listing auftauchen zu lassen bzw. den Download mit einem Passwort zu schützen. Diese Parameter werden nicht mehr unterstützt.

ext_localconf.php

Die Datei ext_localconf.php erweitert die Einstellungen der localconf.php.

```php
<?php
if (!defined ('TYPO3_MODE')) {
   die ('Access denied.');
}
t3lib_extMgm::addPageTSConfig('

# *******************************************************
```

```
# CONFIGURATION of RTE in table "user_test_artists", field "vita"
# ****************************************************************
RTE.config.user_test_artists.vita {
  hidePStyleItems = H1, H4, H5, H6
  proc.exitHTMLparser_db=1
  proc.exitHTMLparser_db {
    keepNonMatchedTags=1
    tags.font.allowedAttribs= color
    tags.font.rmTagIfNoAttrib = 1
    tags.font.nesting = global
  }
}
');

t3lib_extMgm::addPItoST43($_EXTKEY, 'pi1/class.user_test_pi1.php', '_pi1',
'list_type', 1);
?>
```

Sie enthält beispielsweise die maßgeschneiderte Konfiguration für den Richtext-Editor, wenn Sie beim Erstellen der Tabellenfelder ein Feld als `Textarea with RTE` definiert haben. Sollten Sie keine speziellen Einstellungen brauchen, entfernen Sie den Eintrag.

Die letzte Zeile fügt das Frontend Plugin automatisch dem statischen Template mit der Unique ID (`uid`) 43 hinzu. Das entspricht dem Template `content.default` bzw. `css_styled_content`.

Der vorletzte Parameter bestimmt die Art der Einbindung:

Typ	Einbettung via
list_type	Insert Plugin
menu_type	Menu/Sitemap
splash_layout	Textbox
CType	Neues Content Element
header_layout	Neuer Header-Typ
includeLib	Bibliothek für späteren Gebrauch

Tabelle 5.7: Varianten der Plugin-Einbindung

Die Angabe hier muss mit dem Aufruf der `addPlugin`-Funktion in der Datei `ext_tables.php` (siehe unten) korrespondieren.

ext_tables.php / tca.php

Diese Datei enthält für jede Tabelle der Extension einen Eintrag für den Array `$TCA` (Table Configuration Array). Dieser listet alle Felder der Tabelle auf und verweist für die genaue Konfiguration auf die externe Datei `tca.php`, die ebenfalls vom Kickstarter erzeugt wurde. Außerdem wird hier für die Tabelle ein Icon festgelegt, das im Backend für Einträge dieser Tabelle verwendet wird.

```php
<?php
if (!defined ('TYPO3_MODE')) {
   die ('Access denied.');
}
$TCA['user_test_images'] = array (
   'ctrl' => array (
        'title'      => 'LLL:EXT:user_test/locallang_db.xml:user_test_images',

        'label'      => 'uid',
        'tstamp'     => 'tstamp',
        'crdate'     => 'crdate',
        'cruser_id' => 'cruser_id',
        'languageField'            => 'sys_language_uid',
        'transOrigPointerField'    => 'l10n_parent',
        'transOrigDiffSourceField' => 'l10n_diffsource',
        'sortby' => 'sorting',
        'delete' => 'deleted',
        'enablecolumns' => array (
                'disabled' => 'hidden',
        ),
        'dynamicConfigFile' => t3lib_extMgm::extPath($_EXTKEY).'tca.php',
        'iconfile'          =>
t3lib_extMgm::extRelPath($_EXTKEY).'icon_user_test_images.gif',
   ),
);
```

Die folgenden Zeilen blenden einzelne Felder im Backend-Formular aus, wenn ein Eintrag des neuen Plugins bearbeitet wird.

```
t3lib_div::loadTCA('tt_content');
$TCA['tt_content']['types']['list']['subtypes_excludelist'][$_EXTKEY.'_pi1']
='layout,select_key';
```

Mit `$TCA['tt_content']['types']['list']['subtypes_addlist']` lassen sich auch Felder gezielt einblenden.

Am Schluss der Datei werden schließlich die Frontend- und Backend-Module der Erweiterung ins System eingebunden:

```
t3lib_extMgm::addPlugin(array(
    'LLL:EXT:user_test/locallang_db.xml:tt_content.list_type_pi1',
    $_EXTKEY . '_pi1',
    t3lib_extMgm::extRelPath($_EXTKEY) . 'ext_icon.gif'
),'list_type');

if (TYPO3_MODE == 'BE')           {
    t3lib_extMgm::insertModuleFunction(
        'web_info',
        'user_test_modfunc1',
            t3lib_extMgm::extPath($_EXTKEY).
            'modfunc1/class.user_test_modfunc1.php',

    'LLL:EXT:user_test/locallang_db.xml:moduleFunction.user_test_modfunc1'
    );
}
?>
```

Die Funktion `addPlugin` ist dabei für das Frontend Plugin zuständig, während `insertModuleFunction` eine Backend-Funktion als Erweiterung eines bestehenden Moduls einbindet.

In der Datei `tca.php` stehen die Konfigurationsdaten der einzelnen Tabellenfelder. Beispielsweise wird ein `input`-Feld so dargestellt:

```
'title' => array (
    'exclude' => 1,
    'label' => 'LLL:EXT:user_test/locallang_db.xml:user_test_images.title',
    'config' => array (
```

```
        'type' => 'input',
        'size' => '30',
        'max' => '60',
        'eval' => 'required',
    )
),
```

Das Array-Element `label` verweist dabei auf einen Eintrag in der Sprachdatei `locallang_db.xml`, sodass im Backend je nach Sprache des Users die passende Bezeichnung verwendet wird.

locallang_db.xml

Diese Datei enthält die Sprachanpassungen der Erweiterung. Der Zusatz `_db` deutet an, dass hier die Übersetzungen der Datenbankfelder enthalten sind. In älteren Erweiterungen finden Sie eine PHP-Datei, die die Einträge als Array enthält. Die aktuellere Variante basiert auf XML:

```xml
<?xml version="1.0" encoding="utf-8" standalone="yes" ?>
<T3locallang>
    <meta type="array">
        <type>database</type>
        <description>Language labels for database tables/fields belonging to
extension 'user_test'</description>
    </meta>
    <data type="array">
        <languageKey index="default" type="array">
            <label index="user_test_images">Images</label>
            <label index="user_test_images.title">Title</label>
            <label
index="user_test_images.description">Description</label>
            <label index="tt_content.list_type_pi1">Paintings</label>
            <label index="moduleFunction.user_test_modfunc1">Painting
Statistics</label>
        </languageKey>
        <languageKey index="de" type="array">
            <label index="user_test_images">Bilder</label>
            <label index="user_test_images.title">Titel</label>
            <label
index="user_test_images.description">Beschreibung</label>
            <label index="tt_content.list_type_pi1">Gemälde</label>
```

```
            <label index="moduleFunction.user_test_modfunc1">Gemälde
Statistik</label>
      </languageKey>
  </data>
</T3locallang>
```

Für jede Sprache, die beim Anlegen der Extension festgelegt wurde, gibt es eine `<languageKey></languageKey>`-Struktur. Die Struktur kann später problemlos um zusätzliche Sprachen erweitert werden.

ext_tables.sql

Die Datei `ext_tables.sql` enthält die Tabellenstruktur der Erweiterung im SQL-Format. Erweitert die Extension bestehende Tabellen, so wird trotzdem ein vollständiger `CREATE`-Befehl angelegt:

```
#
# Table structure for table 'be_groups'
#
CREATE TABLE be_groups (
    user_test_myfield tinytext
);
```

Daher kann die SQL-Datei auch nicht einfach von Hand in die Datenbank eingelesen werden. Der Extension Manager liest die Daten aus, vergleicht sie mit der bestehenden Struktur und nimmt die nötigen Änderungen vor.

Icons

Der Kickstarter legt auch eine Reihe von Icons im Verzeichnis der Erweiterung ab. `ext_icon.gif` repräsentiert die Erweiterung selbst, außerdem gibt es ein Symbol für jede Tabelle, die die Extension anlegt. Diese Symbole werden im Backend benutzt, um die Einträge dieser Tabellen zu kennzeichnen. Die Symbole lassen sich jederzeit durch eigene Kreationen ersetzen.

Texte

Schließlich gibt es noch zwei Textdateien, `ChangeLog` und `README.txt`. Die Bedeutung ist selbsterklärend.

5.2.14 Konfiguration einer Extension

Soll eine Erweiterung dem Administrator die Möglichkeit der Konfiguration bieten, so geschieht dies über die Datei `ext_conf_template.txt`. Diese Datei wird nicht automatisch angelegt.

Das Format der Datei entspricht dem des `Constant Editors` für Typoscript, d. h.: Durch einen speziell formatieren Kommentar zu Beginn jedes Eintrags wird der Parameter von Extension Manager zur Bearbeitung angeboten.

Die Kategorie ist dabei für alle Einträge gleich, nämlich `basic`. Die Unterkategorien sind wiederum dieselben wie im `Constant Editor`.

Das folgende Beispiel ist der Erweiterung `tt_news` entnommen, die aufgrund ihrer umfangreichen Konfigurierbarkeit hier als Lehrstück dienen kann:

Der Text

```
# cat=basic/enable/120; type=boolean; label= Do not use Tab-Dividers: Here
you can disable the "dividers2tabs" feature (TYPO3 > 3.7.0). "Dividers to
Tabs" means: the BE form is divided in 2 sections. If you don't want this,
set this value to 1.
noTabDividers = 0
```

in der `ext_conf_template.txt` führt zu folgender Darstellung im Extension Manager:

Enable features
Do not use Tab-Dividers [noTabDividers]
Here you can disable the "dividers2tabs" feature (TYPO3 > 3.7.0). "Dividers to Tabs" means: the BE form is divided in 2 sections. If you don't want this, set this value to 1.
☐

Bild 5.19: Konfiguration einer Erweiterung via Extension Manager

Tipp: Der Text nach `label=` definiert die Beschreibung. Dabei wird alles bis zum ersten Doppelpunkt als Überschrift interpretiert und vom Extension Manager entsprechend dargestellt.

Die Einstellungen, die Sie im Extension Manager vornehmen, werden in der Datei `localconf.php` als serialisierter Array eingetragen. Für `tt_news` sieht der Eintrag (etwas gekürzt) so aus:

```
$TYPO3_CONF_VARS['EXT']['extConf']['tt_news'] =
'a:15:{s:13:"useStoragePid";s:1:"1";s:13:"noTabDividers";s:1:"0";…}';
```

Über diesen Array kann die Extension die Konfiguration zur Laufzeit auslesen.

Die möglichen Unterkategorien, die in der `ext_conf_template.txt` verwendbar sind, finden Sie in der Datei `t3lib/class.t3lib_tsparser_ext.php`:

```
var $subCategories = array(
  // Standard categories:
  'enable' => Array('Enable features', 'a'),
  'dims' => Array('Dimensions, widths, heights, pixels', 'b'),
  'file' => Array('Files', 'c'),
  'typo'        => Array('Typography', 'd'),
  'color' => Array('Colors', 'e'),
  'links' => Array('Links and targets', 'f'),
  'language' => Array('Language specific constants', 'g')
);
```

5.3 Backend-Programmierung

Wenn Sie im Kickstarter Funktionen für das Backend anlegen, hängt das Ergebnis von der Art der Einbindung ab.

5.3.1 Backend-Module

Ein vollständiges Modul liegt in einem Verzeichnis `mod1`, weitere in `mod2`, `mod3` etc. Klickmenü-Einträge landen in Verzeichnissen nach dem Muster `cm*`. Ein Modulordner enthält folgende Dateien:

conf.php

Diese Datei enthält die Grunddaten des Moduls in Form einiger Variablen und Konstanten.

Variable/Konstante	Beschreibung

TYPO3_MOD_PATH	Diese Konstante definiert den Pfad des Moduls relativ zum Ordner des Backends.
	
	Beispiel:
	
	`define('TYPO3_MOD_PATH',`
	`'../typo3conf/ext/extension_key/mod1/');`
	
	Ist dieser Pfad nicht korrekt, kann das Modul nicht geladen werden.
	
	Sofern die Erweiterung via Extension Manager geladen wird, passt dieser die Konstante automatisch an.

$BACK_PATH	Diese globale Variable definiert den Pfad des Backends relativ zum Ordner des Moduls, stellt also die Umkehrung von TYPO3_MOD_PATH dar. Sofern die Erweiterung via Extension Manager geladen wird, passt dieser die Variable automatisch an.
$MLANG	Diese globale Variable enthält Titel, Beschreibung und den Namen des Modul-Icons. Titel und Beschreibung sind dabei in einer locallang-Datei enthalten, auf die $MLANG verweist. Diese Datei sollte die drei folgenden Einträge aufweisen: mlang_tabs_tab : Modultitel im Menü. mlang_labels_tablabel : Ausführlicher Titel. Wird benutzt im Attribut title des Menü-Links und als Überschrift in der Modul-liste. mlang_labels_tabdescr: Beschreibung des Moduls. Wird in der Modulliste angezeigt.
$MCONF	Diese globale Variable enthält Moduldaten wie die Zugriffsrechte, das Standard-Untermodul oder den Skriptnamen (siehe folgende Tabelle)

Tabelle 5.8: Inhalte der conf.php

Der Array `$MCONF` enthält Zugriffs- und andere Moduldaten:

$MCONF Element	*Beschreibung*

`name`	Modulname.
	
	Für Hauptmodule gilt beispielsweise:
	
	`$MCONF["name"]="myextM1";`
	
	Für Untermodule gilt die Form `modul_submodul`:
	
	`$MCONF["name"]="web_myextM2";`
	
	Für Einzelskripte wie Menüerweiterungen wird der Name aus dem Präfix `xMOD_` und beispielsweise den Dateinamen oder einer anderen eindeutigen Kennzeichnung gebildet.

`script`	Dieser Eintrag definiert, welches Skript die Basis des Moduls bildet. Das Backend verlinkt zu diesem Skript, wenn das Modul aktiviert wird. Wird das Modul mithilfe des Skripts `typo3/mod.php` eingebunden (siehe unten), steht hier das Schlüsselwort `_DISPATCH`.
`access`	Dieses Element definiert die Zugriffskriterien. Mögliche Werte sind: `"admin"`: Zugriff nur für Admin-User. `"user"`: Zugriff konfigurierbar für Backend-User. `"group"`: Zugriff konfigurierbar für Backend-Gruppen. `""` (leer): Zugriff für alle. Werden die Optionen `"user"` oder `"group"` (oder die Kombination `"user,group"` angegeben, so ist der Zugriff auf das Modul zunächst gesperrt. Er muss für User bzw. Gruppen explizit über die Zugriffslisten freigegeben werden. Admin-User haben immer auf alle Module Zugriff.
`workspaces`	Dieses Element enhält die Arbeitsumgebungen, in denen das Modul zugänglich ist, als kommaseparierte Liste. Ein leerer Eintrag macht das Modul in allen Workspaces zugänglich. Die möglichen Werte sind: `"online"`: die Live-Arbeitsumgebung `"offline"`: die Draft-Arbeitsumgebung `"custom"`: selbstdefinierte Arbeitsumgebungen.

$MCONF Element	Beschreibung
defaultMod	Enthält den Namen des Submoduls, das als Standard beim Aufruf des Hauptmoduls geladen wird.
navFrameScript	Wenn ein Wert vorhanden ist, wird das Modul zum Frameset-Modul. Das hier angegebene Skript läuft dann im Navigations-Frame. Dieser Eintrag ist nur für Hauptmodule sinnvoll.
navFrameScriptParam	GET-Parameter, die dem Skript im Navigationsframe übergeben werden. Dieser Eintrag ist nur für Untermodule eines Frameset-Moduls sinnvoll.
shy	Wenn dieser Wert true ist, wird das Modul im Backend-Menü bzw. in allen Listen, die mittels t3lib_loadModules::load() gebildet werden, nicht angezeigt.

Tabelle 5.9: Elemente von $MCONF

index.php

Dieses Skript ist die Basis des Moduls. Die Grundfunktion main() steuert die Ausgabe. Dazu kommen die beiden Funktionen menuConfig() und moduleContent().

Erstere legt fest, welche Funktionen im Menü der Erweiterung zur Verfügung stehen. Standardmäßig gibt der Kickstarter drei Funktionen vor, Sie können dies aber jederzeit nach Bedarf erweitern oder reduzieren.

Den Funktionen in menuConfig() steht in moduleContent() eine switch-Anweisung gegenüber, die für jede der Funktionen den entsprechenden Inhalt erzeugt und an main() übergibt.

locallang*

Die locallang-Dateien im Ordner enthalten die von der Extension verwendeten Labels und die zugehörigen Übersetzungen.

mod_template.html

Die Datei enthält die Layout-Vorlage für das Backend-Modul. Für Klickmenü-Einträge existiert diese Datei nicht.

*icon.gif

Die GIF-Datei enthält das Icon, das Typo3 im Backend anzeigt. Sie können es jederzeit durch ein Symbol Ihrer Wahl ersetzen.

5.3.2 Modulerweiterungen

Wenn Sie kein vollständiges Modul angelegt haben, sondern nur eine zusätzliche Funktion für ein bestehendes Modul, so ist die Struktur deutlich einfacher. Die Verzeichnisse heißen `modfunc1` usw. und enthalten neben der `locallang.xml` nur ein Skript mit der Klassendefinition. Da es kein Funktionsmenü gibt, ist dieses Skript einfacher aufgebaut als bei vollwertigen Modulen.

5.3.3 Integration mit mod.php

Wie bereits erwähnt, sollten Erweiterungen so geschrieben werden, dass sie sowohl als lokale wie als globale Erweiterung oder Systemerweiterung lauffähig sind.

Dazu werden bei älteren Erweiterungen die beiden Einträge `TYPO3_MOD_PATH` und `$BACK_PATH` verwendet. Hier als Beispiel die Erweiterung `eu_ldap`:

```
define('TYPO3_MOD_PATH', '../typo3conf/ext/eu_ldap/mod1/');
$BACK_PATH='../../../../typo3/';
$MCONF["name"]="web_txeuldapM1";

$MCONF["access"]="admin";
$MCONF["script"]="index.php";
```

Wird die Erweiterung installiert, so passt der Extension Manager die beiden Werte automatisch an die vorhandene Typo3-Installation an. Der Eintrag `$MCONF["script"]= "index.php"` besagt, dass beim Aufruf des Moduls das Skript `index.php` im Modulverzeichnis gestartet wird. Dieses muss mit folgendem Code beginnen:

```
// DEFAULT initialization of a module [BEGIN]
unset($MCONF);
require ('conf.php');
require_once ('class.tx_euldap_div.php');
require ($BACK_PATH.'init.php');
require ($BACK_PATH.'template.php');
include ('locallang.php');
require_once (PATH_t3lib.'class.t3lib_scbase.php');
```

Wichtig für die korrekte Einbindung ist das Laden der `conf.php` sowie der `init.php`, damit die Erweiterung funktioniert.

Außerdem muss in der Datei `ext_emconf.php das` Modul ausdrücklich aufgelistet sein:

```
$EM_CONF[$_EXTKEY] = array(
   'title' => 'LDAP',
…
   'module' => 'mod1',
```

Seit Typo3 4.1 gibt es eine andere Methode, um die Unabhängigkeit der Erweiterung vom Installationsort sicherzustellen. Hier wird das Skript `index.php` nicht direkt gestartet. Der Aufruf erfolgt stattdessen in der Form `typo3/mod.php?M=web_txeuldapM1`.

Das Skript `mod.php` sucht nun nach den Moduldaten in der globalen Variablen `$TBE_MODULES['_PATHS']`. Der hier gespeicherte Skriptname wird dann per `include`-Befehl geladen. `mod.php` selbst initialisiert das Backend und kümmert sich um die Konfiguration.

Der Eintrag des Moduls in den Array `$TBE_MODULES` erfolgt in der Datei `ext_tables.php` mit folgender Zeile:

```
if (TYPO3_MODE=="BE")    {
   t3lib_extMgm::addModule("web","txeuldapM1","",t3lib_extMgm::extPath($_EXT
KEY)."mod1/");
}
```

Dieser Code trägt den Pfad des Moduls ein, aber nicht den Namen des Hauptskripts. Bei der Einbindung via `mod.php` muss das Hauptskript des Moduls immer `index.php` heißen.

Die aktuelle Version 0.4.0 des Kickstarters erzeugt neue Backend-Module ausschließlich nach dieser neuen Methode. Um ein Gerüst für die alte Variante zu erzeugen, müssen Sie auch eine ältere Kickstarter-Version verwenden – beispielsweise wenn Sie für eine Typo3-Version vor 4.1 entwickeln.

Möchten Sie dagegen eine bestehende Extension auf die Einbindung via `mod.php` umstellen, gehen Sie wie folgt vor:

conf.php

Kommentieren Sie die beiden Zeilen für TYPO3_MOD_PATH und $BACK_PATH aus oder entfernen Sie sie ganz.

Setzen Sie den Eintrag $MCONF['script'] auf "_DISPATCH". So wird sichergestellt, dass keine Links erzeugt werden, die direkt auf die index.php des Moduls verweisen. Dieser Eintrag ist nur wichtig für Module, die im Menü erscheinen (als Modul oder Submodul).

ext_emconf.php

Entfernen Sie den Modulnamen im Eintrag module. Andernfalls würde der Extension Manager bei der Installation erneut versuchen, die Einträge für TYPO3_MOD_PATH und $BACK_PATH zu modifizieren.

index.php

Falls das Hauptskript Ihres Moduls nicht bereits index.php heißt (was meistens der Fall ist), benennen Sie es in index.php um.

Entfernen Sie folgende Zeilen aus dem Skript oder kommentieren Sie sie wie folgt aus:

```
#unset($MCONF);
#require ('conf.php');
#require ($BACK_PATH.'init.php');
#require ($BACK_PATH.'template.php');
```

Die Initalisierungen, die mit diesen Zeilen angestoßen werden, übernimmt das Skript mod.php.

Sollten im Skript hartkodierte Links vorkommen, die auf das Skript selbst zeigen, etwa in der Form index.php?id=123, so müssen diese angepasst werden. Der korrekte Aufruf via mod.php lautet mod.php?M=[moduleKey]&id=123. Mithilfe des MCONF-Arrays lässt sich das Skript referenzieren als htmlspecialchars($GLOBALS['MCONF']['_']).

Links in Kontextmenü-Skripts müssen ebenfalls nach dem Muster mod.php?M=[modulname] abgeändert werden. modulname entspricht hier dem Wert von $MCONF ['name'] in der Datei conf.php.

Für Module, die nicht im Menü verankert werden, muss in der Datei `ext_tables.php` der Modulpfad eingetragen werden mittels

```
t3lib_extMgm::addModulePath('xMOD_txmyext',t3lib_extMgm::extPath($_EXTKEY).'
app/');
```

5.3.4 Backend-Klassen

Für die Backend-Programmierung lassen sich folgende Klassen sinnvoll nutzen:

t3lib_div

Diese Klasse enthält allgemeine Funktionen, die sowohl im Backend als auch im Frontend genutzt werden können. Alle Funktionen werden statisch aufgerufen, es gibt also kein Objekt als Instanz dieser Klasse.

Die Funktionen der Klasse reichen von der simplen Prüfung, ob ein Wert eine Ganzzahl ist (`t3lib_div::testInt()`), bis zur Konvertierung von PHP-Arrays in XML-Strukturen (`t3lib_div::array2xml()`).

Auch die Abfragen von GET- und POST-Parametern sollten ausschließlich über die entsprechenden `t3lib`-Funktionen erfolgen (siehe Coding Guidelines).

t3lib_DB

Die Klasse `t3lib_DB` ist eine Wrapper-Klasse, um Datenbank-Zugriffe nicht direkt über die `mysql`-Funktionen von PHP abzuwickeln. Die Nutzung dieser Klasse ist zwingend nötig für den Einsatz von DBAL-Erweiterungen. Mehr dazu finden Sie im Abschnitt Coding Guidelines.

t3lib_BEfunc

Diese Funktionssammlung enthält Methoden für das Backend, eingeteilt in die folgenden Gruppen:

Datenbank-Funktionen

Diese Funktionen dienen in der Hauptsache dem Auslesen der Tabellen, für weitergehende Funktionen sollten Sie `t3lib_DB` benutzen. Interessant ist die Funktion `deleteClause()`. Sie liefert eine WHERE-Klausel der Form `AND NOT [tablename]. [deleted-field]`, falls die Tabelle mit einem Feld `deleted` konfiguriert wurde. Sie sollten diese Funktion für alle Tabellen, die in $TCA gelistet sind, verwenden, um die ordnungsgemäße Löschfunktion sicherzustellen.

Seitenbaum und TCA

Die Funktionen dieser Gruppe helfen beim Umgang mit den Konfigurationsdaten einer Seite, ihrer Lage im Seitenbaum u. ä.

Cache

Die beiden Funktionen dieser Gruppe erlauben den Zugriff auf die `cache_hash`-Tabelle.

Typoscript

Hier lässt sich beispielsweise die effektive PageTS-Konfiguration einer bestimmten Seite auslesen.

User/Gruppen

Diese Funktionen ermöglichen das Lesen von Backend-User-Einstellungen.

Output

Hier finden Sie alle Arten von Funktionen zur Ausgabe von Daten, von der aktuellen Zeit bis zum Vorschaubild.

Backend Modules API

Diese Funktionen stehen in Zusammenhang mit den aktiven Backend-Modulen, beispielsweise um ein Funktionsmenü des Moduls anzuzeigen oder einen Link, über den sich ein Eintrag direkt zum Bearbeiten öffnen lässt.

Core

Hier befinden sich Funktionen, die auf systemnahe Typo3-Optionen zugreifen, etwa ein Test, ob ein Datensatz von einem anderen User geöffnet wurde und damit zum Bearbeiten gesperrt ist.

Workspace /Versioning

Diese Funktionen helfen beim Umgang mit unterschiedlichen Workspaces und verschiedenen Versionen von Datensätzen.

5.3.5 ext_tables.php / tca.php

Neben der Programmierung der Backend-Funktionen gibt es noch einen weiteren Bereich, der die Darstellung im Backend beeinflusst. Der Table Configuration Array $TCA enthält für jede Tabelle nicht nur die technischen Informationen, sondern auch alle Optionen zur Konfiguration des Eingabeformulars im Backend.

Wenn Sie mit dem Kickstarter Ihre Extension erstellt haben, ist die Konfiguration des TCA aufgeteilt in die beiden Dateien ext_tables.php und tca.php im Hauptverzeichnis der Erweiterung. Die sich ergebende Gesamtstruktur für eine Tabelle sieht so aus:

ext_tables.php

```
$TCA['user_test_table'] = array (
    'ctrl' => array (
        'title'     => 'LLL:EXT:user_test/locallang_db.xml:user_test_table',
        'label'     => 'uid',
        'tstamp'    => 'tstamp',
        'crdate'    => 'crdate',
        'cruser_id' => 'cruser_id',
        'languageField'             => 'sys_language_uid',
        'transOrigPointerField'     => 'l10n_parent',
        'transOrigDiffSourceField'  => 'l10n_diffsource',
        'default_sortby' => 'ORDER BY title',
        'delete' => 'deleted',
        'enablecolumns' => array (
                'disabled' => 'hidden',
        ),
        'dynamicConfigFile' => t3lib_extMgm::extPath($_EXTKEY).'tca.php',
        'iconfile'          =>
t3lib_extMgm::extRelPath($_EXTKEY).'icon_user_test_table.gif',
    ),
);
```

tca.php

```
$TCA['user_test_table'] = array (
    'ctrl' => $TCA['user_test_table]['ctrl'],
    'interface' => array (
        'showRecordFieldList' =>
'sys_language_uid,l10n_parent,l10n_diffsource,hidden,title'
    ),
    'feInterface' => $TCA['user_test_table']['feInterface'],
```

```
   'columns' => array (
       'sys_language_uid' => array (
               'exclude' => 1,
               'label'  =>
'LLL:EXT:lang/locallang_general.xml:LGL.language',
               'config' => array (
                       'type'               => 'select',
                       'foreign_table'      => 'sys_language',
                       'foreign_table_where' => 'ORDER BY
sys_language.title',
                       'items' => array(

  array('LLL:EXT:lang/locallang_general.xml:LGL.allLanguages', -1),

  array('LLL:EXT:lang/locallang_general.xml:LGL.default_value', 0)
                       )
               )
       ),
       'l10n_parent' => array (
               'displayCond' => 'FIELD:sys_language_uid:>:0',
               'exclude'     => 1,
               'label'       =>
'LLL:EXT:lang/locallang_general.xml:LGL.l18n_parent',
               'config'      => array (
                       'type'  => 'select',
                       'items' => array (
                               array('', 0),
                       ),
                       'foreign_table'      => 'user_test_table',
                       'foreign_table_where' => 'AND
user_test_table.pid=###CURRENT_PID### AND user_test_table.sys_language_uid
IN (-1,0)',
               )
       ),
       'l10n_diffsource' => array (
               'config' => array (
                       'type' => 'passthrough'
               )
       ),
       'hidden' => array (
               'exclude' => 1,
               'label'   => 'LLL:EXT:lang/locallang_general.xml:LGL.hidden',
```

```
                    'config'  => array (
                            'type'    => 'check',
                            'default' => '0'
                    )
            ),
        'title' => array (
                'exclude' => 1,
                'label' =>
'LLL:EXT:user_test/locallang_db.xml:user_test_table.title',
                'config' => array (
                        'type' => 'input',
                        'size' => '30',
                        'max' => '60',
                        'eval' => 'required',
                )
        ),
    ),
    'types' => array (
        '0' => array('showitem' => 'sys_language_uid;;;;1-1-1, l10n_parent,
l10n_diffsource, hidden;;1, title;;;;2-2-2')
    ),
    'palettes' => array (
        '1' => array('showitem' => '')
    )
);
```

Der Array $TCA['user_test_table'] enthält also ingesamt folgende Abschnitte:

Abschnitt	Beschreibung
ctrl	Grundkonfiguration der Tabelle
interface	Darstellung und Auflistung im Backend
feInterface	Konfiguration für das Frontend-Editing
columns	Darstellung und Verarbeitung der einzelnen Felder
types	Anzeige von Elementen abhängig vom Seitentyp
palettes	Gliederung der Felder in Gruppen, die einzeln eingeblendet werden können (Zweite Optionspalette)

Tabelle 5.10: Abschnitte des $TCA-Arrays

Eine ausführlichere Beschreibung des TCA-Arrays finden Sie im Abschnitt 5.6.

5.3.6 Das Objekt $BE_USER

Backend-Module müssen meist sehr flexibel auf die Konfiguration des aktuell angemeldeten Benutzers reagieren. Daher stellt Typo3 ein globales Objekt $BE_USER bereit, das Zugriff auf alle dazu nötigen Funktionen bietet.

Um alle Methoden des Objekts zu finden, muss man die Dokumentation dreier Klassen bemühen. Denn $BE_USER ist eine Instanz der Klasse t3lib_beUserAuth, die eine Erweiterung des Klasse t3lib_userAuthGroup darstellt. Letztere ist selbst eine Erweiterung der Klasse t3lib_userAuth.

Neben $BE_USER stehen auch noch die beiden Variablen $WEBMOUNTS und $FILEMOUNTS zur Verfügung, die Web- und Verzeichnisfreigaben des angemeldeten Users enthalten. Der Check auf Freigaben ist aber auch mit Funktionen des $BE_USER-Objekts möglich.

Eine Übersicht über alle Funktionen der drei Klassen bietet extdeveval, es liefert allerdings in der aktuellen Version keine Beschreibung. Hier hilft im Einzelfall nur der Blick in die Quelldateien. Diese finden Sie im Verzeichnis t3lib der Installation als class.t3lib_beuserauth.php, class.t3lib_userauthgroup.php und t3lib_userauth.php.

Die folgenden Beispiele verdeutlichen den Einsatz:

Zugriffskontrolle

Jedes Modul enthält im Array-Element $MCONF["access"] die Information, wie der Zugriff auf das Modul geregelt sein soll. Hier kann definiert werden, dass nur Admin-User das Modul benutzen können oder dass der Zugang über die Zugriffslisten für Gruppen und/oder Benutzer gesteuert wird.

modAccess

Um nun festzustellen, ob der gerade aktive Backend-Benutzer das Recht hat, das aktuelle Modul zu benutzen, rufen Sie folgende Methode auf:

```
$BE_USER->modAccess($MCONF,1);
```

Die Funktion prüft, ob der User Zugriffsrechte hat. Andernfalls steigt sie mit einer Fehlermeldung aus.

Tipp: Der Test, ob ein User Zugriff auf das Modul hat, sollte aus Sicherheitsgründen in jedem Backend-Skript erfolgen. Die aktuelle Kickstarter-Version schreibt den Befehl bereits in die Vorgabe für `index.php`.

check

Eine ganze Reihe weiterer Zugriffsrechte prüft die Methode `check()`. Um beispielsweise festzustellen, ob ein User Zugriff auf ein beliebiges Modul hat, rufen Sie `check` mit dem Parameter `"modules"` und dem Namen des Moduls auf:

```
$BE_USER->check("modules","web_list");
```

Hier ist die Übersicht, welche Prüfungen `check` ermöglicht:

Prüfung	Beschreibung
`modules`	Hat der User Zugang zu einem bestimmten Modul?
`tables_modify`	Hat der User das Recht, eine Tabelle zu ändern? Beispiel: `$BE_USER->check('tables_modify','pages');`
`tables_select`	Hat der User das Recht, Daten aus einer Tabelle zu lesen? Beispiel: `$BE_USER->check('tables_select','tt_content');`
`non_exclude_fields`	Prüft, ob ein Feld einer Tabelle explizit über die Zugriffsliste freigegeben wurde. Beispiel: `$BE_USER->check("non_exclude_fields",$table.` `":".$field);`
`pagetypes_select`	Prüft, ob ein User einen bestimmten Seitentyp (etwa einen SysFolder) auswählen kann. Beispiel: `$BE_USER->check("pagetypes_select","254");`

Prüfung	Beschreibung
`webmounts`	Prüft, ob ein User einen bestimmten Teil des Seitenbaums erreichen kann (Webfreigabe). Der Parameter entspricht der ID der Seite. Beispiel: `$BE_USER->check("webmounts","7");`
`filemounts`	Prüft, ob ein User eine bestimmte Verzeichnisfreigabe benutzen kann. Beispiel: `$BE_USER->check("filemounts","3");`

Tabelle 5.11: Parameter der Methode $BE_USER->check()

isAdmin

Die Prüfung, ob ein User Admin-Rechte hat, wird über eine eigene Methode ermöglicht:

```
$BE_USER->isAdmin();
```

Seitenzugriff

Wenn der User auf eine Seite zugreifen will, müssen die Rechte vorher genau geprüft werden. Dazu dienen zwei Funktionen. Zunächst wird geprüft, ob die Rechte für die gewünschte Aktion ausreichen. Dies geschieht mit dem Aufruf

```
$BE_USER->doesUserHaveAccess($pageRec,1);
```

`$pagerec` entspricht der `uid` der gewünschten Seite. Der zweite Parameter prüft die erforderlichen Rechte. Diese werden als Bitmuster mit folgenden Werten angegeben:

Wert	Beschreibung
1	Seite und Inhalte lesen und kopieren
2	Seite ändern (Titel, Startdatum etc.)
4	Seite und Inhalt löschen

Wert	Beschreibung
8	Neue Seiten anlegen
16	Seiteninhalte ändern/anlegen/löschen/verschieben

Tabelle 5.12: Bitmuster für Bearbeitungsrechte

Neben den Bearbeitungsrechten muss aber auch geprüft werden, ob der User die Seite überhaupt sieht, d. h. ob sie in einer seiner Webfreigaben enthalten ist. Das erledigt die folgende Funktion (mit der ID der Seite als Parameter):

```
$BE_USER->isInWebMount($id)
```

Die Funktion berücksichtigt dabei wahlweise die Benutzerrechte (siehe folgende Funktion) und gibt die ID des Webmounts zurück, zu dem die Seite gehört. Wahlweise lässt sich ein Parameter $exitOnError angeben, sodass die Funktion mit einer Fehlermeldung aussteigt:

```
$BE_USER->isInWebMount($id,'',1)
```

Aufgrund der vielfältigen Einflussmöglichkeiten auf Benutzerrechte ist es nicht immer einfach, die Daten aus der Datenbank passend zu selektieren. Hier hilft die folgende Funktion:

```
$BE_USER->getPagePermsClause(1);
```

Diese Methode liefert einen String zurück, der als WHERE-Klausel in den weiteren Abfragen benutzt werden kann. Der übergebene Wert ist wieder ein Bitmuster mit den erforderlichen Rechten (siehe obige Tabelle). Die Klausel sieht beispielsweise so aus:

```
((pages.perms_everybody & 1 = 1)OR(pages.perms_userid = 2 AND
pages.perms_user & 1 = 1)OR(pages.perms_groupid in (1) AND pages.perms_group
& 1 = 1))
```

Moduldaten speichern

Mithilfe der beiden Funktionen pushModuleData() und getModuleData() lassen sich modulspezifische Daten speichern. Dabei wird die aktuelle Session-ID mitgespeichert, sodass beim Lesen festgestellt werden kann, ob die Daten aus der aktuellen oder einer früheren Sitzung stammen. Als Speicher dient der Array $BE_USER->uc.

Schreiben der Daten:

```
$compareFlags = t3lib_div::GPvar("compareFlags");
$BE_USER->pushModuleData("tools_beuser/index.php/compare",$compareFlags);
```

Lesen der Daten:

```
$compareFlags = $BE_USER-
>getModuleData("tools_beuser/index.php/compare","ses");
```

Der Parameter `"ses"` beschränkt die Ausgabe auf Daten, die in der aktuellen Session geschrieben wurden.

Konfigurationsdaten

Eine weitere Funktionsgruppe dient dem Lesen von Daten aus der aktuellen User-Konfiguration. Das beginnt mit dem Array `$BE_USER->user`, der die Daten eines Backend-User-Eintrags enthält, beispielsweise den Usernamen in `$BE_USER->user["username"]`.

Darüber hinaus enthält der Array `$BE_USER->uc` Daten über die Konfiguration, die mittels des Moduls `Benutzerwerkzeuge->Einstellungen` gesetzt wurden. Beispielsweise lässt sich über den Wert von `$BE_USER->uc['condensedMode']` herausfinden, ob der Benutzer die schmale Backend-Ansicht gewählt hat.

Schließlich haben Sie auch Zugriff auf die Einstellungen in der UserTS. Dazu dient die Funktion `$BE_USER->getTSConfigVal()`. Um beispielsweise festzustellen, wieviele Einträge im Clipboard verwaltet werden, rufen Sie auf:

```
$BE_USER->getTSConfigVal("options.clipboardNumberPads");
```

5.3.7   Verwendung des System-Logs

Das Backend-User-Objekt ist auch die zentrale Schnittstelle zum System-Log. Ein vollständiger Aufruf sieht folgendermaßen aus:

```
$this->BE_USER->writelog(
   $type,$action,$error,$details_nr,$details,$log_data,
   $tablename,$recuid,$recpid,$event_pid,$NEWid);
```

Die einzelnen Parameter entsprechen Feldern in der Datenbanktabelle `sys_log` und haben folgende Bedeutung:

Feld	Typ	Beschreibung
type action	tinyint	Diese beiden Werte sagen aus, welches Modul den Eintrag erzeugt hat und für welche Aktion. `type` und `action` bilden dabei eine Hierarchie, d. h. der Wert von `action` bestimmt den Typ genauer. Mögliche Werte sind: 1 : `t3lib_TCEmain` (Ein Eintrag der Typo3 Core Engine) Der Wert in `action` bestimmt, ob Daten neu angelegt, geändert, kopiert, verschoben oder gelöscht wurden. 2 : `"tce_file"` (Dateiverarbeitung) Die Aktionen hierzu sind Upload, Umbenennen, Bearbeiten etc. 3 : System (beispielsweise das Speichern eines Eintrags in `sys_history`) 4 : Module: Diesen Typ können Backend-Module für ihre Einträge nutzen. 254 : Änderungen persönlicher Einstellungen 255 : An- oder Abmeldung Aktionen dazu sind: 1=Anmeldung 2=Abmeldung 3=Fehlerhafte Anmeldung 4=E-Mail-Warnung verschickt
error	tinyint	Fehlerstatus: 0 = Nachricht, dass eine Aktion stattgefunden hat. 1 = Fehler, beispielsweise wegen unzureichender Rechte 2 = Systemfehler, also ein Zustand, der aus technischen Gründen nicht vorkommen sollte. 3 = Sicherheitshinweis (etwa Anmeldefehler)

Feld	Typ	Beschreibung
details_nr	tinyint	Nummer der detail-Nachricht. Die Nummer sollte für die Kombination aus type und action eindeutig sein, um die Übersetzung zu ermöglichen. Spezielle Werte: -1 kann in der Entwicklungsphase als vorläufige Nummer verwendet werden, wenn Fehlermeldungen noch nicht endgültig feststehen. 0 heißt, dass die Meldung nicht übersetzt werden muss.
details	tinytext	Dies ist der Text des Log-Eintrags (auf Englisch). Die Kombination aus type, action und details_nr bildet eine eindeutige Kennzeichnung des Texts für das Übersetzungssystem. Der Text in details kann bis zu 5 Marker der Form %s enthalten. Diese werden mit den ersten fünf Elementen aus log_data ersetzt. Voraussetzung: $log_data enthält beim Aufruf der Funktion einen Array.
log_data	tinyblob	Daten für den Log-Eintrag.
tablename	varchar(40)	Tabellenname. Spezielles Feld, das von tce_main.php benutzt wird.
recuid	int	UID des Datensatzes. Spezielles Feld, das von tce_main.php benutzt wird.
recpid	int	PID des Datensatzes. Spezielles Feld, das von tce_main.php benutzt wurde. Dieses Feld ist nicht mehr in Gebrauch.
event_pid	int	Die ID der Seite (pid), in der das Ereignis auftrat.
NEWid	varchar(20)	Spezielles Feld, das von tce_main.php benutzt wird. Es enthält den NEWid-Wert von neu angelegten Datensätzen.

Tabelle 5.13: Daten des System-Logs

Neben diesen Feldern enthält die `sys_log`-Tabelle noch einige weitere, die beim Schreiben eines Eintrags automatisch gesetzt werden:

Feld	Typ	Beschreibung
tstamp	int	Zeitpunkt des Ereignisses als Unix-Timestamp
uid	int	Unique ID des Eintrags
userid	int	User ID des Backend-Benutzers
IP	varchar(39)	IP-Adresse des Clients (aus REMOTE_ADDR)
workspace	int	Workspace ID

Tabelle 5.14: Ergänzende Daten zum System-Log

Während der Entwicklung einer Extension ist der Aufruf von `writelog()` sehr aufwendig. Daher gibt es auch noch die einfache Log-Funktion mittels

```
BE_USER->simplelog($message, $extKey='', $error=0)
```

Obwohl nicht nötig, sollten Sie den Extension Key auf jeden Fall mit angeben – nicht zuletzt, um die Logeinträge später leichter zu finden. Fehlernummern sollten sich auch hier nach der in der obigen Tabelle angegebenen Syntax richten.

5.4 Frontend-Programmierung

Wenn Ihre Erweiterung ein Frontend Plugin enthält, legt der Kickstarter ein Verzeichnis `pi1` innerhalb des Extension-Ordners an. Bei mehreren Plugins folgen `pi2`, `pi3` usw. In diesem Verzeichnis liegt eine Datei `class.tx_extension_pi1.php`, die die Klassendefinition enthält. Der Standardcode des Kickstarters sieht folgendermaßen aus:

```php
<?php
/***************************************************************
* Copyright notice
*
* (c) 2009 Administrator <admin@domain.de>
* All rights reserved
*
* This script is part of the TYPO3 project. The TYPO3 project is
* free software; you can redistribute it and/or modify
* it under the terms of the GNU General Public License as published by
```

```
/**
 * [CLASS/FUNCTION INDEX of SCRIPT]
 *
 * Hint: use extdeveval to insert/update function index above.
 */


require_once(PATH_tslib.'class.tslib_pibase.php');



/**
 * Plugin 'FEPlugin1' for the 'user_test' extension.
 *
 * @author      Administrator <admin@domain.de>
 * @package     TYPO3
 * @subpackage user_test
 */
class user_test_pi1 extends tslib_pibase {
   var $prefixId      = 'user_test_pi1';              // Same as class name
   var $scriptRelPath = 'pi1/class.user_test_pi1.php';      // Path to this
script relative to the extension dir.
   var $extKey        = 'user_test';   // The extension key.
   var $pi_checkCHash = true;

   /**
    * The main method of the PlugIn
    *
    * @param   string          $content: The PlugIn content
    * @param   array           $conf: The PlugIn configuration
    * @return  The content that is displayed on the website
```

```
    */
  function main($content, $conf) {
      $this->conf = $conf;
      $this->pi_setPiVarDefaults();
      $this->pi_loadLL();


      $content='
              <strong>This is a few paragraphs:</strong><br />
              <p>This is line 1</p>
              <p>This is line 2</p>

              <h3>This is a form:</h3>
              <form action="'.$this->pi_getPageLink($GLOBALS['TSFE']-
>id).'" method="POST">
                      <input type="text" name="'.$this-
>prefixId.'[input_field]" value="'.htmlspecialchars($this-
>piVars['input_field']).'">
                      <input type="submit" name="'.$this-
>prefixId.'[submit_button]" value="'.htmlspecialchars($this-
>pi_getLL('submit_button_label')).'">
              </form>
              <br />
              <p>You can click here to '.$this->pi_linkToPage('get to this
page again',$GLOBALS['TSFE']->id).'</p>
      ';

      return $this->pi_wrapInBaseClass($content);
  }
}

if (defined('TYPO3_MODE') &&
$TYPO3_CONF_VARS[TYPO3_MODE]['XCLASS']['ext/user_test/pi1/class.user_test_pi
1.php'])        {
   include_once($TYPO3_CONF_VARS[TYPO3_MODE]['XCLASS']['ext/user_test/pi1/cl
ass.user_test_pi1.php']);
}

?>
```

Die Klasse für das Plugin ist eine Erweiterung der Standardklasse `tslib_pibase`. Die Funktion `main()` enthält die Grundfunktion des Plugins. Hierin werden zuerst die

Konfigurationsdaten geladen und anschließend die Variable $content definiert, die die Ausgabe des Moduls darstellt. Für den Rückgabewert der Funktion wird $content durch den Aufruf von $this->pi_wrapInBaseClass($content); in ein <div>-Tag eingebettet, das eine CSS-Klasse mit dem Namen des Plugins erhält. So lässt sich die Ausgabe sauber formatieren, ohne mit der Formatierung anderer Module in Konflikt zu geraten.

Die letzten Zeilen des Plugins erlauben die Erweiterung der Funktionalität durch andere Extensions mithilfe der XCLASS-Methode (siehe Kapitel 5.6: Typo3-API).

tslib_pibase

Die Basisklasse tslib_pibase stellt die nötigen Funktionen für die Abfragen und die Darstellung der Informationen aus der Datenbank zur Verfügung. Die wichtigsten Funktionsgruppen sind:

Init-Funktionen

Diese Funktionen initialisieren die Instanz der Klasse.

Link-Funktionen

Diese Gruppe enthält Funktionen, um Links zu beliebigen Typo3-Seiten zu erzeugen, insbesondere auch zu einer Anzeigeseite eines einzelnen Eintrags.

Listen- und Blätterfunktionen

Die Funktionen hier erzeugen Listen, eine Seitennavigation zum Blättern oder Suchformulare.

Stylesheet-Funktionen

Diese Funktionen dienen dazu, die HTML-Ausgabe mit der zur Extension gehörigen Klasse zu versehen.

Frontend Editing

Die beiden Funktionen dieser Gruppe steuern das Frontend Editing Panel.

Lokalisierung

Über diese Funktionen lassen sich Texte in der gewünschten Sprache ausgeben, sofern diese in den locallang-Dateien vorhanden ist.

Datenbank-Abfragen

Die Funktionen hier holen Inhalte aus der Datenbank. Da im Frontend keine Bearbeitung der Datensätze stattfindet, gibt es hier ausschließlich lesende Abfragen.

Die vollständige Funktionsliste finden Sie am Einfachsten mithilfe der Extension `extdeveval` oder `t3dev`.

Weitere Frontend-Klassen

Neben der Klasse `tslib_pibase` können Sie im Frontend sinnvollerweise auf die Methoden und Eigenschaften der beiden Klassen `tslib_cObj` und `tslib_fe` zugreifen.

tslib_cObj

Diese Klasse verarbeitet alle Typoscript-Bestandteile der Website. Entsprechend umfangreich ist die Funktionalität (in Typo3 4.2.6 enthält die Klasse 140 Methoden und Klassen).

Mit den Funktionen dieser Klasse lässt sich jede Art von Content-Objekt ausgeben, wie sie in der Typoscript-Referenz beschrieben sind – von Menü bis Multimedia.

Hier finden Sie auch die nötigen Methoden, um beispielsweise die Ausgaben Ihrer Extension mithilfe von HTML-Templates und Markern flexibel zu gestalten.

tslib_fe

Diese Klasse wird von der Datei `index_ts.php` als globales Objekt TSFE instanziert. Damit lassen sich in einer Extension über `$GLOBALS['TSFE']` umfangreiche Informationen über die aktuelle Konfiguration abrufen.

Beispielsweise enthält `$GLOBALS['TSFE']->id` die Unique ID (`uid`) der aktuellen Seite. Angaben aus dem Typoscript-Template landen im Abschnitt `$GLOBALS['TSFE']->tmpl`.

Wenn Sie einen Überblick über alle Inhalte erhalten wollen, können Sie versuchsweise den Befehl `debug($GLOBALS['TSFE']);` in die `main`-Funktion der Extension einbauen und das Plugin auf einer Seite als Inhaltselement ausgeben – erschrecken Sie aber nicht über den Umfang der Ausgabe.

Die Grundlagen für die Extension sind damit gelegt. Doch bevor der eigentliche Code der Extension in Angriff genommen wird, sind einige Gedanken über Standards der Typo3-Programmierung angebracht.

5.5   Project Coding Guidelines

Ein Projekt von der Größe, wie Typo3 sie erreicht hat, kann nur stabil und entwicklungsfähig bleiben, wenn alle, die dazu beitragen, sich auf gewisse Gemeinsamkeiten einigen. In Typo3 sind diese Vorgaben in den Project Coding Guidelines (CGL) zusammengefasst. Die Coding Guidelines finden Sie wahlweise online unter `http://typo3.` `org/documentation/document-library/core-documentation/` oder als Typo3-Extension zum Download (`doc_core_cgl`).

Eine Bemerkung vorneweg: Grundsätzlich sind Sie nicht verpflichtet, sich an die Guidelines zu halten (außer wenn Sie den Typo3 Core erweitern). Allerdings hat die Missachtung der CGL einige Nachteile:

- Die Wahrscheinlichkeit sinkt, dass die Erweiterung unter allen Umständen korrekt funktioniert.

- Die Wahrscheinlichkeit steigt, dass die Erweiterung nach einem Update von Typo3 nicht mehr korrekt funktioniert.

- Die Wahrscheinlichkeit steigt, dass eine Sicherheitslücke nicht erkannt wird.

- Die Nutzung der Erweiterung für andere wird erschwert.

- Ein Review der Erweiterung ist schwieriger (und führt zu schlechteren Bewertungen).

Die Guidelines für Typo3 sind (mit einigen Überschneidungen) in fünf Abschnitte geteilt:

5.5.1   Konventionen für Benennung und Formatierung

Einen großen Teil der Guidelines nehmen Vorschriften zur Benennung von Dateien, Klassen oder Variablen ein. Dazu kommen Regeln zur Formatierung des Quelltextes. Solche Regeln erzeugen häufig Widerstand bei erfahrenen Progammierern, die sich meist einen eigenen Stil angeeignet haben und diesen konsequent umsetzen möchten.

Trotzdem hat es Sinn, sich an die Regeln zu halten. Denn eine Erweiterung wird im Idealfall von vielen genutzt, und ein einheitlicher Standard macht den Umgang mit dem System für alle leichter.

Sprache

Die Sprache im Typo3-Code ist Englisch. Das bedeutet, dass Klassen, Funktionen, Tabellen und Felder englische Bezeichner erhalten, aber auch Kommentare englisch sein sollten.

Dateinamen

Dateinamen sollten so kurz wie möglich sein. Die maximal zulässige Länge sind 31 Zeichen. Großbuchstaben in Dateinamen sind zu vermeiden.

Klassen

Klassen werden einzeln in Dateien abgelegt, sprich: eine Klasse pro Datei. Die Datei trägt den Namen der Klasse (in Kleinbuchstaben) mit dem Präfix `class.`. Die Klasse innerhalb der Datei wird in sogenannten *studlyCaps* benannt, d. h. sie beginnt mit einem Kleinbuchstaben, jeder Wortwechsel im Namen beginnt mit einem Großbuchstaben. Für Extensions werden außerdem das Präfix `tx_` sowie der Extension Key vorangestellt bzw. `ux_`, wenn eine bestehende Klasse erweitert wird.

Dies führt beispielsweise zu einer Klasse `tx_myextension_createList`, die in der Datei `class.tx_myextension_createlist.php` gespeichert wird.

Jede Klasse sollte ihre eigene Erweiterung mittels `XCLASS` erlauben. Dazu sollte sie mit folgendem Code enden:

```
if (defined('TYPO3_MODE') &&
$TYPO3_CONF_VARS[TYPO3_MODE]['XCLASS']['ext/myext/pi1/class.tx_myext_pi1.php
']) {
    include_once($TYPO3_CONF_VARS[TYPO3_MODE]['XCLASS']['ext/myext/pi1/class.
tx_myext_pi1.php']);
}
```

Das Erzeugen von Instanzen der Klasse sollte immer über die Typo3-Funktionen `t3lib_div::makeInstance()` und `t3lib_div::makeInstanceClassName()` erfolgen.

Funktionen

Die einfache Regel lautet: Erzeugen Sie keine Funktionen. Legen Sie stattdessen Klassen mit Methoden an, die dann mithilfe des `::`-Operators als statische Methode aufgerufen werden. Da die Klassen eine klare und widerspruchsfreie Bezeichnungsstruktur haben, gibt es dadurch auch eine konsistente Struktur für Funktionen. Der Name der Methode sollte der Funktionalität entsprechen.

Variablen

Globale Variablen (soweit überhaupt notwendig), werden in Großbuchstaben benannt.

Eigenschaften einer Klasse werden nach Möglichkeit in studlyCaps benannt.

Innerhalb einer Methode gilt keine spezielle Regel für Variablennamen, doch sollten diese auf jeden Fall sinnvoll sein und die Bedeutung der Variable widerspiegeln.

SQL-Befehle

SQL-Schlüsselwörter in einem Skript werden in Großbuchstaben geschrieben.

Tabellen- und Feldnamen

Tabellen- und Feldnamen sind grundsätzlich klein zu schreiben.

Dateiformat

Alle PHP-Skripte beginnen mit dem ausführlichen `<?php`-Tag. Dies stellt die Ausführbarkeit unter allen Systemen sicher, unabhängig von den Einstellungen in der `php.ini`.

Der Zeilenumbruch erfolgt immer im Unix-Stil, also mit einem einfachen Newline-Zeichen (`chr(10)`).

Die Zeilenlänge ist nicht beschränkt.

Die Einrückung erfolgt mit Tabulator-Zeichen (`chr(9)`), nicht mit Leerzeichen.

Die öffnende Klammer eines Anweisungsblocks steht immer am Zeilenende, nicht in einer eigenen Zeile, also:

```
if ($condition) {
    doSomething();
}
```

Tipp: Wenn Sie Ihr Skript im UTF-8-Format speichern, achten Sie darauf, dass die Datei auf keinen Fall mit der `Byte Order Mark` (`BOM`) gespeichert wird. Diese Kennzeichnung führt je nach verwendetem System dazu, dass das Skript nicht mehr ausgeführt wird.

Dokumentation

Header

Jedes Skript einer Typo3-Extension beginnt mit dem folgenden Header:

```
/***************************************************************
 * Copyright notice
 *
 * (c) 2009 Administrator <admin@domain.de>
 * All rights reserved
 *
 * This script is part of the TYPO3 project. The TYPO3 project is
 * free software; you can redistribute it and/or modify
 * it under the terms of the GNU General Public License as published by
 * the Free Software Foundation; either version 2 of the License, or
 * (at your option) any later version.
 *
 * The GNU General Public License can be found at
 * http://www.gnu.org/copyleft/gpl.html.
 *
 * This script is distributed in the hope that it will be useful,
 * but WITHOUT ANY WARRANTY; without even the implied warranty of
 * MERCHANTABILITY or FITNESS FOR A PARTICULAR PURPOSE.  See the
 * GNU General Public License for more details.
 *
 * This copyright notice MUST APPEAR in all copies of the script!
 ***************************************************************/
/**
 * [CLASS/FUNCTION INDEX of SCRIPT]
 *
 * Hint: use extdeveval to insert/update function index above.
 */
```

Der erste Teil legt das Copyright fest und gleichzeitig die Gültigkeit der GNU Public License (GPL) für dieses Skript. Da eine Extension eine Erweiterung von Typo3 darstellt, unterliegt sie auch automatisch selbst dieser Lizenz.

Wenn Sie selbst ein Skript schreiben, stehen Sie auch als Autor im Copyright. Erweitern oder ändern Sie ein bestehendes Skript, sollten Sie alle Änderungen im Header mit Ihrem Namen dokumentieren.

Der zweite Teil wird sinnvollerweise mit einer Liste aller Klassen bzw. Funktionen gefüllt, die das Skript zur Verfügung stellt. Die Extension `extdeveval` hilft dabei, diese Liste automatisch zu erstellen und einzutragen.

Klassen

Neben dem Header sollte auch jede Klasse und jede Methode innerhalb der Klasse mit einem Dokumentationsblock beginnen. Das Format, das in Typo3 benutzt wird, ist eine Variante von `Javadoc`.

Eine Klasse wird mit folgendem Block eingeleitet:

```
/**
 * Plugin 'FrontendPlugin' for the 'user_test' extension.
 *
 * @author      Administrator <admin@domain.de>
 * @package     TYPO3
 * @subpackage user_test
 */
class user_test_pi1 extends tslib_pibase {
    …
}
```

Als Autor wird der Autor der Extension mit E-Mail-Adresse eingetragen. Das Package ist immer `TYPO3`, das Subpackage entspricht dem Extension Key mit Präfix (`user_` für lokale bzw. `tx_` für Extensions aus dem Repository).

Methoden

Den Methoden der Klasse geht folgender Block voraus:

```
/**
 * The main method of the PlugIn
 *
 * @param       string          $content: The PlugIn content
 * @param       array           $conf: The PlugIn configuration
 * @return      The content that is displayed on the website
 * @access      private
 * @see someOtherMethod()
 */
```

```
function main($content, $conf) {
…
}
```

Für jeden Parameter der Methode wird ein Eintrag @param angelegt, dazu kommt ein @return-Wert, falls die Methode einen Rückgabewert liefert.

@access private legt fest, dass eine Methode nur für die Verwendung innerhalb der Klasse gedacht ist.

@see verweist auf andere Funktionen, die mit der aktuellen in Zusammenhang stehen.

Grundsätzlich können Sie hier alle Tags verwenden, die Javadoc zulässt.

Die Extension extdeveval ist unter anderem in der Lage, beim Erstellen der Kommentare im Javadoc-Format zu helfen und deren Vollständigkeit zu prüfen.

Ausgabeformat XHTML

Alle Ausgaben, die im Frontend erfolgen, sollten XHTML-kompatibel sein und CSS zur Formatierung benutzen.

5.5.2 Variablen und Konstanten

Der Zugriff auf die superglobalen Arrays von PHP sollte immer über die entsprechenden Typo3-Funktionen erfolgen. Das garantiert maximale Kompatibilität für unterschiedliche PHP-Versionen ebenso wie für unterschiedliche Betriebssysteme oder Webserver. Das heißt im Einzelnen:

GET und POST

Typo3 stellt für den Zugriff auf GET- und POST-Daten folgende Methoden zur Verfügung:

Methode	Beschreibung
t3lib_div::_GET()	liefert den Inhalt des Arrays $_GET
t3lib_div::_POST()	liefert den Inhalt des Arrays $_POST
t3lib_div::_GP($var)	liefert den Wert einer Variable aus $_POST oder $_GET, mit Priorität auf $_POST
t3lib_div::_GETset()	setzt einen Wert im Array $_GET

Tabelle 5.15: Zugriffsmöglichkeiten auf GET- und POST-Daten

Laut CGL wäre neben dem Zugriff via Typo3-API auch der direkte Zugriff auf `$_GET` bzw. `$HTTP_GET_VARS` (und die POST-Entsprechungen) zulässig. Allerdings sollten Sie zumindest auf die `$HTTP`-Varianten verzichten, da sie in PHP als veraltet gekennzeichnet sind. `$_GET` und `$_POST` existieren bereits seit PHP 4.1.0, sodass es damit keine Kompatibilitätsprobleme geben sollte.

Unabhängig von den PHP-Einstellungen bearbeitet Typo3 die beiden Arrays so, dass die Inhalte nicht mit Slashes (/) versehen sind. Ihr Code sollte daher so vorgehen, als wäre die PHP-Einstellung `magic_quotes_gpc` auf `off`.

Um Probleme mit anderen Extensions zu vermeiden, sollten Sie GET- und POST-Daten in Namespaces einbetten, beispielsweise mit

```
<input name="tx_myext[artist]">
```

Die Daten aus einem Namespace lassen sich dann einfach mit `$mydata = t3lib_div::_GP('tx_myext')` in einen Array laden.

Umgebungsvariablen

Umgebungsvariablen werden in PHP in den Arrays `$_SERVER` und `$_ENV` zur Verfügung gestellt. Allerdings sind die Inhalte stark abhängig vom Betriebssystem, dem Webserver und der Kopplung von PHP (als Modul oder via CGI). Daher sollten Sie auf keinen Fall diese superglobalen Arrays benutzen.

Typo3 stellt als Ersatz die Funktion `t3lib_div::getIndpEnv()` zur Verfügung. Sie garantiert konsistente Ergebnisse für alle Plattformen, die von Typo3 unterstützt werden. Die Funktion liefert die wichtigsten Daten aus `$_SERVER` sowie einige Typo3-Erweiterungen. Die komplette Liste finden Sie in der Datei `t3lib/class.t3lib_div.php` bzw. in den CGL.

5.5.3 Datenbankzugriff

Typo3 ist nach gängiger Meinung immer noch fest verwoben mit MySQL – und im Prinzip stimmt das auch. Noch immer ist MySQL die Datenbank der Wahl für Typo3. Doch bereits mit Typo3 3.6.0 wurde das Konzept des *Database Abstraction Layers (DBAL)* eingeführt, mit dem Typo3 auch andere Datenbank-Management-Systeme wie etwa Oracle oder PostgreSQL ansprechen kann.

Um die eigene Extension für diese Abstraktionsschicht tauglich zu machen, sollten keinerlei direkte MySQL-Funktionen verwendet werden. Stattdessen erfolgen alle Anfragen an die Datenbank über die Wrapper-Klasse `t3lib_DB`. Diese lässt sich in mehreren

Stufen verwenden, vom einfachen Ersatz der MySQL-Funktionen bis zum vollständigen Umstieg auf DBAL. Für neue Extensions ist das die Methode der Wahl.

Um diesen empfohlenen Weg zu nutzen, verwenden Sie die folgenden Funktionen:

- `exec_INSERTquery()`

- `exec_UPDATEquery()`

- `exec_DELETEquery()`

- `exec_SELECTquery()`

- `exec_SELECT_mm_query()`

- `exec_SELECT_queryArray()`

- `exec_SELECTgetRows()`

Die ersten vier Funktionen führen die entsprechenden SQL-Befehle aus.

`exec_SELECT_mm_query()` dient dazu, zwei oder drei Tabellen mittels JOIN verknüpft abzufragen.

`exec_SELECT_queryArray()` ist eine Variante der SELECT-Abfrage, bei der die einzelnen Bestandteile nicht als einzelne Parameter, sondern in Form eines Arrays übergeben werden.

`exec_SELECTgetRows()` schließlich führt eine SELECT-Abfrage aus und liest das Ergebnis direkt in einen Array ein.

Das folgende Beispiel zeigt die Anwendung der Funktion `exec_SELECTquery`:

```
$res = $GLOBALS['TYPO3_DB']->exec_SELECTquery(
        '*',                          // SELECT ...
        'mytable',                    // FROM ...
        'uid=123 OR title LIKE "%Prod%"', // WHERE ...
        '',                           // GROUP BY ...
        'title',                      // ORDER BY ...
        '5,10'                        // LIMIT ...
        );
```

`$GLOBALS['TYPO3_DB']` bezeichnet das Objekt, welches die Datenbank-Verbindung repräsentiert, die einzelnen Bestandteile des SELECT-Befehls folgen als Parameter des Funktionsaufrufs.

exec_INSERTquery() erwartet die Felder und zugehörigen Daten in Form eines Arrays, also etwa:

```
$tableName = 'mytable';
$insertArray = array(
    'pid' => 123,
    'title' => "New Page"
);
$res = $GLOBALS['TYPO3_DB']->exec_INSERTquery($tableName,$insertArray);
```

exec_UPDATEquery() benötigt als Parameter den Tabellennamen, die WHERE-Bedingung und ebenfalls einen Datenarray.

exec_DELETEquery() schließlich wird mit Tabellenname und WHERE-Bedingung aufgerufen.

Für die vollständige Kompatibilität mit DBAL sollten Sie außerdem folgende Regeln beachten:

- Alle Parameter, deren Werte von außen beeinflusst werden können, sollten über die Funktion $GLOBALS['TYPO3_DB']->fullQuoteStr() bearbeitet werden. Als zweiter Parameter wird hierbei der Tabellenname übergeben, sodass ein DBAL-Layer darauf reagieren kann und eventuell eine datenbank-spezifische Behandlung verwendet.

- Im SQL-Statement können nur Strings in einfachen Anführungszeichen mit der Funktion quoteStr() bearbeitet werden. Wenn Sie nicht sicher sind, verwenden Sie stattdessen fullQuoteStr().

- Wenn Sie JOIN in einer SELECT-Abfrage verwenden, setzen Sie jedem Feldnamen den Tabellennamen voran.

- Verlassen Sie sich nicht auf die Auswertung von Integer-Feldern als Boole'sche Werte. Nicht alle Datenbanken unterstützen dies. Verwenden Sie also immer Abfragen der Form WHERE hidden=1 anstatt WHERE hidden.

- Wenn Sie eine Standard-Bedingung der Form WHERE 1 benötigen, schreiben Sie auch diese in der Form WHERE 1=1.

- Vermeiden Sie den Operator !. Er ist nicht standardisiert. Vergleichen Sie stattdessen in der ausführlichen Form WHERE hidden=0.

- Wenn Sie in einer Abfrage einen Alias für eine Tabelle einführen (FROM tablename AS t), lassen Sie den AS-Operator weg und verwenden stattdessen die kurze Form FROM tablename t.

- Abfragen mit der COUNT-Funktion sollten immer mit einem Alias durchgeführt werden: `SELECT COUNT(*) AS allcount FROM tablename`.

- Felder, die als Feldtyp 32-Bit-Integer verwenden, dürfen nicht das Attribut UNSIGNED erhalten.

- Generell gilt die Verwendung von `tinyint`, `smallint` etc. als unerwünscht und sollte im Zusammenhang mit DBAL nicht mehr verwendet werden. Standard für Ganzzahlfelder ist 32-Bit-Integer mit Vorzeichen.

5.5.4 Sicherheit

Generell gelten für Extensions ähnliche Sicherheitsregeln wie für jedes PHP-Projekt. Allgemeine Informationen zur Sicherheit von Webapplikationen finden Sie beispielsweise beim Open Web Application Security Project (OWASP)[23]. Hier finden Sie auch eine Liste der 10 größten Sicherheitsfehler in Web-Projekten, derzeit mit Stand 2007. Die drei „Spitzenreiter" sollen hier genannt werden:

Cross Site Scripting (XSS)

Cross Site Scripting bezeichnet eine Form des Einschleusens von fremdem Code auf Webseiten. Ein Beispielszenario ist, dass in einem Gästebuch ein Besucher einen Eintrag hinterlässt, der Javascript-Code enthält. Dieser kann nun von anderen Besuchern deren Cookies auslesen und an einen fremden Server weiterleiten. Auf diese Art ist es möglich, fremde Sessions zu übernehmen oder schlimmstenfalls sogar Login-Daten aus dem Cookie zu lesen.

Voraussetzung für einen solchen Angriff ist, dass eine Website Eingaben von Besuchern annimmt und ungeprüft wieder ausgibt – etwa als Forenbeitrag.

Injektionen

Mit Injektion wird das Einschleusen von Befehlen an interne Systeme bezeichnet. Meist sind Websites von SQL-Injektionen betroffen.

Voraussetzung ist, dass die Website Eingaben von Usern ungeprüft an das interne System, etwa den Datenbankserver, weiterleitet.

---

[23] http://www.owasp.org

Ausführen von Schadcode

Wenn eine Website das Hochladen von Dateien oder die Angabe von Dateinamen durch Benutzer erlaubt, kann dies dazu führen, dass Dateien direkt auf dem Server ausgeführt werden.

Voraussetzung ist, dass die Eingaben der Besucher ungeprüft übernommen werden.

Alle drei Sicherheitsprobleme haben eines gemeinsam: Die Web-Applikation hat es versäumt, Eingaben von außen ausreichend zu prüfen oder von vornherein unschädlich zu machen, bevor sie verwendet werden. Wenn Sie daher Ihre Erweiterungen unter der Prämisse entwickeln, dass jede Eingabe von außen, ob durch Formulare, Uploads oder Datenübernahme von anderen Seiten, eine potenzielle Gefahrenquelle darstellt und daher mit Misstrauen zu betrachten ist, haben Sie einen großen Schritt hin zu mehr Sicherheit getan.

Für **SQL-Injektionen** wurde das Thema bereits im vorigen Abschnitt angespochen. Die Lösung ist dabei relativ einfach: Jede Eingabe von der Website wird mit der Funktion `fullQuoteStr()` behandelt oder mit `intval()` in eine Zahl umgewandelt, bevor sie Bestandteil einer SQL-Abfrage wird.

Cross Site Scripting lässt sich auf ähnliche Art bekämpfen:

Wenn Ihre Anwendung keine Eingabe von HTML-Tags benötigt, verwenden Sie die Funktion `strip_tags()`, um alle Tags aus der Eingabe zu entfernen. Möchten Sie einige Tags zulassen, können Sie diese als Parameter der Funktion übergeben.

Leiten Sie die Ausgabe von Daten, die von außen kamen, durch die Funktion `htmlspecialchars()`. Dadurch werden die Klammern <>, Anführungszeichen und & durch die entsprechenden HTML-Entities ersetzt.

Wenn die Eingaben einem bestimmten Muster genügen, kann mit der Prüfung gegen einen regulären Ausdruck jedes Zeichen ausgeschlossen werden, das nicht ins Muster passt.

Wenn die Angabe von Links zulässig sein soll, etwa innerhalb von Framesets oder um Iframes zu füllen, müssen die Links extrem genau auf unerwünschte Eingaben geprüft werden (etwa durch Ausschluss von Links, die den String `javascript:` enthalten).

Die Typoscript-Eigenschaft `stdWrap` bietet die Option `removeBadHTML`, die mithilfe regulärer Ausdrücke gefährliche HTML-Tags entfernt.

Dateien, die von außen auf einen Server geladen werden, sind mit dem höchsten vertretbaren Aufwand zu prüfen. Wenn irgend möglich, sollten sie durch einen Virenscanner auf dem Server getestet werden. Auf keinen Fall sollten Sie sich auf den MIME-Typ verlassen, der beim Hochladen angegeben wird, ebensowenig auf die Dateiendung (auch wenn Sie auf diese einfachen Prüfungen nicht verzichten sollten). PHP bietet beispielsweise mit der PECL-Erweiterung Fileinfo (ab PHP 5.3 fester Bestandteil von PHP) die Möglichkeit, aus dem Inhalt einer Datei auf den MIME-Typ zu schließen.

5.5.5 Coding

Der letzte Abschnitt der Coding Guidelines enthält eine Sammlung von allgemeinen Hinweisen und Besonderheiten, die es zu beachten gilt.

Allgemeine Regeln für PHP

Extensions sollten so programmiert werden, dass sie mit den Einstellungen funktionieren, die in der Datei `php.ini-recommended` (Bestandteil von PHP) vorgeschlagen werden. Diese Einstellungen sind relativ streng, sodass Code, der damit fehlerfrei funktioniert, auch mit laxeren Vorgaben arbeitet

Bevor ein Array in einer Schleife bearbeitet wird, ist auf jeden Fall mit `is_array()` zu prüfen, ob es sich wirklich um einen Array handelt. Die bevorzugte Schleife, um Arrays abzuarbeiten, ist `foreach()`. Wird stattdessen die Form `while ( list()=each() )` benutzt, muss der Array-Pointer vor Beginn der Schleife mit `reset()` initialisiert werden.

Für den Test von Strings auf Gleichheit sollten die Funktion `strcmp()` benutzt oder Variablen mit dem Vorsatz `(string)` verwendet werden. Alternativ kann auch der Test auf Identität (`===`) benutzt werden. So werden Fehler vermieden, die auf die implizite Typumwandlung von PHP zurückzuführen sind.

Dateien sollten nur mit absolutem Pfad oder mit dem Vorsatz `./` für das aktuelle Verzeichnis per `include` geladen werden. Damit werden Fehler vermieden, wenn auf einem System das aktuelle Verzeichnis nicht im Suchpfad von PHP liegt.

Die PHP-Funktion `array_merge()` verhindert, dass beim Zusammenführen zweier Arrays Elemente mit gleichen numerischen Indizes überschrieben werden (gleiche String-Indizes führen dagegen zum Überschreiben der Werte). Wenn das Überschreiben für beide Arten von Indizes erfolgen soll, verwenden Sie stattdessen die Typo3-Methode `t3lib_div::array_merge()` bzw. `t3lib_div::array_merge_recursive_overrule()` für mehrdimensionale Arrays.

Die Funktionen `is_file`, `is_dir`, `is_writeable` und `file_exists` sollten nur mit dem Vorsatz `@` aufgerufen werden, da sie eventuell eine (überflüssige) Warnung ausgeben, wenn die Datei nicht gefunden wird.

Die PHP-Funktion `fopen()` sollte immer mit dem Parameter `b` verwendet werden, wenn die Dateien binary safe sind.

Die Funktion `is_executable()` sollte nicht unter Windows verwendet werden, da sie erst ab PHP 5.0 unter Windows existiert.

Beim Anlegen von Verzeichnissen mit `mkdir()` darf der Verzeichnisname nicht mit einem Slash / enden.

Temporäre Dateien sollten in jedem Fall über die Typo3-Methode `t3lib_div::tempnam($filePrefix)` erzeugt werden, um Probleme mit `open_basedir`-Konfigurationen zu vermeiden. Temporäre Dateien sollten nach Gebrauch mit `t3lib_div::unlink_tempfile()` gelöscht werden.

Dateien, die per Upload auf den Server kommen, sollten immer mit `is_uploaded_file()` geprüft werden. Vor dem Zugriff auf die Datei muss sie aus dem PHP-Upload-Verzeichnis verschoben werden. Dazu können Sie eine der beiden Funktionen `t3lib_div::upload_to_tempfile()` oder `t3lib_div::upload_copy_move()` benutzen.

Typo3-spezifische Besonderheiten

Vor dem Zugriff auf Elemente des $TCA-Arrays muss immer die Funktion `t3lib_div::loadTCA($tablename)` aufgerufen werden.

Neue Instanzen von Klassen (sprich: Objekte) werden immer über die Funktion `t3lib_div::makeInstance($className)` erzeugt.

Inhalt, der in einem `<textarea>`-Feld ausgegeben werden soll, wird vorher mithilfe der Funktion `t3lib_div::formatForTextarea()` formatiert.

Die Abmessungen von Input- und Textarea-Feldern sollten mithilfe der Funktionen `$TBE_TEMPLATE->formWidth()` bzw. `$TBE_TEMPLATE->formWidthText()` ausgelesen werden. Das dient der gleichmäßigen Darstellung in verschiedenen Browsern.

Bei den GD-Funktionen `imageTTFBBox()` und `imageTTFtext()` sollte die Schriftgröße mithilfe der Funktion `t3lib_div::freetypeDpiComp()` angegeben werden. So wird die Größenanpassung für FreeType2 automatisch berücksichtigt, wenn Typo3 passend konfiguriert wurde.

Bei Links sollte man sich nicht darauf verlassen, dass `index.php` das Standard-Dokument des Webservers ist. Links sollten daher immer die Form `../index.php?param=...` haben anstatt `../?param=...`.

Beim Testen auf absolute URLs sollte immer die Möglichkeit von SSL-Verbindungen berücksichtigt werden. Ein Test auf das Vorkommen von `http://` ist hier nicht sinnvoll. Die PHP-Funktion `parse_url()` liefert einen Array, der im Element `[scheme]` das Protokoll enthält. Das gerade verwendete Protokoll für die aktuelle Typo3-Seite lässt sich beispielsweise aus `t3lib_div::getIndpEnv('TYPO3_REQUEST_HOST')` extrahieren.

In der Datenbank sollten keine MySQL-spezifischen Feldtypen verwendet werden. Insbesondere Datums- und Zeitfelder sind hier problematisch. Im Idealfall werden Zeitangaben als Timestamp in Integer-Feldern abgelegt.

Werte aus der Datenbank, die in HTML-Attributen oder Javascript verwendet werden, müssen korrekt formatiert werden (Quoting). Dazu dient die Funktion `t3lib_div::quoteJSvalue($value, $inScriptTags)`. Der zweite Parameter `$inscriptTags` sollte `true` sein, wenn die Ausgabe innerhalb des `<script>`-Tags erfolgt, und `false`, wenn ein Attribut wie `onclick` gefüllt wird.

Plattformspezifische Besonderheiten

Pfade in Typo3 enthalten immer einen einfachen Slash als Trennzeichen. Ausnahmen sind lediglich Pfade zu externen Programmen (wie ImageMagick) und Upload-Dateien, deren Pfad zunächst in der Schreibweise des Systems angegeben ist.

Absolute Pfade können mit der Funktion `t3lib_div::isAbsPath($path)` systemunabhängig geprüft werden.

Mit `t3lib_div::fixWindowsFilePath()` lassen sich Pfade in Windows-Schreibweise (also mit Backslashes) in die Darstellung mit einfachen Slashes umwandeln.

Der Pfad von hochgeladenen Dateien wird auf einem Windows-Server mit Backslashes dargestellt. Das sollte im Normalfall keine Probleme bereiten, da die Datei vor dem Zugriff mit `t3lib_div::upload_to_tempfile()` oder `t3lib_div::upload_copy_move()` in ein temporäres oder reguläres Verzeichnis verschoben werden sollte.

Der Befehl `header("Location: …")` sollte immer mit absoluten URLs benutzt werden, da in manchen Konfigurationen der Wechsel in ein anderes Verzeichnis vom Browser nicht erkannt wird. Typo3 stellt dafür die Funktion `t3lib_div::locationHeaderUrl($url)` zur Verfügung.

Fehlermeldungen

Zu Fehlermeldungen (etwa via `debug` oder `die`) gibt es keine Vorgaben, aber einen sinnvollen Vorschlag von Dan Frost:

Eine Fehlermeldung wird demnach neben der Meldung selbst gekennzeichnet mit

```
[Initialen des Autors][Datum][Zeit]
```

also etwa

```
Big mistake rs200902151631
```

5.6   Typo3-API

5.6.1   Grundlagen

In den vorangegangenen Kapiteln wurde bereits eine Reihe von Funktionen und Methoden angesprochen, die bei der Extension-Programmierung Verwendung finden. Die genannten Funktionen stellen aber trotzdem nur einen kleinen Ausschnitt dar. Jede einzelne Methode vorzustellen, würde zum einen den Rahmen des Buches sprengen (die t3lib enthält mehr als 1500 Funktionen und Klassen), zum anderen aber auch in der Praxis kaum von Nutzen sein, weil die Entwicklung hier ständig fortschreitet. Deshalb sei hier der Satz zitiert, mit dem die Typo3-API-Dokumentation beginnt:

The source is the documentation!

Im Klartext: Für Programmierer, die an der Core-Entwicklung beteiligt sind, sind die Coding Guidelines Pflicht. Dies führt zu sauber dokumentiertem Quellcode, in dem jede Funktion im Vorspann beschrieben ist. Diese Beschreibung liegt im Javadoc-Format vor und lässt sich daher mit jedem Programm extrahieren, das mit Javadoc umgehen kann, beispielsweise Doxygen[24] oder phpDocumentor[25].

Noch bequemer geht es mit der bereits mehrfach erwähnten Extension extdeveval, die direkten Zugriff auf die Funktionslisten innerhalb von Typo3 erlaubt.

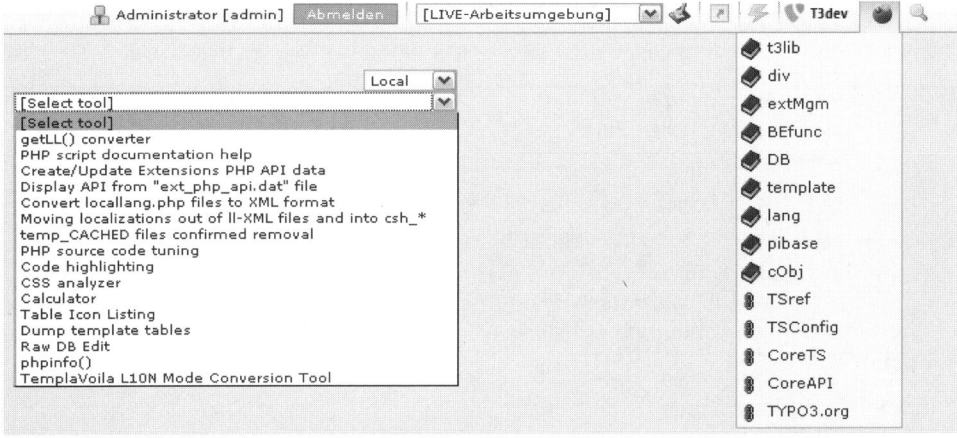

Bild 5.20: Für Entwickler unverzichtbar: extdeveval

---

[24]   http://www.doxygen.org

[25]   http://www.phpdoc.org

Darüber hinaus stellt sie zahlreiche Funktionen zur Überprüfung des eigenen Quellcodes zur Verfügung.

Wenn es nur um die Dokumentation geht, können Sie auch `t3dev` verwenden, das ebenfalls die API anzeigt und als Bonus einen Generator für Flexform-Felder bietet.

Im Folgenden werden daher nicht alle Funktionen einzeln vorgestellt, sondern lediglich die vorhandenen Möglichkeiten der Typo3 API aufgezeigt. In der Dokumentation der Typo3 API auf `typo3.org` finden Sie zusätzliche Informationen und zahlreiche Beispiele der Anwendung.

Allgemeine Funktionen

In Typo3 gibt es einige Klassen, die allgemein verfügbare Methoden und Eigenschaften bereitstellen. Von diesen Klassen werden also keine Objekte abgeleitet, sondern nur statische Methoden mithilfe des `::`-Operators oder von der Klasse erzeugte globale Arrays aufgerufen. Diese Klassen sind:

Klasse	Beschreibung	Verwendung
`t3lib_DB`	Datenbank-Abstraktionsschicht. Alle Zugriffe auf die Datenbank sollten über diese Bibliothek erfolgen.	Die Datenbank-Verbindung wird repräsentiert durch `$GLOBALS['TYPO3_DB']`.
`t3lib_cs`	Behandlung von unterschiedlichen Zeichensätzen. Die Klasse wird selten benötigt, sollte aber nicht umgangen werden, wenn Zeichensatz-Konvertierungen erforderlich sind.	Backend: `$GLOBALS['LANG']->csConvObj` Frontend: `$GLOBALS['TSFE']->csConvObj`
`t3lib_div`	Allgemeine Funktionssammlung.	`t3lib_div::functionName()`
`t3lib_BEfunc`	Funktionen für die Backend-Programmierung.	`t3lib_BEfunc::functionName()` (nur im Backend verfügbar)

Klasse	Beschreibung	Verwendung
t3lib_extMgm	Funktionen für die Einbindung von Erweiterungen ins Typo3-System.	t3lib_extMgm::functionName()
t3lib_iconWorks	Funktionen für den Umgang mit Icons für Datensätze.	t3lib_iconWorks::functionName() (Nicht im Frontend verfügbar)
template	Funktionen zum Erzeugen des Backend-Layouts.	$GLOBALS['TBE_TEMPLATE'] oder $GLOBALS['SOBE'] oder $this->doc (innerhalb von Script-Klassen)

Tabelle 5.16: Allgemein nützliche Typo3-Klassen

Nicht alle Funktionen, die diese Klassen zur Verfügung stellen, müssen auch zwangsweise benutzt werden. Dennoch sollten Sie auf jeden Fall auf die Typo3-Methoden zurückgreifen, wenn es passende gibt. Das gilt auch dann, wenn der Weg über die Klassen umständlicher oder zeitraubender ist als der direkte. Denn die Vorteile überwiegen eindeutig:

- Die Methoden von Typo3 sind intensiver getestet, als jede Einzelentwicklung es je sein kann.

- Die Methoden von Typo3 sind so ausgelegt, dass sie auf allen Plattformen funktionieren, die von Typo3 unterstützt werden.

- Der Aufruf von Typo3-Methoden bleibt gleich bzw. abwärtskompatibel, auch wenn die Funktionalität erweitert wird. Damit funktioniert ein Skript ziemlich sicher auch mit neuen Typo3-Versionen.

- Andere Entwickler können den Code Ihrer Extension leichter verstehen – und daraus lernen oder ihn weiterentwickeln.

Dass Sie nicht alle Funktionen benutzen müssen, heißt aber nicht, dass Sie immer die freie Wahl haben. Die Coding Guidelines (CGL) legen eine Reihe von Funktionen fest, die auf jeden Fall zu benutzen sind, wenn eine Extension als CGL-kompatibel bezeichnet werden soll.

Die meisten dieser Funktionen wurden im vorigen Abschnitt bereits genannt, daher soll die folgende Tabelle nur als schnelle Übersicht dienen:

Funktion	Beschreibung

`t3lib_div::_GP`
 	
`t3lib_div::_GET`
 	
`t3lib_div::_POST`
	Werte aus GET und POST auslesen.

`t3lib_div::makeInstance`
 	
`t3lib_div::`
`makeInstanceClassName`
	Objekte aus Klassen ableiten (wichtig für die Funktion der `XCLASS`-Erweiterung).

`t3lib_div::getIndpEnv`	Auslesen von Server- und Umgebungsvariablen.
`t3lib_div::loadTCA`	Tabellenbeschreibungen in `$TCA` laden.
`t3lib_BEfunc::deleteClause`	`WHERE`-Bedingung für SQL-Abfragen erzeugen, die berücksichtigt, ob die Tabelle ein Feld `deleted` verwendet.
`t3lib_extMgm::isLoaded`	Test, ob eine Erweiterung installiert und geladen ist.

`t3lib_extMgm::extPath`
 	
`t3lib_extMgm::extRelPath`
 	
`t3lib_extMgm::siteRelPath`
	Pfade zu Extensions generieren.

`t3lib_div::getFileAbsFileName`
 	
`t3lib_div::validPathStr`
 	
`t3lib_div::isAbsPath`
 	
`t3lib_div::isAllowedAbsPath`
 	
`t3lib_div::fixWindowsFilePath`
	Dateien und Verzeichnisnamen validieren.

`t3lib_div::mkdir`	Verzeichnis anlegen (unabhängig vom Betriebssystem und der Einstellung für Safe-Mode).

Funktion	Beschreibung

`t3lib_div::upload_to_tempfile`
`t3lib_div::unlink_tempfile`
`t3lib_div::tempnam`
	Behandlung von Upload- und temporären Dateien.

`t3lib_div::fixed_lgd_cs`	Text für die Backend-Ausgabe in der Länge beschneiden (mit Berücksichtigung von Zeichensätze wie UTF-8).
`t3lib_div::formatForTextarea`	String für die Ausgabe im `<textarea>`-Tag vorbereiten.
`t3lib_div::locationHeaderUrl`	Eine URL für die Nutzung mit `header('Location:… ')` vorbereiten.
`t3lib_BEfunc::getFuncMenu` `t3lib_BEfunc::getFuncCheck`	Funktionsmenü für Backend-Module.
`t3lib_BEfunc::editOnClick`	Erzeugt `onclick`-JavaScript-Code, der auf ein Formular zum Bearbeiten des Datensatzes verlinkt.
`t3lib_BEfunc::viewOnClick`	Erzeugt `onclick`-JavaScript-Code, der eine Seite im Frontend öffnet.
`$GLOBALS['TBE_TEMPLATE']->` `issueCommand`	Erzeugt einen Link zu `tce_db.php` (mit Befehlen wie Kopieren, Verschieben oder Löschen von Datensätzen).

`t3lib_BEfunc::helpTextIcon`
`t3lib_BEfunc::helpText`
`t3lib_BEfunc::cshItem`
	Erzeugt ein Icon oder einen kurzen Text für die kontextsensitive Hilfe (CSH).

`t3lib_iconWorks::getIconImage` `t3lib_iconWorks::getIcon`	Holt das korrekte Icon für den Datensatz.
`t3lib_iconWorks::skinImg`	Verarbeitet Icons für den Backend Skin.

`$GLOBALS['TYPO3_DB']->`
`exec_INSERTquery`
`exec_UPDATEquery`
`exec_DELETEquery`
`exec_SELECTquery`
	Datenbank-Zugriff.

Funktion	Beschreibung
`$GLOBALS['BE_USER']->isAdmin`	Testet, ob ein Backend-User Admin-Rechte hat.
`$GLOBALS['BE_USER']->getPagePermsClause`	Liefert eine `WHERE`-Bedingung, um Seiten auszufiltern, auf die der User keinen Zugriff hat.

Tabelle 5.17: Grundfunktionen für die Einhaltung der CGL

5.6.2 Workspaces

Das System der *Arbeitsumgebungen* (`Workspaces`) in Typo3 ist so angelegt, dass auch ältere Extensions damit ohne größere Probleme funktionieren. Allerdings heißt dies nicht, dass sie das Workspace-Konzept auch vollständig unterstützen. Im Normalfall ist das Frontend OK, aber im Backend sowie bei der Preview-Funktion kommt es zu Unstimmigkeiten.

Für den korrekten Umgang mit Workspaces sind daher bei der Extension-Entwicklung einige Besonderheiten zu beachten:

Tabellen

Zunächst muss bereits beim Anlegen der Tabellen im Kickstarter die Option für Versionierung aktiviert werden. Dies erzeugt einige zusätzliche Felder in der Tabelle, die für die Verwaltung der Versionen wichtig sind.

Frontend Preview

Um die Preview im Frontend zu unterstützen, holen Sie in der Extension zunächst den Seiteninhalt und rufen dann die Funktion `$GLOBALS['TSFE']->sys_page->versionOL()` auf. Diese liest die für den aktuellen Workspace bzw. die Preview zutreffenden Versionen des Datensatzes aus der Tabelle.

Ist die Preview-Version auf `hidden` gesetzt, wird dies von `versionOL()` korrekt erkannt und die Ausgabe unterbunden.

Problematischer ist es, wenn beispielsweise die aktuell aktive Variante auf `hidden` gesetzt ist oder allgemein wegen der `enableFields()`-Konfiguration nicht angezeigt wird, die Preview-Version dagegen durchaus erscheinen soll. In diesem Fall gibt es keinen Seiteninhalt, der an `versionOL()` übergeben werden kann.

Um dieses Problem zu lösen, darf der Check auf `enableFields()` oder `hidden` nicht bereits bei der Auswahl der Inhalte erfolgen, sondern erst in den Datensätzen, die `versionOL()` zurückliefert.

Insgesamt gelten für die Implementierung der Frontend-Darstellung folgende Regeln:

• Werden Datensätze unabhängig von `enableFields()` ausgewählt, muss als Mindestbedingung `t3ver_state!=1` verwendet werden, damit keine Platzhalter-Datensätze selektiert werden.

• Es sollten nie Datensätze mit der Parent-ID (`pid`) -1 ausgewählt werden. Dies sind Offline-Datensätze der Versionierung.

Die folgenden Funktionen und Eigenschaften unterstützen Sie beim Umgang mit Workspaces im Frontend:

Wenn `$GLOBALS['TSFE']->sys_page->versioningPreview` `true` ist, dürfen Sie Previews anderer Datensatz-Versionen anzeigen.

`$GLOBALS['TSFE']->sys_page->versioningWorkspaceId` enthält die ID der Arbeitsumgebung, in der der Backend-Benutzer sich aktuell befindet.

`$GLOBALS['TSFE']->sys_page->versionOL($table, &$row, $unsetMovePointers=FALSE)`: Diese Funktion holt das Overlay für die Preview-Version. Sie sollte immer verwendet werden, wenn Datensätze über die `uid` oder `pid` ausgewählt werden. Erfolgt die Auswahl aufgrund anderer Kriterien, führt der Aufruf nicht immer zum erwünschten Ergebnis. In solchen Fällen müssen Sie die Verwendbarkeit einzeln testen.

Beispiel:

```
$res = $GLOBALS['TYPO3_DB']->exec_SELECTquery(...);
while ($row = $GLOBALS['TYPO3_DB']->sql_fetch_assoc($res))      {
    $GLOBALS['TSFE']->sys_page->versionOL($table,$row);

    if (is_array($row))      {
...
```

`$unsetMovePointers` kann auf `true` gesetzt werden, wenn die Reihenfolge in der Anzeige der Datensätze nach Verschieben von Inhalten durcheinander geraten ist.

`$GLOBALS['TSFE']->sys_page->fixVersioningPid()` findet die aktuelle Online-`Pid` für einen Offline-Datensatz (d. h. die ID, die der Datensatz beim Veröffentlichen erhalten würde). Wenn ein Datensatz offline ist, hat er immer die Pid -1.

> **Tipp:** Selbst wenn alle Regeln beachtet werden, ist eine Preview nicht immer korrekt, beispielsweise wenn die Ergebnisse von Suchanfragen dargestellt werden. Das ist aber kein Problem der Extension, sondern resultiert aus der Art der Workspace-Implementierung.

Backend

Neben den Herausforderungen, wie sie im Frontend existieren, muss im Backend für praktisch jeden Datensatz eine Overlay-Variante erzeugt werden, damit der User auch wirklich seinen Workspace so sieht, wie er nach der Veröffentlichung aussieht. Dazu gehört auch die Korrektur der Pid-Werte für Offline- und Online-Daten.

Für das Backend gibt es deutlich mehr API-Funktionen, weil hier auch Aktionen wie das Veröffentlichen von Datensätzen erfolgen.

Funktion	Beschreibung
t3lib_BEfunc:: workspaceOL()	Gegenstück zu sys_page->versionOL() für das Backend.
t3lib_BEfunc:: getRecordWSOL()	Holt einen Datensatz aus einer Tabelle und überlagert ihn mit der Workspace-Version, falls vorhanden. Die Funktion kombiniert also getRecord() und workspaceOL().
t3lib_BEfunc:: fixVersioningPid()	Holt die zu einem Offline-Datensatz gehörige Live-PID. Gegenstück zu sys_page-> fixVersioningPid() für das Backend.
t3lib_BEfunc:: isPidInVersionizedBranch()	Prüft, ob in der Rootline der aktuellen Seite eine Verzweigung (Branch) enthalten ist und liefert die zugehörigen Daten.
t3lib_BEfunc:: getWorkspaceVersionOfRecord()	Holt die Offline-Version eines Live-Datensatzes, falls vorhanden.
t3lib_BEfunc:: getLiveVersionOfRecord()	Holt die Live-Version eines Offline-Datensatzes.
t3lib_BEfunc:: versioningPlaceholderClause()	Erzeugt eine WHERE-Bedingung, die Platzhalter von anderen Workspaces ausblendet. Diese Funktion sollte immer benutzt werden, wenn Datensätze nicht über die uid ausgewählt werden und wenn t3lib_BEfunc::deleteClause() benutzt wird.

Funktion	Beschreibung
`$BE_USER->` `workspaceCannotEditRecord()`	Prüft, ob das Bearbeiten eines Datensatzes im aktuellen (Offline-)Workspace erlaubt ist.

`$BE_USER->`
`workspaceCannotEditOffline`
`Version()`
	Wie `$BE_USER->workspaceCannotEditRecord()`, mit der Zusatzbedingung, dass die Version zum Bearbeiten ebenfalls offline sein muss.

`$BE_USER->` `workspaceCreateNewRecord()`	Prüft, ob aufgrund der Workspace-Einstellungen neue Datensätze angelegt werden können.
`$BE_USER->` `workspacePublishAccess($wsid)`	Liefert `true`, wenn der User das Recht zur Veröffentlichung hat.
`$BE_USER->` `workspaceSwapAccess()`	Liefert `true`, wenn der User das Recht zum Tausch der Versionen (Swap) hat.
`$BE_USER->` `checkWorkspace()`	Prüft die Rechte eines Users in einem Workspace.
`$BE_USER->` `checkWorkspaceCurrent()`	Prüft die Rechte eines Users im aktuellen Workspace.
`$BE_USER->` `setWorkspace()`	Wechselt den Workspace des Backend-Users.
`$BE_USER->` `setWorkspacePreview()`	Setzt den Preview-Status für das Frontend.

Tabelle 5.18: Typo3-Funktionen für das Backend

Wenn ein Modul Ihrer Extension nicht in allen Workspaces zugänglich sein soll, können Sie diese in der `conf.php` mit einem Eintrag der Form:

```
$MCONF['workspaces'] = online,offline,custom
```

einstellen.

Auf der Ebene des Funktionsmenüs lässt sich dies durch einen zusätzlichen Parameter für die Funktion `t3lib_extMgm::insertModuleFunction()` einstellen.

Die Eigenschaft `$GLOBALS['BE_USER']->workspace` enthält den aktuellen Workspace des Backend-Users. Handelt es sich um einen Custom Workspace, so finden sich die weiteren Daten in `$GLOBALS['BE_USER']->workspaceRec`.

Die Werte für die einzelnen Arbeitsumgebungen sind:

- 0 = online (Live)

- -1 = offline (Entwurf)

- > 0 = custom (Projekt)

- -99 = kein Workspace gewählt. Das ist ein Fehlerzustand!

Im Normalfall kann auch ein Admin-User von einem Offline-Workspace aus keinen Live-Datensatz speichern. In manchen Fällen ist das aber unumgänglich, beispielsweise wenn ein User sein eigenes Profil ändert, das nur im Live-Workspace existiert. Für Ihre Extension können Sie ein solches Verhalten über die Eigenschaft `t3lib_tcemain::bypassWorkspaceRestrictions=true` erlauben.

Verschieben von Inhalten in Arbeitsumgebungen

Seit Typo3 4.2 ist in Workspace-Umgebungen das Verschieben von Inhalten auf Element-Ebene (anstatt auf Seiten- oder Zweig-Ebene) möglich und auch die empfohlene Methode. Das bedeutet in der Praxis, dass beispielsweise im Live-Workspace ein Seiteninhalt auf der Homepage erscheint, während in der Draft-Version der Inhalt auf eine Unterseite verschoben wurde.

Dies wird durch sogenannte Platzhalter ermöglicht. Auf der neuen Seite wird ein Datensatz mit `t3ver_state=3` angelegt sowie einem Feld `t3ver_move_id`, das die `uid` des Datensatzes enthält, der beim Veröffentlichen hier eingesetzt werden soll. Um die Funktion des Veröffentlichungssystems zu gewährleisten, wird außerdem auf der Quellseite eine neue Version des Datensatzes mit `t3ver_state=4` (move-to pointer) erzeugt. Dies ist der Eintrag, der später tatsächlich verschoben wird.

Die im Typo3 4.2 enthaltenen Versionen von `t3lib_page::versionOL()` und `t3lib_BEfunc::workspaceOL()` unterstützen dieses System, sodass die Preview-Funktion des Frontends auch in einer solchen Konstellation korrekt funktioniert.

5.6.3 TYPO3 Core Engine (TCE)

Die *Typo3 Core Engine* (TCE) ist zuständig für alle Datenoperationen in Tabellen, die im TCA konfiguriert sind. Das betrifft das Lesen und Schreiben von Datensätzen ebenso wie das Kopieren, Verschieben oder Löschen von Datensätzen.

Die Klasse `t3lib_TCEmain` kümmert sich dabei ebenso um die Undo-Funktionalität wie um die Versionierung und die Einträge ins System-Log. Außerdem prüft sie, dass die Schreibrechte auch korrekt gesetzt sind, bevor ein User Daten in die Datenbank schreiben kann. Das heißt mit anderen Worten: Alle Zugriffe auf die Tabellen im TCA, die

Datenänderungen zur Folge haben, sollten auf jeden Fall über die TCE erfolgen. Nur so ist die Datenkonsistenz und –integrität innerhalb des Typo3-Systems gewährleistet.

Es gibt allerdings eine Einschränkung: Die TCE läst sich nur ansprechen, wenn ein Backend-Login existiert. Nur so kann die TCE die Rechte prüfen. Das heißt aber, dass der Zugriff aus dem Frontend heraus nicht möglich ist. Frontend-Plugins wie Gästebücher müssen daher ohne Unterstützung durch die TCE direkt auf die Tabellen zugreifen.

Neben den Datenbank-Funktionen enthält die TCE auch Methoden für den Umgang mit Dateien. Diese werden typischerweise vom Datei-Modul des Backends genutzt. Die zuhörigen Klassen sind `t3lib_basicFileFunc` und `t3lib_extFileFunc`.

Datenbank-Operationen vorbereiten

Um mit `t3lib_TCEmain` auf eine Tabelle zuzugreifen, werden zwei Arrays verwendet:

* Für das Schreiben von Daten und das Anlegen neuer Datensätze wird ein Daten-Array angelegt.

* Für das Verschieben, Kopieren oder Löschen von Daten kommt ein Kommando-Array zum Einsatz.

Elemente im Kommando-Array werden nach folgender Syntax angelegt:

```
$cmd [tabelle][uid][befehl] = wert
```

`tabelle` und `uid` bezeichnen die Tabelle und den Datensatz, auf den der `befehl` angewandt werden soll. Folgende Befehle stehen zur Verfügung:

Befehl	Datentyp	Wert
copy	integer	**Positiver Wert:** Die Angabe wird als Seiten-UID interpretiert. Der Datensatz (eventuell rekursiv mit Kind-Elementen) wird auf dieser Seite als erstes Element eingefügt.
		Negativer Wert: Die Angabe (ohne Vorzeichen) wird als UID eines Datensatzes derselben Tabelle interpretiert. Der neue Datensatz wird auf der Seite eingefügt, auf der sich der Datensatz mit der angegebenen UID befindet. Ist im TCA ein Sortierfeld angegeben (`$TCA[...]['ctrl']['sortby']`), so wird der neue Datensatz nach dem angegebenen eingefügt.
		Ist der Wert 0, so wird der neue Datensatz in der Hauptebene des Seitenbaums eingefügt.

Befehl	Datentyp	Wert
move	integer	wie copy, mit dem Unterschied, dass der Datensatz nicht kopiert, sondern verschoben wird.
delete	"1"	Der Wert sollte immer "1" sein.
		Der Datensatz wird gelöscht bzw. als gelöscht markiert, wenn die Tabelle ein deleted-Flag benutzt.
undelete	"1"	Der Wert sollte immer "1" sein.
		Falls die Tabelle ein deleted-Flag benutzt, wird das Flag des Datensatzes wieder auf 0 gesetzt.
localize	integer	Der Wert gibt die uid einer Systemsprache an, in die der Datensatz übersetzt werden soll. Dies legt eine Kopie des Datensatzes an und passt die zu übersetzenden Felder an.
		Folgende Voraussetzungen müssen erfüllt sein:
		Im Abschnitt [ctrl] des $TCA-Arrays für die Tabelle müssen die Optionen languageField und transOrigPointerField definiert sein.
		Ein Datensatz vom Typ sys_language für die gewünschte Sprache muss existieren.
		Der Datensatz, der lokalisiert werden soll, muss in der Standard-Sprache vorliegen und darf keinen Eintrag im Feld transOrigPointerField haben.
		Es darf nicht bereits eine Lokalisierung für die Zielsprache geben.
		Der User muss die nötigen Rechte für die Aktion haben.
version	array	Versionierungsverwaltung
		Der Array besteht zunächst aus einem Element [action], das die Art der Aktion bestimmt. Abhängig von der Aktion kann der Array weitere Elemente haben.
		[action] = "new"
		Legt eine neue Version an.
		Zusätzliche Elemente:
		[treeLevels] : *(nur für Datensätze vom Typ Seite)* Integer, -1 bis 4, bestimmt die Art der Versionierung:

Befehl	Datentyp	Wert
		-1 ("`element`") legt nur eine neue Version für den Datensatz selbst an (default) 0 ("`page`") erfasst die Seite und ihre Inhaltstabellen (definiert durch das Flag `versioning_followPages` im `ctrl`-Abschnitt des TCA) >0 ("`branch`") legt eine neue Version des gesamten Zweigs an (eine vollständige Kopie aller Tabellen), bis zur angegebenen Unterebene (1= 1 Ebene, 2= 2 Ebenen, usw.) Der `treeLevel` wird im Feld `t3ver_swapmode` gespeichert und beim Veröffentlichen via `swap` berücksichtigt.
		`[label]` : Bezeichnung für die neue Version. Falls leer, werden Standardwerte benutzt.
		`[action]` = "`swap`" löst den Austausch der offline- mit der Live-Version aus. Zusätzliche Elemente:
		`[swapWith]` : `uid` des Datensatzes, mit dem die aktuelle Version getauscht werden soll.
		`[swapIntoWS]` : Boole'scher Wert, der anzeigt, dass die bisherige Version nach Veröffentlichung in den Workspace des offline-Datensatzes geswappt werden soll.
		`[action]` ="`clearWSID`" setzt den Workspace des Datensatzes auf 0. Dadurch wird der Datensatz ohne Veröffentlichung aus dem Workspace entfernt.
		`[action]` ="`flush`" löscht eine Version vollständig ohne Veröffentlichung.
		`[action]` ="`setStage`" setzt die Bearbeitungsstufe eines Datensatzes.
		Für diese Aktion darf der Schlüssel `uid` des Kommandos auch eine kommaseparierte Liste von UIDs enthalten, um mehrere Elemente auf einmal zu bearbeiten. Zusätzliche Elemente:
		`[stageId]` : -1 (`rejected`), 0 (`editing`, `default`), 1 (`review`), 10 (`publish`)
		`[comment]` : Kommentar für das Log.

Tabelle 5.19: TCEmain-Kommandos

Einträge im Daten-Array sehen sehr ähnlich aus wie beim Kommando-Array:

```
$cmd [tabelle][uid][feld] = wert
```

Der Tabellenname und der Feldname müssen im TCA konfiguriert sein. Soll ein neuer Datensatz angelegt werden, wird für uid ein zufälliger String mit dem Präfix NEW angegeben, also etwa NEWcd98ab78.

Vor dem Aktivieren einer Datenoperation muss die Option $this->stripslashes_values auf 0 gesetzt werden.

Wenn es sich bei dem zu bearbeitenden Feld um ein Flexform-Feld handelt, das ja eine komplette XML-Struktur enthält, erhält der Daten-Array zusätzliche Ebenen, die der Struktur entsprechen. Der Schachtelungstiefe sind hier keine Grenzen gesetzt.

TCE-Operationen ausführen

Nachdem die Daten- und Kommando-Arrays definiert sind, müssen die Befehle aktiviert werden. Um dies in eigenen Skripten zu tun, sind folgende Voraussetzungen nötig:

Es muss ein Backend-User angemeldet sein.

Die Klasse muss eingebunden werden. Dazu fügen Sie Ihrem Skript die Zeile

```
require_once (PATH_t3lib."class.t3lib_tcemain.php");
```

hinzu.

Um ein Kommando an die TCE zu übergeben, verwenden Sie folgenden Code:

```
$tce = t3lib_div::makeInstance('t3lib_TCEmain');
$tce->stripslashes_values=0;
$tce->start(array(),$cmd);
$tce->process_cmdmap();
```

Zuerst wird ein Objekt der Klasse t3lib_TCEmain erzeugt.

$tce->stripslashes_values=0 sorgt dafür, dass die übergebenen Werte nicht maskiert werden, indem bestimmten Zeichen der Backslash \ als „Escape"-Zeichen vorangestellt wird. Das ist die empfohlene Einstellung.

$tce->start(array(),$cmd) initialisiert die Klasse und registriert den Kommando-Array.

$tce->process_cmdmap() schließlich startet die Verarbeitung.

Datenoperationen sehen sehr ähnlich aus:

```
$tce = t3lib_div::makeInstance('t3lib_TCEmain');
$tce->stripslashes_values=0;
$tce->start($data,array());
$tce->process_datamap();
```

Der Unterschied zu Kommandos besteht lediglich darin, dass der `start`-Methode als erster Parameter der Daten-Array übergeben wird und am Schluss die Methode `process_datamap()` die Methode `process_cmdmap()` ersetzt.

Da die `start`-Methode offenbar die beiden Arrays getrennt behandelt, liegt es nahe, dass sich die beiden Skripte kombinieren lassen zu

```
$tce = t3lib_div::makeInstance('t3lib_TCEmain');
$tce->stripslashes_values=0;
$tce->start($data,$cmd);
$tce->process_datamap();
$tce->process_cmdmap();
```

Darüber hinaus lässt sich an `start()` ein dritter Parameter übergeben, wenn Sie eine Aufgabe unter einer anderen User-ID ausführen wollen.

Neben `stripslashes_values` lassen sich noch ein paar weitere Parameter setzen, um das Ergebnis der Aufrufe zu steuern:

Variable	Datentyp	Beschreibung
deleteTree	Boolean	Ermöglicht das rekursive Löschen ganzer Seitenzweige, sofern die Rechte des Users dies zulassen. Falls nicht, werden mit dieser Einstellung nur Seiten gelöscht, die keine Unterseiten enthalten.
copyTree	Integer	Bestimmt, wieviele Unterebenen bei einer Kopieraktion betroffen sind. 0 kopiert nur die Seiten selbst, bei 1 wird die erste Ebene mit erfasst usw.

Variable	Datentyp	Beschreibung
reverseOrder	Boolean	Wenn gesetzt, wird der Daten-Array in umgekehrter Reihenfolge abgearbeitet. Das hat beispielsweise Sinn, wenn mehrere Seiten angelegt werden und die letzte in der Liste auch wirklich unten sein soll.
copyWhichTables	Liste mit Strings	Diese Liste von Tabellennamen bestimmt, welche Tabellen bei einer Kopieraktion berücksichtigt werden. Ein leerer String bedeutet, dass keine Tabellen erfasst werden. Standard ist * (für alle Tabellen).
stripslashes_values	Boolean	Steuert die Anwendung der PHP-Funktion stripslashes(). Aus historischen Gründen steht der Standardwert auf 1, sollte aber auf jeden Fall auf 0 gesetzt werden, da in aktuellen Typo3-Versionen Parameter aus POST und GET nicht mehr automatisch mit dem Backslash maskiert werden.

Tabelle 5.20: TCEmain-Grundeinstellungen

Neben den beiden Funktionen, um Datenoperationen oder Kommandos abzuarbeiten, bietet t3lib_TCEmain auch die Möglichkeit, den Typo3-Cache zu löschen. Dazu wird ebenfalls ein Objekt erzeugt und initialisiert (mit leeren Arrays). Anschließend kann der Cache angesprochen werden:

```
$tce = t3lib_div::makeInstance('t3lib_TCEmain');
$tce->start(array(),array());
$tce->clear_cacheCmd('all');
```

Die Methode clear_cacheCmd() verarbeitet folgende Parameter:

- all löscht alle Caches.

- pages löscht alle Seiten-Caches

- temp_CACHED löscht die entsprechenden Dateien in typo3conf.

- Wird eine Zahl angegeben, so wird nur der Cache der Seite mit dieser UID gelöscht.

Der User, der die Funktion auslöst, muss die nötigen Rechte haben, um den Cache auch wirklich zu löschen.

Die Cache-Funktion enthält einen Hook (siehe unten), mit dem Sie die Cache-Verarbeitung durch eine selbstgeschriebene Funktion nach Belieben erweitern können. Dazu schreiben Sie folgenden Code in die Datei (ext_)localconf.php:

```
$TYPO3_CONF_VARS['SC_OPTIONS']['t3lib/class.t3lib_tcemain.php']['clearCacheP
ostProc'][]='myext_cacheProc->proc';
require_once(t3lib_extMgm::extPath('myext').'class.myext_cacheProc.php');
```

Dateifunktionen in der TCE

Der Aufruf von Dateifunktionen erfolgt sehr ähnlich zu den Datenbankfunktionen mittels eines Arrays:

```
$file[ command ][ index ][ key ] = value
```

command bestimmt die auszuführende Aktion, index nummeriert mehrere gleichartige Befehle, key definiert weitere Daten zum Befehl. Typischerweise gibt es einen Key data und einen Key target für Quelldatei und Zielverzeichnis.

Folgende Kommandos sind möglich:

Befehl	Schlüssel	Wert
delete	"data"	Absoluter Pfad zur Datei/zum Ordner, der gelöscht werden soll.
copy	"data"	Absoluter Pfad zur Datei/zum Ordner, der kopiert werden soll.
	"target"	Absoluter Pfad zum Zielverzeichnis.
	"altName"	(Boolean): Wenn die Zieldatei bereits existiert, wird sie nicht überschrieben, sondern einen neue Datei angelegt, indem der Name mit einer Zahl ergänzt wird.
move	"data"	Entspricht copy, nur wird die Datei verschoben.
	"target"	
	"altName"	
rename	"data"	Neuer Name, max. 30 Zeichen.
	"target"	Absoluter Pfad zur Datei/zum Ordner.

Befehl	Schlüssel	Wert
newfolder	"data"	Ordnername, max. 30 Zeichen.
	"target"	Absoluter Pfad zum Verzeichnis, in dem der Ordner erstellt wird.
newfile	"data"	Neuer Name, max. 30 Zeichen.
	"target"	Absoluter Pfad zum Verzeichnis, in dem die Datei erstellt wird.
editfile	"data"	Neuer Inhalt.
	"target"	Absoluter Pfad zur Datei.
upload	"data"	ID, die in der globalen Variable mit dem Dateinamen verwendet wird ($GLOBALS["HTTP_POST_FILES"] ["upload_".$id]["name"]).
	"target"	Absoluter Pfad zum Zielverzeichnis.
	upload_$id	Datei-Referenz. $id entspricht dem Wert in data.
unzip	"data"	Absoluter Pfad zu einem ZIP-Archiv (Die Dateiendung muss zip sein.)
	"target"	Absoluter Pfad zum Zielverzeichnis. Falls nicht gesetzt, wird das Verzeichnis der ZIP-Datei verwendet.

Tabelle 5.21: TCEmain-Datei-Kommandos

Der Aufruf erfolgt nach diesem Muster (entnommen aus der Datei tce_file.php):

```
$this->fileProcessor = t3lib_div::makeInstance('t3lib_extFileFunctions');
$this->fileProcessor->init($FILEMOUNTS,
$TYPO3_CONF_VARS['BE']['fileExtensions']);
$this->fileProcessor->init_actionPerms($BE_USER->user['fileoper_perms']);
$this->fileProcessor->start($this->file);
$this->fileProcessor->processData();
```

$FILEMOUNTS enthält die für den User zugänglichen Verzeichnisfreigaben. Die Methode init_actionPerms() prüft die Operationen, die der User durchführen darf.

5.6.4   Erweitern von Typo3- und Extension-Funktionen

Typo3 kennt zwei Wege, um die Funktionalität bestehender Klassen zu erweitern.

XCLASS-Erweiterung

Das XCLASS-Konzept ermöglicht es, nahezu jede Klasse von Typo3 zu erweitern, mit Ausnahme von Klassen wie t3lib_BEfunc, die nur statische Methoden enthalten. Den Weg dazu haben wir ansatzweise bereits im Abschnitt 5.2.13 gesehen. Eine Klasse, die per XCLASS erweiterbar sein soll, enthält (meist am Ende des Skripts) folgenden Code:

```
if (defined("TYPO3_MODE") &&
   $TYPO3_CONF_VARS[TYPO3_MODE]["XCLASS"]["tslib/class.tslib_content.php"])
   {
     include_once($TYPO3_CONF_VARS[TYPO3_MODE]["XCLASS"]["tslib/class.tslib_c
ontent.php"]);
}
```

Um diese Schnittstelle zu nutzen, wird im Verzeichnis typo3conf eine Datei namens class.ux_tslib_content.php erstellt.

```
<?php
/**
* User-Extension of tslib_cObj class.
*
* @author     Kasper Skårhøj <kasper@typo3.com>
*/

class ux_tslib_cObj extends tslib_cObj {
    function stdWrap($content,$conf)    {
          // Call the real stdWrap function in the parent class:
        $content = parent::stdWrap($content,$conf);
          // Process according to my user-defined property:
        if ($conf["userDefined_wrapInRed"])    {
            $content='<font color="red">'.$content.'</font>';
        }
        return $content;
    }
}

?>
```

Schließlich muss dafür gesorgt werden, dass die neue Datei auch geladen wird.

```
$TYPO3_CONF_VARS["FE"]["XCLASS"]["tslib/class.tslib_content.php"]=PATH_typo3
conf."class.ux_tslib_content.php";
```

Dies erfolgt beispielsweise in der `localconf.php`.

Wird nun, wie in den Coding Guidelines vorgeschrieben, ein Objekt mithilfe von `t3lib_div::makeInstance("tslib_cObj")` erzeugt, so prüft die Funktion, ob es eine XCLASS-Erweiterung zu dieser Klasse gibt, und verwendet diese.

Der Vorteil der XCLASS-Methode ist, dass praktisch jede Klasse so erweiterbar ist. Extensions, die mit dem Kickstarter angelegt werden, haben standardmäßig den XCLASS-Code bereits drin.

Allerdings hat das Verfahren auch einen großen Nachteil: Jede Klasse lässt sich genau einmal erweitern. Daher ist es beispielsweise nicht ratsam, in einer Extension, die im TER verfügbar ist, Typo3-Funktionen per XCLASS zu erweitern. Sobald eine Extension dies tut, ist die entsprechende Funktion für alle anderen Extensions blockiert.

XCLASS sollte daher nur innerhalb einer lokalen Typo3-Installation zur spezifischen Anpassung verwendet werden.

Hooks

Der zweite Weg, um Funktionen zu erweitern, sind die sogenannten *Hooks*.

Um einen Hook zu nutzen, dient dieser Code:

```
require_once(t3lib_extMgm::extPath('myext').'class.myext_cacheProc.php');
$TYPO3_CONF_VARS['SC_OPTIONS']['t3lib/class.t3lib_tcemain.php']['clearCacheP
ostProc'][]='myext_cacheProc->proc';
```

Die erste Zeile lädt die Datei mit der Klasse, die zweite macht die Existenz der Erweiterung bekannt. Die Datei `class.t3lib_tcemain.php` enthält den eigentlichen Hook, der folgendermaßen aussieht:

```
// Call post processing function for clear-cache:
if
(is_array($TYPO3_CONF_VARS['SC_OPTIONS']['t3lib/class.t3lib_tcemain.php']['c
learCachePostProc']))     {
  $_params = array('cacheCmd'=>$cacheCmd);
```

```
foreach($TYPO3_CONF_VARS['SC_OPTIONS']['t3lib/class.t3lib_tcemain.php']['cle
arCachePostProc'] as $_funcRef)    {
    t3lib_div::callUserFunction($_funcRef,$_params,$this);
  }
}
```

Das Skript prüft, ob eine Erweiterung registriert ist. Falls ja, wird die registrierte Funktion ausgelesen und mittels `callUserFunction` aufgerufen.

Der entscheidende Unterschied zu `XCLASS` ist, dass sich mehrere Erweiterungen für denselben Hook registrieren können. Die `foreach`-Schleife im Skript führt alle registrierten Funktionen der Reihe nach aus.

Der Vorteil der Hooks liegt also darin, dass Funktionen durch die Erweiterung nicht für andere Entwickler blockiert werden.

Der Nachteil von Hooks ist, dass ein Entwickler jeden Hook eigens implementieren muss, d. h. dass im Normalfall nicht die Klasse als Ganzes via Hook erweitert wird, sondern gezielt einzelne Funktionen.

Wenn Sie eine Funktion erweitern wollen, müssen Sie daher erst den Quellcode durchsuchen, ob es einen passenden Hook gibt, und falls nicht, den Entwickler bitten, an der gewünschten Stelle einen einzubauen.

Je nach Art des Scripts werden Hooks zudem über unterschiedliche Variablen gesteuert:

`$TYPO3_CONF_VARS['EXTCONF']` nimmt Hooks für Extensions auf.

`$TYPO3_CONF_VARS['SC_OPTIONS']` ist ein Sammelbecken für Hooks aller möglichen Skripte. Core-Skripte nutzen diesen Namespace, weil sie keinen Extension Key haben.

`$TBE_MODULES_EXT` ist ein etwas veralteter Weg, um Hooks in Backend-Modulen zu steuern.

5.6.5   Nützliche Variablen und Konstanten

Typo3 stellt für Erweiterungen nicht nur Klassenbibliotheken zur Verfügung, sondern auch eine Vielzahl von Konstanten und Variablen, die den Zugriff auf Systemdaten erheblich erleichtern.

Konstanten

Konstanten enthalten hauptsächlich Informationen zu Pfaden und zur Datenbank. Sie können definitionsgemäß nicht im Skript geändert werden. Die meisten Konstanten werden im `init.php`-Skript definiert, manche allerdings auch davor. Letztere stehen nicht immer zur Verfügung und sind in der nachstehenden Tabelle mit "vor `init.php`" gekennzeichnet. Die letzte Spalte (FE) zeigt an, ob die Konstante auch für Frontend-Plugins vorhanden ist.

Konstante	*Definiert in*	*Beschreibung*	*FE*
TYPO3_OS	init.php	Betriebssystem; Windows = "WIN", andere = ""	Ja
TYPO3_MODE	init.php	"FE" oder "BE" für Frontend bzw. Backend	Ja
PATH_ thisScript	init.php	Absoluter Pfad zum aktuellen Skript	Ja
TYPO3_mainDir	init.php	Admin-Verzeichnis. Fest auf "typo3/".	Ja
PATH_typo3	init.php	Absoluter Pfad zum Backend (PATH_site + TYPO3_mainDir)	-
PATH_typo3_ mod	init.php	Relativer Pfad (von PATH_typo3 aus) zu einem Modul. Basiert auf TYPO3_MOD_PATH	-
PATH_site	init.php	Absoluter Pfad zum Frontend (ein Verzeichnis über PATH_typo3)	Ja
PATH_t3lib	init.php	Absoluter Pfad zu "t3lib/" im TYPO3 Admin-Verzeichnis	Ja
PATH_ typo3conf	init.php	TYPO3 Konfigurationspfad (lokal)	Ja
TYPO3_db	config_ default.php	Datenbankname	Ja
TYPO3_db_ username	config_ default.php	Datenbank-Username	Ja
TYPO3_db_ password	config_ default.php	Datenbank-Passwort	Ja
TYPO3_db_host	config_ default.php	Datenbank-Hostname, z. B. "localhost"	Ja
TYPO3_tables_ script	config_ default.php	Standardmäßig wird "t3lib/stddb/tables.php" als Hauptdatei für die Tabellenkonfiguration verwendet. Diese Konstante kann auf eine andere Datei zeigen Veraltet. Verwenden Sie stattdessen Extensions.	Ja

Konstante	Definiert in	Beschreibung	FE
TYPO3_ extTableDef_ script	config_ default.php	PHP-Script in "typo3conf/", das weitere Modifikationen zu "t3lib/stddb/tables.php" enthält. Veraltet. Verwenden Sie stattdessen Extensions.	Ja
TYPO3_ languages	config_ default.php	Definiert die Systemsprachen für das TYPO3-Backend.	Ja
TYPO3_DLOG	config_ default.php	Falls true, kann t3lib_div::devLog() für Debug-Zwecke im Frontend und im Backend aufgerufen werden.	Ja
TYPO3_MOD_ PATH	[vor init.php]	Pfad zu einem Modul relativ zu PATH_typo3	-
TYPO3_ enterInstall Script	[vor init.php]	Wenn gesetzt und true, ist das Installationstool aktiviert.	-
TYPO3_PROCEED_ IF_NO_USER	[vor init.php]	Wenn gesetzt und true, kehrt das Skript init.php zum aufrufenden Skript zurück, selbst wenn kein Backend-User angemeldet ist. Diese Konstante wird beispielsweise verwendet, um das Anmeldeformular zeigen zu können.	-
TYPO3_cliMode	[vor init.php]	Aktiviert den CLI-Modus (Command Line Interface).	
TYPO3_version	config_ default.php	TYPO3 Version: x.x.x für stabile Versionen, x.x.x-dev für Entwickler-Versionen, x.x.x-bx für Beta-Versionen	Ja

Tabelle 5.22: Nützliche Typo3-Konstanten

Globale Variablen

Variablen aus `t3lib/stddb/tables.php` sind nur teilweise im Frontend verfügbar.

Variable	Definiert in	Beschreibung	FE
$TYPO3_CONF_VARS	config_default.php	TYPO3 Configuration Array. Die Kommentare zu den Einträgen finden Sie in der `config_default.php` oder im Installationstool unter "All Configuration"	Ja
$TYPO3_LOADED_EXT	config_default.php	Array mit allen installierten Erweiterungen und ihren Pfaden. Über die Funktion `t3lib_extMgm::isLoaded($key)` kann eine einzelne Extension geprüft werden.	Ja
$TYPO3_DB	init.php	Eine Instanz der TYPO3 DB Wrapper-Klasse, `t3lib_db`.	Ja
$EXEC_TIME	config_default.php	Wird auf `time()` gesetzt, sodass das Skript einen Basiswert zur Messung von Ausführungszeiten hat.	Ja
$SIM_EXEC_TIME	config_default.php	Wird auf $EXEC_TIME gesetzt, kann aber im Skript geändert werden als zweite Referenzzeit.	Ja
$TYPO_VERSION	config_default.php	veraltet. Benutzen Sie die Konstante TYPO3_version.	Ja
$CLIENT	init.php	Array mit Informationen zum Browser. Elemente: "BROWSER" = `msie,net,opera` oder leer, "VERSION" = Browser-Version, "SYSTEM" = `win,mac,unix`	Ja
$PARSETIME_START	init.php	Zeit in Millisekunden unmittelbar nach Laden der Konfiguration.	-
$PAGES_TYPES	t3lib/stddb/tables.php	Siehe $TCA.	tw
$ICON_TYPES	t3lib/stddb/tables.php	Siehe $TCA.	tw

Variable	Definiert in	Beschreibung	FE
$LANG_GENERAL_LABELS	t3lib/stddb/tables.php	Siehe $TCA.	tw
$TCA	t3lib/stddb/tables.php	Siehe $TCA.	tw
$TBE_MODULES	t3lib/stddb/tables.php	Backend-Struktur für Haupt- und Untermodule.	tw
$TBE_STYLES	t3lib/stddb/tables.php	Enthält Daten zur optischen Gestaltung der Ausgabe.	tw
$T3_SERVICES	t3lib/stddb/tables.php	Globale Registration für Services.	tw
$T3_VAR	config_default.php	Allgemeiner globaler Speicher. Jeder Schlüssel dient als Ablageplatz für Daten einer Applikation. Derzeit in Gebrauch sind: ['callUserFunction'] + ['callUserFunction_classPool']: wird von t3lib_div::callUserFunction genutzt, um persistente Objekte zu speichern ['getUserObj'] : wird von t3lib_div::getUserObj genutzt, um persistente Objekte zu speichern ['RTEobj'] : Speichert das aktuelle RTE-Objekt. Siehe t3lib_BEfunc. ['ext'][extension-key] : Frei für Extensions.	
$FILEICONS	t3lib/stddb/tables.php	Assoziativer Array mit Dateiendungen als Schlüssel und zugehörigen Dateinamen.	tw
$WEBMOUNTS	init.php	Array mit Webfreigaben.	tw
$FILEMOUNTS	init.php	Array mit Verzeichnisfreigaben.	tw
$BE_USER	init.php	Backend User Object.	tw
$temp_*	-	Temporäre Variablen.	-
$typo_db*	[config_default.php]	Variablen in typo3conf/localconf.php mit der Datenbank-Konfiguration. Diese Werte werden von config_default.php in Konstanten übersetzt und dann gelöscht.	-

Variable	Definiert in	Beschreibung	FE
$TBE_MODULES_ EXT	[ext_tables. php]	Speichert Informationen aus Erweiterungen, die als Funktionsmenü in anderen Modulen auftauchen.	tw
$TCA_DESCR	[tables.php files]	Kann Dateireferenzen auf lokale Sprachdateien enthalten.	

Tabelle 5.23: Globale Typo3-Variablen

5.6.6 AJAX im TYPO3 Backend

Typo3 hat in der Version 4.2 nicht nur eine neue Oberfläche für das Backend erhalten. Damit einhergehend wurde auch ein neues Modell eingeführt, wie AJAX (Asnychronous Javascript And XML) im Backend verwendet wird. Das Modell vereinheitlicht die bisherigen AJAX-Ansätze in Typo3 und stellt beispielsweise sicher, dass ein Backend-Benutzer angemeldet ist und die benötigten Typo3-Variablen geladen sind.

Die Basis bildet das Skript typo3/ajax.php, das in PHP ein AJAX-Objekt erzeugt und im Fehlerfall eine entsprechende Meldung an den Client liefert.

Serverseitige Programmierung

Das Skript ajax.php ist de facto nur eine Art Verteilerstation. Es bekommt beim Aufruf eine ajaxID, überprüft diese und ruft das hierzu hinterlegte Skript auf:

```
// finding the script path from the variable
$ajaxID = (string) t3lib_div::_GP('ajaxID');
$ajaxScript = $TYPO3_CONF_VARS['BE']['AJAX'][$ajaxID];


// instantiating the AJAX object
$ajaxClassName = t3lib_div::makeInstanceClassName('TYPO3AJAX');
$ajaxObj       = new $ajaxClassName($ajaxID);
$ajaxParams    = array();


// evaluating the arguments and calling the AJAX method/function
if (empty($ajaxID)) {
    $ajaxObj->setError('No valid ajaxID parameter given.');
```

```
} else if (empty($ajaxScript)) {
  $ajaxObj->setError('Registered backend function for ajaxID "'.$ajaxID.'"
was not found.');
} else {
  $ret = t3lib_div::callUserFunction($ajaxScript, $ajaxParams, $ajaxObj,
false, true);
  if ($ret === false) {
      $ajaxObj->setError('Registered backend function for ajaxID
"'.$ajaxID.'" was not found.');
  }
}


  // outputting the content (and setting the X-JSON-Header)
$ajaxObj->render();
```

Um das System zu benutzen, muss also zunächst eine `ajaxID` mit einer Funktion belegt werden. Eine solche `ajaxID` hat die Form `klasse::aktion`, sieht also aus wie ein statischer Aufruf einer Methode in einer Klasse. Das ist allerdings nur eine optische Übereinstimmung, die ID enthält keinen Funktionsaufruf.

Bei der Registrierung einer `ajaxID` sollten Sie bedenken, dass es sich dabei um eine systemweite Kennzeichnung handelt. Sinnvollerweise wird daher für den ersten Teil der Name der Extension mit herangezogen, um zufällige Namensdoppelungen zu vermeiden. Der Name der Aktion kann dann frei und passend zur Funktion gewählt werden. Eine `ajaxID` sollte also letztendlich die folgende Form haben:

```
tx_myext_modulname::funktion
```

Die Registrierung der `ajaxID` erfolgt in der Datei `ext_localconf.php` der Erweiterung:

```
$TYPO3_CONF_VARS['BE']['AJAX']['tx_myext::ajaxID'] = 'filename:object-
>method';
```

Ein reales Beispiel dafür ist:

```
$TYPO3_CONF_VARS['BE']['AJAX']['SC_alt_db_navframe::expandCollapse'] =
'typo3/alt_db_navframe.php:SC_alt_db_navframe->ajaxExpandCollapse';
```

> **Tipp:** Die Art der Registrierung hindert Sie nicht daran, bereits bestehende IDs zu überschreiben. So lassen sich bestehende Funktionen relativ simpel erweitern, indem eine eigene Funktion registriert wird, die bei Bedarf die ursprüngliche aufruft. Allerdings hat dieses System ähnliche Nachteile wie die Erweiterung einer Klasse mittels XCLASS, da mehrere Extensions versuchen könnten, dieselbe Funktion zu überschreiben. Sie sollten daher diesen Weg nur mit Vorsicht beschreiten.

Der in der Registrierung angegebene Aufruf der Methode muss in der angegebenen Datei vorbereitet sein, d. h. im obigen Beispiel enthält die Datei typo3/alt_db_navframe.php die Klasse SC_alt_db_navframe, die wiederum die Methode ajaxExpandCollapse definiert. Diese sieht so aus:

```
public function ajaxExpandCollapse($params, &$ajaxObj) {
    global $LANG;

    $this->init();
    $tree = $this->pagetree->getBrowsableTree();
    if (!$this->pagetree->ajaxStatus) {
        $ajaxObj->setError($tree);
    } else        {
        $ajaxObj->addContent('tree', $tree);
    }
}
```

$params wird in diesem Beispiel nicht benutzt und ist nur wegen der Kompatibilität mit callUserFunction vorhanden, $ajaxObj enthält das AJAX-Objekt, das die Server-Antwort bzw. die Fehlermeldung aufnimmt. Wird die Funktion setError() des Objekts aufgerufen, so wird der X-JSON-Header der Antwort auf false gesetzt.

Client-seitige Programmierung

Auf der Client-Seite stützt sich Typo3 auf die bekannte *Prototype*-Bibliothek. Diese befindet sich in der Datei typo3/contrib/prototype/prototype.js.

Wie üblich können AJAX-Aufrufe mittels AJAX.Request, AJAX.Updater oder AJAX.PeriodicalUpdater gestartet werden. In Typo3 wurde die Bibliothek allerdings etwas erweitert.

Wenn ein AJAX-Request an die Server-Komponente typo3/ajax.php geschickt wird, muss lediglich eine zuvor registrierte eindeutige ajaxID übergeben werden.

Ist der Header-Eintrag X-JSON in der Anwort auf `true` gesetzt, so werden die Funktionen onComplete bzw. onSuccess ausgeführt. Ist dagegen der Header-Eintrag `false`, so wird statt onComplete die Funktion onT3Error aufgerufen. Falls diese nicht definiert ist, erfolgt eine Fehlerausgabe mittels eines Standard-Handlers im Backend.

Dieses Verhalten wird automatisch erzeugt, wenn der AJAX-Aufruf über `ajax.php` erfolgt. Eine weitere Voraussetzung ist, dass das Skript `typo3/js/common.js` eingebunden ist (siehe unten).

Das Ausgabeskript der Backend-Seite muss für die Nutzung von AJAX folgende Zeilen enthalten:

```
$this->doc->loadJavascriptLib('contrib/prototype/prototype.js');
$this->doc->loadJavascriptLib('js/common.js');
```

Damit steht die Prototype-Bibliothek zur Verfügung. Der AJAX-Aufruf in Javascript sieht dann folgendermaßen aus:

```
new Ajax.Request('ajax.php', {
    method: 'get',
    parameters: 'ajaxID=SC_alt_db_navframe::expandCollapse',
    onComplete: function(xhr, json) {
        // Anzeige der Inhalte
    }.bind(this),
    onT3Error: function(xhr, json) {
        // Anzeige der Fehlermeldung
    }.bind(this)
});
```

Der Aufruf entspricht also nahezu vollständig einem normalen Prototype-Aufruf, lediglich die Callback-Funktion onT3Error ist neu. Sie wird wie erwähnt aufgerufen, wenn auf dem Server die Funktion setError angesprochen wurde. Gibt es keinen Eintrag onT3Error, so wird die Fehlermeldung im Backend im Benachrichtigungsbereich angezeigt.

onT3Error funktioniert nur in Kombination mit onComplete. Der Callback-Handler onSuccess wird von Typo3 ebenfalls unterstützt, führt aber im Fehlerfall nicht zur Ausführung von onT3Error.

Nützliche Ergänzungen

Konstanten

Für jeden Typo3-Request wird auch eine Reihe von Konstanten definiert, mit deren Hilfe ein Skript feststellen kann, wie der Aufruf erfolgt. Die Art des Aufrufs ist als Bitmuster in der Konstante TYPO3_REQUESTTYPE hinterlegt. Geprüft werden kann gegen folgende Werte (Auszug aus der Datei config_default.php):

```
define('TYPO3_REQUESTTYPE_FE', 1);
define('TYPO3_REQUESTTYPE_BE', 2);
define('TYPO3_REQUESTTYPE_CLI', 4);
define('TYPO3_REQUESTTYPE_AJAX', 8);
```

Der Test

```
if (TYPO3_REQUESTTYPE & TYPO3_REQUESTTYPE_AJAX)
```

stellt also fest, ob die Funktion über das neue AJAX-Interface aufgerufen wurde.

Ausgabeformate

Das Ergebnis eines AJAX-Requests kann in unterschiedlichen Formaten zum Client geschickt werden. Gängige Varianten sind XML, einfacher Text, HTML oder *JSON* (JavaScript Object Notation).

In der PHP-Methode kann das Format mit der Methode setContentFormat() gewählt werden. Der folgende Aufruf legt XML als Format fest:

```
$ajaxObj->setContentFormat('xml');
```

setContentFormat() unterstützt folgende Varianten:

Format	Beschreibung
`plain`	Die Antwort des Servers erfolgt als einfacher Text (bzw. HTML). Das aufrufende Skript kann darauf über `xhr.responseText` zugreifen. Vorteil: Die Antwort ist auch für Menschen klar lesbar, im Fall von HTML auch sehr einfach auf der Ausgabeseite einsetzbar mit `document.getElementById('targetdiv').innerHTML = req.responseText;` Nachteil: Soll ein Formular ausgegeben werden oder die Ausgabe innerhalb eines bestehenden Formulars erfolgen, kann dies bei manchen Browsern (speziell dem Internet Explorer) zu Fehlern führen. Außerdem wird das serverseitige Skript schnell kompliziert, wenn CSS-Formatierungen oder komplexere HTML-Strukturen ausgegeben werden sollen.
`xml`	Die Antwort des Servers erfolgt als XML-Struktur. Das aufrufende Skript hat darauf Zugriff über `xhr.responseXML`. Vorteil: XML ist gut lesbar, auch für Menschen. Es ist außerdem ein anerkanntes und weit verbreitetes Austauschformat. Nachteil: Auf Client-Seite muss das Javascript, das die XML-Struktur abarbeitet, relativ aufwendig sein.

`json`
`jsonbody`
`jsonhead`
	Die Antwort des Servers erfolgt in JSON-Notation. Um diese Variante richtig zu nutzen, muss für `onComplete`, `onSuccess` oder `onT3Error` ein zweiter Parameter angegeben werden. Diese Variable enthält dann den JSON-Code. Beispiel:
	
	`onComplete: function(xhr, jsoncontent) {`
	
	`        // Ergebnis anzeigen`
	
	`    }.bind(this),`
	
	Parallel wird der Code in `xhr.responseText` zurückgegeben.

Format	Beschreibung
	jsonbody liefert die Antwort nur in xhr.responseText, jsonhead füllt dagegen nur den Aufrufparameter (hier: jsoncontent).
	Vorteil:
	JSON ist eine Javascript-nahe Formatierung, das Ergebnis kann mithilfe der Javascript-Funktion eval() in ein Javascript-Objekt gewandelt werden. Der Client-seitige Code ist damit etwas einfacher als für XML.
	Nachteil:
	JSON ist für Menschen nur schwer lesbar. Ältere PHP-Versionen (vor 5.2.0) erfordern serverseitig mehr Aufwand zum Erzeugen der JSON-Notation.

Tabelle 5.24: Ausgabeformate für das AJAX-Objekt

5.6.7 Der Table Configuration Array (TCA)

Bei der Beschreibung des Kickstarters wurde der Table Configuration Array bereits kurz angesprochen. Dieses Kapitel soll Ihnen einen tieferen Einblick in die Verwendung und die Struktur des Arrays geben.

Der TCA beschreibt kurz gesagt alle editierbaren Tabellen in Typo3, die Beziehungen zwischen ihnen sowie die Art, wie die Tabellen im Backend angezeigt werden.

In der Grundinstallation – definiert in t3lib/stddb/tables.php – enthält die Variable $TCA die Konfiguration folgender Tabellen:

Tabelle	Beschreibung
pages	Der Inhalt des Typo3-Seitenbaums
be_users	Backend-Benutzer
be_groups	Backend-Benutzergruppen
sys_filemounts	Verzeichnisfreigaben für Backend-Benutzer
sys_workspace	Benutzerdefinierte Arbeitsumgebungen
sys_language	zusätzliche Systemsprachen

Tabelle 5.25: Standardtabellen im TCA

Alle weiteren Tabellen werden in den Erweiterungen definiert. Dies geschieht in der Datei ext_tables.php wie in Abschnitt 5.3.5 beschrieben.

Aufbau des TCA

Der TCA enthält für jede Tabelle einen Eintrag `$TCA['tabellenname']`, der sich wiederum in sechs Abschnitte aufteilt:

Abschnitt	Beschreibung
ctrl	Der Abschnitt enthält allgemeine Eigenschaften der Tabelle. Diese lassen sich in zwei Kategorien einreihen: • Eigenschaften, die Anzeige und Verarbeitung im Backend bestimmen, wie Titel, Icon usw. • Eigenschaften, die die Verarbeitung in der TCE bestimmen, wie die Verwendung des `deleted`-Flags, Zugriffsbeschränkung auf Admin-User u. Ä.
interface	Der Abschnitt enthält Eigenschaften, die die Anzeige im Backend beeinflussen, beispielsweise das Element `showRecordFieldList`, das bestimmt, welche Felder angezeigt werden.
feInterface	Dieser Abschnitt enthält Eigenschaften, die das Verhalten beim Frontend Editing beeinflussen. Der Abschnitt ist meist nicht vorhanden. Er ist insofern als unerwünscht gekennzeichnet, als er zwar weiterhin existiert, aber nicht mehr erweitert wird.
columns	Dieser Abschnitt definiert die Konfiguration für jedes einzelne Feld der Tabelle, das im Backend bearbeitet werden kann. Dazu wird jedem Feld ein Typ (wie Checkbox oder Textarea) zugewiesen und dafür die nötigen weiteren Daten.
types	Unter `types` wird im Subelement `showitem` festgelegt, welche Felder im Formular angezeigt werden und in welcher Reihenfolge. Zu jedem Feld gibt es eine Reihe von Zusatzoptionen, die durch ; getrennt eingegeben werden. Der Eintrag sieht etwa so aus: `$TCA['user_test_table']['types'][0]['showitem'] = 'title;;2;nowrap;1-1-1';` Das Feld `title` wird erweitert mit den Daten aus Palette 2, falls aktiviert (siehe unten), es erfolgt kein Umbruch, und zur Ausgabe wird das Farbschema 1, das Styleschema 1 und das Border-Schema 1 verwendet (1-1-1). Nicht verwendet wurde im Beispiel die zweite Option, die die Angabe eines alternativen Feldnamens für die Backend-Anzeige erlaubt.

Abschnitt	Beschreibung
palettes	Die Paletten sind Gruppen von Feldern, die bei der Anzeige im Backend standardmäßig ausgeblendet sind. Sie werden nur angezeigt, wenn bei einem Feld, dem eine Palette zugeordnet ist, auf das entsprechende Icon geklickt wird oder der Backend-User die Checkbox Zweite Optionspalette aktiviert hat.

Tabelle 5.26: Abschnitte des Arrays $TCA

Der ctrl-Abschnitt spielt im TCA eine zentrale Rolle. Er muss für alle Tabellen in $TCA angelegt werden. Die anderen Abschnitte (mit Ausnahme von feInterface) können in externe Dateien ausgelagert werden. Wie im Abschnitt zum Kickstarter beschrieben, verwendet dieser dafür die Datei tca.php.

Das bedeutet, dass die Information im ctrl-Abschnitt jederzeit zur Verfügung steht und mittels $TCA['tabellenname']['ctrl'] abgefragt werden kann.

Alle anderen Abschnitte werden erst bei Bedarf nachgeladen mit der Funktion

```
t3lib_loadTCA('tabellenname');
```

Diese Vorgehensweise spart vor allem Speicher, denn eine Typo3-Installation kann buchstäblich Hunderte von Tabellen enthalten.

Der Abschnitt ['ctrl']

Die folgende Tabelle listet die wichtigsten Elemente des ctrl-Abschnitts auf.

Element	Typ	Beschreibung	Bereich
title	string	Titel der Tabelle. Dieser Text wird im Backend zur Benennung verwendet. Das Feld kann einfachen Text enthalten. Um Mehrsprachigkeit zu unterstützen, ist ein Verweis auf einen Eintrag in der Sprachdatei vorzuziehen:	Anzeige

Element	Typ	Beschreibung	Bereich

		Beispiel:
		
		`$TCA['pages'] = Array (`
		    `'ctrl' => Array (`
		       `'label' -> 'title',`
		       `'tstamp' => 'tstamp',`
		       `'title' => 'LLL:EXT:lang/`
		`locallang_tca.php:pages',`
		
		Das Präfix `LLL:` zeigt an, dass der Text vom Lokalisierungsytem geholt werden soll. Als Basis dient die Datei `locallang_tca.php` der Extension `lang` bzw. allgemein eine `locallang*`-Datei (PHP oder XML).	

`label`	`string`	Zwingend erforderlich! Enthält den Feldnamen, dessen Inhalt als Titel angezeigt werden soll, wenn der Datensatz angezeigt wird.	Anzeige
`label_alt`	`string`	Kommaseparierte Liste von Feldnamen, die als Alternative für `label` verwendet werden können, wenn das dort angegebene Feld leer ist.	Anzeige
`label_ alt_force`	`boolean`	Falls gesetzt, werden die Felder aus `label_alt` auf jeden Fall angezeigt, durch Komma getrennt.	Anzeige
`label_ userfunc`	`string`	Funktion oder Methode, die ein Label zurückliefert. Dieser Weg kann benutzt werden, wenn die einfachen Feldangaben in `label` oder `label_alt` nicht ausreichen, etwa weil Sie den Titel aus einer anderen Tabelle holen wollen. Ist das Element vorhanden, sind die Angaben in `label`, `label_alt` und `label_alt_force` wirkungslos.	Display

Element	Typ	Beschreibung	Bereich

type	string	Das hier angegebene Feld der Tabelle definiert die Art der Anzeige. Abhängig vom Inhalt des Feldes wird eine Konfiguration aus dem Abschnitt types ausgewählt.
		
		Beispiel:
		
		`'ctrl' => array(`
		
		`…`
		
		`'type' => 'displaytype',`
		
		`…`
		
		`),`
		`'types' => Array (`
		`'1' => Array('showitem' => 'title, description'),`
		`'2' => Array('showitem' => 'title, description, link')`
		`)`
		
		Enthält nun das Feld displaytype den Wert 1, so werden im Formular die Felder title und description angezeigt. Ist displaytype 2, wird zusätzlich link ausgegeben.
		
		Diese Methode findet beispielsweise Anwendung bei der Auswahl des Typs für neue Seiteninhalte. Abhängig von der Typauswahl ändert sich das Formular zur Eingabe.
			Anzeige/ Verarbeitung

hideTable	boolean	zeigt an, dass die Tabelle bei Datensatz-Auflistungen nicht gezeigt werden soll (etwa in der Listenansicht des Backends).	Anzeige
requestUpdate	string	Eine kommaseparierte Liste von Feldnamen. Wird der Wert eines dieser Felder geändert, so erzwingt dies ein Update des Formulars.	Verarbeitung

Element	Typ	Beschreibung	Bereich

iconfile	string	Verweis auf eine Datei, die das Symbol für die Tabelle zur Anzeige im Backend darstellt.
		
		Icons sollten 18 x 16 Pixel groß sein (wobei die beiden rechten Spalten leer bleiben sollten) und vom Typ GIF oder PNG.
		
		Für Extensions wird die Icon-Datei folgendermaßen angegeben:
		
		`"ctrl" => Array (`
		`    "iconfile" => t3lib_extMgm::`
		`            extRelPath($_EXTKEY).`
		`        "icon_tx_myext.gif",`
			Anzeige

sortby	string	Name des Feldes, das zur Sortierung der Datensätze verwendet wird (meist `sorting`). Das angegebene Feld enthält eine Zahl, die die Position des Datensatzes anzeigt. Das Feld sollte nicht direkt bearbeitbar sein. Es wird automatisch beim Sortieren im Backend gefüllt.	Anzeige/ Verarbeitung

default_ sortby	string	Standardsortierung der Datensätze, wenn `sortby` nicht angegeben ist.
		
		Beispiel:
		
		`"default_sortby" => "ORDER BY`
		`title, chapter",`
			Anzeige

tstamp	string	Name eines Feldes, das automatisch bei jeder Änderung eines Datensatzes mit der aktuellen Zeit als Unix-Timestamp gefüllt wird (meist `tstamp`).	Verarbeitung

Element	Typ	Beschreibung	Bereich
crdate	string	Name eines Feldes, das automatisch beim Neuanlegen eines Datensatzes mit der aktuellen Zeit als Unix-Timestamp gefüllt und dann nicht mehr geändert wird (meist crdate).	Verarbeitung
cruser_id	string	Name eines Feldes, das automatisch beim Neuanlegen eines Datensatzes mit der uid des Backend-Benutzers gefüllt und dann nicht mehr geändert wird (meist cruser_id).	Verarbeitung
rootLevel	[0, 1, -1]	Legt fest, wo im Seitenbaum ein Datensatz liegen darf: 0 (false): Ein Datensatz kann nur im Seitenbaum selbst existieren. Er muss also zu einer Seite (mit einer pid größer Null) gehören. 1 (true): Ein Datensatz kann nur auf Root-Ebene existieren (pid=0). Solche Einträge können nur von Admin-Usern bearbeitet werden. -1: Der Datensatz darf in beiden Bereichen existieren.	Verarbeitung/ Anzeige
readOnly	boolean	Datensätze können nicht geändert werden. Dadurch wird die Tabelle statisch.	Verarbeitung/ Anzeige
adminOnly	boolean	Datensätze dürfen nur von Benutzern mit Admin-Rechten bearbeitet werden.	Verarbeitung/ Anzeige
origUid	string	Feldname, der die uid des Original-Datensatzes aufnimmt, wenn eine Kopie oder eine neue Version angelegt wird.	Verarbeitung
delete	string	Name eines Feldes, das anzeigt, ob ein Datensatz als gelöscht gilt (meist deleted). Wird dieses Feld verwendet, muss sichergestellt sein, dass jede SQL-Abfrage den Zustand dieses Feldes berücksichtigt.	Verarbeitung/ Anzeige

Element	Typ	Beschreibung	Bereich
enable-columns	array	Dieser Array schaltet Steueroptionen für Datensätze ein. Für jede Option muss ein Feld der Datenbank angegeben werden. Folgende Optionen stehen zur Verfügung: disabled: definiert ein Feld, um einen Datensatz abzuschalten. starttime: definiert eine Startzeit für den Datensatz. endtime: definiert eine Stoppzeit für den Datensatz. fe_group: definiert ein Feld für die Frontend-Gruppen, die Zugang haben. Die Einstellungen haben keinen Einfluss auf die Bearbeitung im Backend.	Verarbeitung/ Anzeige
hideAtCopy	boolean	Wenn diese Option gesetzt ist und ein disabled-Eintrag (siehe oben) existiert, werden Kopien eines Datensatzes standardmäßig auf disabled gesetzt.	Verarbeitung
prependAtCopy	string	Dieser Text wird dem Titel eines Datensatzes angefügt, wenn eine Kopie innerhalb derselben Seite angelegt wird, beispielsweise (Kopie %s). Der Text sollte aus einer locallang-Datei stammen. Der Parameter %s dient als Platzhalter für die Nummer der Kopie.	Verarbeitung
copyAfter DuplFields	string	Wird ein Datensatz hinter einen anderen derselben Tabelle kopiert oder verschoben, so werden die Felder dieser Liste automatisch mit den Werten aus dem Datensatz gefüllt, hinter den der neue Eintrag platziert wird. Beispiel: `'copyAfterDuplFields' => 'colPos,sys_language_uid',`	Verarbeitung

Element	Typ	Beschreibung	Bereich
setToDefault OnCopy	string	Die Felder in dieser Liste werden beim Kopieren eines Datensatzes auf die Standardwerte zurückgesetzt.	Verarbeitung
useColumnsFor DefaultValues	string	Diese Liste definiert, welche Daten aus dem vorigen Datensatz übernommen werden sollen, wenn ein neuer Datensatz dahinter eingefügt wird.	Verarbeitung
is_static	boolean	Definiert eine Tabelle als statisch. Eine statische Tabelle verwendet in jeder Typo3-Installation dieselben Uids. Sie sollte daher nicht lokal geändert werden. Daher ist normalerweise auch das Flag readOnly gesetzt.	Import/ Export
languageField	string	Name des Feldes, das die Sprache des Datensatzes enthält. Mögliche Werte: -1 : (ALL) Der Eintrag hat keine definierte Sprache. Das System versucht nicht, eine Übersetzung zu finden. Typischerweise findet diese Einstellung Verwendung in Flexforms, die selbst die Übersetzung regeln, oder für Datensätze, die keine Textinformation enthalten. 0 : Die Standardsprache des Systems. > 0 : Zeiger auf eine uid eines Datensatzes in sys_language, der eine installierte Sprache beschreibt.	Verarbeitung/ Anzeige
transOrig PointerField	string	Name des Feldes, in dem die uid eines Datensatzes gespeichert wird, von dem der aktuelle Datensatz die Übersetzung darstellt. Beim Bearbeiten eines solchen Datensatzes wird der Inhalt des Originals unterhalb des Eingabefeldes angezeigt. Das erleichtert die Übersetzung.	Verarbeitung/ Anzeige

Element	Typ	Beschreibung	Bereich
versioningWS	boolean / version number	Wenn dieses Feld gesetzt ist, wird die Versionierung für die Tabelle aktiviert. Eine Zahl › 1 zeigt an, welche Features unterstützt werden. Derzeit ergibt nur der Wert 2 Sinn, der anzeigt, dass das Verschieben von Elementen unterstützt wird. Damit die Versionierung eingesetzt werden kann, muss die Tabelle folgende Felder enthalten: t3ver_oid: Enthält für Offline-Versionen die uid der Live-Version t3ver_id: Versionsnummer t3ver_label: Bezeichnung der Version t3ver_wsid: Offline-Datensätze enthalten hier die ID des Workspaces t3ver_state: Spezielle Zustände eines Datensatzes, wenn Versionen von neuen, gelöschten oder verschobenen Datensätzen angelegt werden. t3ver_stage: Status eines Elements im Veröffentlichungszyklus einer selbstdefinierten Arbeitsumgebung. 0 steht für Bearbeitung, 1 für Review und 10 für „Bereit zur Veröffentlichung". t3ver_count: zählt die Verwendung einer Version t3ver_tstamp: Timestamp der letzten Veröffentlichung. t3ver_move_id: Platzhalter-Datensätze (t3ver_state=3) speichern in diesem Feld die uid des Datensatzes, der beim Veröffentlichen hierher verschoben wird.	Verarbeitung

Element	Typ	Beschreibung	Bereich
dividers2tabs	integer	Steuert die Verwendung von Reitern für die Backend-Anzeige: 0: abgeschaltet 1: aktiv, leere Reiter werden entfernt 2: aktiv, leere Reiter sind inaktiv Wenn Reiter aktiv sind, werden alle --div-- Einträge in types (siehe unten) als Beginn eines neuen Reiters interpretiert. Der zweite Teil des Eintrags definiert den Titel des Reiters.	Anzeige
dynamicConfig File	string	Verweis auf eine Datei mit der vollständigen Konfiguration des $TCA-Eintrags einer Tabelle (meist tca.php). Mögliche Angaben: • Dateiname als absoluter Pfad • Das Präfix T3LIB: zeigt, dass die Datei in t3lib/install/ liegt. • relativer Pfad, ausgehend von typo3conf/	API
EXT[extension _key]	array	Platz für benutzerdefinierte Einträge.	Extension

Tabelle 5.27: Elemente des Abschnitts ctrl

Der Abschnitt ['interface']

Dieser Abschnitt konfiguriert Anzeigeoptionen im Backend:

Element	Typ	Beschreibung
showRecordFieldList	string	Legt fest, welche Felder angezeigt werden.
always_description	boolean	Wenn der Wert gesetzt ist, werden die Symbole für Beschreibung bzw. Hilfe immer angezeigt, unabhängig von den Einstellungen des Users.

Element	Typ	Beschreibung
maxDBListItems	integer	Maximale Anzahl Datensätze, die im Modul Web->Liste angezeigt werden
maxSingleDBListItems	integer	Maximale Anzahl Datensätze, die im Modul Web->Liste im erweiterten Modus angezeigt werden (d. h. es wird nur eine Tabelle angezeigt).

Tabelle 5.28: Elemente des Abschnitts interface

Der Abschnitt ['columns']

In columns wird für jedes Feld, das im Backend bearbeitet werden kann, die Konfiguration festgelegt. Dies beeinflusst sowohl die Anzeige als auch die Weiterverarbeitung.

Die Elemente für ein Feld (['columns']['feldname']) sind:

Element	Typ	Beschreibung
label	string	Zwingend erforderlich! Enthält den Text, der als Titel für das Feld angezeigt werden soll. Im Normalfall sollte dies ein Verweis auf einen Eintrag in der locallang-Datei sein.
exclude	boolean	Ist dieser Eintrag gesetzt, kann das Feld nur von Benutzern bearbeitet werden, für die das Feld in den Zugriffslisten explizit freigeschaltet wurde.
l10n_mode	string	Steuerung der Lokalisierung. Wird nur aktiv, wenn [ctrl][languageField] gesetzt ist. Wird eine Übersetzung eines Datensatzes angelegt, werden normalerweise die Inhalte der Standardsprache kopiert. Dieses Verhalten kann mit l10n_mode wie folgt beeinflusst werden: exclude: Das Feld wird bei Übersetzungen nicht angezeigt und nicht kopiert. mergeIfNotBlank: Ist das Feld im übersetzten Datensatz leer, wird der Wert aus der Standardsprache benutzt (sinnvoll beispielsweise für Bilder). Im Backend hat dieser Eintrag zur Folge, dass beim Anlegen einer Übersetzung der Inhalt nicht kopiert wird.

Element	Typ	Beschreibung
		`noCopy`: Beim Anlegen einer Übersetzung wird der Inhalt dieses Feldes nicht kopiert.
		`prefixLangTitle`: Das Feld wird beim Übersetzen kopiert, aber mit einem Präfix versehen, der die Sprache anzeigt. Anwendbar für Feldtypen wie `text` oder `input`.
`l10n_display`	Liste von Schlüsselwörtern	Steuert die Anzeige für Übersetzungen.
		`hideDiff`: Die Abweichungen von der Standardsprache werden nicht angezeigt.
		`defaultAsReadonly`: Das Feld wird mit dem Inhalt der Standardsprache angezeigt, eine Bearbeitung ist aber nicht möglich. Die Anzeige erfolgt auch dann, wenn der `l10n_mode` auf `exclude` steht.
`l10n_cat`	`string`	Kategorie für die Lokalisierung.
		Mögliche Werte sind `text` oder `media`.
		Nur wenn dieser Wert gesetzt ist, wird das Feld für die Übersetzung angezeigt. Damit lässt sich die Anzeige für die Übersetzung auf wesentliche Felder beschränken. Felder, die diesen Eintrag nicht haben, sind nicht für die Bearbeitung gesperrt, sie werden lediglich beim Anlegen der Übersetzung nicht angezeigt.
`config`	`array`	Dieser Array enthält die Konfiguration für das Eingabefeld, das im Formular verwendet wird. Welche Konfiguration möglich ist, hängt vom Unterelement `type` ab (siehe Beschreibung im Anschluss an diese Tabelle).
		Allen Einträgen gemeinsam sind folgende Elemente:
		`default`: Vorgabewert für das Feld
		`softref`: Verweis auf sogenannte *Soft Reference Parser* (siehe Zusätzliche TCA-Features).
		`type`: legt den Typ des Eingabefeldes im Formular fest, etwa `input`, `text` oder `check`.
		`form_type`: Alternativer Typ eines Eingabefeldes im Backend-Formular.
		`readOnly`: Das Feld wird angezeigt, kann aber nicht bearbeitet werden. Die Anzeige erfolgt weitgehend analog zu einem editierbaren Feld, kann aber abweichen.

Element	Typ	Beschreibung
displayCond	string	Enthält eine Bedingung, die für die Anzeige des Feldes erfüllt sein muss.
		Die Bedingung besteht aus einem mehrteiligen String mit einem Doppelpunkt als Trenner. Zunächst wird die Art der Bedingung angegeben, dann folgen zusätzliche Parameter.
		Beispiel:
		`'displayCond' => 'FIELD:tx_myext_active:REQ:true',`
		legt fest, dass das Feld tx_myext_active auf true stehen muss, damit das aktuelle Feld angezeigt wird.
		Folgende Bedingungen sind möglich:
		FIELD:feldname
		Prüft das angegebene Feld anhand der folgenden Regel. Mögliche Regeln sind:
		REQ: prüft das Feld auf true oder false. Als false wird ein leeres Feld, der Wert o oder ein nicht vorhandenes Feld interpretiert. Alle anderen Werte gelten als true.
		> / < / >= / <= : Vergleicht den Inhalt des Feldes mit dem nachstehend angegebenen Wert.
		= / != : prüft, ob der Feldinhalt gleich bzw. nicht gleich dem nachfolgenden Wert ist.
		IN / !IN : prüft, ob der Feldinhalt in der nachfolgenden kommaseparierten Liste enthalten bzw. nicht enthalten ist.
		- / !- : Prüft, ob der Feldinhalt zwischen zwei Grenzwerten liegt.
		EXT:extension_key:LOADED:true
		Prüft, ob eine Erweiterung geladen ist (beispielsweise statische Tabellen, auf die verwiesen wird)
		REC:NEW:true
		Prüft den Status des aktuellen Datensatzes (funktioniert nicht mit Flexform-Feldern).

Element	Typ	Beschreibung

		`HIDE_L10N_SIBLINGS`
		
		Prüft ob ein Feld den Wert für die Standardsprache oder eine andere Sprache enthält. Funktioniert nur für Flexform-Felder und nur wenn der Parameter `<langChildren>=1` **ist.**
		
		`HIDE_L10N_SIBLINGS:except_admin` **zeigt das Feld für Admin-User auf jeden Fall an.**
		
		`HIDE_FOR_NON_ADMINS`
		
		Versteckt das Feld für Nicht-Admin-User.
		
		`VERSION:IS:true`
		
		Das Feld wird nur angezeigt, wenn der Datensatz eine nicht veröffentlichte Version ist (`pid=-1`).

`defaultExtras`	`string`	Im Abschnitt `types` kann für ein Feld eine zusätzliche Konfiguration angegeben werden. Das `defaultExtras`-Element legt für diesen Eintrag einen Vorgabewert fest. Beispielsweise lässt sich der Richtext-Editor vorkonfigurieren:
		
		`'defaultExtras' =>`
		`'richtext[cut|copy|paste|formatblock|textcolor`
		`|bold|italic|underline|left|center|right|order`
		`edlist|unorderedlist|outdent|indent|link|table`
		`|image|line|chMode]:rte_transform[mode=ts_css|`
		`imgpath=uploads/tx_myext/rte/]'`

Tabelle 5.29: Elemente des Abschnitts column

Feldtypen für [column][feldname][config]

Feldtyp input

Dieser Typ erzeugt ein klassisches `<input>`-Feld, beispielsweise mit

```
'title' => Array (
  'label' => 'LLL:EXT:cms/locallang_tca.php:fe_groups.title',
  'config' => Array (
              'type' => 'input',
              'size' => '20',
```

```
          'max' => '20',
          'eval' => 'trim,required'
     )
),
```

Auch Datumsfelder sind einfache Input-Felder:

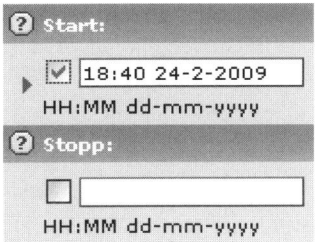

Bild 5.21: input-Felder sind vielseitig anpassbar

Mögliche Konfigurationselemente sind:

Element	Typ	Beschreibung
type	string	"input"
size	integer	Breite des Feldes. Standard ist 30, ein Wert von 48 füllt die volle Breite des Formulars.
max	integer	Wert für das maxlength-Attribut. Der Wert sollte der Größe des Datenbankfeldes entsprechen, also beispielsweise 40 für ein varchar(40)-Feld.
default	string	Vorgabewert.
eval	Schlüssel-wörter	Kommaseparierte Liste mit Schlüsselwörtern, die bestimmen, wie das Feld bei der Eingabe geprüft bzw. bearbeitet wird. Manche Prüfungen erfolgen per Javascript, andere im Backend. Geprüft wird in der Reihenfolge der Liste. Mögliche Prüfungen: required: Das Feld muss einen Wert enthalten. trim: Whitespace-Zeichen werden von Anfang und Ende des Strings entfernt. date: Der Wert wird als Datum interpretiert und in einen Unix-Timestamp gewandelt.

Element	Typ	Beschreibung
		`datetime`: Der Wert wird als Datum und Uhrzeit (minutengenau) interpretiert und in einen Unix-Timestamp gewandelt.
		`time`: Der Wert wird als Uhrzeit interpretiert und in Sekunden seit Mitternacht gewandelt (auf 1 Minute genau).
		`timesec`: Der Wert wird als Uhrzeit interpretiert und in Sekunden seit Mitternacht gewandelt (auf 1 Sekunde genau).
		`year`: Der Wert wird als Jahr zwischen 1970 und 2038 interpretiert. Benötigen Sie Jahreszahlen außerhalb dieses Bereichs, verwenden Sie `int` zur Prüfung.
		`int`: Interpretiert den Wert als Ganzzahl.
		`upper`/`lower`: Wandelt den Text in Groß- bzw. Kleinbuchstaben (berücksichtigt werden die Buchstaben A bis Z und eine Auswahl westeuropäischer Sonderzeichen).
		`alpha`: erlaubt nur Buchstaben von a-z bzw. A-Z.
		`num`: erlaubt nur die Ziffern 0-9
		`alphanum`: Kombination aus `alpha` und `num`
		`alphanum_x`: Wie `alphanum`, ergänzt um Unter- und Bindestrich.
		`nospace`: Entfernt alle Leerzeichen aus dem String
		`md5`: berechnet den md5-Hashwert der Eingabe und speichert diesen
		`is_in`: entfernt alle Zeichen die nicht in dem Element `is_in` enthalten sind (siehe unten).
		`password`: Zeigt im Formularfeld nach Verlassen nur Sternchen an. Während der Eingabe ist der tatsächliche Wert allerdings sichtbar!
		`double2`: wandelt die Eingabe in eine Fließkommazahl mit zwei Nachkommastellen. Punkt und Komma werden als Dezimaltrenner akzeptiert.
		`unique`: prüft den eingegebenen Wert auf Eindeutigkeit innerhalb der gesamten Tabelle. Duplikate sind lediglich beim Einsatz der Versionierung möglich.
		`uniqueInPid`: prüft den eingegebenen Wert auf Eindeutigkeit innerhalb der aktuellen Seite
		`tx_*`: selbstdefinierte Evaluierungen

Element	Typ	Beschreibung
is_in	string	Wird in eval der Typ is_in verwendet, so enthält dieses Element den Zeichenvorrat, der für den Feldinhalt zulässig ist.
checkbox	string	Ist das Feld definiert, wird vor dem Eingabefeld eine Checkbox gesetzt.
		Die Checkbox wird automatisch gesetzt, wenn im Eingabefeld ein anderer Wert steht als bei checkbox angegeben. Durch Deaktivieren der Checkbox kann also jederzeit der Feldinhalt wieder auf den hier hinterlegten Wert gesetzt werden (Angezeigt wird in diesem Fall aber ein leeres Feld!).
		Bei Datumsfeldern wird durch Setzen der Checkbox das aktuelle Datum eingetragen.
range	array	Der range-Array enthält zwei Elemente lower und upper, die Grenzwerte für die Eingabe festlegen.
		Beispiel für ein Datumsfeld, das Werte zwischen gestern und dem 31.12.2020 aufnehmen kann:
		```'range' => Array ('upper' => mktime(0,0,0,12,31,2020), 'lower' => mktime(0,0,0, date('m')-1,date('d'),date('Y')))```
wizards	array	Siehe späteren Abschnitt.

Tabelle 5.30: Konfiguration eines input-Feldes

Feldtyp text

Dieser Typ erzeugt ein `<textarea>`-Feld bzw. ein RTE-Feld.

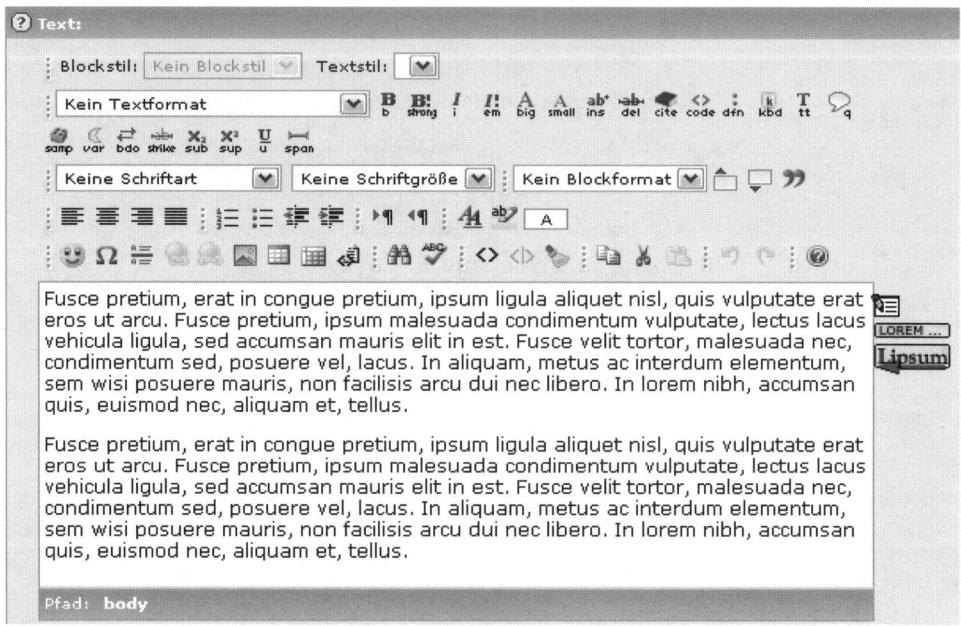

Bild 5.22: Der Richtext-Editor wird über ein text-Feld realisiert

Mögliche Konfigurationselemente sind:

Element	Typ	Beschreibung
type	string	"text"
cols	integer	Spaltenanzahl für das `<textarea>`-Feld. Standardwert ist 30, 48 setzt das Feld auf die volle Breite des Formulars.
rows	integer	Zeilenzahl der Textarea. Die Zeilenzahl wird ab einer bestimmten Länge des Inhalts automatisch erhöht. Standardwert ist 5, der maximale Wert ist 20.

Element	Typ	Beschreibung
wrap	["off", "virtual"]	Bestimmt die Art des Umbruchs im Textfeld: virtual: (Standard) Der Text wird wie üblich an Wortgrenzen umbrochen. off: Die Zeilen werden nicht umbrochen. Dies erleichtert beispielsweise die Eingabe von Quellcode. Das Schlüsselwort nowrap in der Extra-Konfiguration in types überschreibt diese Einstellung.
default	string	Vorgabewert.
wizards	array	Siehe späteren Abschnitt.

Tabelle 5.31: Konfiguration eines text-Feldes

Feldtyp check

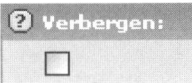

Bild 5.23: Die Checkbox ist eine der einfachsten Eingabemöglichkeiten

Dieser Typ erzeugt eine oder mehrere Checkboxen (maximal 10). Alle Checkboxen zusammen werden als Bitmuster gespeichert (auch wenn nur eine Box verwendet wird).

Element	Typ	Beschreibung
type	string	"check"
items	array	Wenn vorhanden, wird ein Array von Checkboxen angelegt. Jeder Eintrag ist selbst ein Array mit dem Label für die Anzeige und einem zweiten Wert, der immer leer ist. In der Datenbank wird eine Zahl gespeichert, in der jedes gesetzte Bit den Status eines Eintrags im Array widerspiegelt. Beispiel: 'items' => Array (Array('E-Mail', ''), Array('Telefon', '')),

Element	Typ	Beschreibung
cols	integer	Definiert, in wie vielen Spalten der Array der Checkboxen angezeigt wird. Standard ist 1.
showIfRTE	boolean	Ist diese Option gesetzt, wird das Feld nur angezeigt, wenn der Richtext-Editor aktiv ist, unter Berücksichtigung der Browser-Version und der User-Rechte.
default	integer	Vorgabewert als Bitmuster
itemsProc Func	string	Name einer PHP-Funktion, die für die Bearbeitung des Arrays aufgerufen wird.

Tabelle 5.32: Konfiguration eines check-Feldes

Feldtyp radio

Radio-Buttons sind im Typo3-Umfeld selten, aber manchmal einfacher oder leichter zu verstehen als eine Select-Box.

Bild 5.24: Radio-Buttons als Alternative zur Auswahlbox

Element	Typ	Beschreibung
type	string	"radio"
items	array	Dieser Array enthält die Werte, die ausgewählt werden können. Jeder Eintrag ist selbst ein Array, dessen erster Eintrag den angezeigten Text enthält, der zweite den übergebenen Wert.
default	mixed	Vorgabewert.
itemsProcFunc	string	Name einer PHP-Funktion, die für die Bearbeitung des Arrays aufgerufen wird.

Tabelle 5.33: Konfiguration eines radio-Feldes

Feldtyp select

Dieser Typ erzeugt eine Auswahlbox. Das Erscheinungsbild hängt dabei von der Konfiguration ab. Im einfachsten Fall handelt es sich um eine Pulldown-Liste.

Bild 5.25: Die Pulldown-Liste ist die einfachste Form des select-Feldes

Die Werte können auch aus einer anderen Tabelle stammen und auch eine Mehrfachauswahl ist möglich.

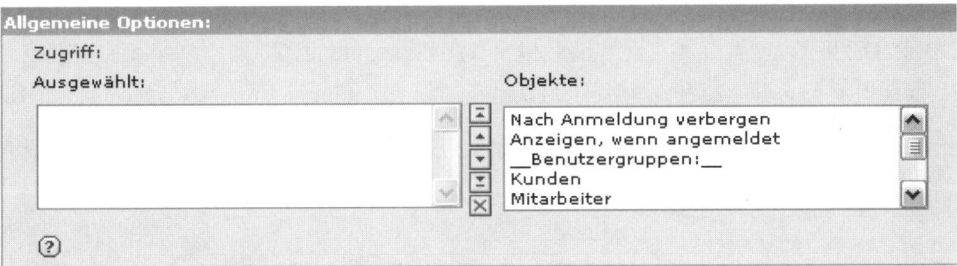

Bild 5.26: Auch die Mehrfachauswahl ist ein select-Feld

Entsprechend komplex sind die Konfigurationsmöglichkeiten. Die wichtigsten sind:

Element	Typ	Beschreibung
type	string	"select"
items	array	Der Array enthält die Elemente der Auswahlbox.
		Wenn foreign_table oder special gesetzt sind, wird die automatisch erzeugte Liste um die Werte in items ergänzt.
		Jedes Element ist selbst ein Array folgender Form:
		Der erste Wert ist das Label (der angezeigte Text), idealerweise als Referenz auf eine locallang-Datei.

Element	Typ	Beschreibung
		Der zweite Wert wird an die Datenbank übergeben. Ist der Wert "--div--", so wird in der Auswahlbox eine Trennlinie eingefügt (nur für einfache Pulldown-Listen). Werte dürfen kein Komma und keinen senkrechten Strich (|) enthalten.
		Der dritte Wert verweist auf ein optionales Icon.
		Der vierte Wert ist eine optionale Beschreibung.
		Der fünfte Wert steuert optional den Zugriff auf das Feld.
itemsProcFunc	string	Name einer PHP-Funktion, die für die Bearbeitung des Arrays aufgerufen wird.
foreign_table	string	Name einer Tabelle, deren Inhalt für den Aufbau der Liste verwendet wird. Die Tabelle muss im TCA konfiguriert sein.
foreign_table_where	string	enthält die WHERE-Bedingung, anhand derer die Datensätze aus foreign_table selektiert werden.
		Die Tabelle wird automatisch mit pages verknüpft, sodass nur Einträge aus Seiten gewählt werden, auf die der User Lesezugriff hat.
		Beispiel:
		AND [foreign_table].pid=0 ORDER BY [foreign_table].sorting
		Beim Aufbau der WHERE-Klausel können folgende Marker verwendet werden:
		###REC_FIELD_[fieldname]### : Ein Feld des Datensatzes.
		###THIS_UID### : uid des aktuellen Datensatzes (o bei neuen Einträgen).
		###CURRENT_PID### : aktuelle Seiten-ID.
		###STORAGE_PID### : Seiten-ID der allgemeinen Datensammlung.
		###SITEROOT### : ID der Wurzel des Seitenbaums.

Element	Typ	Beschreibung

		Die folgenden Werte können in PageTS dynamisch gesetzt werden:
		 `###PAGE_TSCONFIG_ID###`
		 `###PAGE_TSCONFIG_IDLIST###`
		 `###PAGE_TSCONFIG_STR###`
		 Die Marker werden vorverarbeitet, sodass folgende Voraussetzungen erfüllt werden:
		 `PAGE_TSCONFIG_ID` ist immer eine Ganzzahl,
		 `PAGE_TSCONFIG_IDLIST` ist immer eine kommaseparierte Liste von Ganzzahlen,
		 `PAGE_TSCONFIG_STR` wird mit der Funktion `addslashes` behandelt, bevor die Ersetzung erfolgt.

`foreign_table_prefix`	string	Präfix, das den Einträgen der Fremdtabelle vorangestellt wird (Referenz auf `locallang`-Eintrag).
`fileFolder`	string	Definiert einen Ordner, aus dem Dateien zur Auswahl angeboten werden.
`fileFolder_extList`	string	Liste von Dateierweiterungen als Filter für die angezeigten Dateien (in Kleinbuchstaben).
`fileFolder_recursions`	integer	Rekursionstiefe. Standardwert ist 99.
`default`	string	Vorgabewert. Falls leer, wird das erste Element des `items`-Arrays selektiert.
`rootLevel`	boolean	Ist diese Option gesetzt, wird `foreign_table_where` ignoriert und stattdessen "pid=0" zur Abfrage hinzugefügt. Damit werden nur Datensätze aus dem Root der Site gewählt.
`size`	integer	Höhe der Auswahlbox
`autoSizeMax`	integer	Wenn gesetzt, wird die Höhe der Auswahlbox automatisch an die Anzahl der selektierten Werte angepasst, bis zu der hier definierten maximalen Höhe. Die minimale Höhe wird durch `size` bestimmt.

Element	Typ	Beschreibung
maxitems	integer > 0	Maximale Anzahl der Elemente, die ausgewählt werden kann. (Default = 1)
minitems	integer > 0	Minimale Anzahl der Elemente, die ausgewählt werden muss. (Default = 0)
wizards	array	Siehe späteren Abschnitt.
exclusiveKeys	string	Liste von Werten, die nur exklusiv selektiert werden können, auch wenn Mehrfachauswahl zulässig ist. Ein Beispiel ist der Eintrag Bei jedem Login verstecken für Seiten und Inhaltselemente. Ist dieser gewählt, hat die Angabe von Benutzergruppen keinen Sinn mehr.

Tabelle 5.34: Konfiguration eines select-Feldes

Feldtyp group

Das group-Feld ermöglicht es, einem Datensatz einen oder mehrere Verweise auf andere Datensätze zuzuordnen – auch aus unterschiedlichen Tabellen. Auch die Auswahl von Dateien wie Bildern wird hierüber realisiert.

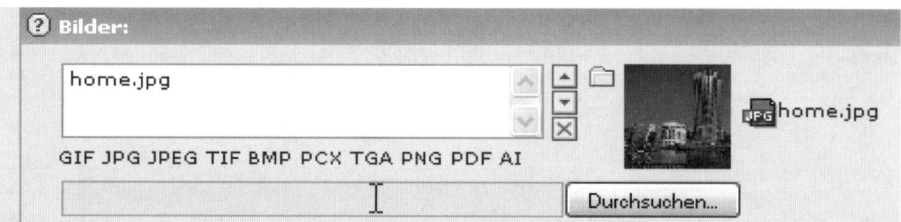

Bild 5.27: Das group-Feld erlaubt Verweise auf Datensätze und Dateien

Die wichtigsten Konfigurationselemente sind:

Element	Typ	Beschreibung
type	string	"group"
internal_ type	string	Definiert die Art des group-Elements file: erzeugt ein Feld, in dem Dateien selektiert werden können

Element	Typ	Beschreibung
		folder: erzeugt ein Feld, in dem Verzeichnisse selektiert werden können db: erzeugt ein Feld, in dem Datenbank-Einträge selektiert werden können Es gibt keinen Standardwert, daher muss dieses Feld angegeben werden!
allowed	string	Ist der interne Typ file, so kann hier optional eine kommaseparierte Liste von Dateierweiterungen angegeben werden. Nur diese sind dann selektierbar. * erlaubt alle Dateien. Diese Option schließt sich wechselweise mit disallowed aus (siehe unten). Ist der interne Typ db, dann ist die Angabe von allowed Pflicht. Das Element enthält dann eine kommaseparierte Liste von Tabellen aus dem TCA. Als Wert aus diesen Tabellen wird stets uid genutzt.
disallowed	string	Dieses Element kann nur für den internen Typ file verwendet werden. Es enthält eine kommaseparierte Liste von Dateierweiterungen, die nicht selektierbar sind.
max_size	integer	Maximale Dateigröße in KB (nur für den internen Typ file).
uploadfolder	string	Verzeichnis relativ zu PATH_site, in dem Dateien gespeichert werden. Typo3 legt dort eine Kopie der selektierten Dateien ab.
prepend_tname	boolean	Speichert in einer Datenbankrelation nicht nur die uid, sondern auch den Tabellennamen als Präfix, also beispielsweise "tt_content_23".
show_thumbs	boolean	aktiviert die Anzeige von Thumbnails im Formular.
size	integer	Höhe der Auswahlbox.
autoSizeMax	integer	Wenn gesetzt, wird die Höhe der Auswahlbox automatisch an die Anzahl der selektierten Werte angepasst, bis zu der hier definierten maximalen Höhe. Die minimale Höhe wird durch size bestimmt.

Element	Typ	Beschreibung
selectedList Style	string	enthält eine neue `style`-Definition für die Auswahlbox (Standard ist `"width:200px"`).
maxitems	integer > 0	Maximale Anzahl der Elemente, die ausgewählt werden kann. (Default = 1)
minitems	integer > 0	Minimale Anzahl der Elemente, die ausgewählt werden muss. (Default = 0)
disable_ controls	string	Schaltet Kontrollelemente im `group`-Element ab. Mögliche Werte: `browser`: Das Symbol, das den Seitenbrowser öffnet `list`: deaktivert die gesamte Liste `upload`: deaktiviert das Upload-Feld
wizards	array	Siehe späteren Abschnitt.

Tabelle 5.35: Konfiguration eines group-Feldes

Feldtyp none

Wird dieser Felddtyp verwendet, so werden im Formular lediglich die Inhalte des Feldes angezeigt, eine Bearbeitung ist nicht möglich.

Element	Typ	Beschreibung
type	string	`"none"`
pass_ content	boolean	Ist diese Option gesetzt, so wird der Feldinhalt direkt in einem `<div>`-Tag ausgegeben. Im Normalfall wird zunächst `htmlspecialchars()` und eventuell `nl2br()` angewandt. Da diese Option die ungeprüfte Ausgabe von HTML erlaubt, stellt sie eine potenzielle Sicherheitslücke dar.
rows	integer	Ist hier ein Wert größer 1 angegeben, so versucht Typo3, die Ausgabe so zu gestalten, dass sie der Darstellung einer Textarea gleicht.
cols	integer	Siehe `rows` und `size`.

Element	Typ	Beschreibung
fixedRows	boolean	Wenn gesetzt, passt sich das `<div>`-Element nicht automatisch dem Inhalt an, sondern versucht, den Wert von rows zu berücksichtigen.
size	integer	Ist rows kleiner als 1, wird die Breite des Feldes durch cols bestimmt. Fehlt dieser Parameter, wird stattdessen size herangezogen.

Tabelle 5.36: Konfiguration eines none-Feldes

Feldtyp passthrough

Dieser Feldtyp wird im Backend-Formular nicht angezeigt. Der Inhalt kann nur über ein Skript mittels der TCEmain-Klasse geändert werden und wird in keiner Weise evaluiert. Die Änderungen werden aber im Log erfasst.

Feldtyp user

Dieser Feldtyp ermöglicht es, die Darstellung des Feldes im Formular über eine benutzerdefinierte Funktion zu realisieren. Es gibt nur drei Konfigurationselemente:

Element	Typ	Beschreibung
type	string	"user"
userFunc	string	Name der Funktion oder Methode.
		Der Funktionsname muss mit user_ oder tx_ beginnnen.
		Eine Methode wird in der Form klasse->methode angegeben. Der Klassenname muss mit user_ oder tx_ beginnen.
		Beim Aufruf werden zwei Argumente übergeben:
		Das erste Argument ist ein Array mit den Daten über das aktuelle Feld, das zweite eine Referenz auf das Eltern-Objekt (eine Instanz der Klasse t3lib_TCEforms).
		Die Klasse muss von Hand geladen werden.
noTableWrapping	boolean	Ist dieser Wert gesetzt, so wird die Ausgabe nicht in eine Tabelle eingebunden. Dafür ist dann die Benutzerfunktion zuständig.

Tabelle 5.37: Konfiguration eines user-Feldes

Feldtyp flex

Ein FlexForm-Element wird in Form einer XML-Struktur gespeichert, die wiederum einen hierarchisch organisierten Satz von Feldern beschreibt. Ein FlexForm-Element ist also sozusagen ein Formular im Formular.

Element	Typ	Beschreibung
type	string	"flex"
ds_pointerField	string	Name des Feldes, das auf einen Eintrag in der Datenstruktur (Element ds) verweist. Es können auch zwei Felder (durch Komma getrennt) als Verweis verwendet werden (siehe Element ds).
ds	array	Jedes Element des Arrays enthält eine XML-Datenstruktur. Je nach den Werten im Feld ds_pointerField wird die passende Struktur ausgewählt.
		Wird ds_pointerField nicht benutzt, so wird das default-Element des Arrays verwendet.
		Definiert ds_pointerField zwei Felder, kann das Element im ds-Array in der Form [wert1,wert2] => … definiert werden. Ein * statt eines der Werte dient als Joker, [wert1,*] ist gleichwertig mit [wert1].
		Die XML-Struktur kann direkt im Array angegeben werden oder in einer externen Datei abgelegt sein. In diesem Fall enthält das Array-Element lediglich den Verweis auf die Datei.
ds_tableField	string	Enthält einen Tabellen- und einen Feldnamen in der Form [tabelle]:[feld], wenn die Datenstruktur aus einer fremden Tabelle geholt werden soll.
		Das von ds_pointerField bezeichnete Feld enthält in diesem Fall die uid des Datensatzes der Fremdtabelle.
		Diese Konstruktion wird beispielsweise von TemplaVoila benutzt. Hier verweist ein Feld der Tabelle tt_content auf Datenstrukturen, die in der Tabelle tx_templavoila_datastructure abgelegt sind.

Element	Typ	Beschreibung
ds_pointerField_searchParent	string	Das hier angegebene Feld wird dazu benutzt, einen Eltern-Datensatz zu finden und so auch die Datenstruktur durch rekursive Suche in der Tabelle. In TemplaVoila wird dies beispielsweise benutzt, um die Vererbung von Templates an Unterseiten zu realisieren.
ds_pointerField_searchParent_subField	string	Zeigt auf ein Feld in der Rootline, das einen Zeiger auf ein Template für Seiten der nächsten Ebene enthalten kann. Auch hier kann TemplaVoila als Beispiel dienen.

Tabelle 5.38: Konfiguration eines flex-Feldes

Ein Beispiel für eine XML-Datenstruktur haben Sie bereits in Kapitel 3.4 im Zusammenhang mit TemplaVoila kennengelernt. Allgemein ist TemplaVoila ein gutes Lehrbeispiel für den Umgang mit FlexForms, da es massiv darauf aufsetzt.

FlexForms speichern die Eingaben aus dem Formular in einem einzigen Datenbankfeld als XML-Struktur. Für die Umwandlung des ursprünglichen PHP-Arrays wird die Funktion t3lib_div::array2xml() benutzt.

Im Prinzip können Sie für ein FlexForm-Feld alle Feldtypen des TCA benutzen, allerdings gibt es ein paar Besonderheiten:

* unique und uniqueInPid sind nicht für eine Evaluierung verwendbar.

* Innerhalb einer FlexForm gibt es keine weiteren FlexForm-Felder.

* Der verwendete Zeichensatz folgt dem des Backends (definiert durch forceCharset in der Typo3-Konfiguration oder die Spracheinstellung des Backend-Benutzers).

Feldtyp inline

Der Feldtyp inline findet Verwendung für *Inline Relational Record Editing* (IRRE). Dieses Verfahren ermöglicht es, hierarchische Beziehungen in einer Backend-Ansicht zu bearbeiten. Neue Kind-Einträge werden mithilfe von AJAX-Aufrufen angelegt, sodass dafür nicht die gesamte Backend-Ansicht neu geladen werden muss. Dieser Feldtyp wurde mit Typo3 4.1 eingeführt.

Tipp: IRRE lässt sich nicht mit Versionierung kombinieren. Sowohl für die Eltern- als auch die Tochtertabelle eines IRRE-Felds muss Versionierung deaktiviert sein.

Tipp: Über die Einstellung `TCAdefaults.tabellenname.pid = wert` (in der UserTS) lässt sich für jede Tabelle einstellen, auf welcher Seite Kind-Datensätze angelegt werden.

Die wichtigsten Konfigurationselemente für IRRE-Felder sind:

Element	Typ	Beschreibung
type	string	"inline"
foreign_table	string	Name der Tabelle für die Kind-Datensätze. Die Angabe ist zwingend erforderlich. Die Tabelle muss im TCA konfiguriert sein.
appearance	array	Steuert die Anzeige der Kind-Einträge wie folgt: collapseAll zeigt alle Einträge minimiert (falls true) oder in Langform. expandSingle zeigt nur je einen Eintrag expandiert an. Wird ein anderer Eintrag angeklickt, so wird dieser expandiert und der bisherige minimiert. newRecordLinkAddTitle Falls true, wird dem Link zum Anlegen eines neuen Eintrags der Titel der foreign_table hinzugefügt. newRecordLinkPosition bestimmt die Position des Links für neue Einträge relativ zur Liste der Einträge. Mögliche Werte sind: 'top', 'bottom', 'both', 'none' useCombination Für bidirektionale Verknüpfungen mit einer M-M-Zwischentabelle, die Attribute enthält, legt dieses Feld fest, dass sowohl die Attribute als auch der Kind-Eintrag bearbeitbar sind. useSortable schaltet das Sortieren der Einträge per Drag&Drop ein. Dies geschieht mithilfe eines script.aculo.us-Objekts.

Element	Typ	Beschreibung
		`showPossibleLocalizationRecords` aktiviert die Anzeige von Einträgen, die noch nicht lokalisiert sind. `showRemovedLocalizationRecords` aktiviert die Anzeige von Einträgen, die lokalisiert sind, denen aber der Eintrag in der Original-Sprache fehlt. `showAllLocalizationLink` aktiviert die Anzeige eines Links, mit dem für alle noch nicht übersetzten Einträge die Inhalte aus der Original-Sprache geholt werden.
`behaviour`	`array`	Enthält Informationen über das Verhalten der Kind-Einträge: `localizationMode` Der Wert dieser Option definiert, ob Kind-Einträge lokalisiert werden können (`select`) oder immer aus der Standard-Sprache genommen werden (`keep`). `localizeChildrenAtParentLocalization` falls `true`, werden Kind-Einträge lokalisiert, sobald der Elterneintrag lokalisiert wird. `disableMovingChildrenWithParent` verhindert, dass Kind-Einträge zusammen mit den Eltern-Datensätzen verschoben werden.
`foreign_field`	`string`	Das Feld im Kind-Datensatz, in dem die `uid` des Eltern-Eintrags gespeichert ist.
`foreign_table_field`	`string`	Das Feld im Kind-Datensatz, in dem der Tabellenname des Eltern-Eintrags gespeichert ist.
`size`	`integer`	Höhe der Auswahlbox.
`autoSizeMax`	`integer`	Wenn gesetzt, wird die Höhe der Auswahlbox automatisch an die Anzahl der selektierten Werte angepasst, bis zu der hier definierten maximalen Höhe. Die minimale Höhe wird durch `size` bestimmt.
`maxitems`	`integer > 0`	Maximale Anzahl Elemente, die ausgewählt werden kann. (Default = 1)
`minitems`	`integer > 0`	Minimale Anzahl Elemente, die ausgewählt werden muss. (Default = 0)

Tabelle 5.39: Konfiguration eines inline-Feldes

Der Abschnitt ['types']

Der Abschnitt ['types'] muss mindestens einen Eintrag enthalten, damit die im Abschnitt ['columns'] definierten Felder angezeigt werden können, beispielsweise

```
'types' => Array (
    '0' => Array('showitem' => 'hidden;;1, type, title, bodytext'),
…
)
```

Das Element showitem des Eintrags [0] legt fest, welche Felder in welcher Reihenfolge gezeigt werden. Da [types] mehrere Einträge haben kann, lässt sich die Anzeige im Formular sehr flexibel anpassen. Dazu wird in [ctrl][type] ein Feld definiert, das den Typ des Eintrags festlegt (beispielsweise die Art eines Inhaltselements). Der folgende Code legt dafür das Feld type fest.

```
'ctrl' => Array (
  'title' => 'LLL:EXT:myext/locallang_db.xml:tx_myext_title',
  'label' => 'title',
  'type' => 'type',
  'crdate' => 'crdate',
...
```

Das Feld type ist meist eine Auswahlbox, die als Wert einen Verweis auf [types] übergibt. Der Abschnitt [types] könnte nun so aussehen:

```
'types' => Array (
  '0' => Array('showitem' => 'hidden;;1, type, title, bodytext'),
  '1' => Array('showitem' => 'title, bodytext, hidden, type'),
  '2' => Array('showitem' => 'type, title'),
  '3' => Array('showitem' => 'type;;2'),
),
```

Steht nun im Feld type der Wert 0, so werden die vier Felder hidden, type, title und bodytext angezeigt, bei einem Wert von 2 nur type und title usw.

Ist kein type-Feld definiert, so wird immer der Eintrag [0] verwendet.

Enthält das type-Feld einen Wert, der keinem Index in [types] entspricht, wird der Eintrag [1] verwendet.

[types] kennt folgende Einträge:

Element	Typ	Beschreibung
showitem	string	Zwingend erforderlich.
		Der String legt die Reihenfolge der Felder im Formular fest. Der Aufbau ist recht komplex:
		Grundsätzlich handelt es sich um eine kommaseparierte Liste mit einem Eintrag für jedes Feld.
		Jeder Eintrag ist (wahlweise) durch Strichpunkte in fünf Abschnitte geteilt:
		1. Feldname
		2. Alternatives Label (Verweis auf locallang-Datei)
		3. Nummer der Palette (siehe unten)
		4. spezielle Konfiguration (durch Doppelpunkte getrennte Liste, siehe unten)
		5. Style-Codes (siehe unten)
		Wird anstatt eines Feldnamens "--div--" eingetragen, wird an dieser Stelle eine Trennlinie angezeigt. Ist [ctrl][dividers2tabs] gesetzt, wird stattdessen ein neuer Tab definiert.
		Mit "--palette--" als Feldname wird ein Link auf eine Palette angelegt.
subtype_value_field subtypes_excludelist	string	subtype_value_field definiert ein Feld, dessen Wert die Anzeige beeinflusst.
		subtypes_excludelist definiert in diesem Fall, für welche Werte welche Felder ausgeschlossen werden.
		Beispiel aus sysext/cms/tbl_tt_content.php:
		'subtype_value_field' => 'list_type', 'subtypes_excludelist' => Array('3' => 'layout', '1' => 'layout', '8' => 'layout', 'indexed_search' => 'layout,bodytext',)

Element	Typ	Beschreibung
subtypes_ addlist	array	definiert eine Liste von Feldern, die abhängig vom Wert des subtype_value_field zusätzlich angezeigt werden.
bitmask_ value_field bitmask_ excludelist_ bits	string	Die Steuerung über diese beiden Felder funktioniert ähnlich wie für subtypes, nur wird hier der Feldinhalt als Bitmaske interpretiert. Positive Indizes reagieren auf gesetzte Bits, negative auf nicht gesetzte. Beispiel: 'bitmask_value_field' => 'active', 'bitmask_excludelist_bits' => Array ('-0' => 'feld1,feld2, '-1' => 'feld1,feld3', '2' => 'feld1,feld3')

Tabelle 5.40: Elemente im Abschnitt [types]

Der Abschnitt ['palettes']

Paletten dienen dazu, selten genutzte Felder nur bei Bedarf anzuzeigen. In der deutschen Oberfläche wird dies als Optionspaletten bezeichnet.

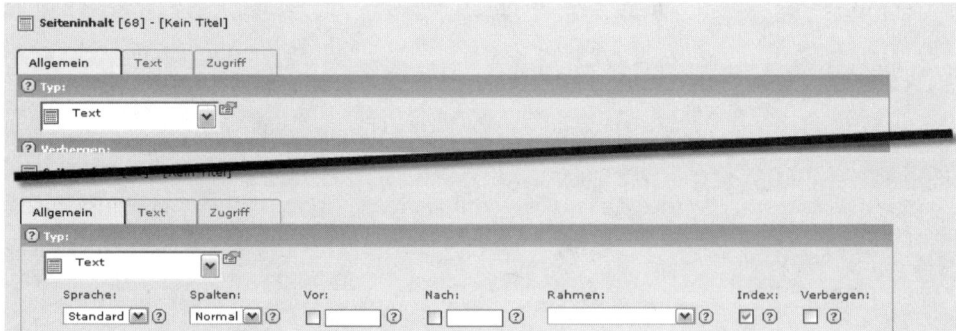

Bild 5.28: Optionspaletten sorgen für mehr Übersicht

Der folgende Code definiert zwei Paletten:

```
'palettes' => Array (
  '1' => Array('showitem' => 'starttime, endtime, fe_group'),
  '2' => Array('showitem' => 'title'),
)
```

Diese Paletten werden im [types]-Abschnitt referenziert:

```
'types' => Array (
  '0' => Array('showitem' => 'hidden;;1, type;;1, title'),
  '1' => Array('showitem' => 'type;;2'),
),
```

Ist die Konfiguration [types][0] aktiv, so erscheint neben dem hidden-Feld und dem type-Feld jeweils ein Symbol. Ein Klick darauf öffnet die Palette mit den Feldern starttime, endtime und fe_group.

Die Palette 2 wird durch ein Symbol neben dem Feld type aufgerufen, wenn die Konfiguration [types][1] aktiv ist.

Tipp: Ein Feld sollte nicht in mehr als einer Palette auftauchen.

Neben showitem, das die Felder der Palette definiert, kennt [palettes] nur die Option canNotCollapse. Ist diese gesetzt, wird die Palette dauerhaft angezeigt.

Zusätzliche TCA-Features

Spezielle Konfiguration

Im showitem-Element in [types] gibt es als vierten Parameter eine zusätzliche Konfigurationsmöglichkeit für Felder. Da sie in [types] definiert wird, kann die Art der Felddarstellung so vom Typ des Datensatzes abhängig gemacht werden. Die zusätzliche Konfiguration wird wie folgt angegeben:

```
'0' => Array('showitem' => 'hidden;;1, type, title, bodytext,
textfield;;;nowrap'),
```

Mithilfe des Arrayelements [columns][feldname][defaultExtras] kann diese Konfiguration vordefiniert werden.

Dem obigen Beispiel entspricht dann der Code:

```
'columns' => array (
  'textfield' => array (
    'label' => 'textfield: Text field',
    'config' => array (
      'type' => 'text',
    ),
    'defaultExtras' => 'nowrap'
  ),
  ....
),
'types' => Array (
  '0' => Array('showitem' => 'hidden;;1, type, title, bodytext, textfield'),
```

Die Optionen der speziellen Konfiguration sind durch Doppelpunkt getrennt. Außerdem können jeder Option Werte zugordnet werden, indem sie in [] eingeschlossen werden.

Option	Beschreibung	Werte
nowrap	Schaltet den Zeilenumbruch in text-Feldern aus	keine
richtext	Schaltet den RTE für das Feld ein und definiert die angezeigten Buttons. Beispiel: richtext[cut|copy|paste] = Nur Ausschneiden, Kopieren und Einfügen stehen zur Verfügung. richtext[*] = Alle Buttons sind aktiv.	* oder Schlüsselwörter, durch "|" getrennt
rte_transform	RTE Transformationen. rte_transform[key1=value1|key2=value2|key3=value3]	key1=value1|key2=value2|key3=value3|...
fixed-font	zeigt Text in Textareas in einer nichtproportionalen Schrift an	keine
enable-tab	erlaubt den Tabulator in Textfeldern	keine
rte_only	falls true, kann das Feld nur mit dem RTE bearbeitet werden	boolean (0/1)

Option	Beschreibung	Werte
static_write	erlaubt, dass ein Feldinhalt in einer Datei gespeichert wird.	f1|f2|f3|f4|f5
wizards	Aktiviert gezielt Assistenten für ein Feld Beispiel: `wizards[table]`	wizard-key1|wizard-key2|...

Tabelle 5.41: Spezielle Konfiguration

Soft References

»Weiche Referenzen« sind Verweise auf Datenbank-Elemente, Dateien, E-Mail-Adressen, URIs (Uniform Resource Identifiers) usw., die im Text eines Inhalts eingebettet sind. Der `<link [pid]>`-Tag, wie er im `bodytext`-Feld verwendet wird, ist hierfür ein Beispiel.

Typo3 verwendet sogenannte *Soft Reference Parser*, um diese Verweise zu finden und korrekt auszuwerten.

In der Klasse `t3lib_softrefproc` sind einige generische Parser definiert:

Parser	Beschreibung
substitute	Liefert den gesamten Feldinhalt für manuelle Ersetzungen (genutzt für Im-/Export)
notify	Liefert nur die Information, ob ein Wert gefunden wurde
images	Findet HTML-Tags vom Typ `<img>` für RTE-Bilder und Bilder aus dem Ordner `fileadmin/`
typolink	Findet Referenzen zu einer Seite oder Datei.
typolink_tag	Wie `typolink`, sucht aber nach dem `<link>`-Tag.
TSconfig	Findet Referenzen in UserTS bzw. PageTS.
TStemplate	Findet HTML-Elemente wie `<a>`, `<img>`, `<form>`, die im Zusammenhang mit dem Typoscript-Template stehen.
ext_fileref	Findet relative Verweise auf Dateien mit dem Präfix `"EXT:[extkey]/"` – für Abhängigkeiten von Extensions.
email	Findet E-Mail-Adressen.
url	Findet URLs.

Tabelle 5.42: Soft Reference Parser

Assistenten (Wizards)

Assistenten helfen beim Füllen von Feldern mit Inhalten. Das bekannteste Beispiel ist wohl der Formular-Assistent.

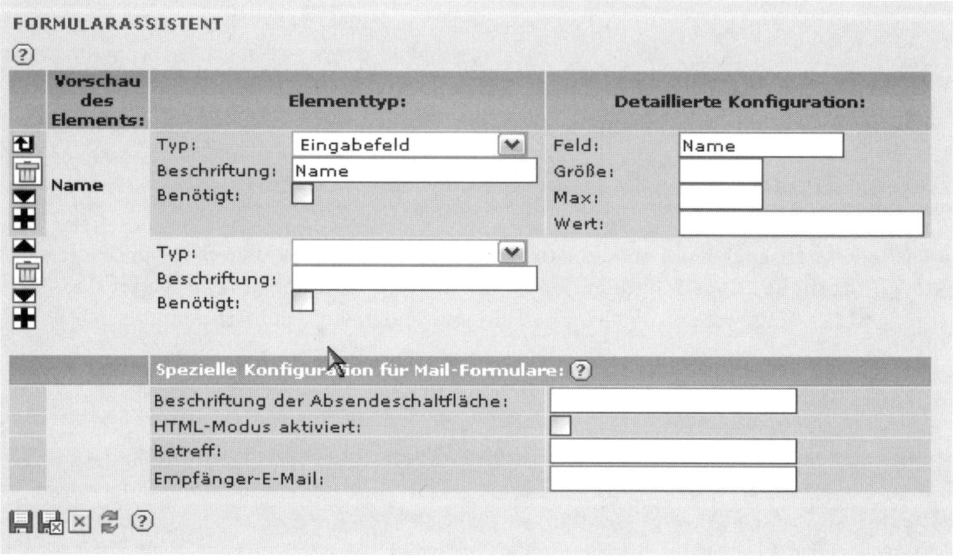

Bild 5.29: Assistenten erleichtern die Eingabe komplexer Daten

Assistenten lassen sich für die Feldtypen `input`, `text`, `select` und `group` definieren. Der Aufruf erfolgt über ein Icon neben dem entsprechenden Feld.

Um einen Wizard zu definieren, wird ein entsprechender Eintrag in `[ctrl][feldname]` `[config][wizards]` angelegt. Dabei handelt es sich um einen Array, der neben einigen allgemeinen Optionen für jeden Assistenten einen Eintrag erhält.

Die allgemeinen Optionen sind:

Option	Typ	Beschreibung
`_POSITION`	`string`	Legt fest, wo die Symbole bzw. Links für die Assistenten angezeigt werden. Standard ist `right`, weitere Möglichkeiten sind `left`, `top`, `bottom`.
`_VERTICAL`	`boolean`	Legt fest, dass die Icons (falls es mehr als einen Assistenten gibt) vertikal angeordnet werden.

Option	Typ	Beschreibung
_DISTANCE	int+	Der Abstand zwischen zwei Symbolen in Pixeln.
_PADDING	int+	Der cellpadding-Wert für die Tabelle, in der die Assistenten angeordnet werden.
_VALIGN	string	Der valign-Wert für die Tabelle.
_HIDDENFIELD	boolean	Wenn gesetzt, wird das eigentliche Feld zu einem hidden-Feld. Damit kann die Eingabe nur über den Assistenten erfolgen.

Tabelle 5.43: Wizard-Optionen

Die folgenden Einstellungen gelten für alle Arten von Assistenten:

Option	Typ	Beschreibung
type	string	Legt die Art des Assistenten fest (siehe folgende Tabelle)
title	string	Name des Assistenten. Wird angezeigt, wenn der Wizard über einen Link aufgerufen wird und kein Icon definiert ist.
icon	fileref	Das Icon für den Assistenten. Beginnt der Wert nicht mit ../, wird die Datei im Ordner t3lib/gfx gesucht. Für Icons in Extensions gilt die Form EXT:ext/[extension key]/directory.../
enableByTypeConfig	boolean	Falls die Option gesetzt ist, kann der Assistent nur über die spezielle Konfiguration in [types] aktiviert werden.
RTEonly	boolean	Falls die Option gesetzt ist, wird der Assistent nur angezeigt, wenn er für ein RTE-Feld verwendet wird.
hideParent	array	Falls die Option gesetzt ist, wird das eigentliche Feld nicht angezeigt. In diesem Array kann eine nicht-editierbare Anzeige analog zum Feldtyp none definiert werden.

Tabelle 5.44: Gemeinsame Einstellungen für Assistenten

Je nach Typ des Assistenten kommen weitere Optionen hinzu:

Option	Typ	Beschreibung
Der Typ `script`		
Erzeugt einen Link zu einem externen Skript. Beispiele sind der Formular- und der Tabellenassistent.		
`notNewRecords`	`boolean`	legt fest, dass der Link nur dann angezeigt wird, wenn der Datensatz nicht neu ist (also bereits eine `uid` hat)
`script`	Dateiname	Beginnt der Wert nicht mit `../`, wird die Datei im Ordner `typo3/` gesucht. Für Extensions gilt die Form `EXT:ext/[extension key]/` Das Skript erhält alle nötigen Daten in einem Array `P` als GET-Variable.
`params`	`array`	Hier können Werte definiert werden, die in `P` an das Skript übergeben werden.
`popup_only` `OpenIf` `Selected`	`boolean`	Wenn gesetzt, wird das Fenster für den Assistenten nur geöffnet, wenn ein Eintrag im Feld selektiert ist. Das ist beispielsweise sinnvoll, wenn ein bestehender Eintrag bearbeitet werden soll.
Der Typ `popup` (`+colorbox`)		
Erzeugt einen Link zu einem externen Skript, das in einem Popup-Fenster geöffnet wird.		
`notNewRecords`	`boolean`	wie für `script`
`script`	Dateiname	wie für `script`
`params`	`array`	wie für `script`
`JSopenParams`	`string`	Parameter für das Javascript-Fenster. Beispiel: `"JSopenParams" => "height=300,width=250,status=0,menubar=0,scrollbars=1",`

Option	Typ	Beschreibung
Der Typ `userFunc` ruft eine Funktion oder Methode auf.		
`notNewRecords`	`boolean`	**wie für** `script`.
`userFunc`	`string`	Funktion oder Methode einer Klasse. Die Funktion bzw. Methode muss vorher geladen werden, beispielsweise per `include` in `localconf.php`. Es werden zwei Parameter übergeben: Der erste ist ein Array, der dem P-Array ähnelt, aber ein Element `item` enthält, das per Referenz übergeben wird. Der zweite Parameter ist eine Referenz auf das `TCEform`-Objekt. Der Rückgabewert der Funktion wird an der Stelle des Icons bzw. des Titels eingefügt.
Der Typ `colorbox` zeigt anstatt des Icons ein quadratisches Feld, dessen Hintergrundfarbe dem Wert des Formularfeldes entspricht. Durch Klick auf das Feld kann eine Farbe ausgewählt werden.		
`dim`	Breite x Höhe in Pixel	Größe des Feldes.
`tableStyle`	style-attribute content in table-tag	Stil für den Rahmen des Feldes. `"tableStyle" => "border:solid 1px black;"`
`exampleImg`	`string`	Verweis auf ein Beispielbild (relativ zu `PATH_typo3`). Mit dem Präfix `"EXT:"` können Bilder aus Extensions verwendet werden. Die optimale Größe ist 350 Pixel.

Option	Typ	Beschreibung
Der Typ `select`		
Dieser Typ wird als Pulldown-Liste angezeigt. Wird ein Wert gewählt, so wird dieser in das eigentliche Feld übertragen.		
Der Inhalt der Pulldown-Liste kann mithilfe derselben Optionen wie für echte Auswahlboxen definiert werden.		
`mode`	`append, prepend, [blank]`	legt fest, ob der gewählte Wert vor oder nach den vorhandenen eingefügt wird oder diese ersetzt.

`items,` `foreign_ table` etc ...	analog zum Feldtyp `select`	Beispiel:
		
		`"items" => Array(`
		`        Array("8 px","8"),`
		`        Array("10 px","10"),`
		`        Array("12 px","12"),`
		`        Array("14 px","14"),`
		`        Array("16 px","16"),`
		`        Array("18 px","18"),`
		`        Array("20 px","20")`
		`)`

Tabelle 5.45: Spezifische Einstellungen für Assistenten

$PAGES_TYPES

Der Array $PAGES_TYPES definiert die Seitentypen (gespeichert im Feld `doktype`), die das System kennt, und legt eventuelle Beschränkungen dafür fest.

Der Eintrag `"default"` im Array dient als Basis für alle weiteren Typen.

Der Standard für $PAGES_TYPES ist in `t3lib/stddb/tables.php` definiert:

```
$PAGES_TYPES = Array(
    '254' => Array(       //  Doktype 254 is a 'sysFolder' - a general
purpose storage
        'type' => 'sys',
        'icon' => 'sysf.gif',
        'allowedTables' => '*'
```

```
    ),
    '255' => Array(          // Doktype 255 is a recycle-bin.
        'type' => 'sys',
        'icon' => 'recycler.gif',
        'allowedTables' => '*'
    ),
    'default' => Array(
        'type' => 'web',
        'icon' => 'pages.gif',
        'allowedTables' => 'pages',
        'onlyAllowedTables' => '0'
    )
);
```

Folgende Optionen sind möglich:

Optin	Beschreibung
type	sys oder web.
icon	Icon für den Typ. Die Dateireferenz erfolgt analog zum Eintrag iconfile im Abschnitt [ctrl] des TCA.
allowedTables	Kommaseparierte Liste mit Tabellen, deren Datensätze auf einer Seite dieses Typs vorhanden sein können. Der Wert * erlaubt alle Tabellen.
onlyAllowedTables	Ist der Wert true, kann der doktype einer Seite nicht geändert werden, solange noch Datensätze aus nicht zugelassenen Tabellen darin enthalten sind.

Tabelle 5.46: Einstellungen in $PAGES_TYPES

Für den default-Eintrag müssen alle vier Optionen definiert sein.

Stile für TCEforms

Das Design der in Typo3 generierten Backend-Formulare kann sehr detailliert beeinflusst werden. Das zentrale Element dafür ist der fünfte Parameter in der [types]-Konfiguration des TCA.

Dieser Parameter besteht eigentlich aus drei Werten, die durch Bindestriche getrennt sind. Der erste Wert legt fest, welches Farbschema benutzt werden soll, der zweite bestimmt ein Style-Schema und der dritte das Schema für die Ränder um die HTML-Tabelle.

Die drei Werte nehmen dabei Bezug auf Einträge in der globalen Variable $TBE_STYLES.

Dieser Array ist Bestandteil der Skinning-API von Typo3, die eine komplette optische Neugestaltung des Backends erlaubt. Die drei Einträge colorschemes, borderschemes und styleschemes, die in den TCEforms genutzt werden, sollen hier beschrieben werden.

Jeder dieser Einträge hat standardmäßig 6 Elemente, die wie folgt verwendet werden:

Element	Titel	Beschreibung
0	Default	Standardwerte, die für die Hauptpaletten am Ende der Formulare verwendet werden
1	Meta fields	typischerweise verwendet für Felder wie hidden, type oder andere Meta-Felder
2	Headers	für Felder mit Bezug auf Header-Informationen
3	Main content	für die Hauptinhalte
4	Extras	für zusätzliche Inhalte wie Bilder, Dateien usw.
5	Advanced	für spezielle Inhalte

Tabelle 5.47: Schema-Elemente

Die Standard-Konfiguration in t3lib/stddb/tables.php legt nur den Eintrag [0] fest:

```
$TBE_STYLES = array(
    'colorschemes' => Array (
        '0' => '#E4E0DB,#CBC7C3,#EDE9E5',
    ),
    'borderschemes' => Array (
        '0' => array('border:solid 1px black;',5)
    )
);
```

Die einzelnen Schemes werden wie folgt definiert:

Schema	Sub-Elemente	Beschreibung
colorschemes	[0-x]	Kommaseparierte Liste mit 5 Farb- bzw. CSS-Klassendefinitionen: [Hauptzelle] , [Header-Zelle] , [Paletten-Header] , [Header-Text] , [Paletten-Header-Text] Jede Angabe enthält eine Farbe und wahlweise eine CSS-Klasse, getrennt durch einen senkrechten Strich |. Wird die Farbe nicht angegeben, so wird der Wert aus dem Sub-Element 0 verwendet bzw. aus allgemeinen Einstellungen in $TBE_STYLES. Wird statt der Farbe ein Bindestrich angegeben, so wird die Farbe auf transparent gesetzt. Klassen werden nur gesetzt, wenn sie angegeben werden. Es gibt keine Standardwerte. Beispiele: `$TBE_STYLES['colorschemes'][0]= 'red,yellow,blue,olive,green';` `$TBE_STYLES['colorschemes'][1]= '-|class-red,-|class-yellow, -|class-blue,-|class-olive, -|class-green';`
styleschemes	[0-x] [elementKey]	definiert das style-Attribut für ein bestimmtes Formular-Element (definiert in elementKey). Wird der Wert mit dem Präfix CLASS: versehen, so wird statt des style-Attributs das class-Attribut gesetzt. elementKey ist ein Feldtyp wie text, group oder check. all definiert Einstellungen für alle Felder.

Schema	Sub-Elemente	Beschreibung

		Beispiele:
		
		`$TBE_STYLES['styleschemes'][0]['all'] = 'background-color:#F7F7F3;';`
		
		`$TBE_STYLES['styleschemes'][0]['check'] = '';`
		
		Dieser Code definiert eine Hintergrundfarbe für alle Felder außer Checkboxen.

`borderschemes`	`[0-x][key]`	Definiert den Stil des Rahmens um eine Gruppe von Feldern.
		
		`key` kann folgende Werte haben:
		
		0: `style`-Attribut für die einschließende Tabelle
		
		1: Abstand in Pixel nach der Tabelle
		
		2 : `background`-Attribut der Tabelle. Die Referenz auf ein Bild ist relativ zum Ordner `typo3/`
		
		3: `class`-Attribut der Tabelle
		
		Beispiel:
		
		`$TBE_STYLES['borderschemes'][0][0] = 'border:solid 1px black;';`
		
		`$TBE_STYLES['borderschemes'][0][1] = 5;`
		
		`$TBE_STYLES['borderschemes'][0][2] = '../typo3conf/freestyler_transp.gif';`

Tabelle 5.48: Stil-Schemata in $TBE_STYLES.

6 Lösungen

6.1 Performance steigern

Eine normale Website für eine Unternehmensdarstellung wird nur selten an Performance-Problemen leiden. Doch in dem Maß, wie Typo3 auch für große Angebote eingesetzt wird, spielt die Gesamtleistung des Systems eine immer wichtigere Rolle.

Die einfachste Möglichkeit der Leistungssteigerung ist natürlich der Ausbau oder der Wechsel der Hardware oder sogar das Einrichten mehrerer Server. Doch in Zeiten enger Budgets ist eine Cluster-Lösung mit ausgeklügeltem Load-Balancing und der nötigen Replikation zwischen den Systemen meist nicht machbar.

Es gibt aber auch bei einem einzelnen System einige Dinge, die sich optimieren lassen und je nach Ausgangsbasis die Performance drastisch steigern können. Welche Einstellung den größten Effekt bringt, hängt allerdings davon ab, wo im System der Flaschenhals sitzt – was nicht immer leicht herauszufinden ist. Die folgenden Grundregeln lassen sich aber relativ leicht umsetzen und bringen zum Teil erhebliche Leistungsgewinne.

6.1.1 Typo3 optimieren

Aufräumen

Die einfachste Möglichkeit, Leistung zu steigern, ist natürlich, Leistungsbedarf gar nicht erst entstehen zu lassen. Das heißt für Typo3: Aufräumen. Nicht benötigte Extensions sollten auf jeden Fall aus dem System entfernt werden. Denn auch ungenutzte Erweiterungen haben Einfluss auf das System. Zum einen vergrößern sie die Datenbank und verlangsamen damit die Zugriffe und erhöhen den Speicherverbrauch. Zum anderen hängen sich manche Extensions in die Code-Ausgabe ein. Das heißt schlimmstenfalls, dass bei jeder Ausgabe eine unnötige Funktion aufgerufen wird.

Werden mehrere Seiten mit Typo3 auf einem Server betrieben, sollte auf jeden Fall eine gemeinsame Code-Basis benutzt werden. Auch das sorgt dafür, den Speicherverbrauch des Systems so gering wie möglich zu halten.

Typo3-Cache optimieren

Der zweite Ansatzpunkt in Typo3 ist der Cache. Dass er eingeschaltet sein sollte, ist eigentlich selbstverständlich. Denn Seiten, die schon fertig gerendert sind, belasten das System ungleich weniger als neu erzeugte. Trotzdem passiert es vor allem beim Übergang von der Test- in die Produktionsphase immer wieder, dass die Cache-Konfiguration nicht angepasst wird.

Die richtige Strategie für den Cache ist relativ einfach: Grundsätzlich sollte der Cache aktiv sein und nur für Seiten, die sich sehr häufig ändern, abgeschaltet werden. Das passiert entweder im Backend-Formular der Seite oder über Typoscript.

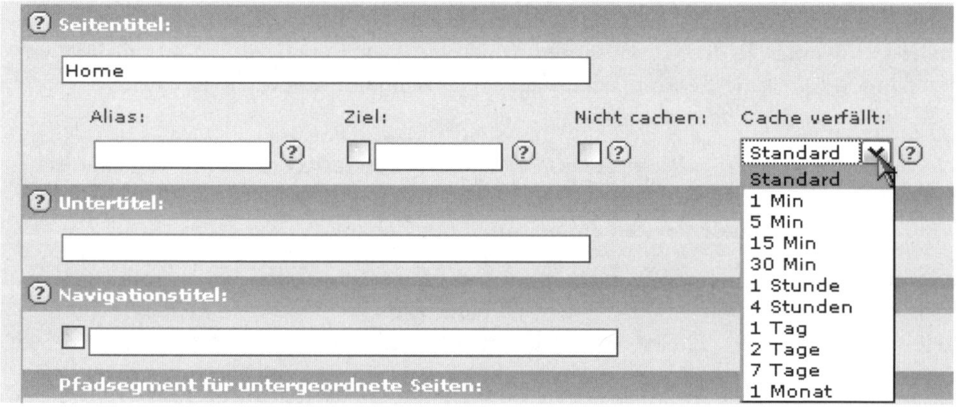

Bild 6.1: Die Cache-Einstellungen lassen sich gezielt für jede Seite setzen

Wichtig für das Verständnis des Typo3-Cache ist, dass er eine Datenbank-Tabelle nutzt. Wird also eine Seite aufgerufen, die noch nicht im Cache abgelegt wurde oder deren Cache abgelaufen ist, so erstellt Typo3 ein HTML-Abbild in der Tabelle. Diese Tabelle wird aber nicht automatisch geleert. Ein Eintrag wird nur dann geändert, wenn die zugehörige Seite neu angefordert wird.

Für einen Webauftritt mit sehr vielen Seiten, aber wenigen Abrufen pro Seite kann das bedeuten, dass die Cache-Tabelle sehr groß wird, die meisten Einträge aber bereits ungültig sind. Trotzdem verlangsamen sie die Cache-Verwaltung. Für diesen Fall gibt es die Möglichkeit, die HTML-Abbilder nicht in der Datenbank abzulegen, sondern als Dateien. Die Einstellung dazu erfolgt im Install-Tool mit der Option

```
[FE][pageCacheToExternalFiles] = 1
```

Der Punkt, ab dem diese Option sinnvoll wird, lässt sich allerdings nur durch Messung am aktuellen System bestimmen. Denn die Beschleunigung der Cache-Verwaltung konkurriert mit der Verzögerung durch den Dateizugriff.

Browser-Cache und Proxy-Server

Eine andere Möglichkeit, Typo3 vom Erstellen der Seiten zu entlasten, ist, sie gar nicht erst ausliefern zu müssen, weil sie schon vor Ort sind, etwa im Cache des Browsers oder eines *Proxy-Servers*. Typo3 wird in diesem Fall für das Erstellen und Ausliefern der Seite gar nicht erst bemüht.

Gesteuert wird dieses Zwischenspeichern mithilfe der sogenannten *Cache Control Headers*. Die Option, diese Header zu senden, gibt es in Typo3 seit der Version 3.8. Um sie zu aktivieren, wird im Typoscript-Setup die Zeile

```
config.sendCacheHeaders = 1
```

eingefügt.

Damit Typo3 die Header sendet, müssen einige Bedingungen erfüllt sein:

- Die Seite muss bereits von Typo3 gecacht worden sein.

- Auf der Seite dürfen keine Objekte vom Typ `*_INT` oder `*_EXT` vorhanden sein (beispielsweise `USER_INT`).

- Der Besucher ist weder im Front- noch im Backend angemeldet.

Allerdings bleibt damit ein spezielles Problem ungelöst. Geht ein nicht angemeldeter Benutzer auf eine Seite, wird sie mit Cache Control Headers ausgeliefert und damit im Browser-Cache abgelegt. Meldet sich der Benutzer nun an und geht erneut auf die Seite, so erhält er erneut die Seite aus dem Cache statt der aktuellen – die eventuell nach der Anmeldung andere Inhalte hat.

Dieses Problem lässt sich umgehen, indem man die Cache Control Header nur für Seiten ausliefert, auf denen kein Login möglich ist. Die entsprechenden Seiten werden im Backend entsprechend gekennzeichnet.

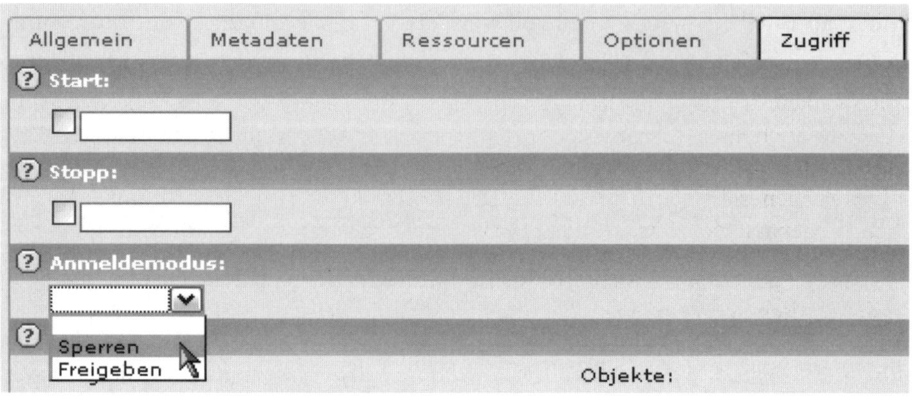

Bild 6.2: Sperren der Login-Funktion

Außerdem wird im Setup die Option

```
config.sendCacheHeaders_onlyWhenLoginDeniedInBranch = 1
```

gesetzt.

Ist die Extension `realurl` im Einsatz (was fast immer für erfolgreiche Cache-Strategien nötig ist), lässt sich das Problem auch lösen, indem mittels `realurl` für angemeldete User andere URLs vergeben werden als für nicht angemeldete.

Browser-Caching hat aber einen Nachteil für den Betreiber einer Website: Wenn der Browser die Seite nicht neu holt, entsteht auch kein Eintrag im Log des Webservers und damit werden die Abrufzahlen verfälscht.

Ihr volles Potenzial können die Cache Header daher nur mit einem Proxy-Server entfalten, der die Typo3-Ausgaben zwischenspeichert und unter der Kontrolle des Anbieters der Website steht. Eine solche Konfiguration ist aber auch mit einem Rechner möglich, der nur als Webserver dient – beispielsweise über `mod_proxy`, ein Modul von Apache, oder mit *Squid*, einem Proxy, der in jeder Linux-Distribution enthalten ist.

Statische Dateien erzeugen

Bei aktivem Typo3-Cache holt Typo3 den Inhalt der Seite aus der Datenbank oder einer externen Datei. Führt man diesen Gedanken weiter, könnten doch in letzterem Fall die statischen Seiten gleich unter Umgehung von Typo3 ausgeliefert werden. Der Performance-Gewinn in diesem Fall ist extrem hoch. Weder Typo3 noch PHP noch die Datenbank müssen für eine Auslieferung bemüht werden. Das kann eine Website mit einem hohen Anteil an statischen Inhalten um einen Faktor 200 und mehr beschleunigen.

Eine Möglichkeit, solche statischen Dateien automatisch anzulegen, bietet die Extension `crawler`, die auch im Zusammenhang mit `indexed_search` gute Dienste leistet. Um diese Dateien abzurufen, muss eine Erweiterung wie `realurl` installiert sein, damit die Links korrekt generiert werden, und die Rewrite-Funktionen des Servers müssen entsprechend angepasst werden, damit die Seiten direkt geliefert werden können.

Neben `crawler` gibt es auch andere Erweiterungen, die sich auf das Erstellen und Verwalten der statischen Seiten spezialisiert haben, beispielsweise `nc_staticfilecache` oder `fl_staticfilecache`. Die Installation und Konfiguration sind sehr einfach. Als Voraussetzung für den Einsatz muss `realurl` installiert sein oder die Option `simulateStaticDocuments` aktiviert werden. Empfohlen wird außerdem das Apache-Modul `mod_expires`, um die Cache Control Headers richtig zu steuern. Nach der Installation werden standardmäßig alle Seiten als statische Dateien abgelegt. Für einzelne Seiten lässt sich dies im Bereich `Erweitert` der Seite abschalten.

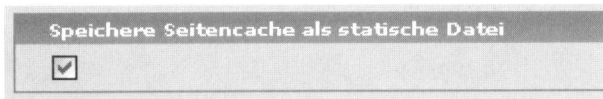

Bild 6.3: nc_staticfilecache lässt sich sehr einfach steuern

Persistente Datenbankverbindung abschalten

Typo3 nutzt für die Verbindung zur Datenbank standardmäßig persistente Verbindungen. Das heißt, dass Datenbankverbindungen nicht mit Ende des Skripts abgebaut werden. Greift ein neues Skript auf die Datenbank zu, prüft PHP, ob bereits eine persistente Verbindung besteht, und nutzt diese erneut. In der Theorie verspricht dies eine Verbesserung der Leistung.

In der Praxis sieht die Situation etwas anders aus, denn persistente Verbindungen bergen einige Tücken. So wird beispielsweise bei hochfrequentierten Seiten schnell die Anzahl maximal erlaubter Verbindungen überschritten, weil sie nicht sofort wieder geschlossen werden.

Weitere Probleme treten auf, wenn ein Skript abstürzt, welches aber eine Tabelle zum Bearbeiten gesperrt hat (Table Lock). Die Sperre wird dann nicht aufgehoben, und dadurch kommt kein anderes Skript, das dieselbe Verbindung nutzt, an die Tabelle heran. Ein ähnliches Problem kann bei Transaktionen auftreten.

Persistente Verbindungen sind also nicht unproblematisch. Gleichzeitig ist der Leistungsgewinn sehr gering bis nicht vorhanden, wenn Datenbank und Webserver auf einer Maschine laufen.

Die Empfehlung lautet daher klar, in einem solchen Setup persistente Verbindungen abzuschalten. Dies kann entweder global in der `php.ini` geschehen mit

```
mysql.allow_persistent = Off
```

oder in Typo3 bei der Installation. Die Einstellung verbirgt sich unter der Option `[SYS][no_pconnect]`.

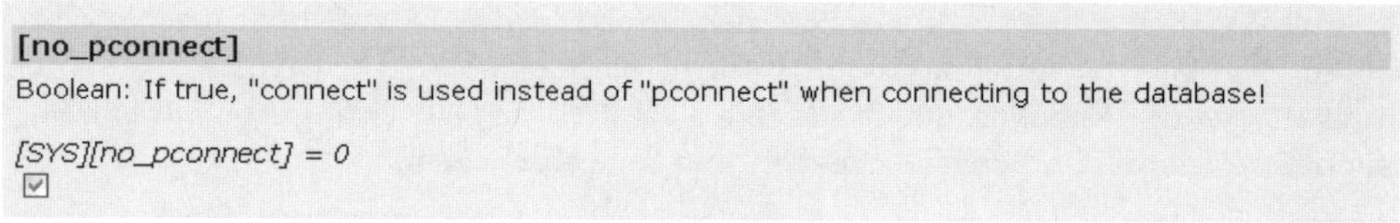

[no_pconnect]

Boolean: If true, "connect" is used instead of "pconnect" when connecting to the database!

[SYS][no_pconnect] = 0
☑

Bild 6.4: Persistente Verbindungen in Typo3 abschalten

6.1.2 PHP

PHP als Basis des gesamten Typo3-Systems beeinflusst natürlich wesentlich die Gesamtleistung der Website. Für die Beschleunigung von PHP gibt es einige sogenannte Acceleratoren, sowohl kommerziell als auch als Open Source.

Beschleuniger	URL
Alternative PHP Cache	http://pecl.php.net/package/APC
eAccelerator	http://eaccelerator.net/
XCache	http://xcache.lighttpd.net/
Zend Optimizer	http://www.zend.com
Zend Platform	http://www.zend.com
PHP Accelerator	http://www.php-accelerator.co.uk/
Turck MMCache	http://turck-mmcache.sourceforge.net/index_old.html

Tabelle 6.1: PHP-Beschleuniger

Acceleratoren werden wegen ihrer Arbeitsweise auch Opcode-Cacher genannt. Sie legen ein Skript, das von PHP bereits bearbeitet wurde, als kompilierte Version ab, sodass beim erneuten Aufruf der Ablauf schneller geht. In der Praxis sind damit Beschleunigungen bis zu einem Faktor 10 möglich, typischerweise etwas weniger.

Als angenehmer Nebeneffekt wird durch Opcode-Caching auch das Typo3-Backend beschleunigt.

Der PHP Accelerator und Turck MMCache werden nicht mehr entwickelt, sind aber noch auf vielen Seiten im Einsatz.

Die beiden Zend-Produkte sind kommerzielle Angebote, wobei der Optimizer kein Opcode-Caching durchführt, sondern den PHP-Quellcode optimiert, um so die Leistung zu steigern. Die Zend Platform wiederum geht als Web Application Server weit über die Accelerator-Funktion hinaus.

Kommt als Webserver der Internet Information Server von Microsoft zum Einsatz, lohnt sich auch ein Test der Einstellung `output_buffering = On` in der `php.ini`. In einigen Konfigurationen kann dies das Gesamtsystem deutlich beschleunigen. Unter Apache hat die Option allerdings keinen Einfluss.

6.1.3 Apache

Das Performance Tuning von Webservern ist eine komplexe Angelegenheit, die für sich ganze Bücher füllt. Das Grundproblem von Typo3-Seiten ist aber meist das gleiche: Da das Gesamtsystem aus PHP, Typo3 und Datenbank höhere Speicheranforderungen stellt, kann es passieren, dass der Webserver selbst bereits mit relativ wenigen gleichzeitigen Anfragen an sein Limit kommt. In der Folge wird der Server langsam, im schlimmsten Fall instabil.

MaxClients

Bei Apache ist die Anzahl gleichzeitig erlaubter Anfragen abhängig vom eingesetzten Server-Modell. In der Prefork-Variante ohne Thread-Unterstützung steht der Wert standardmäßig auf 256. Bei der Worker-Variante mit Thread-Unterstützung errechnet sich der Wert aus der Anzahl erlaubter Kindprozesse (ServerLimit) und der Anzahl der Threads pro Kindprozess (ThreadsPerChild). Unter Linux ergibt sich daraus ein Wert von 400 (16x25), unter Windows dagegen nur 64 (1x64).

In allen Konfigurationen lässt sich mit der Direktive `MaxClients` die Grenze für Anfragen reduzieren. Welcher Wert richtig ist, hängt von den restlichen Systemparametern wie dem Speicherausbau und der Prozessorleistung ab. Er lässt sich daher nur durch

Ausprobieren mithilfe von Lasttests ermitteln. Dabei sollte man sich von kleineren zu höheren Werten vorarbeiten.

.htaccess-Dateien ausschalten

In Typo3 kommen an einigen Stellen `.htaccess`-Dateien zum Einsatz, etwa um die Rewrite-Regeln für `realurl` oder `simulateStaticDocuments` zu setzen. Das ist bequem und schnell anzupassen, verlangsamt aber den Webserver. Dieser muss nämlich beim Ausliefern einer Seite den gesamten Pfad nach `.htaccess`-Dateien durchsuchen und diese einzeln auswerten, um die gültige Konfiguration für ein Verzeichnis zu ermitteln.

Um das zu verhindern, kann man die Direktiven aus den einzelnen .htaccess-Dateien in die Konfigurationsdatei des Servers verlegen (`httpd.conf` bzw. `httpd-vhosts.conf`). Nun kann man die Verarbeitung der `.htaccess`-Dateien mit der Direktive `AllowOverride None` ausschalten.

Allerdings sollte man sich vergewissern, dass dies keine Nebeneffekte hat. So erzeugt beispielsweise die Extension `nc_staticfilecache` je nach Konfiguration selbständig `.htaccess`-Dateien. Dieser Mechanismus lässt sich dann natürlich nicht mehr benutzen.

Logfiles optimieren

Bei jeder Anfrage schreibt der Webserver Informationen in Logdateien, was natürlich Zeit und Leistung kostet. Daher sollte man auch dies auf das nötige Minimum beschränken. Für das Fehlerprotokoll steht der `LogLevel` standardmäßig auf `warn`, was eine sinnvolle Einstellung darstellt. Im Testbetrieb wird der Wert aber häufig zur Fehlersuche auf `debug` gesetzt. Eine kurze Kontrolle, ob dies rückgängig gemacht wurde, ist daher beim Übergang zum Live-Betrieb sinnvoll.

Im Zugriffsprotokoll steht vor allem bei älteren Servern manchmal noch die Einstellung `HostnameLookups` auf `On`. Das bedeutet, dass der Webserver bei jeder Anfrage selbst eine Reverse-DNS-Anfrage losschickt, die Domain des Clients bestimmt und diese mit ins Log einträgt. Das ergibt nur wenig Sinn, weil solche Aktionen auch später bei der Auswertung durch den Logfile Analyzer erledigt werden können.

6.1.4 MySQL

Query Cache

Auch bei der Datenbank heißt das Zauberwort zur Leistungssteigerung Cache. Gerade für Typo3 verspricht ein Cache für Datenbankabfragen Vorteile, weil Typo3 extensiv davon Gebrauch macht. Eine beispielhafte Einstellung für den *Query Cache* könnte so aussehen:

```
query_cache_limit = 2M
query_cache_size = 64M
query_cache_type = 1
table_cache = 256
key_buffer_size = 64M
```

Die Limit-Einstellung begrenzt einen einzelnen Eintrag, die Size-Einstellung die Gesamtgröße.

Anwendungen in der Praxis zeigen, dass der Query Cache für Typo3 umso wirksamer ist, je mehr Typo3-Sites auf dem Server sind. Anders ausgedrückt: Läuft auf dem Server nur eine einzelne Typo3-Installation mit einer Site, wird der Cache nicht den großen Performance-Sprung bringen.

Verbindungen zur Datenbank optimieren

Einen Bremsklotz für das System kann auch die Einstellung der maximalen Datenbankverbindungen (`max_connections`) darstellen. Ist die Anzahl gleichzeitiger Verbindungen zu klein, dauern die Anfragen zu lange. Der Server gibt dann eine Warnung `Too many connections` aus. Ist der Wert zu hoch, geht der Server in die Knie. Allerdings verkraftet ein aktueller MySQL-Server durchaus höhere Werte als den Standard von 100. Gesetzt wird der Wert beispielsweise in der Konfigurationsdatei des MySQL-Servers mit der Option

```
set-variable = max_connections=500
```

6.1.5 Leistung messen

Alle Einstellungen zur Leistungsoptimierung müssen natürlich auch überprüft werden. Zur Messung reicht beispielsweise das Tool *Apache Benchmark* (ab), das im `bin`-Verzeichnis des Apache-Servers zu finden ist.

Ein Aufruf der Form

```
ab -n 1000 -c 100 http://localhost/test.php
```

lädt insgesamt 1000 Mal die Datei `test.php` vom Server, in 10 Paketen zu je 100 gleichzeitigen Anfragen. Das Ergebnis ist eine kleine Statistik, wobei der interessanteste Wert Requests per second ist.

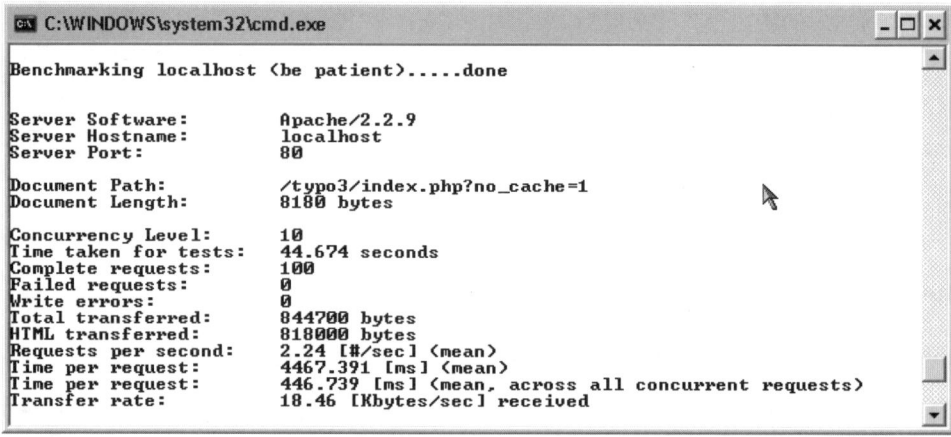

Bild 6.5: Apache Benchmark liefert schnell Grundwerte für die Beurteilung der Leistung

Der Apache Benchmark bietet also wertvolle Hinweise, ob eine Optimierung greift. Das Verhalten eines realen Servers unter Last kann das Tool aber nicht simulieren.

Deutlich mehr Möglichkeiten bietet *JMeter*[26], ebenfalls ein Projekt der Apache Software Foundation. Die Java-Anwendung ist in der Lage, nahezu jeden Aspekt des Systems zu testen. Es lassen sich komplexe Testszenarien aufbauen, die verschiedene Teile des Systems testen, vom Webserver über die Datenbank bis zum LDAP-Server. Beispielsweise würde ein Szenario mit zufällig ausgewählten Seitenabrufen, deren Anzahl nach Zeit variiert und auch Peaks enthält, das tatsächliche Verhalten eines Servers im realen Betrieb deutlich besser abbilden als eine reine Messung der maximal möglichen Abrufzahl einer Seite.

---

[26] http://jakarta.apache.org/jmeter/

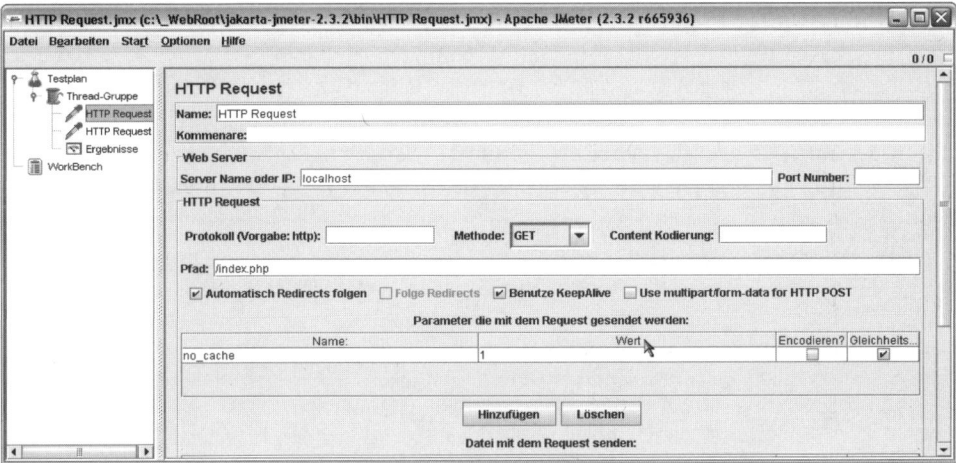

Bild 6.6: JMeter ist ein mächtiges Instrument für umfangreichste Lasttests

6.2 Einbinden in bestehende Architekturen

Intranets, Webshops, Mailing-Systeme – eine Typo3-Installation steht vor allem im Unternehmensumfeld immer seltener für sich allein. Dadurch ist das Problem, zwei unterschiedliche Architekturen zu koppeln, von der Ausnahme zur Regel geworden. Meistens geht es dabei um die Anmelde-Daten, die von mehreren Systemen genutzt werden. Die folgenden zwei Beispiele zeigen Lösungen für die Kopplung von Typo3 an einen *LDAP*-Server zum Login sowie an das Mailing-System *OpenEMM*.

6.2.1 Typo3 und LDAP

Vor allem beim Einsatz im Intranet ist es wünschenswert, die Anmeldedaten der Nutzer zentral zu verwalten. Doch auch wenn mehrere Systeme im Web zusammenarbeiten sollen, ist ein zentraler Anmeldeserver sehr nützlich – sofern alle beteiligten Applikationen eine solche Anbindung vorweisen können.

Der LDAP-Server

Basis solcher zentraler Anmeldeserver ist heute meist *LDAP* (Lightweight Directory Access Protocol). Entsprechend wird meist von LDAP-Servern gesprochen, obwohl Directory Server die korrektere Bezeichnung wäre. Die Microsoft-eigene Implentierung eines Directory Servers ist das Active Directory, Novells Variante nennt sich NDS, unter

Linux kommen meist Implementierungen von *OpenLDAP* (http://www.openldap.org/) zum Einsatz. Mit *OpenDS* (http://www.opends.org/) bietet Sun eine Java-basierte Variante an, die wie OpenLDAP als Open-Source-Projekt entwickelt wird.

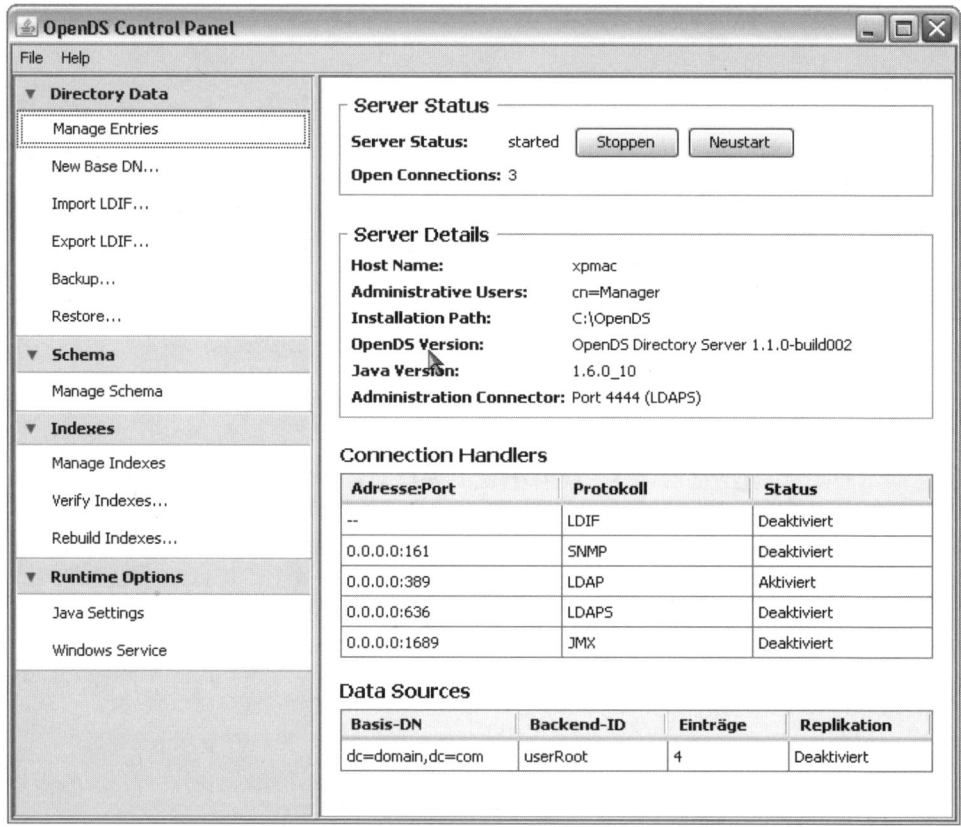

Bild 6.7: Das Verwaltungstool des OpenDS-Servers

LDAP Integration

Auf Typo3-Seite gibt es eine ganze Reihe von Extensions, die für die Anbindung an einen Typo3-Server sorgen. Eine einfach zu implementierende Lösung ist *LDAP Integration* (eu_ldap).

Die Installation gestaltet sich sehr einfach. Es gibt nur vier Grundoptionen, die es einzustellen gilt.

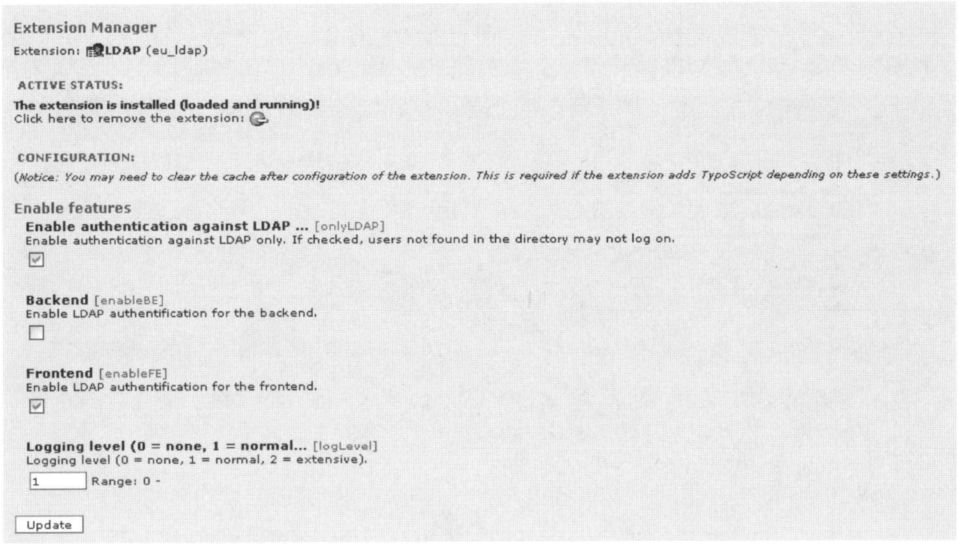

Extension Manager
Extension: LDAP (eu_ldap)

ACTIVE STATUS:
The extension is installed (loaded and running)!
Click here to remove the extension: 🔄

CONFIGURATION:
(Notice: You may need to clear the cache after configuration of the extension. This is required if the extension adds TypoScript depending on these settings.)

Enable features
Enable authentication against LDAP ... [onlyLDAP]
Enable authentication against LDAP only. If checked, users not found in the directory may not log on.
☑

Backend [enableBE]
Enable LDAP authentification for the backend.
☐

Frontend [enableFE]
Enable LDAP authentification for the frontend.
☑

Logging level (0 = none, 1 = normal... [logLevel]
Logging level (0 = none, 1 = normal, 2 = extensive).
[1   ] Range: 0 -

[Update]

Bild 6.8: Die Grundkonfiguration von eu_ldap

Die erste Option legt fest, ob sich neben den LDAP-Usern auch »normale« Typo3-User anmelden dürfen. Das kann beispielsweise sinnvoll sein, wenn es einen öffentlich zugänglichen Bereich gibt, in dem Besucher sich selbst registrieren können, ohne deshalb gleich in das Directory aufgenommen zu werden.

Außerdem lässt sich getrennt für Backend und Frontend einstellen, ob die Authentifizierung über den LDAP-Server abgewickelt werden soll.

Tipp: Ist die Option gesetzt, dass sich nur LDAP-User anmelden können, sollten Sie das Backend erst umstellen, wenn die Funktion der Erweiterung erfolgreich getestet wurde. Sonst ist eventuell kein Login mehr möglich.

Die letzte Einstellung schließlich bestimmt die Log-Optionen.

Nach der Installation wird im Verzeichnis, in dem die Frontend-User angelegt werden, ein neuer Datensatz vom Typ LDAP Server angelegt.

```
LDAP Server [1] - ldap://localhost
Server
ldap://localhost
Port
389
LDAP-Version
2
Basis DN
dc=domain,dc=com
Filter
(&(objectClass=person)(uid=<search>))
Art des LDAP Servers
OpenLDAP
Domäne
domain.com
auch BE Benutzer über diesen Server authentifizieren
Frontend only
```

Bild 6.9: Die Konfigurationsseite der Extension eu_ldap

Die Grundeinstellungen sind meist selbsterklärend. Der Servername wird mit Protokoll eingetragen, also beispielsweise `ldap://opends.domain.com` oder `ldaps://opends.domain.com`, wenn eine verschlüsselte Verbindung zum Server benutzt werden soll. Als Port wird standardmäßig 389 für `ldap` und 636 für `ldaps` verwendet.

Der Basis-DN (Distinguished Name) legt fest, welcher Zweig des LDAP-Servers genutzt werden soll. `dc=domain,dc=com` etwa bestimmt den gesamten Baum der Domain als Quelle. Existieren mehrere Organizational Units (ou), so lässt sich beispielsweise mit `ou=staff,dc=domain,dc=com` die Auswahl auf Mitarbeiter der Unit `staff` beschränken.

Entscheidend für die korrekte Funktion ist das richtige Setzen des Filters. Das Format dafür ist `(&(Filter1)(Filter2)...)`. Die Optionen `Filter1`, `Filter2` etc. werden dann mit AND verknüpft. Der Filter

```
(&(objectClass=person)(uid=<search>))
```

sucht also nur nach Einträgen, die zur Klasse `person` gehören und deren `uid` einen bestimmten Wert hat. Der Marker `<search>` wird beim Login durch den angegebenen Login-Namen aus dem Formular ersetzt.

In diesem Beispiel wird also das Feld `uid` eines Eintrags als Login-Name benutzt. Häufig wird dieses Feld im LDAP-Server automatisch in der Form `vorname.nachname` oder als `VNachname` mit dem ersten Buchstaben des Vornamens und dem Nachnamen erzeugt

Eine gängige Alternative als Login-Name ist auch das Feld `cn` (Common Name).

Die LDAP-Erweiterung kennt drei Arten von Directory Servern: Active Directory, NDS und OpenLDAP. Active Directory existiert in zwei Varianten, einmal mit der Anmeldung Domäne\Benutzer, einmal mit benutzer@domäne als Kennung. OpenLDAP darf an dieser Stelle als Stellvertreter für alle standardkonformen Server nach X.500 verstanden werden, auch der hier benutzte OpenDS-Server funktioniert mit dieser Einstellung einwandfrei.

Schließlich wird noch ein Benutzer angegeben, der für die Kommunikation mit dem LDAP-Server benutzt wird, und eine Reihe von Mappings, die die Zuordnung von Directory-Feldern zu Typo3-Feldern regeln.

eu_ldap beschränkt die Nutzung der Directory-Daten nicht auf User. Auch die Gruppenzugehörigkeit lässt sich automatisch über die Strukturen im Directory ableiten und in Typo3 übertragen. Wahlweise können die LDAP-User aber auch einer Typo3-Gruppe fest zugeordnet werden.

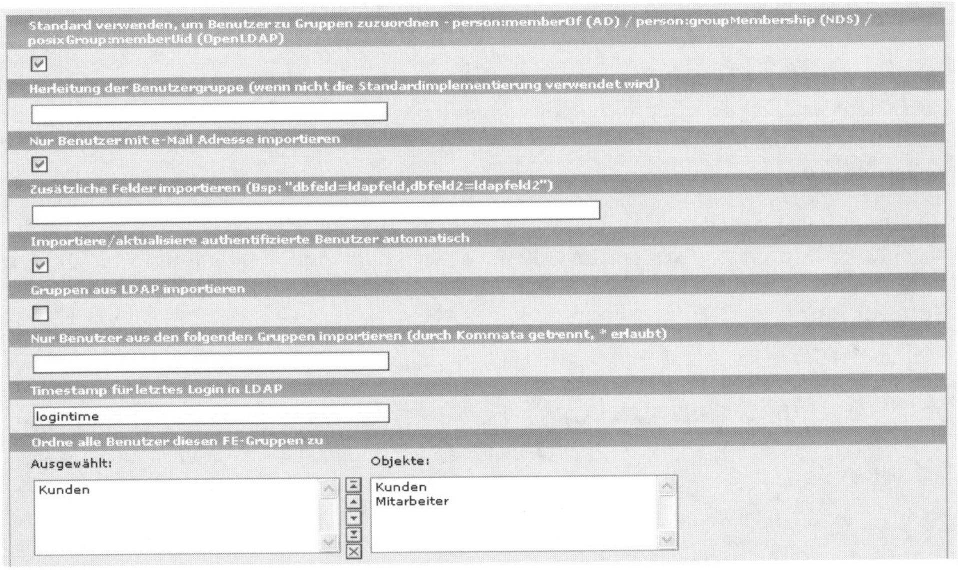

Bild 6.10: Der Directory Server kann nicht nur als Quelle für User, sondern auch für Gruppen dienen

In der Reihe der Optionen für die Gruppenzuordnung findet sich auch die Einstellung für den automatischen Import der User-Daten. Sie sorgt dafür, dass Benutzer, die bei der ersten Anmeldung zwar im Directory, aber nicht in Typo3 vorhanden sind, automatisch ins Typo3-System übertragen werden.

Ist diese Einstellung inaktiv, so kann der Import bzw. die Aktualisierung von Hand über das Modul LDAP Integration erfolgen.

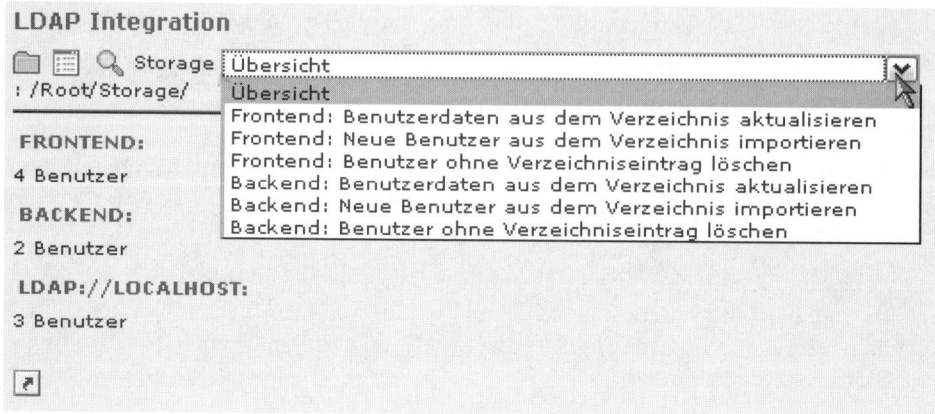

Bild 6.11: Das Backend-Modul importiert User aus dem Directory

Aus dem Menü der LDAP-Integration wird eine Eigenheit aller LDAP-Anbindungen in Typo3 deutlich: Es gibt keinen Weg, um einen in Typo3 angelegten User automatisch in das Directory einzutragen. Das Directory des LDAP-Servers ist und bleibt die Datenquelle.

Um zumindest nicht ständig von einer Verwaltung in die anderen wechseln zu müssen, kann die Extension phpldapadmin helfen. Sie installiert ein Verwaltungstool für den LDAP-Server. Aus Sicherheitsgründen steht es allerdings nur Typo3-Administratoren zur Verfügung.

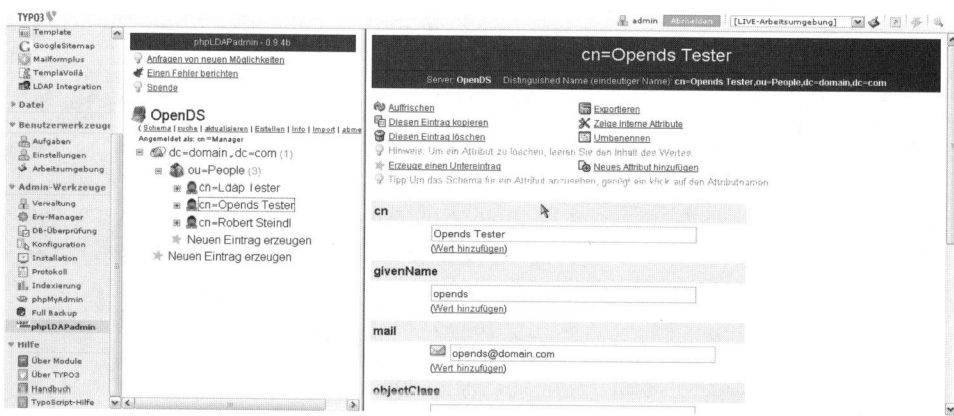

Bild 6.12: phpLDAPadmin ist ein einfaches Tool zum Verwalten des LDAP-Servers

Der Import der Daten in Typo3 bedeutet nicht automatisch, dass der Login ab dann auch ohne LDAP-Server klappt. Beim Import werden die User angelegt, zusätzliche Daten wie E-Mail-Adressen importiert und die User den gewünschten Gruppen zugeordnet. Als Passwort wird allerdings ein zufälliger Wert eingetragen, der aber zur Anmeldung nicht gebraucht wird. Die Authentifizierung erfolgt weiterhin ausschließlich über den LDAP-Server. Der Import hat den Zweck, die Daten in Typo3 anderweitig nutzen zu können, etwa für die Zugriffsrechte, für Mailings o. Ä.

Alternativen zu eu_ldap

Eine ganze Reihe von Erweiterungen bieten eine ähnliche Funktionalität wie `eu_ldap`, beispielsweise `xw_ldap` oder `ldap_authentification`.

> **Tipp:** Relativ oft in Gebrauch ist auch das Quartett aus den Extensions `ldap_lib`, `ldap_server`, `ldap_auth` und `ldap_sync`. Allerdings sind diese Erweiterungen schon etwas in die Jahre gekommen, sodass unter PHP5 Warnungen auftauchen können, beispielsweise wegen des Aufrufs von Funktionen mit Referenzen zur Laufzeit (PHP-Option `allow_call_time_pass_reference`), was seit PHP5 als `deprecated` gekennzeichnet und standardmäßig inaktiv ist.

Single Sign On

Wenn es im Intranet einen zentralen Anmeldeserver gibt, liegt es nahe, dass nur ein Login nötig ist, um alle vorhandenen Dienste zu nutzen (Single Sign On, SSO). Dazu sind allerdings einige Modifikationen an allen beteiligten Systemen nötig.

Zum einen muss der Apache-Server darauf vorbereitet werden, *NTLM* zur Authentifizierung zu nutzen. Im Installationsumfang ist allerdings kein entsprechendes Modul vorhanden. Unter Windows leistet dies beispielsweise das Modul `mod_sspi` (`http://sourceforge.net/projects/mod-auth-sspi`), unter Unix gibt es unter anderem `mod_ntlm` (`http://modntlm.sourceforge.net/`).

In Typo3 muss ebenfalls ein passendes SSO-Modul installiert werden, beispielsweise `bzb_ldapsso` oder `wwsc_sso_intranet`. Diese Module benötigen meist keine Konfiguration, sondern arbeiten unmittelbar nach der Installation.

Und schließlich muss auch noch der Browser angepasst werden.

Im Internet Explorer finden Sie die nötigen Einstellungen in den Internetoptionen im Reiter `Sicherheit`. Stellen Sie für die lokale Intranetzone die Option zur Benutzerauthentifizierung auf `Automatische Anmeldung mit aktuellem Benutzernamen und`

Passwort, für das Internet aktivieren Sie im gleichen Abschnitt Automatisches Anmelden nur in der Intranetzone.

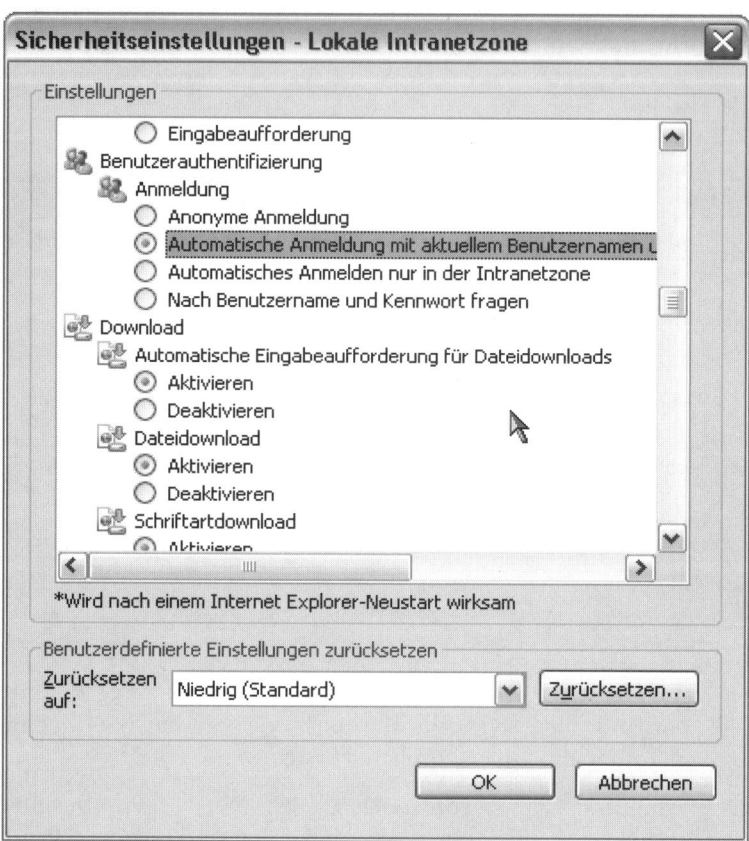

Bild 6.13: Login-Einstellungen für den Internet Explorer

In Firefox aktivieren Sie die NTLM-Authentifizierung in der erweiterten Konfiguration. Geben Sie in der Adresszeile about:config ein, und suchen Sie im Filter nach NTLM. Per Doppelklick lässt sich dann die Einstellung network.automatic-ntlm-auth. trusted-uris anpassen. Geben Sie eine Komma-separierte Liste von Servern ein, für die die Anmeldung erlaubt sein soll.

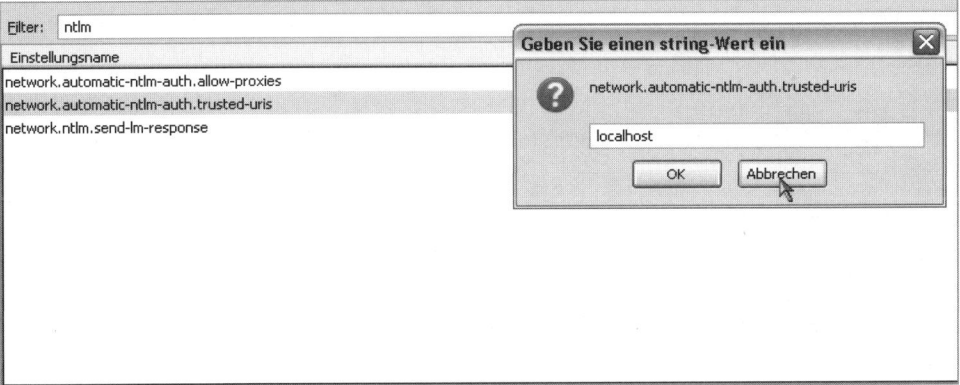

Bild 6.14: NTLM unter Firefox aktivieren

6.2.2 Typo3 und OpenEMM

Bei LDAP geht es um die Nutzung externer Datenquellen in Typo3. Doch häufig ist auch der umgekehrte Weg gewünscht, etwa um die Benutzer-Daten von Typo3 in einem Newsletter-System zu verwenden.

Ein Beispiel dafür ist *OpenEMM*[27], ein sehr leistungsfähiges Mailing-System, das von Agnitas entwickelt wurde und seit Mitte 2006 als Open-Source-Lösung unter einer modifzierten Mozilla Public License zur Verfügung steht.

---

[27] http://www.openemm.org

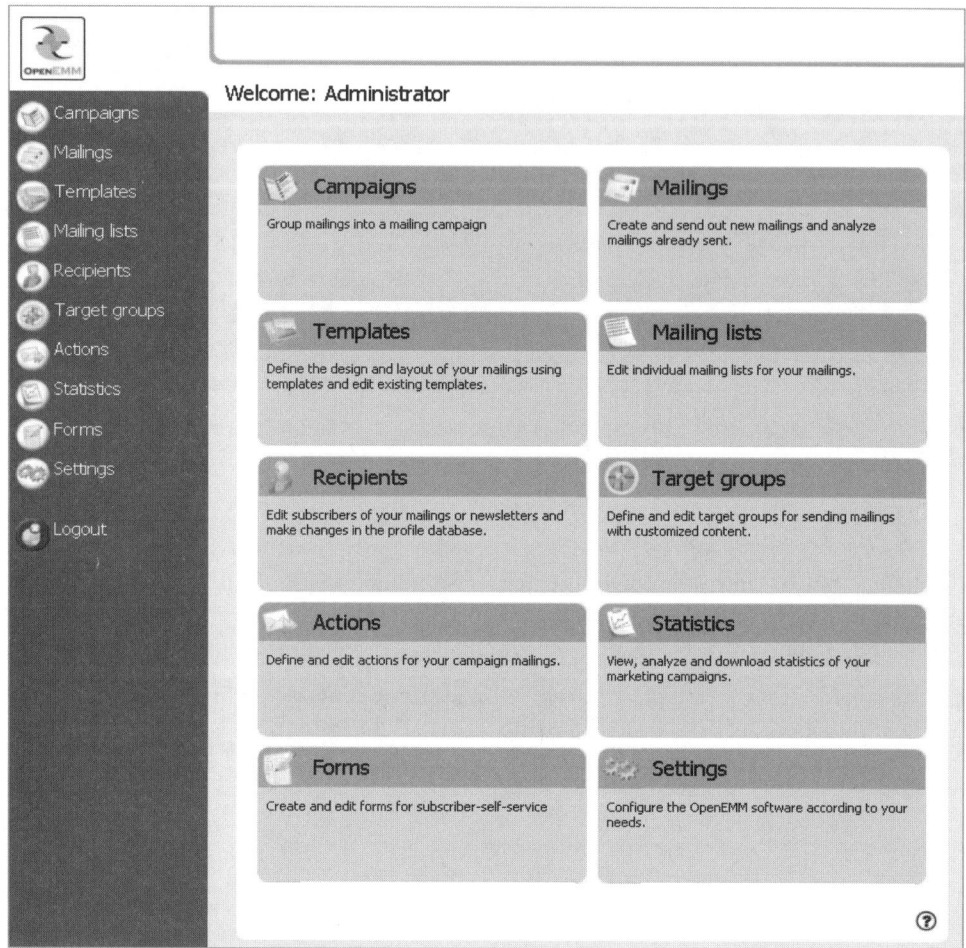

Bild 6.15: OpenEMM ist ein sehr leistungsfähiges Mailing-Tool

Die Schwierigkeit bei dieser Art der Integration liegt in den speziellen Anforderungen an den Umgang mit persönlichen Daten. Für die Anmeldung zu einem Newsletter muss auch mit zwei Systemen das Double-Opt-In-Verfahren eingehalten werden, bei dem der User nach der Anmeldung eine Mail mit einem Bestätigungslink erhält, über den er die Anmeldung aktivieren muss. Jede Änderung, die der User an seinem Profil vornimmt, muss an OpenEMM weitergegeben werden, insbesondere auch die Anforderung des Nutzers, seine Daten vollständig zu löschen.

te_openemm_newsletter

Für Typo3 regelt die Extension `te_openemm_newsletter` der Agentur target-e[28] die Anbindung an OpenEMM. Die Erweiterung stützt sich dabei auf `tt_news` für das Erstellen der Newsletter sowie `sr_feuser_register` für die Anmeldung und die Profilverwaltung der Nutzer. Für ältere Versionen von Typo3 ist außerdem die Extension `newloginbox` nötig. Das Backend nutzt darüber hinaus intensiv die Javascript-Bibliothek *Scriptaculous*, die ebenfalls als Extension installiert wird.

Nach der Installation können neben Einstellungen wie User and Passwort für OpenEMM auch die News-Kategorien festgelegt werden, die für den Versand von Newslettern herangezogen werden sollen. In der Standardkonfiguration lässt sich jede News nur einmal in einem Newsletter verwenden; außerdem gibt es ein »Verfallsdatum«, also ein maximales Alter, das News haben dürfen, um noch in einem Newsletter zu landen.

OpenEMM-Templates

Die Templates für Newsletter liegen nicht als Datei vor, sondern sind in der OpenEMM-Datenbank gespeichert und werden auch dort verwaltet. Im Newsletter-Modul der OpenEMM-Extension werden die Templates beim Erstellen eines Newsletters lediglich ausgewählt. Es funktioniert aber nicht jedes OpenEMM-Template in Typo3. Im Template müssen die Platzhalter richtig bezeichnet werden, um korrekt mit den Daten aus `tt_news` gefüllt zu werden. Soll der Newsletter etwa Inhalte aus zwei News enthalten, so sind im Template Platzhalter wie `news1_title`, `news1_bodytext`, `news2_title`, `news2_bodytext` zu verwenden. Der zweite Teil des Namens bezeichnet dabei das Datenbankfeld der `tt_news`-Tabelle.

---

[28] http://www.target-e.de

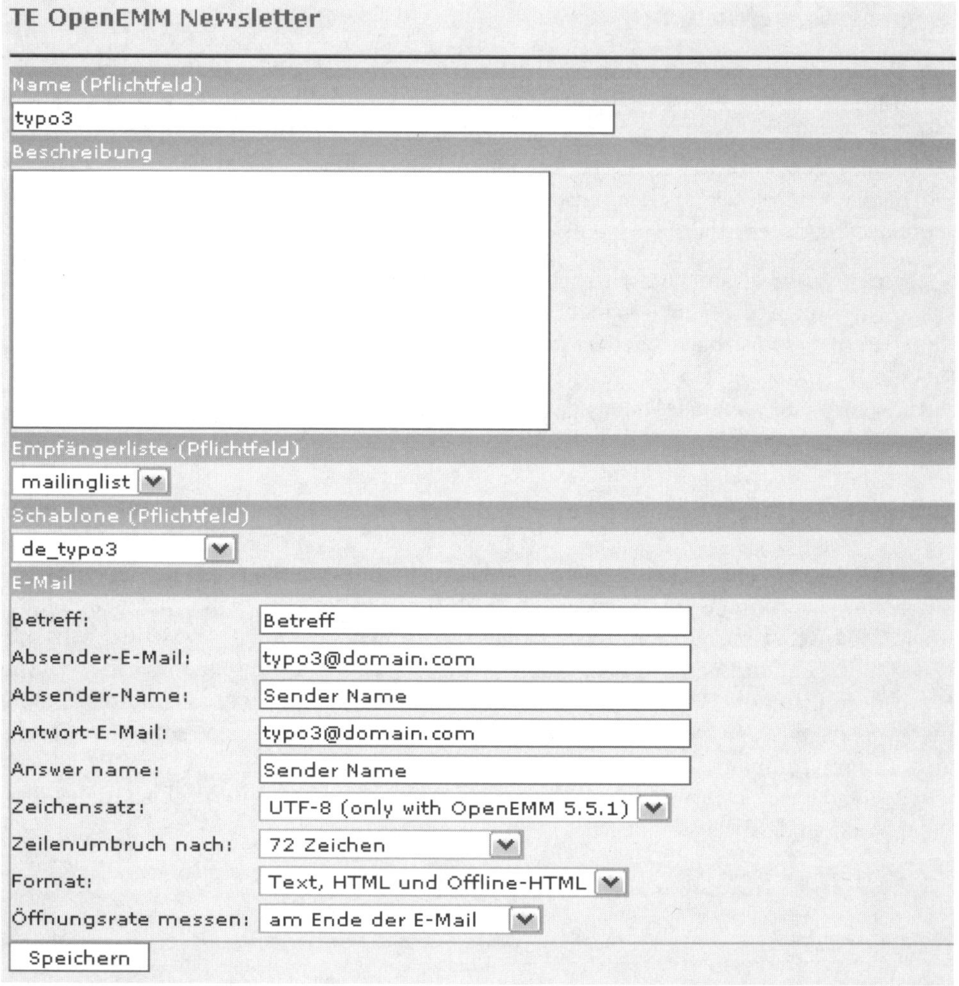

TE OpenEMM Newsletter

Name (Pflichtfeld)

typo3

Beschreibung

Empfängerliste (Pflichtfeld)

mailinglist ▼

Schablone (Pflichtfeld)

de_typo3 ▼

E-Mail

Betreff:	Betreff
Absender-E-Mail:	typo3@domain.com
Absender-Name:	Sender Name
Antwort-E-Mail:	typo3@domain.com
Answer name:	Sender Name
Zeichensatz:	UTF-8 (only with OpenEMM 5.5.1) ▼
Zeilenumbruch nach:	72 Zeichen ▼
Format:	Text, HTML und Offline-HTML ▼
Öffnungsrate messen:	am Ende der E-Mail ▼

Speichern

Bild 6.16: OpenEMM-Templates werden in OpenEMM angelegt und in Typo3 ausgewählt

Newsletter erstellen

Sind das Template und die gewünschten News erstellt, so lässt sich über das Newsletter-Modul der Erweiterung das Mailing erstellen. Das geschieht bequem per Drag and Drop, indem die gewünschte News einfach ins Template an den entsprechenden Platz gezogen wird.

Nach Fertigstellung kann das Ergebnis in einer Vorschau nochmal kontrolliert werden, bevor der Newsletter versandfertig ist. Dann erfolgt normalerweise der Versand an einige Testempfänger und schließlich der eigentliche Versand. Angestoßen wird der Versand also noch innerhalb von Typo3, OpenEMM übernimmt die Ausführung.

Mailing-Liste exportieren

Das zweite OpenEMM-Modul exportiert die Typo3-User in die Mailing-Liste von OpenEMM. Aus Performance-Gründen werden maximal 500 Adressen auf einmal übertragen. Dieser Export sollte aus Aktualitätsgründen unmittelbar vor jedem Versand eines Newsletters erfolgen.

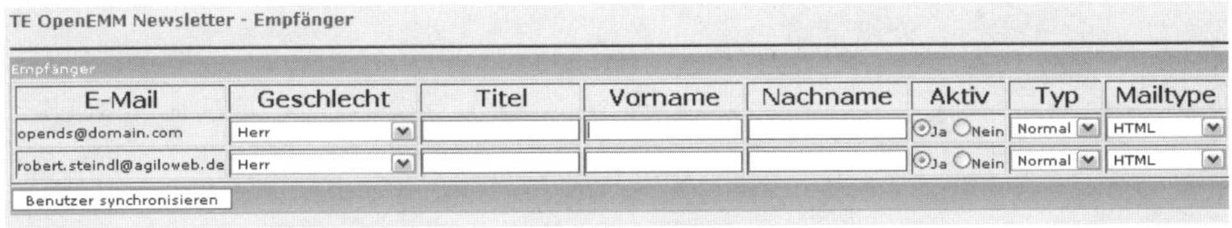

Bild 6.17: Ein eigenes Modul dient dem Transfer der Nutzerdaten

Die Bezeichnung der Schaltfläche »Benutzer synchronisieren« ist hier etwas irreführend. Der Weg führt nur von Typo3 nach OpenEMM. In OpenEMM bestehende Nutzer werden aktualisiert, der Rest neu angelegt.

Für jeden Nutzer lässt sich festlegen, welches Mailformat (Text, HTML oder Inline-HTML) er bekommt und ob er ein normaler User, ein Testempfänger oder ein Administrator ist.

Statistik

Das dritte und letzte Modul von `te_openemm_newsletter` zeigt die Auswertung des Mailings. Allerdings sind hier derzeit (Version 1.0.4) nur einige grundlegende Daten zu finden wie die Anzahl der Fehler beim Versand (Bounced Mails) oder die Zahl der Klicks auf einen Link im Newsletter.

Allerdings bietet OpenEMM erheblich mehr Auswertungsmöglichkeiten, als das Modul in Typo3 anbietet. Die Entwickler der Extension stellen aber für die Zukunft mehr Funktionen in Aussicht.

Problempunkte

Die OpenEMM-Integration ist ein gutes Lehrbeispiel einer Extension zum Koppeln zweier Systeme. Allerdings sind noch einige Punkte offen, die es in der Praxis zu berücksichtigen gilt. Zum einen erfolgt die Kopplung direkt über Datenbankzugriffe, was immer ein gewisses Risiko darstellt. Eine Umstellung auf die Nutzung der SOAP-basierten Schnittstellen von OpenEMM ist aber geplant.

Zum anderen bleiben im Betrieb Nutzer, die über das Backend gelöscht wurden, weiterhin in der OpenEMM-Mailingliste. Ein hohes Maß an Sorgfalt im Umgang mit den Listen ist daher unabdingbar.

6.3 Backup

Die Sicherung eines Typo3-Systems ist logischerweise komplexer als bei einer statischen Website. Denn neben dem Applikationsverzeichnis spielen je nach Zweck des Backups auch noch das Source-Verzeichnis von Typo3 und die Datenbank eine Rolle.

6.3.1 Import/Export als T3D

Typo3 selbst enthält eine Funktion, den Seitenbaum als *T3D-Datei* zu sichern. Dafür klicken Sie auf das Weltkugel-Symbol des Seitenbaums und wählen Exportieren in .t3d.

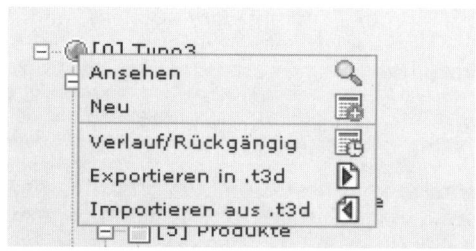

Bild 6.18: Typo3 bietet als Sicherungsformat die T3D-Dateien an

T3D-Dateien sind nichts anderes als ein Dump der Typo3-Datenbank. Als Speicherformat wird allerdings nicht SQL verwendet, wie es etwa mysqldump verwendet. Stattdessen erfolgt die Speicherung als serialisierter Array, der direkt in PHP verwendet werden kann.

T3D__07-12-12-02-28.t3d

1 f5453d43a867580ab9269c93d9b2552e:0:0000039083:a:11:{s:7:"charset";s:5:"utf
-8";s:10:"XMLversion";s:3:"1.0";s:4:"meta";a:8:{s:5:"title";s:0:"";s:11:"d
escription";s:0:"";s:5:"notes";s:0:"";s:17:"packager_username";s:5:"admin"
;s:13:"packager_name";s:0:"";s:14:"packager_email";s:0:"";s:13:"TYPO3_vers
ion";s:5:"4.2.3";s:7:"created";s:22:"Sunday . December
2008";}s:15:"relStaticTables";a:0:{}s:10:"excludeMap";a:0:{}s:10:"softrefC
fg";a:0:{}s:21:"extensionDependencies";a:0:{}s:8:"pagetree";a:1:{i:0;a:3:{
s:3:"uid";s:1:"0";s:6:"subrow";a:2:{i:1;a:2:{s:3:"uid";s:1:"1";s:6:"subrow
";a:14:{i:6;a:1:{s:3:"uid";s:1:"6";}i:20;a:2:{s:3:"uid";s:2:"20";s:6:"subr
ow";a:2:{i:26;a:1:{s:3:"uid";s:2:"26";}i:25;a:1:{s:3:"uid";s:2:"25";}}}i:5
;a:2:{s:3:"uid";s:1:"5";s:6:"subrow";a:4:{i:10;a:2:{s:3:"uid";s:2:"10";s:6
:"subrow";a:3:{i:17;a:1:{s:3:"uid";s:2:"17";}i:16;a:1:{s:3:"uid";s:2:"16";
}i:15;a:1:{s:3:"uid";s:2:"15";}}}i:9;a:1:{s:3:"uid";s:1:"9";}i:8;a:1:{s:3:
"uid";s:1:"8";}i:7;a:1:{s:3:"uid";s:1:"7";}}}i:4;a:2:{s:3:"uid";s:1:"4";s:
6:"subrow";a:4:{i:42;a:1:{s:3:"uid";s:2:"42";}i:13;a:1:{s:3:"uid";s:2:"13"
;}i:12;a:1:{s:3:"uid";s:2:"12";}i:11;a:1:{s:3:"uid";s:2:"11";}}}i:24;a:1:{
s:3:"uid";s:2:"24";}i:3;a:1:{s:3:"uid";s:1:"3";}i:43;a:2:{s:3:"uid";s:2:"4
3";s:6:"subrow";a:1:{i:44;a:1:{s:3:"uid";s:2:"44";}}}i:2;a:1:{s:3:"uid";s:

Bild 6.19: Das Speicherformat der T3D-Datei ist ein serialisierter PHP-Array

Da der T3D-Export nur Datenbankinhalte umfasst, ist diese Methode nicht geeignet, eine komplette Sicherung einer Installation durchzuführen. Zum regelmäßigen Backup von Inhalten lässt es sich dagegen durchaus verwenden.

Vorwiegend dient das Format aber zum Austausch von Daten, beispielsweise um einen Seitenbaum zu einer neuen Installation zu übertragen. Auch die Installation von vorgefertigten Templates, etwa des YAML-Systems (Yet Another Multicolumn Layout, erhältlich unter http://www.yaml.de/), kann mithilfe von T3D-Dateien erfolgen.

Denn die T3D-Methode bietet im Gegensatz zu den anderen Backup-Methoden die Option, exakt einzustellen, welche Teile des Seitenbaums exportiert werden sollen. Dies geschieht bequem auf der Konfigurationsseite der Erweiterung.

```
ZU EXPORTIERENDE STRUKTUR:
Innerhalb des Seitenbaumes:

Steuerung:       Titel:                                                       Größe: Meldungen:
☐ Ausschließen   ☐
☐ Ausschließen   🔒_cli_powersearchindexlucene                                1.7 K
                 ⇨Root
                  ⇨Storage
                  ⇨Home
                   ⇨Willkommen
                  ⇨Standard
                  ⇨Standard [Template]
                   ⇨Standard
                 ⇨fileadmin
☐ Ausschließen   👤admin                                                      17.5 K
☐ Ausschließen   📁fileadmin                                                  183
    [     ▼]       ⇨path, "substitute" : ./
                    Wert: ./
☐ Ausschließen   🖥Testumgebung                                               581
                  ⇨admin
☐ Ausschließen   📁Root                                                       13.5 K
                  ⇨Storage
                  ⇨Home
                   ⇨Willkommen
                  ⇨Standard
                  ⇨Standard [Template]
                   ⇨Standard
    [     ▼]       ⇨TSconfig, "TSconfig" : fileadmin/rte/rte.css
                    Dateiname: fileadmin/rte/rte.css
                     🖺rte.css                                                 2.1 K
☐ Ausschließen   🖼tv_main                                                    1.0 K
                  ⇨+hauptmenue
                  ⇨include_static_file, "ext_fileref" : EXT:css_styled_content/static/
```

Bild 6.20: Der T3D-Export kann beliebige Teile des Seitenbaums ausblenden

Der Import einer T3D-Datei ist mit ein paar Mausklicks erledigt, allerdings sind einige Dinge dabei zu beachten.

Ist die Typo3-Installation, in die der Import erfolgt, noch »jungfräulich«, sind kaum Probleme zu erwarten. Sind allerdings am Ziel bereits Inhalte vorhanden oder vorhanden gewesen, so können sich beim Import die Datenbank-IDs der Daten im Vergleich zur Quelle ändern. Das kann dazu führen, dass Links ins Leere führen oder Templates nicht gefunden werden. Für solche Fälle bietet die Import-Funktion die Möglichkeit, die UID-Werte des Originals zu erzwingen. Allerdings ist auch diese Option nicht hundertprozentig sicher. Besser ist auf jeden Fall, die beteiligten Tabellen nach Möglichkeit zu leeren.

Enthält die T3D-Datei Inhalte aus Tabellen einer Extension, so muss diese Erweiterung natürlich auch am Zielsystem installiert sein, idealerweise in der gleichen Version. Beim Export lassen sich Extensions markieren, von denen die T3D-Datei abhängt, sodass Typo3 vor dem Import eventuell fehlende Erweiterungen melden kann.

6.3.2 Backup mittels Extension

Um eine Komplettsicherung durchzuführen, reichen die Bordmittel von Typo3 also nicht aus. Zusätzlich zur Datenbank muss dafür auch noch eine Reihe von Dateien gesichert werden.

Dazu gehören zumindest

- `fileadmin` für statische Daten und Downloads

- `typo3conf` für die Konfiguration sowie lokal installierte Erweiterungen

- `uploads` als Sammelbecken aller Dateien, die über Formulare hochgeladen wurden

Die Erweiterung *Full Backup* (`w4x_backup`) bietet eine bequeme Möglichkeit, all diese Daten auf einmal zu sichern und die Sicherungen auch zu verwalten.

Bild 6.21: Die Extension w4x_backup richtet sich als Admin-Modul ein

Full Backup erzeugt Dateien im Format `.tar.gz`, also gepackte Tar-Archive, die anschließend mit `gzip` gepackt werden. Unter Linux sind `tar` und `gzip` normalerweise vorhanden, unter Windows dagegen nicht. Seit der Version 0.8 unterstützt Full Backup allerdings das Programm *7-Zip* (`http://www.7-zip.org`), das auch unter Windows das gewünschte Format erzeugen kann.

Für den Export der Datenbank stützt sich Full Backup nicht auf die Export-Funktion von Typo3, sondern greift direkt auf die Tools von MySQL zu, speziell auf `mysqldump`.

> **Tipp:** Die MySQL-Client-Tools, also `mysql` und `mysqldump`, sollten entweder im Suchpfad des Systems liegen oder in einem Verzeichnispfad, der keine Leerzeichen enthält. Sonst schlägt der Aufruf der Kommandos fehl. Dies führt zwar nicht zu einem Absturz von Full Backup, aber doch zu einer Sicherung, die keine Datenbankinhalte enthält.

Um ein Backup zu erzeugen, muss das Tool lediglich aufgerufen und gestartet werden. Standardmäßig prüft Full Backup dabei, ob der System-User, mit dessen Rechten das Tool läuft, ausreichende Berechtigungen für alle betroffenen Dateien hat. Dies gilt insbesondere für die Schreibrechte, die nötig sind, um eine Sicherung später auch tatsächlich wieder einspielen zu können.

Hat der Benutzer keine ausreichenden Rechte, kann der Backup mit `Proceed without permission check` erzwungen werden. Allerdings ist ein Restore einer solchen Sicherung erst dann möglich, wenn die Schreibrechte korrekt gesetzt wurden.

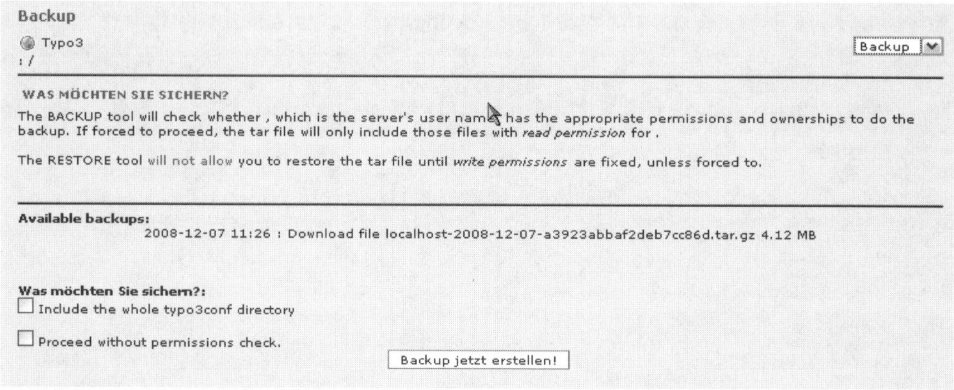

Bild 6.22: Die Sicherung mittels w4x_backup ist sehr einfach, wenn die Rechte stimmen

Unter Windows stellt die Rechte-Verwaltung meist kein Problem dar. Unter Linux dagegen kann sie vor allem dann zu Problemen führen, wenn der Restore auf einem anderen System durchgeführt werden soll, sodass die User und Gruppen nicht gleich sind. Dann kann der Restore schlimmstenfalls fehlschlagen. Da aber das Sicherungsformat standardisiert ist, lassen sich die Daten zur Not auch von Hand auspacken und nach Anpassen der Rechte wieder verwenden.

Stimmen die Rechte, so werden standardmäßig die Datenbank-Tabellen, die Verzeichnisse `fileadmin` und `uploads` sowie die Datei `typo3conf/localconf.php` gesichert. Als einzige Option lässt sich einstellen, dass das Verzeichnis `typo3conf` als Ganzes gesichert werden soll. Damit werden auch alle lokal installierten Erweiterungen in der Backup-Datei abgelegt.

Insgesamt erweist sich Full Backup also als sehr brauchbare Backup-Lösung, die in den meisten Fällen ausreicht. Nur wenn die Rücksicherung auf anderen Systemen erfolgen soll oder die Rechte nicht richtig gesetzt sind, kommt es zu Problemen.

Eine Einschränkung besteht allerdings auch hier: Das Full in Full Backup bezieht sich nur auf die Applikation. Es werden also weder das Typo3-Quellverzeichnis noch global installierte Extensions gesichert.

6.3.3   Backup mittels Shell-Skript

Um eine Sicherung eines Typo3-Systems inklusive der Quellen durchzuführen, reicht auch die Erweiterung Full Backup nicht aus. Aber auch die PHP-Einstellungen können dazu führen, dass eine Sicherung über eine Extension nicht erfolgreich ist. Denn sowohl für den Speicher, den ein PHP-Skript belegen kann, als auch für seine Ausführungszeit besteht ein Limit.

In all diesen Fällen ist ein externes Backup-Programm die richtige Lösung. Es sollte sowohl die Datenbank als auch alle Verzeichnisse sichern.

Unter Windows könnte eine passende Batch-Datei so aussehen:

```
set jahr=%date:~6,4%
set monat=%date:~3,2%
set tag=%date:~0,2%

set datum=%jahr%-%monat%-%tag%
set sqlfile=c:\backup\typo3-%datum%.sql
set tarfile=c:\backup\typo3-%datum%.tar

mysqldump --user=typo3 --password=typo3 typo3 > %sqlfile%

cd c:\_webroot\typo3

c:\programme\7-zip\7z a -ttar %tarfile% %sqlfile%
c:\programme\7-zip\7z a -ttar -r %tarfile% webroot\*

c:\programme\7-zip\7z a -tgzip c:\backup\backup-%datum%.tar.gz %tarfile%

del %tarfile%
del %sqlfile%
```

Zunächst werden aus dem Systemdatum die Dateinamen für die SQL- und `tar`-Datei generiert. Anschließend wird mittels `mysqldump` die Datenbank gesichert und in der `tar`-Datei gespeichert.

Als Drittes wird der Inhalt des Applikationsverzeichnisses (das unter Windows auch die Typo3-Quellen beinhaltet) der `tar`-Datei hinzugefügt.

Schließlich wird die `tar`-Datei mit `gzip` gepackt und die beiden temporären Dateien werden gelöscht.

Auch dieses Skript nutzt zum Packen das Programm 7-Zip, weil es sowohl tar als auch gzip beherrscht und per Kommandozeile steuerbar ist.

Nun fehlt nur noch, das Backup-Skript über den Windows-Taskplaner regelmäßig auszuführen.

Die Linux-Variante mit einem Shell-Skript ist ähnlich einfach:

```
#Shell-Skript zum Sichern einer Typo3-Installation

datum=`date +%Y-%m-%d`
sqlfile=/var/backup/typo3-${datum}.sql
tarfile=/var/backup/typo3-${datum}.tar.gz
typo3site=/var/www/htdocs/
typo3src=/var/www/typo3_src-4.2.3/

mysqldump --user=typo3 --password=typo3 typo3 > ${sqlfile}

cd c:\_webroot\typo3

tar -czf ${tarfile} ${sqlfile} ${typo3site}typo3conf/ ${typo3site}fileadmin/
${typo3site}uploads/ ${typo3src}

rm %sqlfile%
```

Der tar-Befehl ist hier etwas einfacher, da er die Kompression gleich mit erledigt und alle Daten auf einmal erfasst. Dafür sind mehr Verzeichnisse anzugeben, da die Quellen normalerweise nicht im gleichen Verzeichnis liegen wie die Applikation.

Für die regelmäßige Ausführung des Skripts sorgt unter Linux ein cron-Job.

In der Praxis kann es durchaus sinnvoll sein, eine Mischung der hier vorgestellten Backup-Lösungen anzuwenden. So könnte ein Backup-Plan vorsehen, dass einmal pro Monat per Shell-Skript eine komplette Sicherung erzeugt wird und einmal täglich per Full Backup die Verkehrsdaten gesichert werden. Auf jeden Fall müssen die Sicherungen aber auf einem zweiten Rechner gespeichert werden, da ein Festplattencrash sonst auch die Sicherungen umfasst.

> **Tipp:** Bei jedem Backup ist es wichtig, dass regelmäßig auch die Funktion geprüft wird. Im Fall von Typo3 heißt dies, dass auf einem Testsystem versucht wird, aus einem Backup ein funktionsfähiges System zu restaurieren. Nur wenn das funktioniert, können Sie Ihrem Backup auch vertrauen.

6.4 Sicherheit

Die *Sicherheit* einer Typo3-Installation hängt von vielen Faktoren ab. Ein Sicherheitskonzept muss daher alle Komponenten umfassen. Das beginnt beim Betriebssystem und geht über den Webserver und die PHP-Installation bis hin zu Typo3. Einige der folgenden Tipps sind fast schon banal. Doch in der Praxis sind es gerade die banalen Dinge, die häufig übersehen werden. Daher sind sie hier nochmal aufgeführt.

6.4.1 Aktuelle Patches einspielen

Auf allen Ebenen gilt: Der Patch-Zustand des Systems sollte so aktuell wie möglich sein. Das klingt trivial, doch in der Praxis sind nur wenige Systeme wirklich komplett gepatcht. Automatische Updates, wie sie etwa Windows bietet, sind im Serverumfeld aber nicht unbedingt zu empfehlen, da immer wieder mal Unverträglichkeiten auftreten. Stattdessen sollte ein zweites System zur Verfügung stehen, an dem man Updates testen kann, bevor sie auf dem Live-Server installiert werden.

Hier sind also Eigeninitiative und Sorgfalt gefragt. Das beginnt damit, dass für alle beteiligten Systeme ein Abonnement der entsprechenden Sicherheitsbulletins Pflicht sein sollte. Die wichtigsten Listen finden Sie in der nachstehenden Tabelle.

System	Liste
Debian	`http://lists.debian.org/debian-security-announce/`
Ubuntu	`https://lists.ubuntu.com/mailman/listinfo/ubuntu-security-announce`
Windows	`http://www.microsoft.com/technet/security/bulletin/notify.mspx`
Apache	`http://httpd.apache.org/lists.html`
PHP	`http://www.php.net/mailing-lists.php`
Typo3	`http://lists.netfielders.de/cgi-bin/mailman/listinfo/typo3-announce` `http://typo3.org/teams/security/security-bulletins/`

Tabelle 6.2: Mailinglisten mit aktuellen Sicherheitsinformationen

6.4.2 Weniger ist besser

Die Konfiguration eines Systems sollte so sparsam wie möglich sein. Funktionen, die nicht installiert sind, stellen auch kein Risiko dar. Das heißt in der Praxis:

Apache

Apache sollte nur die Module laden, die tatsächlich benötigt werden. Gerade bei Hosting-Angeboten gibt es oft einen Standard-Satz an Modulen, um nicht ständig von Hand anpassen zu müssen.

Läuft Typo3 parallel mit anderen Webangeboten, die bestimmte Module benötigen, lässt sich dieses Prinzip nicht immer konsequent durchhalten, es sei denn, jede Domain hat eine eigene IP-Adresse. In diesem Fall können Sie für jede Domain eine eigene Instanz von Apache mit getrennten Konfigurationen starten.

Und schließlich sollte Apache keine Versionsnummern liefern, wenn ein Fehler ausgegeben wird. Denn eine solche Angabe heißt in der Praxis nur, dass einem Angreifer unnötigerweise Informationen über Server- und PHP-Version geliefert werden. Zum Abschalten schreiben Sie in die Datei `httpd.conf`:

```
ServerSignature Off
```

MySQL

Bei der Datenbank gibt es keine Zusatzmodule, doch auch hier lässt sich die Sicherheit erhöhen, indem beispielsweise Netzwerkverbindungen nicht zugelassen werden. Befindet sich der MySQL-Server auf einem anderen Rechner, lassen sich diese Verbindungen mittels abgesicherter Tunnel herstellen.

Wie im Installationskapitel bereits erwähnt, sollte die Typo3-Datenbank nicht über den `root`-User der Datenbank angesprochen werden. Stattdessen wird für die Typo3-Datenbank ein eigener User eingerichtet, der nur für diese Datenbank die nötigen Rechte hat.

PHP

Wie für Apache gilt auch für PHP, dass keine unnötigen Module aktiv sein sollten.

Eine weitere Sicherheitsfunktion in PHP ist der sogenannte *Safe Mode*, der häufig zur Absicherung empfohlen wird. Ist er aktiviert, so prüft PHP, ob der User, unter dem das Skript läuft, auch der Eigentümer der Datei ist, auf die zugegriffen werden soll. Der Safe Mode ist in der Praxis oft schwierig zu handhaben, wenn etwa Dateien per Formular und per FTP auf den Server gelangen und dies mit unterschiedlichen Usern geschieht.

Aus Sicht von PHP hat dieses Konzept keine Zukunft, und in PHP 6 wird der Safe Mode nicht mehr enthalten sein.

Daneben gibt es noch die Option `open_basedir`. Ist sie gesetzt, kann PHP nur auf die Dateien zugreifen, die in einem der angegebenen Verzeichnisse liegen. Diese Option ist relativ leicht zu handhaben und auch in Zukunft verfügbar.

6.4.3 Typo3 absichern

Sind die Basissysteme abgesichert, geht es an die Konfiguration von Typo3 selbst.

Zwei wichtige Sicherheitseinstellungen mahnt Typo3 selbst nach dem Login im Backend groß und leuchtend gelb an.

⊗ **Important Notice!**

   • **Das Installationsprogramm ist aktiviert. Löschen Sie die Datei "/var/www/vhosts/**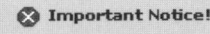**/typo3conf/ENABLE_INSTALL_TOOL", wenn Sie mit der Installation von TYPO3 fertig sind. Klicken, um die Datei jetzt zu löschen.**

Bild 6.23: Typo3 warnt auffällig vor groben Nachlässigkeiten

Installation deaktivieren

Zum einen warnt das System, wenn das Installationstool noch aktiv ist. Um es abzuschalten, reicht es, die leere Datei `ENABLE_INSTALL_TOOL` zu entfernen oder umzubenennen. In älteren Versionen von Typo3 wird das Tool durch Einfügen eines `die()`-Befehls deaktiviert. Handelt es sich um eine stabile Version, an der voraussichtlich nichts mehr geändert wird, lässt sich auch das Verzeichnis `typo3/install` komplett entfernen oder zumindest verschieben, sodass es vom Webserver aus nicht mehr zugänglich ist.

Zum zweiten weist Typo3 darauf hin, wenn das Admin-Passwort nicht geändert wurde. Das lässt sich auch allgemeiner fassen: Alle Passwörter des Systems müssen sicher und speziell sein. Der User Admin sollte durch einen neuen Login mit Admin-Rechten ersetzt werden.

Logins anpassen

Auch alle anderen Logins des Systems sollten aus psychologischen Gründen nicht funktionsbezogen, sondern persönlich sein. Logins wie `redaktion` oder `publisher` werden leichter an Dritte weitergegeben als persönliche Anmeldedaten. Außerdem erlauben persönliche Daten eine genauere Kontrolle, von wem welche Änderungen vorgenommen wurden.

Zugriffsrechte prüfen

Ein wichtiges Thema jeder Webapplikation sind die Zugriffsrechte in den verschiedenen Verzeichnissen. Für Typo3 heißt das:

Der Webserver benötigt keine Schreibrechte im Verzeichnis der Typo3-Quellen (typo3_src) und sollte daher auch keine bekommen.

Im Applikationsverzeichnis werden die Rechte dem Zweck angepasst. Insbesondere Schreibrechte sollten sparsam und mit Sorgfalt vergeben werden. Werden beispielsweise ins Verzeichnis uploads per FTP keine Daten hochgeladen, braucht der FTP-User dort auch keine Schreibrechte. Auch im fileadmin-Verzeichnis, das gerne mal mit der Maske 777 (Lesen/Schreiben/Ausführen für alle) versehen wird, ist eine solche Großzügigkeit nur selten nötig.

Wer es ganz genau nehmen will, kann die Datei localconf.php im Verzeichnis typo3conf noch besonders absichern. Immerhin enthält sie die Zugangsdaten zur Datenbank und einige andere Einstellungen im Klartext. Im Normalfall ist das kein Problem, weil PHP-Dateien nicht einfach per Webserver downloadbar sind, doch bei einem falsch konfigurierten Webserver oder einer Sicherheitslücke könnte das kurzfristig der Fall sein. Dann lässt sich die Konfigurationsdatei in einem externen Verzeichnis speichern und in typo3conf eine Datei localconf.php mit folgendem Inhalt anlegen:

```php
<?php require("/pfad/zur/datei/localconf.php"); ?>
```

Zugriffsrechte im Backend richtig setzen

Neben dem Dateisystem ist auch die Rechteverwaltung im Backend ein mögliches Risiko, vor allem dann, wenn Nutzer spezielle Content Elemente wie HTML nutzen oder sogar Extensions installieren oder verwenden können, die das Nachladen von PHP-Code erlauben.

Das Risiko hier besteht zum einen im absichtlichen Missbrauch, zum anderen aber auch in der Gefährdung durch Fehleingaben oder mangelndes Sicherheitsbewusstsein der Anwender. Geben Sie also weitgehende Rechte nur an so wenige Personen wie nötig, die zudem erfahren und vertrauenswürdig sein sollten.

Unnötigen Code entfernen

In einem Typo3-Live-System sollte es keinen Code geben, der nicht benutzt wird. Erweiterungen, die nicht benutzt werden, sollten daher in Typo3 deinstalliert werden. Anschließend können Sie die zugehörigen Verzeichnisse ebenfalls entfernen.

Haben Sie ein System im Einsatz, das ein Upgrade hinter sich hat, so könnten auch noch einige Verzeichnisse wie `media` oder `scripts` existieren, die nicht benutzten Code enthalten. Hier hilft nur manuelles Aufräumen.

Extensions prüfen

Jede Erweiterung ist gleichzeitig ein Sicherheitsrisiko. Daher wird häufig empfohlen, aus Gründen der Sicherheit nur Extensions zu installieren, deren Status auf `reviewed` steht. Allerdings ist dann die Auswahl deutlich eingeschränkt, weil nur ein kleiner Teil der Erweiterungen den Review-Prozess durchlaufen hat, und das häufig nicht in der aktuellen Version.

Um das Risiko zu minimieren, lautet ein vernünftiger Kompromiss, Extensions zu verwenden, die zumindest in der Vergangenheit einen Review-Prozess durchlaufen haben, und dann das Changelog der Erweiterung selbst zu prüfen.

Natürlich besteht auch immer die Möglichkeit, ein Projekt durch *Sponsoring* zu unterstützen und so den Review-Prozess voranzutreiben (mehr zum Sponsoring von Typo3 finden Sie unter `http://typo3.org/development/sponsoring/`).

Absichern des Backend-Zugangs

Wie bei den Logins bereits erwähnt, sollte es nur persönliche Logins geben, um die Gefahr der Weitergabe zu minimieren. Darüber hinaus sollte aber auch der Zugang zum Backend über eine abgesicherte SSL-Verbindung erfolgen. Sonst wäre es möglich, beispielsweise beim Einrichten neuer User deren Zugangsdaten durch Mithören der Verbindung zu erfahren.

Grundsätzlich ist das Einrichten der abgesicherten Verbindung kein Problem. In der `.htaccess`-Datei von Typo3 fügen Sie zu Beginn folgende Zeilen ein:

```
RewriteEngine On
RewriteCond %{SERVER_PORT} !^443$
RewriteRule ^typo3/.*$ https://%{SERVER_NAME}%{REQUEST_URI} [L,R]
```

Damit wird jede Anfrage auf eine Adresse, die mit dem Pfad `typo3` beginnt und nicht bereits eine sichere Verbindung benutzt, auf die SSL-Verbindung umgeleitet.

Zur Sicherheit sollte bei diesen Einstellungen auch die Option `lockSSL` in der Typo3-Konfiguration gesetzt werden (siehe nächsten Abschnitt).

> **Tipp:** Apache kann für eine IP-Adresse nur ein SSL-Zertifikat verwenden. Wenn Sie also zwei Domains benutzen, die beide per SSL gesichert werden sollen, so brauchen Sie eigentlich auch zwei IP-Adressen. Nutzt allerdings eine Domain die SSL-Verbindung nur für die Absicherung des Backend-Zugangs, reicht auch eine Adresse. Benutzen Sie dann für den Zugang das SSL-Zertifikat der anderen Domain. Das erzeugt beim Aufruf im Browser zwar einen SSL-Fehler, doch wenn das falsche Zertifikat akzeptiert wird, ist die Verbindung trotzdem sicher. Für ein Backend, das nur wenige Personen nutzen, ist dies sicher eine akzeptable Lösung.

Typo3 sicher konfigurieren

Bei der Installation von Typo3 findet sich in der langen Liste der Konfigurationsmöglichkeiten eine Reihe von Optionen, die unmittelbar Einfluss auf die Sicherheit des Gesamtsystems haben.

`[strictFormmail]`

Die Option sollte auf 1 stehen. Typo3 versendet dann Mails aus Formularen nur an Adressen, die vom System selbst verschlüsselt wurden. Das dient dazu, den Missbrauch von Formularen zum Spamversand zu verhindern.

`[secureFormmail]`

Die Option sollte auf 1 stehen. In diesem Fall versendet Typo3 Mails aus Formularen nur an Adressen, die im Content Element im Backend festgelegt wurden. Auch diese Option dient der Spamabwehr.

`[encryptionKey]`

Dieser Wert dient an mehreren Stellen zur Verschlüsselung. Er sollte daher auf einen zufälligen, ausreichend langen Wert gesetzt werden.

`[lockIP]`

Steht standardmäßig auf 4, d. h. es werden alle vier Segmente der IP-Adresse von Backend-Nutzern protokolliert.

`[lockBeUserToDBmounts]`

Steht standardmäßig auf 1, d. h. Backend-User können nur auf die Daten zugreifen, die für sie freigegeben wurden.

[lockRootPath]

Mit dieser Option lässt sich neben dem Installationsverzeichnis ein weiteres Verzeichnis angeben, in dem Dateien liegen dürfen. Außerdem dient dieser Pfad als Basis für userHomePath und groupHomepath.

[fileCreateMask]

Die hier angegebene Maske wird als Standardeinstellung für neue Dateien verwendet. Standard ist 644, d. h. der Eigentümer darf lesen und schreiben, die Gruppe und der Rest der Welt dürfen nur lesen.

[folderCreateMask]

Die hier angegebene Maske wird als Standardeinstellung für neue Ordner verwendet. Standard ist 755, d. h. der Eigentümer darf lesen, schreiben und ausführen, die Gruppe und der Rest der Welt dürfen nur lesen und ausführen.

[fileDenyPattern]

Diese Option erwartet einen regulären Ausdruck nach der ereg-Syntax[29] von PHP. Alle Dateien, die dem Ausdruck entsprechen, können weder hochgeladen noch über das Webinterface umbenannt werden.

Die Standardeinstellung ist \.php[3-6]?(\..*)?$|^\.htaccess$. Das stellt sicher, dass PHP-Dateien erfasst werden (auch mit anderen Endungen wie .php3, .php4, .php5 oder .php6). Dies gilt auch, wenn nach der PHP-Endung eine zweite Endung folgt, weil Apache über mod_alias eventuell auch dann die Ausführung möglich ist. Außerdem werden .htaccess-Dateien geblockt.

[warning_email_addr]

An die hier angegebene E-Mail-Adresse wird eine Nachricht verschickt, wenn ein Login-Versuch vier Mal fehlschlägt.

[warning_mode]

Mit dem Warnmodus lässt sich einstellen, ob für jeden Login eine Email an warning_email_addr verschickt wird. Die Eingabe wird als Bitmuster interpretiert. Ist Bit 1 gesetzt, wird für jeden Login eine Mail generiert, ist Bit 2 gesetzt, wird für jeden Admin-Login eine Mail generiert.

---

[29] Eine Syntax für reguläre Ausdrücke.

`[IPmaskList]`

Hier lassen sich IP-Adressen angeben, auf die der Backend-Zugang beschränkt ist. Das Format ist eine komma separierte Liste von IP-Adressen im IPv4- oder IPv6-Format. Wildcards sind zulässig, so erlaubt etwa 192.168.0.* den Zugriff aus dem gesamten Intranet.

`[lockSSL]`

Diese Option sperrt den Backend-Zugang für Verbindungen, die nicht via SSL abgesichert sind. Mögliche Werte sind 0 (abgeschaltet), 1 (aktiv), 2 (Umleitung zur `https`-Login-Seite) oder 3 (nur der Login muss per SSL gesichert sein).

`[enabledBeUserIPLock]`

Diese Option aktiviert die Option `lockToIP` in Typo3, d. h. in der Typoscript-Konfiguration eines Users kann mit `option.lockToIP = w.x.y.z` der Zugang für einen bestimmten User (oder eine Gruppe) auf die entsprechende IP beschränkt werden.

`[disable_exec_function]`

Wenn die Option gesetzt ist, wird die `exec()`-Funktion nicht genutzt (außer für ImageMagick). Alle Dateioperationen werden stattdessen mithilfe der Standard-PHP-Funktionen durchgeführt.

`[usePHPFileFunctions]`

Wenn die Option gesetzt ist, werden alle Dateioperationen mithilfe der Standard-PHP-Funktionen durchgeführt. Ist der Safe Mode von PHP aktiv, muss dieses Flag gesetzt sein.

`[noPHPscriptInclude]`

Ist diese Option gesetzt, werden PHP-Skripte nur dann via Typoscript geladen, wenn sie im Ordner `media/scripts` liegen. Das verhindert, dass User mit Zugang zu den Templates unerwünschte Dinge anstellen.

`[lockHashKeyWords]`

Kann derzeit nur leer sein oder `"useragent"` enthalten. Wenn der Wert gesetzt ist, wird eine Frontend-Session mit dem Wert von `HTTP_USER_AGENT` verknüpft. Dies vermindert das Risiko, dass jemand eine Session eines Frontend-Users übernimmt (Session Hijacking). Allerdings kann die Option zu Problemen führen, wenn etwa externe Zahlungssysteme angesprochen werden.

`[devIPmask]`

Hier legen Sie eine Liste von IP-Adressen fest, für die die Anzeige von Entwickler-Ausgaben erlaubt ist. Standardwert ist `127.0.0.1,::1`, d. h. nur lokale User können diese zusätzlichen Debug-Informationen sehen.

Frontend absichern

Sicherheit heißt nicht nur, das System gegen Missbrauch zu sichern. Auch die Daten Ihrer Besucher und Kunden müssen geschützt werden.

Das heißt in der Praxis, dass alle Seiten, auf denen die Kunden persönliche Daten eingeben oder verwalten können, per SSL verschlüsselt sein sollten. Der Extremfall: Bietet eine Website auf jeder Seite ein Login-Formular, sollte der gesamte Webauftritt über SSL laufen, sofern mit dem Login auch persönliche Daten zugänglich werden. Dazu reicht es, die Rewrite-Regel aus obigem Beispiel auf

```
RewriteRule ^.*$ https://%{SERVER_NAME}%{REQUEST_URI} [L,R]
```

zu ändern. Wahlweise lässt sich SSL auch über eine Erweiterung erzwingen, beispielsweise `https_enforcer`.

In punkto Passwörter von Frontend-Usern nimmt Typo3 es nicht so genau wie bei Backend-Usern. Das Passwort landet im Klartext in der Datenbank. Jede Lücke, die Zugriff auf die Datenbank bietet, liefert damit auch serienweise lesbare Passwörter. Abhilfe schaffen hier Erweiterungen, die das Passwort als Hashwert mit md5-Verschlüsselung speichern, etwa *md5 FE Password* (`kb_md5fepw`) oder *md5(Password)* (`md5passwords`). Die beiden Extensions haben unterschiedliche Ausrichtungen. Während md5 FE Password mittels Javascript bereits auf dem Client das eingegebene Passwort verschlüsselt und über einen Superchallenge-Mechanismus an den Server leitet, sorgt `md5(Password)` lediglich dafür, dass das Passwort verschlüsselt gespeichert wird. Letzteres hat allerdings den Vorteil, dass auf dem Client kein Javascript benötigt wird. SSL sollte in beiden Fällen aktiv sein.

Eine Alternative ist auch die Anmeldung via LDAP, wie in Kapitel 6.2 beschrieben.

Eigene Extensions absichern

Jede Typo3-Applikation ist den gleichen Gefährdungen ausgesetzt wie eine normale Website, beispielsweise Cross-Site-Scripting oder SQL-Injection. Wenn Sie selbst Erweiterungen entwickeln, sollten Sie dafür Sorge tragen, dass Sie keine Lücken dieser Art in das System einbauen. Am einfachsten erreichen Sie das, indem Sie sich an die *Coding Guidelines* von Typo3 halten (siehe das entsprechende Kapitel in diesem Buch).

Die Einhaltung sollte im Idealfall von einer unabhängigen Qualitätssicherung im Unternehmen oder durch externe Berater geprüft werden.

6.5 Suchmaschinenoptimierung

Suchmaschinenoptimierung (Search Engine Optimization, SEO) ist ein wesentlicher Bestandteil jedes Website-Projekts. Die Grundlagen der Optimierung und die Strategien, um eine Seite im Ranking der Suchmaschinen nach oben zu bringen, sollen hier nicht erörtert werden. Stattdessen finden Sie in diesem Kapitel Tipps, wie Sie die nötigen formalen Voraussetzungen, von validem Quellcode bis hin zur richtigen Sitemap, in Typo3 realisieren können.

6.5.1 Validen Quellcode erzeugen

Was der Barrierefreiheit nützt, kann Suchmaschinen nicht schaden. Da auch das Skript einer Suchmaschine Beschränkungen unterworfen ist, ähnlich wie ein Screenreader, ist es wichtig, diesen Tools die Arbeit möglichst einfach zu machen.

Der erste Schritt dazu ist valider Quellcode – und zwar auf allen Ebenen.

HTML-Vorlage

Die HTML-Vorlage ist die Grundlage für validen Code. Sie muss dem gewünschten Ausgabe-Format entsprechen und nach dem gewählten Standard valide sein. Das ist relativ einfach sicherzustellen und mit den geeigneten Validierungstools auch leicht zu überprüfen.

Tool	URL	Anmerkung
W3C	`validator.w3.org/`	Online Service
Validome	`www.validome.org/`	Online Service
Total Validator	`www.totalvalidator.com`	Online Service, Desktop Tool, Firefox Add-On
CSE HTML Validator	`www.htmlvalidator.com`	
HTML Validator	`users.skynet.be/mgueury/ mozilla/`	Firefox Add-On

Tabelle 6.3: Tools zur HTML-Validierung

Typo3-Inhalte

Schwieriger wird es mit Typo3-Inhalten. Die Grundregel: Je einfacher die Inhalte, desto einfacher ist auch der Standard einzuhalten. Richtext-Eingaben oder gar HTML-Quelltexte sollten daher nur dann zur Verfügung gestellt werden, wenn es wirklich nötig ist.

Typo3 bietet einige (wenige) Einstellungen, um den Inhalt vor der Ausgabe zu säubern, zumindest, wenn Sie sich auf XHTML als Ausgabeformat festlegen.

Mit `config.xhtml_cleaning = all` werden einige Mindestanforderungen von XHTML erfüllt. So werden Tags wie `img`, `br`, oder `meta` mit "`/>`" abgeschlossen, die Kleinschreibung in Elementen und Attributen korrigiert, Attribute in Anführungszeichen gesetzt und bei Bildern das `alt`-Attribut ergänzt.

Fehler im Quelltext werden damit allerdings nicht erfasst. In dieser Hinsicht leistet das Programm *tidy*[30] deutlich mehr. Das Programm lässt sich im Installationsdialog von Typo3 aktivieren und konfigurieren. Neben der vorgegebenen Standard-Konfiguration sind die beiden zusätzlichen Optionen `--output-xhtml true` und `--output-encoding utf8` sinnvoll, sofern Ihre Site diese Einstellung benutzt.

[tidy]

Boolean. If set, the output html-code will be passed through "tidy" which is a little program you can get from http://www.w3.org/People/Raggett/tidy/. "Tidy" cleans the HTML-code for nice display!

[FE][tidy] = 1
☑

[tidy_option]

options [all, cached, output]. "all" = the content is always passed through "tidy" before it may be stored in cache. "cached" = only if the page is put into the cache, "output" = only the output code just before it's echoed out.

[FE][tidy_option] = cached

```
cached
```

[tidy_path]

Path with options for tidy. For XHTML output, add " --output-xhtml true"

[FE][tidy_path] = c:\programme\tidy\tidy -i --quiet true --tidy-mark true -...

```
output-xhtml true --output-encoding utf8
```

Bild 6.24: Das Programm tidy dient als Ausgabefilter für sauberen Code

---

[30] http://tidy.sourceforge.net

Tidy erzeugt auf jeden Fall validen Quellcode. Als Beispiel soll der nachstehende fehlerhafte Quelltext (fehlender ul-Tag, nicht geschlossene Tags) dienen:

```
<!-- CONTENT ELEMENT, uid:22/html [begin] -->
 <a id="c22"></a>
 <!-- Raw HTML content: [begin] -->
 <p>Fusce lacus turpis, lobortis sit amet, sodales in, elementum commodo,
 <p>libero. Fusce ligula massa, commodo sit amet,
 <li>elementum vel, aliquet ut, urna. </li>
 <li>Fusce ligula nunc, tempus ut, lobortis a,
 <p>sagittis quis, augue. Fusce odio mauris, fringilla id, pulvinar eget,
varius ac, magna. Fusce ornare, felis eu tincidunt scelerisque, nibh mi
scelerisque nunc, vitae facilisis magna leo vel velit.

 <!-- Raw HTML content: [end] -->
<!-- CONTENT ELEMENT, uid:22/html [end] -->
```

Wird die Seite mit aktiviertem tidy ausgegeben, sieht das Ergebnis so aus:

```
<!-- CONTENT ELEMENT, uid:22/html [begin] -->
<a id="c22" name="c22"></a> <!-- Raw HTML content: [begin] -->

<p>Fusce lacus turpis, lobortis sit amet, sodales in, elementum commodo,</p>

<p>libero. Fusce ligula massa, commodo sit amet,</p>

<ul>
  <li>elementum vel, aliquet ut, urna.</li>

  <li>Fusce ligula nunc, tempus ut, lobortis a,

   <p>sagittis quis, augue. Fusce odio mauris, fringilla id, pulvinar eget,
varius ac, magna. Fusce ornare, felis eu tincidunt scelerisque, nibh mi
scelerisque nunc, vitae facilisis magna leo vel velit. <!-- Raw HTML
content: [end] -->
   <!-- CONTENT ELEMENT, uid:22/html [end] --></p>
  </li>
</ul>
```

Wie man leicht sieht, sind alle Tags geschlossen, der fehlende Listen-Tag wurde eingefügt. Beim letzten Listenelement ist tidy allerdings auf Vermutungen angewiesen, ob der letzte Absatz nach der Liste oder als Element des letzten Listenelements eingebaut wird. `tidy` hat sich für Letzteres entschieden, was stimmen kann, aber nicht muss.

Ein weiteres Problem kann sein, dass `tidy` nicht nur Fehler korrigiert, sondern auch den Quellcode sauber formatiert, mit Einrücken und Zeilenumbrüchen. Das kann bei manchen HTML-Konstruktionen zur Darstellung von unerwünschten Leerzeichen führen.

Fazit: `tidy` ist kein Allheilmittel und sollte sehr bewusst eingesetzt werden. Dann kann es aber einige Fehler korrigieren und so den Quellcode verbessern. Der bessere Ansatzpunkt ist aber auf jeden Fall, die Eingabe der Daten soweit abzusichern, dass möglichst keine Fehler auftauchen.

Eine Möglichkeit, dies zu tun, ist konsequent die Inhaltselemente von Typo3 zu benutzen, also etwa eine Seite der Reihe nach aus Text, einer Liste, einem Text mit Bild und einem weiteren Bild aufzubauen. So werden die Ausgaben sauber durch das Typo3-System geleitet. Der Rich Text Editor ist natürlich deutlich bequemer, es kann aber leichter vorkommen, dass unsaubere Strukturen gespeichert werden, vor allem dann, wenn Inhalte aus anderen Programmen wie Microsoft Word kopiert werden.

6.5.2 Metadaten optimieren

Seitentitel

Typo3 bildet den Seitentitel standardmäßig aus dem Sitenamen und der Seitenbezeichnung, die im Backend eingegeben wurde. Dabei kommt der Sitename zuerst, was aus SEO-Sicht nachteilig ist. Um die Seitenbezeichnung nach vorne zu bringen, setzen Sie die Option

```
config.pageTitleFirst = 1
```

Noch mehr Einfluss auf die Anzeige des Seitentitels bietet folgendes Skript:

```
# title-Tag vollständig entfernen
config.noPageTitle = 2
# Neuen Titel generieren
page.headerData.10 = TEXT
# Titel wenn möglich aus dem Untertitel der Seite generieren
page.headerData.10.field = subtitle // title
# Am Schluss den Site-Namen hinten anhängen
page.headerData.10.wrap = <title>| ::domain.com</title>
```

Das Skript erzeugt einen Titel der Form »Willkommen auf unserer Startseite :: domain.com«. Nur wenn der Untertitel der Seite leer ist, kommt der Seitenname zum Einsatz. Das erlaubt, die wichtigen Keywords der Seite im Titel nach vorne zu bringen.

Meta-Tags nutzen

Typo3 bietet im Backend für jede Seite Eingabefelder für Metadaten an. Allerdings werden diese ohne weiteres Zutun nicht verwendet.

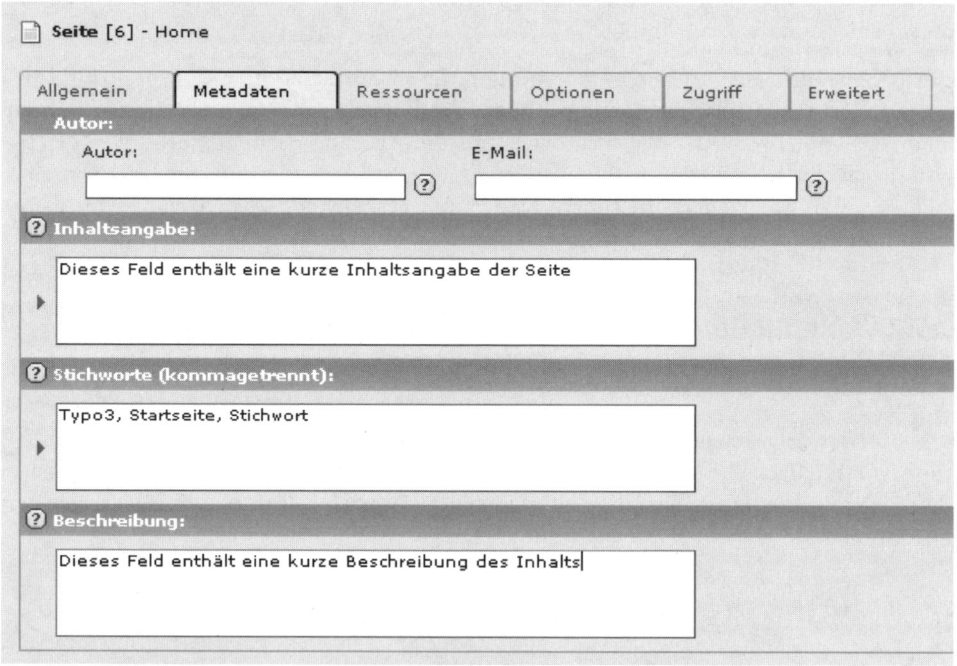

Bild 6.25: Die Informationen für die Metatags sind da, aber noch nicht aktiv

Um sie tatsächlich einzubauen, sind folgende Einstellungen im Typoscript nötig:

```
page.meta.keywords.field = keywords
page.meta.description.field = description
```

Um die Metatags gibt es immer wieder Diskussionen. Mal sind sie unbedingt nötig, mal sind sie eher schädlich. Das liegt daran, dass sich die Strategien der Suchmaschinen immer wieder ändern. Und da in der Vergangenheit mit Metatags immer wieder versucht wurde, Suchmaschinen zu täuschen, wurden sie tatsächlich eine Zeitlang von den Robots mit Misstrauen betrachtet. Derzeit ist die Empfehlung: Metatags ja, aber mit Vorsicht. Keywords sollten nicht im Übermaß vorhanden sein (20 bis 30 sind das Maximum), und auch die Beschreibung (Description) sollte nicht länger werden als der Seiteninhalt – und vor allem nicht völlig davon abweichen.

Eine sinnvolle Verwendung hat die Beschreibung auf jeden Fall: Falls vorhanden, wird sie in der Ausgabe von Google unter dem Link mit ausgegeben.

Ob es sinnvoll ist, auch den Abstract als Metatag einzubauen, ist derzeit nicht wirklich beweisbar.

Damit jede Seite zumindest bestimmte Standard-Inhalte in den Metatags hat, lassen sich im Typoscript folgende Zeilen hinzufügen:

```
page.meta.keywords = Begriff 1, Begriff 2...
page.meta.keywords.override.field = keywords
page.meta.description = Eine kurze Beschreibung der Site...
page.meta.description.override.field = description
```

Durch die `override`-Anweisungen werden die Standarddaten ersetzt, wenn die entsprechenden Felder der Seite gefüllt sind.

Bilder mit Attributen

Keine Metadaten im Sinne von HTML, aber doch Zusatzinformationen zum eigentlichen Element sind die Attribute `alt` und `title` für Bilder. Zumindest das `alt`-Attribut sollte für jedes Bild vorhanden und gefüllt sein. Das ist allerdings keine Frage der Typo3-Einstellung, sondern der Disziplin.

Bei den Typo3-Seitenelementen Bild bzw. Text mit Bild gibt es Eingabefelder für den Alternativen Text (`alt`-Attribut), den Titeltext (`title`-Attribut) und für den URL für eine Langbeschreibung (`longdesc`-Attribut). Wird ein Bild mithilfe des Rich Text Editors eingefügt, steht das `longdesc`-Attribut nicht zur Verfügung.

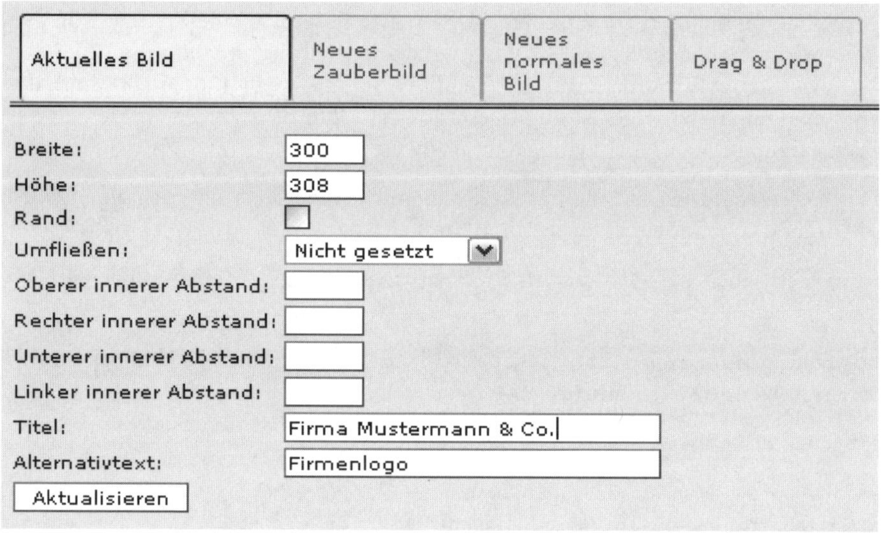

Aktuelles Bild	Neues Zauberbild	Neues normales Bild	Drag & Drop

Breite: `300`

Höhe: `308`

Rand: ☐

Umfließen: `Nicht gesetzt` ▼

Oberer innerer Abstand:

Rechter innerer Abstand:

Unterer innerer Abstand:

Linker innerer Abstand:

Titel: `Firma Mustermann & Co.`

Alternativtext: `Firmenlogo`

`Aktualisieren`

Bild 6.26: Beim Einfügen von Bildern mit dem RTE sollten die Zusatzinformationen nicht fehlen

Häufig ist zu lesen, dass ein leeres `alt`-Attribut entfernt werden könne. Aus Sicht der Suchmaschine ist das nicht falsch, wohl aber aus Sicht der Barrierefreiheit, und ebenso aus Sicht einer validen XHTML-Struktur. Denn ein leeres `alt`-Attribut zeigt an, dass das Bild lediglich zum Schmuck dient und keine inhaltliche Information trägt.

6.5.3   Sitemap anlegen

Ein wichtiges Element für SEO ist die *Sitemap*. Sie hilft der Suchmaschine, schnell alle Seiten der Website zu finden, ohne erst allen internen Links folgen zu müssen.

Typo3 kennt für diesen Zweck ein spezielles Sitemap-Menü. Legen Sie dafür eine eigene Seite an und fügen Sie dort ein Inhaltselement vom Typ `Menü/Sitemap` ein. Legen Sie als Menü-Typ `Sitemap` fest. Das Ergebnis ist eine einfache textbasierte Sitemap mit Links zu jeder Seite. Diese Sitemap muss nicht im Hauptmenü auftauchen, sollte aber zumindest von der Homepage aus oder besser von einer Zusatznavigation im Footer der Seite verlinkt sein.

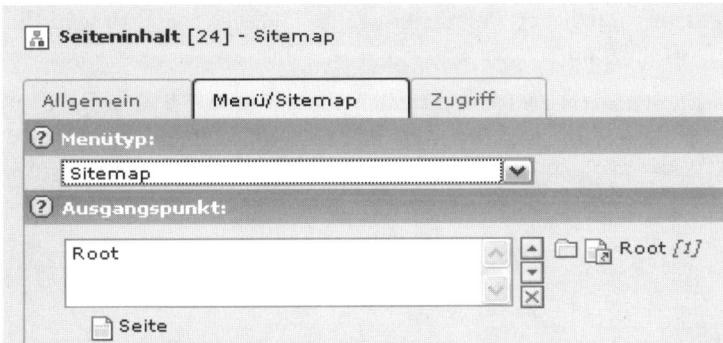

Bild 6.27:
Typo3 bietet eine einfache Sitemap standardmäßig an

Eine Reihe von Extensions hilft, die Sitemap deutlich besser zu gestalten. So bietet etwa fl_seo_sitemap ein hohes Maß an Konfigurierbarkeit, um die Sitemap mit zusätzlichen Texten zu versehen.

Vor allem für Google interessant ist eine Sitemap im XML-Format. Um eine solche zu erstellen, helfen Erweiterungen wie mc_googlesitemap oder weeaar_googlesitemap.

mc_googlesitemap wird auf einer eigenen Seite als Content Element eingerichtet, die im Menü nicht erscheint.

weeaar_googlesitemap geht einen anderen Weg. Hier wird im Typoscript-Template ein weiteres PAGE-Objekt eingebaut, das als Seitentyp 200 erhält. Der zugehörige Typoscript-Code sieht so aus:

```
sitemap = PAGE
sitemap {
  typeNum = 200
  10 >
  10 < plugin.tx_weeaargooglesitemap_pi1
  10.pid_list = 1
  10.recursive = 0
  10.allowedDoktypes = 2,1,4
  10.domain = http://locahost/
  config {
    disableAllHeaderCode = 1
    additionalHeaders = Content-type:text/xml
    no_cache = 1
    xhtml_cleaning = 0
  }
}
```

Wird nun die Seite mit dem zusätzlichen Parameter `&type=200` aufgerufen, so wird die Sitemap in Form einer XML-Struktur ausgegeben.

Nun wird noch `realurl` so konfiguriert, dass die Sitemap als `sitemap.xml` aufgerufen werden kann. Google sucht nach dieser Datei und kann so die Sitemap direkt lesen, ohne sich duch eine Webseite arbeiten zu müssen. Im Abschnitt `filename` der `realurl`-Konfiguration wird dazu folgender Code eingefügt:

```
'sitemap.xml' =>
    array(
        'keyValues' =>
        array(
            'type' => 200,
        ),
    ),
```

6.5.4   SEO-freundliche Links

Die letzte Optimierung von Typo3 betrifft die erzeugten Links. Standardmäßig sehen alle Links in Typo3 so aus:

```
http://meineseite.de/index.php?id=5&L=0
```

Das heißt aus Sicht der Suchmaschine: Es gibt nur eine Seite mit ständig wechselnden Inhalten. Um dies zu vermeiden, kann Typo3 statische Seiten simulieren. Dazu wird die Option

```
config.simulateStaticDocuments = 1
```

im Typoscript-Code des Templates oder in der Typo3-Konfiguration gesetzt. Nun kann für jede Seite ein Alias vergeben werden, der dann als Name einer statischen Seite verwendet wird. Der obige Link lautet dann beispielsweise

```
http://meineseite.de/produkt1.html
```

Damit die Einstellung funktioniert, muss noch der Webserver so konfiguriert werden, dass er beim Aufruf der nicht-existenten Datei `produkt1.html` keinen Fehler meldet, sondern stattdessen die Anforderung an die `index.php` weiterleitet. Gleichzeitig muss verhindert werden, dass Aufrufe des Backends oder Links zu Dateien im `fileadmin`-Verzeichnis nicht umgelenkt werden. Voraussetzung dafür ist, dass der Webserver eine solche Umlenkung unterstützt. Unter Apache muss dafür das Modul `mod_rewrite` aktiv sein.

Um die Umlenkung zu steuern, wird eine .htaccess-Datei angelegt bzw. die mit Typo3 geliefert Datei _.htaccess in .htaccess umbenannt.

Der wesentliche Inhalt der Datei sieht wie folgt aus:

```
RewriteEngine On
RewriteBase  /
RewriteRule
^(typo3|t3lib|tslib|fileadmin|typo3conf|typo3temp|uploads|showpic\.php|favic
on\.ico)/ - [L]
RewriteRule ^typo3$ typo3/index_re.php [L]


RewriteCond %{REQUEST_FILENAME} !-f
RewriteCond %{REQUEST_FILENAME} !-d
RewriteCond %{REQUEST_FILENAME} !-l
RewriteRule .* index.php [L]
```

Die erste Rewrite-Regel sorgt dafür, dass alle Links in die angegebenen Verzeichnisse unverändert bleiben. Der Link /typo3 wird umgelenkt auf /typo3/index_re.php.

Die letzte Gruppe schließlich lenkt jede Anforderung um auf die Datei index.php, sofern der angeforderte URL als Datei, Verzeichnis oder symbolischer Link nicht tatsächlich existiert.

Sollte der Webserver die Steuerung per .htaccess nicht zulassen, können die Direktiven auch direkt in die Konfigurationsdateien (httpd.conf und Erweiterungen) eingetragen werden.

RealUrl

Das Ergebnis von simulateStaticDocuments ist allerdings eine flache Struktur, d. h. es wird keine Seitenlogik aufgebaut. Außerdem muss jeder Link von Hand mit dem richtigen Namen versehen werden. Und Links zu Seiten, die von Extensions wie tt_news gebaut werden, sehen immer noch äußerst kryptisch aus.

Deutlich bessere Ergebnisse bringt die Extension *RealUrl* (realurl). Sie formt den obigen Link beispielsweise um zu

```
http://meineseite.de/angebot/produkte/tolles-produkt.html
```

und das ohne weiteres Zutun des Anwenders.

Die Erweiterung ist einfach zu installieren. Die anschließende Konfiguration erfordert allerdings etwas Sorgfalt. Zunächst muss die Erweiterung aktiviert werden – und gleichzeitig `simulateStaticDocuments` abgeschaltet werden.

Dazu wird Folgendes im Typoscript der Site eingetragen:

```
config {
  simulateStaticDocuments = 0
  tx_realurl_enable = 1
  baseURL = http://meineseite.de/
}
```

Die aktuellen Versionen der Extension legen dann im Verzeichnis `typo3conf` automatisch eine Grundkonfiguration in einer Datei namens `realurl_autoconf.php` an. Diese können Sie jederzeit umbenennen in `realurl_conf.php`, um sie von Hand weiter zu bearbeiten. Allerdings sollte dazu die Erweiterung so konfiguriert werden, dass sie ihre Auto-Konfiguration als PHP-Quelltext ablegt. Die Alternative ist ein serialisierter Array. Das ist zwar deutlich schneller, aber kaum von Hand zu bearbeiten.

Die Standard-Konfiguration funktioniert allerdings manchmal nicht auf Anhieb. Falls Sie also nach Installation von `realurl` nur Fehler auf Ihrer Website sehen, sollten Sie den Abschnitt `pagePath` der Konfiguration um den Eintrag `rootpage_id` ergänzen und dort den Wert der Root-Seite Ihres Webauftritts eintragen:

```
'pagePath' =>
   array (
      'type' => 'user',
      'userFunc' =>
'EXT:realurl/class.tx_realurl_advanced.php:&tx_realurl_advanced->main',
      'spaceCharacter' => '-',
      'languageGetVar' => 'L',
      'rootpage_id' => 1,
   ),
```

Die Konfigurationsmöglichkeiten von RealUrl sind äußerst vielseitig. So lassen sich beispielsweise Redirects definieren, um etwa Kurzlinks für spezielle Zwecke wie Mailings oder Werbung anzulegen. Auch das Einbinden von Erweiterungen wie `tt_news` ist möglich, sodass ein Link auf eine Pressemeldung so aussehen kann:

```
http://meineseite.com/presse/meldung/anzeigen/neue-produkte-zur-messe.html
```

Um für die Konfiguration nicht immer in die Tiefen der Konfigurationsdatei hinuntersteigen zu müssen, gibt es eine ganze Reihe von Erweiterungen, die den Umgang mit RealUrl erleichtern. Eine sehr leistungsfähige Extension ist der *RealURL Configuration Wizard* (`tm_realurlconfigurator`), der die Einstellungen über ein (allerdings komplexes) Formular zugänglich macht.

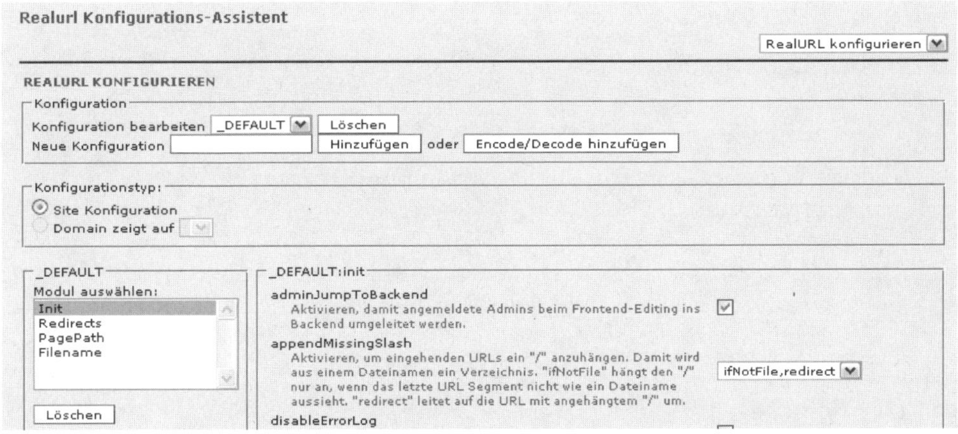

Bild 6.28: Der Configuration Wizard erleichert die Konfiguration von RealURL

Wer lieber Quelltext editiert, kann auf den *Realurl Configurator* (`danp_realurlconfigurator`) zurückgreifen. Dieser bietet einen Editor mit Syntax-Highlighting, der allerdings nur korrekt funktioniert, wenn durchgehend Tabs zum Einrücken benutzt wurden. Die Farbe wird nämlich per Javascript über den eigentlichen Text gelegt.

Die dritte sinnvolle Erweiterung ist *RealUrl Management* (`realurlmanagement`). Sie dient nicht direkt der Konfiguration (obwohl sie das Einrichten von Redirects erlaubt), sondern mehr der Kontrolle. So lassen sich Einträge in den RealUrl-Tabellen löschen oder bearbeiten oder die Tabellen (und damit der RealUrl-Cache) als Ganzes löschen.

> **Tipp:** Wenn nach dem Leeren einer RealUrl-Tabelle ein Link nicht mehr funktioniert, kann es daran liegen, dass die entsprechende Seite nicht im Menü auftaucht. Dann legt RealUrl von sich aus keinen Eintrag an. Zur Abhilfe schalten Sie die Seite kurz im Menü frei und rufen sie einmal auf. Danach kann sie im Menü wieder ausgeblendet werden.

Stichwortverzeichnis